suhrkamp taschenbuch
wissenschaft 727

Die Freud-Biographik ist inzwischen rund 60 Jahre alt. Sie ist durch zwei verzerrende Tendenzen gekennzeichnet: Hagiographie und Demontage. Abseits dieser idealisierenden oder vermeintlich entlarvenden Freud-Interpretationen entfaltete sich in den letzten vier Jahrzehnten eine wissenschaftsgeschichtliche Forschung, die geduldig und gelassen Fakten sammelt und neue Erkenntnisse über Freuds Leben und Denken zutage fördert.

Am Beginn dieser soliden Untersuchungen stehen – vorbildhaft – die meisterlichen Studien, die der Psychoanalytiker Siegfried Bernfeld, teils zusammen mit seiner Frau, zwischen 1944 und 1953 im amerikanischen Exil über Freuds Kindheit, Jugend und wissenschaftliche Anfänge, in Zeitschriften verstreut und nur in Englisch, veröffentlicht hat. Sie gelten inzwischen als klassisch: Bausteine für das Fundament auch einer jeden zukünftigen Freud-Biographie.

In ihrem einleitenden Essay würdigt die Herausgeberin Ilse Grubrich-Simitis, Psychoanalytikerin und Autorin von Veröffentlichungen zur Geschichte der Psychoanalyse, Siegfried Bernfeld als den ersten bedeutenden Freud-Biographen und Historiker der Psychoanalyse. Sie erläutert, warum Bernfeld heute zu Recht als eine der brillantesten Figuren der psychoanalytischen Pionierzeit gilt, nicht nur als Historiker, sondern gleichermaßen als Kliniker und Pubertätsforscher, unorthodoxer marxistischer Denker und scharfsinniger Wissenschaftstheoretiker. Als erster Kritiker des psychoanalytischen Ausbildungssystems ist Bernfeld erst in allerjüngster Zeit wiederentdeckt worden.

Siegfried Bernfeld
Suzanne Cassirer Bernfeld

Bausteine der Freud-Biographik

Eingeleitet, herausgegeben
und übersetzt
von Ilse Grubrich-Simitis

Suhrkamp

CIP-Titelaufnahme der Deutschen Bibliothek
Bernfeld, Siegfried:
Bausteine der Freud-Biographik /
Siegfried Bernfeld ; Suzanne Cassirer Bernfeld.
Eingeleitet, hrsg. u. übers. von Ilse Grubrich-Simitis. –
Für d. Taschenbuchausg. ist d. Text erneut durchges.
u. korrigiert worden, 1. Aufl. –
Frankfurt am Main : Suhrkamp, 1988
(Suhrkamp-Taschenbuch Wissenschaft ; 727)
ISBN 3-518-28327-8
NE: Cassirer Bernfeld, Suzanne:; GT

suhrkamp taschenbuch wissenschaft 727
Erste Auflage 1988

Für die Taschenbuchausgabe
ist der Text erneut durchgesehen
und korrigiert worden
Suhrkamp Taschenbuch Verlag

Satz und Druck: Wagner GmbH, Nördlingen
Printed in Germany
Umschlag nach Entwürfen von
Willy Fleckhaus und Rolf Staudt

1 2 3 4 5 6 – 93 92 91 90 89 88

Inhalt

Siegfried Bernfeld: Historiker der Psychoanalyse
und Freud-Biograph
Von Ilse Grubrich-Simitis 7

Bausteine der Freud-Biographik

Zu dieser Ausgabe 51

Freuds früheste Theorien und die Helmholtz-Schule (1944) 54

Freuds frühe Kindheit (1944)
(zusammen mit Suzanne Cassirer Bernfeld) 78

Ein unbekanntes autobiographisches Fragment
von Freud (1946) 93

Freuds wissenschaftliche Anfänge (1949) 112

Freuds Vorbereitung auf den Arztberuf, 1882-1885 (1951) 148

Freuds erstes Praxisjahr, 1886–1887 (1952)
(zusammen mit Suzanne Cassirer Bernfeld) 181

Freuds Kokain-Studien, 1884-1887 (1953) 198

Freud und die Archäologie (1951)
(von Suzanne Cassirer Bernfeld) 237

Bibliographie 261

Namenregister 280

Siegfried Bernfeld: Historiker der Psychoanalyse und Freud-Biograph

Von Ilse Grubrich-Simitis*

Die Freud-Biographik ist kaum sechzig Jahre alt. Argwöhnisch und mißbilligend von ihm zur Kenntnis genommen, hatte sie schon zu Lebzeiten des Begründers der Psychoanalyse eingesetzt und nach seinem Tode durch die Veröffentlichung von *Aus den Anfängen der Psychoanalyse* (1950*a*) fraglos mächtigen Auftrieb erhalten. Obgleich damals nur in Auszügen[1] erschienen, hatten Freuds Briefe an Wilhelm Fließ, jenes packende, spurensichernde Logbuch der Entdeckungsphase der Psychoanalyse, die enge Verklammerung von Werkentstehung und Lebensgeschichte explizit gemacht, die der aufmerksame Leser der *Traumdeutung* (1900*a*) längst vermuten konnte. Mittlerweile ist die Zahl der Publikationen zur Freud-Biographik, zur Geschichte der Psychoanalyse ins Unübersehbare gewachsen. Eine Würdigung einzelner Autoren und ihrer Thesen, die Wiedergabe manch lärmender Polemik, das Nachzeichnen der Wandlungen des von den Biographen je verschieden konturierten Freud-Bildes, also eine auch nur einigermaßen erschöpfende Abhandlung über die Entwicklung der Freud-Biographik würde heute wohl bereits ein eigenes Buch füllen. Hier seien, ohne auf Einzelheiten einzugehen, lediglich zwei auffallende Tendenzen angemerkt: eine Tendenz zur Hagiographie und eine andere zur Demontage. Ein simplifizierender Reduktionismus, den seelischen Vorgängen der Idealisierung und Entwertung eigentümlich, kennzeichnet sie beide.

Den »furor biographicus«[2] seiner ihn idealisierenden Biogra-

* In den Jahren 1975 bis 1980 hatte ich dreimal Gelegenheit, im Siegfried-Bernfeld-Archiv (Library of Congress, Manuscript Division, Washington, D. C.) zu arbeiten. – Die in dieser Einleitung zitierten unveröffentlichten Briefe und Manuskripte aus dem Archiv liegen, sofern es sich um Dokumente aus der Emigrationszeit handelt, im Original in Englisch vor. Ich habe sie für die vorliegende Veröffentlichung übersetzt.
1 Vgl. den bibliographischen Nachtrag auf S. 260, unten.
2 H. Sachs, 1945, S. 108; deutsche Ausgabe von 1950, S. 100.

phen hat Freud in der berühmten Passage seiner Studie über *Eine Kindheitserinnerung des Leonardo da Vinci* (1910*c*) gleichsam schon mitkritisiert: Sie gäben sich »einer Idealisierungsarbeit hin, die bestrebt ist, den großen Mann in die Reihe ihrer infantilen Vorbilder einzutragen, etwa die kindliche Vorstellung des Vaters in ihm neu zu beleben. Sie löschen diesem Wunsche zuliebe die individuellen Züge in seiner Physiognomie aus, glätten die Spuren seines Lebenskampfes mit inneren und äußeren Widerständen, dulden an ihm keinen Rest von menschlicher Schwäche oder Unvollkommenheit und geben uns dann wirklich eine kalte, fremde Idealgestalt anstatt des Menschen, dem wir uns entfernt verwandt fühlen könnten.«[3]

Schemenhaftigkeit, stereotyper Wiederholungscharakter, glatte Widerspruchsfreiheit signalisieren die Nähe zur tagträumenden Phantasietätigkeit des »Familienromans«[4]; in ihrem überhöhten Freud-Bild lassen manche Biographen vielleicht tatsächlich jene hoch idealisierte, unfehlbar-unverletzliche Elternfigur auferstehen, die wir in unserer frühesten Kindheit illusionär erschaffen, damit sie uns, ehe wir die Härten des Realitätsprinzips aushalten können, gegen die Wahrnehmung menschlicher Hilflosigkeit, Einsamkeit und Vergänglichkeit abschirme. Gerade in einem hervorstechenden Zug von Zeitlosigkeit deutet sich in hagiographischen Freud-Interpretationen die Verwandtschaft zum Mythos an, der dem Helden und dem ihn Verehrenden Unsterblichkeit sichert. In der älteren Generation mag nicht zuletzt eine Verleugnung von Freuds Tod eine Rolle spielen sowie die Weigerung, Freud und sein Werk dem historischen Prozeß zu überantworten, also tatsächlich zum Gegenstand unvoreingenommener Geschichtsforschung werden zu lassen.

Wie in den Familienroman-Phantasien, in die stets Momente realer Begebenheiten und Umstände hineinverwoben werden, mag die Mythisierung sich an manchen, auf den ersten Blick quasi-religiös anmutenden Eigenheiten der psychoanalytischen Bewegung emporgerankt haben. Jedenfalls wurde dadurch das Ausblenden der doch imgrunde antireligiösen, schonungslos nüchternen Rationalität Freuds erleichtert, einer Denkungsart, mit der er sich selbst und uns ein Äußerstes an Desillusionierung

3 Freud, 1910*c*, S. 202 f.
4 Freud, 1909*c*.

abverlangte. Es konnte übersehen werden, daß er seine Person »nie als Modell, geschweige denn als Venerabile«, sondern »nur als Exempel vorangestellt«[5] hat, eben um an eigenen seelischen Hervorbringungen, seinen Träumen, seinen Fehlleistungen, komplexe psychische Mechanismen anschaulich zu demonstrieren.

Wenn er sich gleichwohl zeitlebens gegen eine zusammenhängende intim-autobiographische Darstellung gesträubt hat – seine sogenannten autobiographischen Schriften sind Berichte über die Geschichte der Psychoanalyse und Einführungen in ihre Grundbegriffe –, so geschah dies nicht, weil er die Tatsache geleugnet hätte, daß sein Werk einem einzigartigen Zusammentreffen von wissenschaftlicher und persönlicher Krise die Entstehung verdankt, ja, daß das, was heute als revolutionärer Durchbruch im Wissen des Menschen über sich selbst imponiert, ohne die zusätzliche Schubkraft schweren eigenen Leidensdrucks, ohne das ingeniöse Erkenntnisinstrument der Selbstanalyse gewiß nicht hätte erreicht werden können. Freud fürchtete vielmehr, dieses personale Moment in der Entstehungsgeschichte der Psychoanalyse könne, betone man es, dazu mißbraucht werden, seinem Werk Wissenschaftlichkeit abzusprechen.[6]

Die Veröffentlichungen der demontierenden Biographen zeigen, daß diese Befürchtung gerechtfertigt war. Sie gehen nicht selten mit einem drangvollen Eifer ans Werk, als gälte es, gleichviel vermittels welcher vermeintlichen Bloßstellung oder spekulativen Demaskierung, in einer Art Radikalkur, ein für allemal mit Freud »abzurechnen« und sein Denken wie einen irritierenden Fremdkörper aus dem wissenschaftlichen Stoffwechsel auszuscheiden. Denn entgegen aller Popularisierung der psychoanalytischen Konzepte, ihrer scheinbaren Einpassung in Alltagswissen und Alltagssprache, sind sie offensichtlich etwas zutiefst Aufrührendes, Kränkendes, Ängstigendes geblieben, wogegen immer wieder neuer Widerstand nachwächst. Dies gilt natürlich an erster Stelle für die Entdeckung des Unbewußten. Heute, hundertfünfundzwanzig Jahre nach Freuds Geburt, ist jeden-

5 Freud, 1963*a*, S. 20.

6 Freuds Einstellung zu Biographie und Autobiographie, seine Strategien der Selbstverhüllung und Selbstoffenbarung im Werk sowie bestimmte Aspekte der Selbstanalyse habe ich andernorts (1971) ausführlicher beschrieben. S. dort auch Argumente, warum das biographische bzw. wissenschaftsgeschichtliche Interesse für ein genuines Verständnis der Psychoanalyse von Bedeutung ist.

falls festzustellen, daß die demontierenden Veröffentlichungen eher zunehmen. Gelänge es, Kernstücke der Psychoanalyse, etwa die Feststellung der infantilen Sexualität, oder die Gründe für bestimmte Wendepunkte der Theoriebildung als pseudowissenschaftlich zu entlarven, weil ganz und gar subjektiven, insofern willkürlichen Bedürfnissen Freuds entsprungen, so hätte dieser – zur Beruhigung der betreffenden Autoren – nicht länger als ein Revolutionär der Wissenschaften vom Menschen zu gelten, und sein Werk könnte endlich als höchst bizarre Idiosynkrasie zur Seite geschoben werden – wäre dann nur mehr wie ein Kunstwerk ästhetisch beachtenswert. So betrachtet, ließe sich die Entwicklung der demontierenden Freud-Biographik als Geschichte sich wandelnder Formen des Widerstands gegen die Psychoanalyse lesen.

Abseits der Verzerrungen durch idealisierende oder demontierende Freud-Interpretationen entfaltete sich, als deren Kontrapunkt, in den letzten drei Jahrzehnten unter Psychoanalytikern, Medizinhistorikern und Literaturwissenschaftlern indessen eine Freud-Forschung, die, geduldig und gelassen Fakten sammelnd, nicht nur weitere Erkenntnisse über sein Leben, Denken und seine Sprache zutage gefördert, sondern auch die Zeit- und Wissenslandschaft zu erhellen begonnen hat, in welcher Freud sich bewegte, und zwar unter Verzicht auf erhöhende oder entwertende Großhypothesen, unter Verzicht aber auch auf den Anspruch, jetzt schon die definitive Freud-Biographie verfassen zu können.

Am Beginn dieser die Bezeichnung »wissenschaftlich« verdienenden Untersuchungen stehen, vorbildhaft, die Aufsätze, die Siegfried Bernfeld, teilweise zusammen mit seiner Frau, Suzanne Cassirer Bernfeld, in den Jahren zwischen 1944 und 1953 veröffentlicht hat, hier erstmals in Deutsch und in einem Bande vorgelegt: Bausteine früher, gegenwärtiger und zukünftiger Freud-Biographik.

I

Zunächst ist zu fragen, was Siegfried Bernfeld dazu vermocht hat, als erster mit der sorgsamen Rekonstruktion ausgewählter Abschnitte von Freuds Lebensgeschichte zu beginnen.[7] Das Einhalten jener, die Studien auszeichnenden, maßvollen Distanz mag durch die Tatsache erleichtert worden sein, daß er, obwohl von früh an der Psychoanalyse verbunden[8], zeitlebens in einer etwas exzentrischen Position zu ihr verblieben ist. Freud hat ihn zwar einmal als den vielleicht schärfsten Intellekt unter seinen Schülern und Anhängern bezeichnet sowie seine überragenden Fähigkeiten als Redner und Lehrer gerühmt[9], trotzdem hat Bernfeld nicht eigentlich zum inneren Kreis um Freud gezählt wie andere Psychoanalytiker seiner Generation, etwa Otto Rank; freilich hatte er sich auch erst vergleichsweise spät, seit 1922, mit dem Hauptteil seiner Arbeitskraft der Psychoanalyse verschrieben. In einem unveröffentlichten Manuskript[10] erzählt Bernfeld, wie er im Alter von sechzehn Jahren, von einem Verwandten auf Freuds *Traumdeutung* aufmerksam gemacht, sich sogleich auf dieses Buch gestürzt habe, einer jungen Ente vergleichbar, die sich erstmals aufs Wasser begibt und los-

7 Es erscheint gerechtfertigt, diese Frage auf Siegfried Bernfeld zu zentrieren, obgleich er selbst wiederholt den bedeutenden Anteil seiner Frau an seinen Freud-Forschungen betont hat. So schrieb er am 14. April 1952 an Ernest Jones: »Frau Bernfeld ist eine vollwertige Partnerin in meinen biographischen Arbeiten.« (Der unveröffentlichte Brief liegt im Bernfeld-Archiv.) Doch war es Bernfeld, der diese Forschungen initiierte und ihnen die Richtung gegeben hat. – Suzanne Cassirer Bernfeld (1896-1963), Tochter des Verlegers Paul Cassirer, Nichte des Philosophen Ernst Cassirer, hatte Philosophie studiert; sie war 1932 bis 1934 von Freud analysiert worden und hatte im Rahmen ihrer psychoanalytischen Ausbildung u. a. mit den Kontrollanalytikern August Aichhorn, Anna Freud und Willi Hoffer gearbeitet sowie die behandlungstechnischen Seminare von Helene Deutsch besucht (vgl. einen Brief Bernfelds an E. Windholz vom 30. September 1942, Bernfeld-Archiv). Ihre Bildung und Klugheit werden nicht nur durch den in diesem Band enthaltenen vielzitierten Essay ›Freud and Archeology‹ (1951) und ihre anderen Publikationen bezeugt, sondern auch durch viele unveröffentlichte Dokumente, zumal Briefe, die sich im Bernfeld-Archiv befinden und die eine zukünftige Freud-Biographie zu berücksichtigen hätte.

8 Vgl. die kleine, sogleich in die *Internationale Zeitschrift für ärztliche Psychoanalyse* eingerückte ›Selbstbeobachtung‹ des gerade zwanzigjährigen Studenten (1913).

9 Empfehlungsschreiben Freuds von 1931 anläßlich der Bewerbung Bernfelds um eine Professur (vgl. R. Ekstein, 1966, S. 425).

10 Bernfeld-Archiv.

schwimmt. Seither sei die Denkwelt Freuds diejenige geblieben, in der er sich auf natürliche Weise am meisten zu Hause gefühlt, wenn es auch nie die einzige gewesen sei, in der er sich bewegt habe.[11]

Tatsächlich hat Bernfeld, teils gleichzeitig, teils nacheinander, sich in so mannigfaltigen Denkwelten aufgehalten und betätigt, daß sich beim Versuch, Biographie und Werk auch nur einigermaßen zu überblicken, mehrere, sehr verschiedene, ja, zunächst kraß widersprüchlich anmutende Lebensfiguren herausschälen: neben dem auf Klinik und Forschung konzentrierten Psychoanalytiker erscheinen der angesichts sozialen Elends zu leidenschaftlicher Empörung befähigte politische Aktivist und Reformpädagoge, der marxistische, jedoch antikommunistische Theoretiker und empirische Sozialforscher, der strenge, an den neopositivistischen Diskussionen des Wiener Kreises beteiligte Wissenschaftstheoretiker, der nicht nur um interdisziplinäre Verklammerung der Psychoanalyse, sondern um ihre strikt naturwissenschaftliche Fundierung bemühte Biologe und Topologe, endlich der disziplinierte, unermüdlich Material sammelnde und interpretierende Historiker. Der Disparatheit der Inhalte entspricht die Variation der schriftstellerischen Form. Bernfeld beherrschte die Ausdrucksmittel des kämpferischen politischen Journalismus, des zeittypischen expressiven satirischen Stils ebenso wie die klassische Nüchternheit wissenschaftlicher Abhandlung.[12]

Es ist hier nicht der Ort für eine wirklich ausführliche, ausge-

11 Oder, wie er in einer Anmerkung einmal von sich sagte: »Der Verfasser des ›Sisyphos‹, der ›Psychologie des Säuglings‹, der ›Heutigen Psychologie der Pubertät‹ bekennt gerne, daß er versucht hat, die Grenzen der Psychoanalyse durch Sprünge über jene Schranken zu ermitteln, die ihr die Tradition setzt. Sei es, daß seine Sprungkraft zu klein ist, sei es, daß die Grenzen zu fern sind, er fühlte sich nirgends auf fremdem Gebiet« (1930*a*, S. 555). Diese Offenheit seines Denkens manifestierte sich nicht zuletzt in einer Vermittlerfunktion: er versuchte immer wieder, mit Vertretern anderer Disziplinen ins Gespräch zu kommen und ihnen die Psychoanalyse zu erläutern.

12 Seine Arbeiten erschienen denn auch über lange Zeit sowohl in Tageszeitungen als auch in Fachzeitschriften verschiedener Disziplinen. Eine ausführliche Bibliographie der Schriften Bernfelds findet der Leser in Bd. 2 (1969*b*), S. 666-671, der dreibändigen *Ausgewählten Schriften*. Vgl. auch die Bernfeld-Bibliographie in A. Grinstein (1956). Das Manuskript einer von R. Ekstein zusammengestellten, umfassenden Bernfeld-Bibliographie liegt im Bernfeld-Archiv.

wogene Darstellung von Leben und Werk Siegfried Bernfelds. Seit seinem Tode im Jahre 1953 sind einige biographische Studien erschienen, die ihn aus jeweils verschiedener Perspektive beleuchten.[13] In dieser Einleitung seien einige Hauptdaten, charakteristische Lebens- und Denklinien herausgehoben, die verständlich machen können, warum und mittels welcher Kenntnisse und Fähigkeiten Bernfeld in den letzten Lebensjahren, seine Kräfte in einem einzigen Forschungsbereich bündelnd, Bausteine der Freud-Biographik geschaffen hat. Nebenbei mag sich andeuten, daß das eingehende Studium dieses durch zwei Weltkriege und Emigration zerfurchten Lebens und von allen zeittypischen Strömungen bewegten Denkens uns so etwas wie die Modellbiographie des progressiven Intellektuellen in der ersten Hälfte des zwanzigsten Jahrhunderts vorführen könnte – wie Bernfeld einmal im Hinblick auf Christian Thomasius bemerkte, »dem eigentlichen historischen Prozeß« näher als die Lebensläufe der »sogenannten Großen«.

Am 7. Mai 1892 in Lemberg (Lwow) in der West-Ukraine geboren, verbrachte Siegfried Bernfeld Kindheit und Jugend in Wien. Der Vater arbeitete im Textil-Großhandel; die Mutter – sie war, jünger als der Vater, bei seiner Geburt erst neunzehnjährig – betrachtete ihn, ihren Erstgeborenen, stets als das besondere Kind. So manchen Tag weigerte er sich, in die Schule zu gehen. Doch absolvierte er schließlich das humanistische Gymnasium und schrieb sich 1911 an der Wiener Universität für Biologie und Mathematik ein. Angeblich weil er sich manuell als zu ungeschickt erwies, um im botanischen Praktikum zufriedenstellende mikroskopische Schnitte herzustellen, wechselte er bald zur Psychologie und Pädagogik über. Freilich reicht sein intensives Interesse an Erziehungs- und sozialen Fragen bis in seine Schulzeit zurück. 1912 wurde, inspiriert von

13 Vgl. außer der kurzen ersten Würdigung von G. Zilboorg (1953) und dem ›Nachwort der Herausgeber‹ der *Ausgewählten Schriften* (Bd. 2, S. 672-683) den Nachruf von H. Hoffer (1955) und R. Eksteins biographische Skizze (1966). Zur Erstveröffentlichung der englischen Übersetzung von Bernfelds *Sisyphos* (1925*a*) schrieb der Historiker Peter Paret eine hervorragende biographische Einleitung (1973), die vor allem den zeitgeschichtlichen Hintergrund von Bernfelds reformpädagogischen und politischen Aktivitäten erhellt.

den idealistisch-mystischen Ideen des deutschen Reformpädagogen Gustav Wyneken, das ›Akademische Committee für Schulreform‹ gegründet. In der ihm angegliederten, von Bernfeld mitherausgegebenen Zeitschrift *Der Anfang*[14] versuchte er in eigenen Beiträgen, innerhalb der Jugendbewegung – als »Jugendkulturbewegung« – sozialistischen, pazifistischen und feministischen Strebungen Geltung zu verschaffen sowie einer wissenschaftlich fundierten Psychologie der Pubertät den Boden zu bereiten. Schon damals war es Bernfelds Auffassung, daß es falsch sei, die Jugendphase des Menschen, wie in Industriegesellschaften üblich, nur unter dem Aspekt des Unfertigen, des »Noch-nicht« zu betrachten, als ein mehr oder minder lästiges Durchgangsstadium zur Reife des Erwachsenseins. Dies führe unweigerlich zu einer Verkennung der spezifischen Bedürfnisse und Potentiale der Jugendlichen, denen die Erwartungsvorstellungen der Erwachsenen gewaltsam übergestülpt würden. Hingegen sei Jugend eine vom Erwachsenenzustand qualitativ verschiedene conditio humana, als Jugendkultur selbst vollwertig, vollständig und nach eigenen Gesetzen kreativ.[15] Gleichzeitig plädierte Bernfeld in dieser politisch aktivsten Phase seines Lebens für radikale Veränderungen der Erziehungsinstitutionen; zu seinen Forderungen gehörten Gleichberechtigung der Geschlechter, Einrichtung von Schülervereinen und Schüler-Selbstverwaltung, Aufhebung der Unterschiede sozialer Herkunft in »klassenloser Erziehung«.

Eine Chance zur Verwirklichung dieser Neuerungen erblickte er 1919, unmittelbar nach Ende des Ersten Weltkriegs. Er gründete und leitete das sogenannte »Kinderheim Baumgarten«, jenes »erste Experiment zur Anwendung psychoanalytischer Erkenntnisse auf die Erziehung«[16], an dem sich auch der mit ihm befreundete, spätere Psychoanalytiker Willi Hoffer beteiligte. Hier sollten aus Galizien geflüchtete, jüdische Kriegswaisen aufgenommen, nach Reformgrundsätzen erzogen und schließlich, mit dem Fernziel ihrer Übersiedlung nach Palästina, zu Arbei-

14 Zu ihren Autoren gehörte auch Walter Benjamin, der eine Zeitlang mit Bernfeld zusammenarbeitete. Benjamins Korrespondenz mit Bernfeld liegt gleichfalls im Bernfeld-Archiv.

15 Mit einer Arbeit ›Über den Begriff der Jugend‹ hat Bernfeld denn auch in Psychologie und Biologie promoviert (Wien 1914/1915).

16 Anna Freud, 1968, S. 7.

tern, Handwerkern und Bauern ausgebildet werden.[17] Das alsbaldige Mißglücken[18] dieses für Bernfeld mit so viel hochfahrender Hoffnung verknüpften Versuchs hat seinen radikal reformpädagogischen Elan gebrochen.

Sein theoretisch-wissenschaftliches Interesse an Erziehung und Jugend aber hielt an. Bereits 1920 forderte er ein ›Institut für Psychologie und Soziologie der Jugend‹.[19] Als Beiträge zur Jugendforschung veröffentlichte Bernfeld, in Zusammenarbeit mit Willi Hoffer, in der vom Internationalen Psychoanalytischen Verlag herausgegebenen Serie ›Quellenschriften zur seelischen Entwicklung‹: 1922 *Vom Gemeinschaftsleben der Jugend* und 1924 *Vom dichterischen Schaffen der Jugendlichen.*

In dem 1923 erschienenen Aufsatz ›Über eine typische Form der männlichen Pubertät‹ unterscheidet Bernfeld, anknüpfend an Freuds ›Umgestaltungen in der Pubertät‹ aus den *Drei Abhandlungen zur Sexualtheorie* (1905*d*), einen physisch-biologischen von einem psychischen Anteil der Pubertät. Obgleich ein Spezifikum der Spezies Mensch, fehlten für Beschreibung und Erklärung der Pubertät in der damaligen Psychoanalyse ausgearbeitete Kategorien. Man kann sagen, daß Bernfeld nach Freud zum ersten psychoanalytischen Erforscher der Pubertät geworden ist, wobei er von Anfang an betonte, daß der Verlauf dieser Entwicklungsphase »in einer gewissen Beziehung zu Tat-

17 Bernfeld war bereits seit 1916 publizistisch – nicht zuletzt durch Gründung seiner Zeitschrift *Jerubbaal* – wie auch praktisch politisch für den Zionismus engagiert. Vgl. die erwähnte biographische Skizze von Peter Paret (1973); ferner Willi Hoffer ›Siegfried Bernfeld and »Jerubbaal«‹ (1965) und Philip L. Utley ›Siegfried Bernfeld's Jewish Order of Youth, 1914-1922‹ (1979). Aufschlußreich ist in diesem Zusammenhang auch Bernfelds Korrespondenz mit Martin Buber (Bernfeld-Archiv).

18 Über Struktur und Funktionsprinzipien dieses Kinderheims wie auch über die Gründe seiner Liquidation im Jahre 1920 hat Bernfeld (1921) ausführlich berichtet.

19 Es sollte in erster Linie jenes »Tatsachenmaterial«, welches Bernfeld und andere in den Jahren zuvor in einem ›Archiv für Jugendkultur‹ zusammengetragen hatten, systematisch auswerten und durch neue Dokumente erweitern (z. B. Photographien, Schulhefte, Tagebücher, Jugendgedichte, Psychopathographien begabter Jugendlicher, Briefe, Geheimsprachen und -schriften, Phantasiespiele). In einer solchen interdisziplinären Jugendforschung waren nach Bernfelds Vorstellung Methoden und Ergebnisse der Geschichtswissenschaft, Religionspsychologie, Ethnologie, Ästhetik usw. ebenso zu berücksichtigen wie diejenigen der Psychologie und Soziologie. Aus der Institutsarbeit sollten in zweiter Linie allerdings auch Prinzipien für eine wissenschaftlich fundierte Veränderung des bestehenden Erziehungssystems abgeleitet werden.

sachen steht, die wir ›kulturelle‹ oder ›soziale‹ nennen müssen«[20]. Aus der Beobachtung der außerordentlichen Unterschiede in der Dauer der Pubertätsphase, wobei Bernfeld vorwiegend den psychischen Anteil als den variablen identifizierte, entwickelte er den Begriff der »gestreckten Pubertät«. Er hatte an Phänomenen der deutschen und österreichischen Jugendbewegung das über den Abschluß der biologischen Sexualreifung hinausreichende lärmende Persistieren eines krisenhaften inneren Zustands studieren können.[21] Zum Formenkreis der »gestreckten Pubertät« rechnete er die sogenannte »genialische Pubertät« und entwickelte, Pubertätsforschung und Psychologie der Kreativität miteinander verknüpfend, die Hypothese, der schöpferische Mensch, zumal der Dichter, verharre eigentlich zeitlebens im psychischen Pubertätszustand mit seiner eher narzißtischen Libidoverteilung und einer Verzögerung, wenn nicht Stagnation im Prozeß der Objektfindung.[22]

1925, fünf Jahre nach dem Scheitern des Kinderheims Baumgarten, veröffentlichte Bernfeld *Sisyphos oder die Grenzen der Erziehung*, dasjenige Buch, mit dem bis heute sein Name vor allem verbunden geblieben ist.[23] Anscheinend »mit der Tatsache einer grotesken Diskrepanz zwischen Leistung und Erfolg in allen menschlichen Dingen«[24] einigermaßen ausgesöhnt, zieht Bernfeld darin Bilanz; dabei verbindet er erziehungs- und kulturgeschichtliche Analysen mit der Untersuchung seiner eigenen Erfahrungen. Das Sisyphos-Geschäft des Erziehens stoße an drei Grenzen: Eine dieser Grenzen sei eine äußere, sie werde durch

20 S. Bernfeld, 1923, S. 750 f.

21 Gekennzeichnet durch weitgehende sexuelle Abstinenz, Verweigerung frühzeitiger Einordnung ins Erwerbsleben, leidenschaftliche Betonung intellektuell-künstlerischer Produktivität, revolutionäre, die Werte der Erwachsenen radikal in Frage stellende Forderungen nach Veränderung, akzentuierte »Wertbereitschaft«, hoher Idealpegel in der Freundesverehrung bei gleichzeitiger Herabsetzung Außenstehender, häufige, zumindest vorübergehende homosexuelle Orientierung, Selbstüberschätzung in raschem Wechsel mit Selbsthaß, all dies – wegen ständigen inneren Konflikts mit einem hypertrophen Ichideal – »nicht selten an Zustände der Melancholie gemahnend, jedenfalls von zahlreichen und tiefen Depressionen begleitet«. (AaO, S. 759 ff.)

22 Sein Interesse an Problemen der männlichen Pubertät und an Jugendforschung überhaupt hat Bernfeld zeitlebens weiterverfolgt (vgl. etwa seine Publikationen von 1927, 1931*a*, 1935*a*).

23 Bernfeld, 1925*a*. Es war auch das erste seiner Werke, das nach dem Zweiten Weltkrieg in der Bundesrepublik neu aufgelegt wurde.

24 AaO, S. 8.

die sozioökonomische Realität der Gesellschaft gesetzt, in deren Rahmen – und zwar allemal diesen Rahmen konservierend – der Erziehungsprozeß ablaufe. Marxsche Sozialphilosophie, Soziologie und Ökonomie erscheinen Bernfeld als das geeignete Instrumentarium zur Untersuchung dieser Grenze. Die beiden anderen Grenzen seien innere, bestünden in der Triebnatur des zu Erziehenden und des Erziehers und ließen sich mithilfe von Freuds Psychologie des Unbewußten ermitteln.

Seit 1920 hatte sich Bernfeld mehr und mehr der Psychoanalyse zugewandt; schon 1913 war er Gasthörer der Wiener Psychoanalytischen Vereinigung, nach seiner Promotion im Jahre 1915 aktives Mitglied geworden. Galt seine Beschäftigung, im Zusammenhang mit psychoanalytisch fundierter Pädagogik, in den Jahren vor 1920 vorwiegend den präventiven Aspekten der Psychoanalyse, so konzentrierte er sich nun zunehmend auf die therapeutisch-klinischen. 1922 ließ er sich in Wien als praktizierender Analytiker nieder. Sein wissenschaftliches Interesse begann sich auf die frühe und früheste Kindheit auszudehnen.[25] Bevor er 1925 zum Berliner Psychoanalytischen Institut überwechselte, unterrichtete er regelmäßig am 1923 gegründeten Lehrinstitut der Wiener Psychoanalytischen Vereinigung, dessen stellvertretender Direktor er war.

An den Veröffentlichungen seiner Berliner Jahre lassen sich hauptsächlich zwei aus heutiger Sicht wiederum widersprüchlich erscheinende Intentionen Bernfelds ablesen, die freilich an schon bei Freud angelegte erkenntnistheoretische Aporien anknüpfen: einerseits versuchte er der Psychoanalyse die soziale Dimension zu erschließen, sie als Sozialwissenschaft zu konstituieren; andererseits bemühte er sich, ihr ein quantifizierend-naturwissenschaftliches Fundament zu sichern.

Letzterem Ziel hoffte er durch die Zusammenarbeit mit dem Physiologen Sergei Feitelberg näherzukommen, wobei er an seine eigenen naturwissenschaftlichen Anfänge anschloß. Im Mittelpunkt stand der sogenannte ökonomische Gesichtspunkt der Psychoanalyse; Bernfeld und Feitelberg wollten die gängige Meinung widerlegen, »daß es unmöglich sei, quantitative Feststellungen über das Seelische zu machen, die präzise, umfänglich

25 S. vor allem seine *Psychologie des Säuglings* (1925*b*).

und zentral genug wären, um einem physikalischen Begriff psychischer Energie zu genügen«[26]. Angestrebt wurde eine experimentell verifizierbare »Libidometrie«, dazu geeignet, »von einer neuen Seite her Anschluß an die von Freud immer vertretene Auffassung« zu gewinnen, »daß die psychischen Eigentümlichkeiten auf einer physiologischen Gesetzmäßigkeit beruhen«[27]. Bernfeld und Feitelberg haben insbesondere nach Möglichkeiten gesucht, das von Freud bereits in seinen frühesten psychologischen Schriften postulierte »Konstanzprinzip« – wonach das Nervensystem bestrebt ist, etwas in seinen Funktionsverhältnissen, das Freud und Breuer[28] »Erregungssumme« nannten, konstant zu halten – physiochemisch, etwa in Gestalt der Messung einer Differenz zwischen der Temperatur des Gehirns und derjenigen anderer Körperorgane in bestimmten Zuständen (Wachen, Schlafen, Narkose), oder sinnesphysiologisch nachzuweisen. Sie wollten einlösen, was Freud im ›Entwurf einer Psychologie‹ (1950*a*) als zukünftige Aufgabe avisiert hatte, nämlich »psychische Vorgänge darzustellen als quantitativ bestimmte Zustände aufzeigbarer materieller Teile«[29]. Es waren tastende, eigentlich unfruchtbare Versuche, und beide Autoren mußten seinerzeit einräumen: »alles historisch entstandene Verhalten entzieht sich vorläufig noch völlig der energetischen Betrachtung«[30].

Schon damals sind diese libidometrischen Arbeiten denn auch auf mehr Kritik als Anerkennung gestoßen; sie haben später keine Fortsetzung gefunden. Heute könnten sie als eklatantes Beispiel dessen angeführt werden, was Jürgen Habermas das »szientistische Selbstmißverständnis« der Psychoanalyse genannt hat. Gemeint ist, daß »Freud in der Tat eine neue *Humanwissenschaft* begründet, aber in ihr stets eine *Naturwissenschaft* gesehen hat«[31]. Andererseits wird Bernfeld gerade von Autoren, die dieses »szientistische Selbstmißverständnis« gegenwärtig mit Verve korrigieren und in einer Phase fortschreitender »Me-

26 S. Bernfeld und S. Feitelberg, 1930, S. 66 f.
27 S. Bernfeld und S. Feitelberg, 1934, S. 231.
28 Freud (1940*d* [1892]).
29 Freud, 1950*a*, S. 305.
30 S. Bernfeld und S. Feitelberg, 1930, S. 104.
31 J. Habermas, 1968, S. 300 f.

dizinalisierung«[32] der Psychoanalyse ihr sozialkritisches Feuer nicht verlöschen lassen wollen[33], als derjenige Psychoanalytiker mit dem avanciertesten wissenschaftstheoretischen Bewußtsein seiner Generation angeführt. Denn Bernfeld hat es nicht bei seinen libidometrischen Arbeiten bewenden lassen, sondern eben auch Anstrengungen unternommen, die Psychoanalyse mit marxistischer Gesellschaftstheorie zu verbinden. Und zwar auf eine Weise, die ihn, wie Helmut Dahmer im einzelnen nachgewiesen hat, zumindest in manchen Arbeiten und Formulierungen doch von anderen Analytikern aus der ersten Generation der »Freudschen Linken« unterschied, Theoretikern, die rigide am Konzept der Psychoanalyse als einer – wenn auch materialistisch-dialektischen – Naturwissenschaft festhielten.

In seiner bekannten Abhandlung ›Der soziale Ort und seine Bedeutung für Neurose, Verwahrlosung und Pädagogik‹ konstatierte Bernfeld 1929: »Die Psychoanalyse hat sich noch nicht gründlich genug mit den sozialen Bedingungen all jener seelischen Vorgänge befaßte, die sie entdeckte.«[34] Und: »Innerhalb desselben Zeitalters erfahren die Triebschicksale unbeschadet der Gültigkeit aller Freudschen Mechanismen und Dynamismen je nach dem *Milieu*, in dem sie ablaufen, ihre *eigenartige Prägung*«.[35] Konsequent faßte Bernfeld den historisch-sozialen Aspekt dieser offenbaren Milieuprägung eines seelischen Vorgangs als den »Gesichtspunkt des ›sozialen Orts‹« zusammen, der zusätzlich zu den bislang geläufigen psychoanalytischen Gesichtspunkten, dem dynamischen, strukturellen, genetischen und ökonomischen, zu berücksichtigen sei. Denn der soziale Ort gehöre zu dem, was die Psychoanalytiker bisher als »Realität« konzipiert hätten und was vermittels der Prozesse der Verinnerlichung, insbesondere im Zuge des Überich-Aufbaus, Einlaß in die seelische Strukturbildung finde. Ob ein bestimmtes Symptom vom Erleben schweren subjektiven Leidens begleitet sei, ob ein Sublimierungsversuch als gelungener aufgefaßt und honoriert würde, was Menschen schließlich überhaupt unter »Glück« verstünden – all das hänge entscheidend vom ›sozialen Ort‹ des betreffenden Indi-

32 P. Parin, 1978, S. 391.
33 Vgl. insbesondere H. Dahmer, 1973 und 1980.
34 S. Bernfeld, 1929, S. 198.
35 AaO, S. 199.

viduums ab und sei ohne Berücksichtigung dieses sozialen Orts metapsychologisch nicht zureichend zu erfassen. Das gleiche gälte für die Beurteilung von Phänomenen wie Verwahrlosung und Kriminalität.

Jedenfalls gehe es nicht an, Psychoanalyse und Soziologie scharf gegeneinander abzugrenzen. In seiner Polemik[36] gegen die Formel Wilhelm Reichs über das Verhältnis von Psychoanalyse und »kommunistischem Marxismus« – die Psychoanalyse sei (sozusagen biologistisch mißverstanden) für die individuellen psychischen Sachverhalte zuständig, der Marxismus für die gesellschaftlichen – erklärte Bernfeld es, wie schon im *Sisyphos*, für wünschbar, »daß die Psychoanalyse immer umfangreicher und intensiver auch die zentralen Gegenstände, die bisher üblicherweise von der Soziologie und der Geschichte behandelt wurden, auf ihre Weise erforsche«[37]. Dabei hat Bernfeld klar gesehen, daß die Psychoanalyse »einen neuen, und zwar wissenschaftstheoretisch noch nicht zulänglich erfaßten Typus von Psychologie«[38] darstelle.

In manchen Passagen seiner gleichfalls aus der Berliner Zeit stammenden zentralen Arbeit über den psychoanalytischen Deutungsbegriff (1932*b*) gelangen Bernfeld Formulierungen, die einem hermeneutisch-dialektischen Verständnis der Psychoanalyse nahekommen.[39] »Den Sinn eines Traumes deuten, heißt für Freud und die Psychoanalyse: *ihn in einen personalen Zusammenhang einordnen.* Und ebenso heißt neurotische Symptome, Tagträume, Fehlhandlungen oder Kunstwerke *psychoanalytisch deuten nichts anderes, als sie in den Gesamtzusammenhang der Person einordnen.*«[40] Dabei muß der Vorgang, um dessen Rekonstruktion es geht, Spuren – und seien es noch

36 S. Bernfeld, 1932*a*.

37 AaO, S. 530.

38 AaO, S. 531. Schon ein Jahr früher heißt es in der Arbeit ›Zur Sublimierungstheorie‹: »Nun ist die Beziehung zwischen Psychologie und den Geschichts- und Gesellschaftswissenschaften überhaupt noch keineswegs geklärt und die Stellung der psychoanalytischen Psychologie in diesem Problemkreis noch ganz ungenügend erwogen.« (Bernfeld, 1931*b*, S. 562.)

39 Vgl. auch die aufschlußreiche Parallelisierung zwischen dem Geschehen im analytischen Prozeß und bestimmten Elementen des Alltagsgesprächs in der späteren wissenschaftstheoretischen Arbeit ›The Facts of Observation in Psychoanalysis‹ (1941).

40 S. Bernfeld, 1932*b*, S. 569.

so entstellte, noch so bruchstückhafte – hinterlassen haben; ferner muß zwischen bestimmten seelischen Geschehnissen und den von ihnen übriggebliebenen Spuren eine regelhafte, gesetzmäßige Beziehung bestehen, damit »jene aus diesen bestimmbar, erschließbar, erratbar, ›deutbar‹ werden«[41]. Zusammengefaßt: »Als *Rekonstruktion* vergangener personaler Geschehnisse aus den Spuren, die sie selbst hinterlassen haben, wäre demnach das zentrale Forschungsverfahren der Psychoanalyse zu charakterisieren.«[42] Zwar erörtert Bernfeld in der nämlichen Arbeit, in der er die Psychoanalyse als »Spurenwissenschaft«, als ein »Magazin von Wissen um die Spuren seelischer Abläufe«[43] definiert, noch einmal die Möglichkeit, ihre funktionellen, qualitativen Aussagen letztendlich doch noch in funktionale, quantitative überzuführen. Doch stellt er sich im gleichen Zusammenhang schon die skeptische Frage: »Wird die Psychoanalyse nicht durch diese Haltung doch mechanistisch und infolgedessen einem grundsätzlich unerreichbaren und falschen, jedenfalls fast der gesamten heutigen Psychologie veraltet scheinenden Ideal preisgegeben?«[44]

Wer im *Sisyphos* die Rede des fiktiven Unterrichtsministers Bürger Machiavell gelesen hat – sie enthält eine bis in die Einzelheiten von Ideologiebildung, antisemitischer Propaganda, totalitärer Jugendorganisation und Führerverfassung beklemmend exakte Prognose des deutschen Faschismus –, den wird nicht verwundern, daß Bernfeld frühzeitig die nationalsozialistische Gefahr erkannte. Schon 1932 verließ er Berlin – zuvor hatten sich Hoffnungen auf eine Professur an der Technischen Hochschule Braunschweig, im Rahmen des dortigen Modells der Lehrerausbildung, zerschlagen[45] – und kehrte vorübergehend nach Wien zurück, ehe er sich 1934 für etwa zwei Jahre in Südfrankreich niederließ. Dort widmete er sich erneut Studien über das Verhältnis von Psychoanalyse und Biologie.[46]

41 AaO, S. 588.
42 AaO, S. 589.
43 AaO, S. 598.
44 AaO, S. 583; 1941 warnte er dann ausdrücklich davor, einen zu engen Begriff von »Wissenschaftlichkeit« zu fetischisieren (S. 290).
45 Vgl. U. Sandfuchs, 1978, S. 253 f.
46 Vgl. insbesondere seine ›Revision der Bioanalyse‹ (1937; ferner Bernfeld, 1935*b*). Aus der gleichen Zeit datieren wohl auch die im Bernfeld-Archiv aufbewahrten Entwürfe ›Zur Geometrie der Organismen‹, in denen Bernfeld –

In dritter Ehe heiratete er damals Suzanne Cassirer Paret. Nach kurzem Aufenthalt in London folgte er 1937 einem Vorschlag der Psychoanalytiker Ernst Simmel und Otto Fenichel, in die USA auszuwandern. Seit 1938 bis fast zu seinem Tode am 2. April 1953 beteiligte er sich an Aufbau und Unterricht des Psychoanalytischen Instituts in San Francisco.

In ihrem Nachruf hat Hedwig Hoffer gemeint, Bernfeld sei wohl zu spät im Leben nach Amerika gekommen, um noch einmal wirklich beginnen zu können. Betrachtet man die Bibliographie seiner Schriften, so scheinen die wenigen englischen Titel, verglichen mit der üppigen Liste der Jahre und Jahrzehnte davor, immerhin fast ein Verstummen des Schriftstellers Bernfeld zu dokumentieren. Seine stilistischen Ansprüche dürften ihm im Exil das Schreiben in der neuen Sprache zusätzlich erschwert haben. Außer den Studien zur Freud-Biographik sind es nur drei oder vier Veröffentlichungen. Die letzte Arbeit (1962) ist posthum erschienen und enthält die Mitschrift eines Vortrags, den Bernfeld wenige Monate vor seinem Tode am Psychoanalytischen Institut in San Francisco hielt, nachdem er, der noch immer leidenschaftliche und begeisternde Lehrer, sich zuvor von seinen offiziellen Funktionen als Lehranalytiker zurückgezogen hatte. Er übte in diesem Vortrag radikale Kritik am durchorganisierten, nach seinem Dafürhalten von Versteinerung bedrohten psychoanalytischen Ausbildungssystem mit seinen rigiden Zulassungsbeschränkungen.[47] Schon drei Jahre früher hatte er in dem wohl utopischen Wunsch, Liberalität und schöpferische Lebendigkeit der psychoanalytischen Pionierzeit zu bewahren, das Modell eines »freien« Ausbildungsinstituts vorgeschlagen[48], welches gegen die Gefahren der Bürokratisierung besser gefeit sein sollte als die bestehenden Institutionen. So war Bernfeld in seiner letzten Arbeit – Peter Paret bezeichnete sie treffend

am »Problem der Isomorphie zwischen Psychologie und Biologie«, zwischen Organismen-Verhalten und Organismen-Bau interessiert – versucht hat, »einige einfache Grundbegriffe und Operationen der nicht-metrischen Geometrie (Topologie) zum Studium einer niedrig organisierten Organismengruppe zu verwenden«. Manches in diesen unveröffentlichten Papieren erinnert an bestimmte mathematisierende Extremformulierungen der französischen Strukturalisten.

47 Kritische Kommentare zu Ausbildungsfragen finden sich auch in Bernfelds Korrespondenz mit Ernst Simmel (Bernfeld-Archiv).

48 Vgl. R. Ekstein, 1962, S. 454 f.

als »Sisyphos en miniature«[49] – zu seinen pädagogischen Anfängen zurückgekehrt.[50]

II

Die Forschungen zur Freud-Biographik sind in anderer Hinsicht eine Rückkehr zu den eigenen Anfängen. Wann Bernfeld damit begonnen hat, läßt sich nicht genau angeben. Schon 1930 hatte er in einer polemischen Stellungnahme zu dem Band *Krisis der Psychoanalyse*[51] sich mit der Wirkungsgeschichte der Psycho-

49 P. Paret, 1973, S. XXV.

50 Der in San Francisco bald nach Bernfelds Tod gefaßte Plan, einen Band mit Übersetzungen seiner theoretischen Schriften zu veröffentlichen (als Herausgeber war zunächst Edward Bibring, danach Rudolf Ekstein vorgesehen), wurde nicht verwirklicht. Auf dem angloamerikanischen Buchmarkt gibt es heute lediglich die Übersetzung des *Sisyphos.* Im deutschsprachigen Raum erfolgte in den letzten zehn bis fünfzehn Jahren eine allmähliche Rezeption der Gedanken Bernfelds, ihrer Vielfalt entsprechend von verschiedenen Disziplinen aus. Der Hauptanstoß kam 1968 aus der Studentenbewegung. Vorwiegend in programmatischer Absicht wurden Bernfelds reformpädagogische Ideen im Zusammenhang mit der Forderung nach antiautoritärer Erziehung wiederentdeckt. Die zur Förderung dieser Rezeption 1969/1970 publizierte dreibändige Bernfeld-Ausgabe ermöglichte ein erneutes Studium von Teilen seines sonst schwer zugänglichen Werks. Angeregt durch die Untersuchung der noch wenig verstandenen Phänomene einer neuen, weltweiten Jugendkultur und Jugendbewegung hat inzwischen die wissenschaftliche Auseinandersetzung mit Bernfelds Theorien und Begriffen im Rahmen der Jugendsoziologie begonnen, besonders gilt dies für die von Bernfeld vorgeschlagenen Erhebungsmethoden, die einen Zugang zur »echten jugendlichen Subjektivität« ermöglichen sollen. Schon 1962 hatte Leopold Rosenmayr in seiner *Geschichte der Jugendforschung in Österreich 1914-1931* Bernfeld ein Kapitel gewidmet (vgl. auch Rosenmayr, 1969 und 1975). Auf welcher Ebene sich jene Autoren mit Bernfelds Arbeiten befassen, die sich, anknüpfend an Theoretiker der Frankfurter Schule, in den letzten Jahren um ein neues hermeneutisch-dialektisches Verständnis der Psychoanalyse bemühen bzw. die Diskussion über das Verhältnis von Freudscher und Marxscher Theorie neu beleben wollen, wurde bereits angedeutet. (Bernfeld selbst stand mit Theodor W. Adorno und Max Horkheimer in Verbindung, die gleichfalls Jahre im kalifornischen Exil verbrachten.) Ulrich Herrmann, Professor am Institut für Erziehungswissenschaft der Universität Tübingen, wird, außer einer Bernfeld-Gesamtausgabe, eine Monographie über Bernfeld veröffentlichen, die sich vor allem mit dessen Aktivitäten im Zusammenhang mit der Jugendkulturbewegung, den Beiträgen zur Jugendforschung, der frühen Publizistik sowie den pädagogischen Initiativen, nicht zuletzt im Rahmen der Wiener und der Berliner Psychoanalytischen Vereinigung, befaßt. Eine genuin psychoanalytische Rezeption der Bernfeldschen Forschungen, etwa seines Konzepts des »sozialen Orts« oder seiner Adoleszenzstudien, hat meines Wissens nicht stattgefunden.

51 Herausgegeben von H. Prinzhorn und K. Mittenzwey (1928).

analyse befaßt; etwa aus der gleichen Zeit datieren wissenschaftsgeschichtlich-werkorientierte Studien zu bestimmten Freudschen Hauptbegriffen.[52] Vielleicht war der Übergang von diesen Arbeiten zu im engeren Sinne biographisch-lebensgeschichtlichen Recherchen eher fließend. In einem unveröffentlichten Manuskript[53] stellte Bernfeld jedenfalls fest: »Die Leistung eines Wissenschaftlers der formalisierten Disziplinen wie Mathematik oder Physik kann ohne jeglichen Bezug auf ihre psychologische Funktion oder Bedeutung zulänglich verstanden werden. Nicht so im Falle Freuds. Zu den vielen einzigartigen Zügen seiner Persönlichkeit und seines Werks gehört die enge Verbindung zwischen seiner wissenschaftlichen Arbeit und seinem Leben, dem vergangenen wie dem aktuellen, eine Verbindung, die wir sonst eher beim Dichter aufzuspüren gewohnt sind.« Und weiter: Freuds Anfänge seien uns räumlich und zeitlich so entrückt, wie uns sein Werk nahe sei. Dieses Werk aber sei nicht in einem Elfenbeinturm entstanden. Vielmehr sei es durchzogen von Anspielungen auf bereits verstorbene, womöglich längst vergessene Personen, auf Orte und Umstände, von denen der heutige Leser nur eine vage Vorstellung habe. So sei ein tieferes Verständnis der Schriften Freuds bis hinein in ihre scheinbar nebensächlichen Verästelungen erschwert, solange dem Leser nicht die entsprechenden historischen und biographischen Fakten zur Verfügung stünden.

Aus demselben Manuskript geht hervor, daß Bernfeld zu seinen Studien über Freuds voranalytische Phase ursprünglich durch seine Erfahrungen als Lehranalytiker angeregt wurde.[54] Anschei-

52 Vgl. etwa die Arbeit über den ›Begriff der »Deutung« in der Psychoanalyse‹ (1932*b*), die sich u. a. mit der von Freud benutzten Metaphorik befaßt, oder, bezüglich einer Untersuchung zur Entwicklung seines Triebkonzepts, die Abhandlung ›Über die Einteilung der Triebe‹ (1935*b*).

53 Bernfeld-Archiv. Dieser von 1952 stammende Text ist der Entwurf für die Einleitung zu einer zusammenhängenden biographischen Darstellung der Anfänge Freuds, von der noch die Rede sein wird.

54 Ähnlich heißt es in einem Brief an Ernest Jones vom 6. Juni 1952: »Als die Fließ-Briefe herauskamen, fand ich bestätigt, daß der ›Entwurf einer Psychologie‹ [er wurde im Rahmen der Fließ-Briefe (Freud, 1950*a*) erstmals veröffentlicht] für das Verständnis vieler dunkler Stellen, ja, mancher Hauptzüge seiner Theorie von größter Bedeutung ist. Ehe die Fließ-Briefe erschienen, hatten mir das theoretische Kapitel der *Traumdeutung* sowie andere Teile des Werks ständig Kopfzerbrechen bereitet. Wer Psychoanalyse lehrt, gerät mit diesen Kapiteln und Konzepten unweigerlich ins Gehege. Für mich waren sie der eigentliche Anreiz, mit meinen biographischen Studien zu beginnen.«

nend hatte er registriert, daß es ohne gleichzeitige Erörterung des historischen und biographischen Hintergrunds nicht möglich war, Ausbildungskandidaten ein wirkliches Verständnis für Substanz und Besonderheit des Freudschen Denkens zu vermitteln. Es ging Bernfeld also, mit einer Unterscheidung des Philosophen Hans Reichenbach zu sprechen, nicht allein um den »context of justification«, die rationale Beschreibung des in sich zusammenhängenden Systems psychoanalytischen Wissens, sondern um den »context of discovery«[55], die historische Rekonstruktion der höchst spezifischen historisch, soziologisch und psychologisch begründbaren Entwicklung von Freuds Lehre, verlötet mit der Lebensgeschichte des Begründers der Psychoanalyse.

Für Rekonstruktion und Interpretation des »context of discovery« aber war Bernfeld in mehrfacher Hinsicht gerüstet. Er kannte den »sozialen Ort« Freuds und der Entstehung der Psychoanalyse nicht nur aus Archivstudien, sondern aus unmittelbarer, eigener Erfahrung und Anschauung, sogar durch gewisse biographisch-autobiographische Gemeinsamkeiten. So gesehen, könnten Bernfelds Freud-Studien vielleicht als ein Versuch verstanden werden, die schmerzhaften Entwurzelungsgefühle des Lebens im Exil durch eine beinahe inbrünstige Vergegenwärtigung, Vergewisserung der eigenen europäischen Ursprünge zu beschwichtigen.[56] Bernfelds Geburtsort liegt nicht sehr weit von demjenigen Freuds entfernt; beide waren bewunderte Erstgeborene sehr junger Mütter; beider Väter betätigten sich im Textilgewerbe. Wie Freud, so war auch Bernfeld in Wien aufgewachsen; beide besuchten das humanistische Gymnasium; beide zeigten früh Neigung und Fähigkeit zur Selbstbeobachtung, und beide haben zuerst naturwissenschaftliche Fächer studiert.

55 H. Reichenbach, 1938, S. 6 f. Bernfeld und Reichenbach kannten einander schon aus der Berliner Zeit und blieben auch in der Emigration in Verbindung. R. Ekstein (1966, S. 424) berichtet, Bernfeld habe mit Reichenbach über den Wert der Selbstbeobachtung als Instrument wissenschaftlicher Forschung diskutiert.

56 Dies käme zu den Motiven hinzu, die wahrscheinlich am Grunde jeglicher Biographik auszumachen sind: Restauration, Wiederbelebung von etwas Vergangenem, Verlorenem, insofern phantasierter Triumph über den Tod, und eine das eigene Selbst erweiternde Identifizierung mit der Größe des Protagonisten.

Die profunde naturwissenschaftliche Ausbildung und eine dabei verinnerlichte positivistische Einstellung waren ohne Zweifel Grundvoraussetzungen für die einfühlsame Rekonstruktion der durch und durch positivistischen Frühphase Freuds.[57] Doch teilte er mit Freud nicht nur den szientistischen Anspruch, sondern auch die »Vorliebe für das Prähistorische in allen menschlichen Formen«[58], den Hang zur »Spurenwissenschaft«. Elemente seiner Historikerbegabung sind schon in Bernfelds früher, gleichermaßen positivistischer Sammelleidenschaft zu erkennen, den bereits genannten ›Beiträgen zur Jugendforschung‹[59] oder den ›Anweisungen zur Sammlung von Material‹[60]. Wissenschaftsgeschichtliche Exkurse, zumal erziehungsgeschichtliche, kennzeichnen seine Schriften fast von Anfang an, nicht erst den *Sisyphos*, die Untersuchung über ›Léonard Bourdons System der Anstaltsdisziplin, 1788-1795‹[61] und die ›Kinder-Enquête über das Prügeln‹[62].

57 In einem Brief Bernfelds an H. Ansbacher vom 26. Mai 1952 heißt es: »Freud gehörte zu der Gruppe von Physikern und Physiologen um Brücke, die der Entwicklung des Positivismus von Mach und Avenarius den Weg bereitete. Mit Sicherheit kannte er die Zeitschrift [Vierteljahrsschrift] für wissenschaftliche Philosophie. In den neunziger Jahren beeindruckte ihn Mach. In seinen früheren Jahren war er stark von der englischen Bewegung, besonders John Stuart Mill, beeinflußt worden. Er war ein Freund Theodor Gomperz', der später dem Wiener Kreis angehörte und den Gomperz-Kreis gründete. Sehr früh las er englische Historiker positivistischer Prägung wie Buckle. In der einen oder anderen Form war also der Positivismus fraglos seine ›natürliche‹ Denkungsart. Was seine Einstellung zu den späteren Schulen – Carnap, den Gestaltpsychologen u. a. – angeht, so mag eine Anekdote charakteristisch sein. Ich setzte ihm einmal auseinander, worum es diesen Leuten gehe, und wir unterhielten uns eingehend über Kurt Lewins Ideen. Freud folgte mit großem Interesse, meinte aber schließlich: ›Das erinnert mich an jemanden, der es mit dem Putzen seiner Brille derart genau nimmt, daß er nie dazu kommt, sie aufzusetzen und hindurchzuschauen.‹« (Bernfeld-Archiv; Ansbacher, mit einer Studie über die wissenschaftstheoretischen Positionen Freuds und Alfred Adlers beschäftigt, hatte Bernfeld brieflich befragt.)

58 Freud, 1950*a*, S. 236.

59 S. Bernfeld, 1922*a* und 1924.

60 S. Bernfeld, 1922*b*.

61 S. Bernfeld, 1930*b*; eine Studie, in der Bernfeld kritisiert, daß die Epoche der Französischen Revolution, »in der all unsere heutigen Erziehungs- und Sozialprobleme zum erstenmal in moderner Prägung sich entfalten«, in der Erziehungsgeschichtsschreibung bislang kaum beachtet worden sei. Anhand eigenen Quellenstudiums erörtert Bernfeld den historischen »Plan einer Erziehungsanstalt mit Schulgemeinde aus dem Jahre 1788 und dessen Verwirklichung mit Kriegswaisen im Rahmen der Fürsorgemaßnahmen des revolutionären Frankreich« (aaO, S. 235). Auf die Parallele zu Bernfelds »Kinderheim Baum-

Im Zusammenhang mit Überlegungen zu einer Psychologie des Revolutionärs und des von Rettungsphantasien beflügelten »›schöpferischen‹ Pädagogen« finden sich in der Arbeit über Bourdon unmittelbar biographische Passagen. Als direkt biographisch kann denn auch die Studie ›Der Irrtum des Pestalozzi‹[63] bezeichnet werden. So war Bernfeld als Wissenschaftshistoriker, sogar als Biograph bereits ausgewiesen, ehe er sich der Freud-Biographik zuwandte.[64]

Zu seiner Kompetenz als Freud-Biograph hatten schließlich auch seine langjährigen Forschungen über Kindheit und Jugend, insbesondere über Pubertätskreativität, beigetragen. Obgleich er die von ihm entwickelten Konzepte, etwa den Begriff der »gestreckten Pubertät« oder der »genialischen Pubertät«[65], in seinen Freud-Essays nicht ausdrücklich verwendet, bildet Bernfelds Kindheits- und Jugendverständnis doch den theoretischen Hintergrund für seine Beschäftigung mit Sigmund Freuds Frühphase. Tatsächlich war es diese Frühphase, die Bernfeld vordringlich interessierte: Kindheit und Jugend, Studium und wis-

garten« kann hier nicht eingegangen werden, jedoch geht aus mehreren Arbeiten hervor, daß Bernfeld sein eigenes Scheitern als Reformpädagoge auch historisch reflektierte.

62 S. Bernfeld, 1926.

63 S. Bernfeld, 1926/1927.

64 Bernfelds Interesse an Biographik bezeugen nicht zuletzt einige unpublizierte Dokumente des Bernfeld-Archivs. Es finden sich dort undatierte Forschungsnotizen und Manuskriptentwürfe ›Zur Biographie des Thomasius‹, »den die Handbücher den Vater der Aufklärung nennen«. Bernfeld war besonders von dessen Charakterologie und ›Trieblehre‹ angezogen, obgleich er meinte, »weder in der Philosophie noch in der Wissenschaft hat er bahnbrechend unerhört Neues aufgestellt«; er sei »kein großer Gestalter« gewesen, vielmehr »ein unermüdlich, geschickt aufwühlend agitierender ›Moderner‹; gegen Pedanterie und Scholastik, gegen Heuchelei und ›päpstischen‹ Autoritätsglauben des orthodoxen Luthertums, gegen theologisierende Jurisprudenz«. »Der Psychologe wird das Studium solcher nicht eigentlich ›Großer‹ sehr reizvoll und verlockend finden«, denn »diese Personen, die das Neue nicht schaffen, sondern vermitteln, ausbreiten, umsetzen, durchsetzen«, seien »dem eigentlichen historischen Prozeß, soweit er den Kulturpsychologen sichtbar werden kann, näher«. Schließlich liegt im Bernfeld-Archiv noch das angefangene Manuskript einer biographisch-psychopathographischen Skizze über Hitler, anhand einer Analyse von *Mein Kampf*, die offensichtlich noch vor Kriegsende niedergeschrieben worden ist und, nach bestimmten Bemerkungen über Adoleszenzkonflikte zu urteilen, von Bernfeld stammen könnte.

65 Dabei hätte gerade der von Bernfeld ausgearbeitete Merkmalskatalog der »gestreckten Pubertät« in manchen Eigentümlichkeiten von Freuds Jugend- und früher Erwachsenenphase Bestätigung gefunden.

senschaftliche Anfänge, Entstehungs- und Entdeckungskontext der Psychoanalyse. Das ergibt sich nicht nur aus der Themenstellung der publizierten, im vorliegenden Band zusammengefaßten Essays[66], sondern auch aus den unveröffentlichten Papieren des Bernfeld-Archivs.

Über die bei seinen Freud-Forschungen angewandte Methode schrieb Bernfeld 1950 an Ernest Jones: »Schon seit vielen Jahren sammele ich Material über Freuds Leben. Sobald meine Unterlagen über die eine oder andere Phase umfassend genug sind, veröffentliche ich das betreffende Material. Auf diese Weise sind bislang die frühe Kindheit (Menninger Bulletin [1944]), eine Episode aus Freuds Adoleszenz (American Imago [1946]), Freuds Verbindung zur Helmholtz-Schule (Psychoanalytic Quarterly [1944]) und Freuds Studienzeit (American Imago [1949])[67] abgehandelt worden. Ich habe ausreichend Material an der Hand für ›Freud als Sekundararzt im Wiener Allgemeinen Krankenhaus‹, ›Freud als Hypnotiseur‹ und ›Freud als Gehirnanatom‹[68]. Für Freuds Gymnasialjahre habe ich neue Informationsquellen erschlossen; ich hoffe, bald über einige interessante Daten zu verfügen. Vor kurzem habe ich Verbindung zu einem Freund in Wien aufgenommen, der mir versprochen hat, in den Universitätsarchiven des Unterrichtsministeriums Material auszugraben.« Und: »Ich betrachte meine Bemühungen auf diesem Gebiet als Ergänzung und Anmerkung zu Freuds Biographie[69]; ich glaube, daß sie einer definitiven Freud-Biographie einmal nützlich sein können.«

Diese Mutmaßung trifft tatsächlich nicht nur auf die publizierten Freud-Essays zu, von denen Ernest Jones in seiner Freud-Biographie[70] gründlich Gebrauch gemacht hat, sondern – für eine vielleicht in Zukunft entstehende, definitive Freud-Biographie – auch für die umfangreichen Forschungsunterlagen, die im Bernfeld-Archiv aufbewahrt werden. Es handelt sich erstens um

66 Eine Ausnahme bildet lediglich der Aufsatz von Suzanne Cassirer Bernfeld (1951).
67 Alle Arbeiten im vorliegenden Band enthalten.
68 Von diesen Arbeiten ist nur die zuerst genannte erschienen, und zwar unter dem Titel ›Sigmund Freud, M. D., 1882-1885‹ (1951); vgl. außerdem Bernfeld und Cassirer Bernfeld, 1952, sowie Bernfeld, 1953.
69 Gemeint ist wohl Freuds *»Selbstdarstellung«* (1925*d*).
70 E. Jones, 1953.

ein ausgedehntes, alphabetisch geordnetes Personenregister bzw. Personen-Archiv[71], nicht allein eine minutiöse Rekonstruktion des Freudschen Stammbaums[72], sondern um eine Art Nachschlagewerk für alle jene Figuren, die in Freuds Leben, Entwicklung und Werk mittelbar oder unmittelbar eine Haupt- oder auch nur eine Nebenrolle gespielt haben. Der Akzent liegt auch hier auf Freuds Frühphase. Das eindrucksvolle Material entstammt nur zum Teil einer systematischen Auswertung der bis zu diesem Zeitpunkt veröffentlichten Freud-Biographika sowie autobiographisch-biographischen Veröffentlichungen über die einzelnen Personen; besonders aufschlußreiche Einzelheiten sind Briefen entnommen, die die Bernfelds über viele Jahre mit Augenzeugen gewechselt, oder auch Interviews, welche sie mit großenteils inzwischen verstorbenen Partnern geführt haben.[73] Dies von ihnen geschaffene Arbeitsinstrument haben die Bernfelds offenbar wie ein komplexes Informationsgewebe, gleichsam einen Freud-Datenspeicher, ständig benutzt und genüßlich[74] erweitert.

Kleinere, ungenutzte Bausteine der Freud-Biographik sind ferner in einer chronologisch geordneten Materialsammlung über aufeinanderfolgende Phasen, Entwicklungsabschnitte und Ereignisse in Freuds Biographie vergraben[75], einer Art Lebenslauf-

71 Im Bernfeld-Archiv als ›Research Note Books‹ beschriftet.

72 Gerade die Daten über die engeren Familienmitglieder – sie füllen einen eigenen Ordner – sind von besonderem Interesse, z. B. Beschreibungen von Freuds Mutter, ihrer Beziehung zu ihrem Sohn sowie zu ihrer Tochter, Adolfine, Informationen, die einige neue Perspektiven eröffnen.

73 Bei ihren Erhebungen bemühten sie sich vor allem darum, ihre Funde zu sichern. In einem Brief an Ernest Jones vom 11. Juni 1951 bemerkte Bernfeld: »Ich habe gelernt, Informationen zu mißtrauen, die nicht zumindest zweifach bestätigt sind.«

74 Daß tatsächlich ein Moment von Spiel und detektivischem Spaß diese Nachforschungen beflügelt hat, geht aus den Briefen hervor, die die Bernfelds mit Ernest Jones und Leslie Adams, einem ebenfalls mit Forschungen zur Entstehungsgeschichte der Psychoanalyse beschäftigten New Yorker Psychiater, wechselten. Auch James Strachey gegenüber äußerte sich Bernfeld in einem Brief vom 9. Juni 1952 in diesem Sinne: »Ich liebe das Freud-Quiz, obwohl ich nicht einmal besonders gut darin bin. Aber es reizt Frau Bernfeld und mich zu endlosen Recherchen, einem puren Vergnügen, das dann gegenüber jeglicher ernsthaften Arbeit Vorrang hat.« In einem Brief an Ernest Jones vom 12. September 1951 bezeichnete Bernfeld seine biographischen Studien unumwunden als sein »Hobby«.

75 Im Archiv mit ›Research Notes‹ beschriftet. Sie sind allerdings wesentlich weniger umfangreich als die ›Research Note Books‹.

register, wiederum mit Schwergewicht auf der Frühphase. Besonders ausgearbeitete und eigens beschriftete Abschnitte sind der Freiberger frühesten Kindheit, den ersten Jahren in Wien, 1859-1865, sowie der Gymnasialzeit gewidmet.[76]

Ohne Zweifel ist der Reichtum der Bernfeldschen Forschungsunterlagen schriftstellerisch nicht ausgeschöpft. Nach 1950 hat Bernfeld die an Selbstverleugnung grenzende Beschränkung seines Beitrags auf eine Art Zuarbeit für die Bemühungen eines zukünftigen Biographen immerhin gelockert. Was ihm zuletzt vorschwebte, hat er am deutlichsten in einem Brief vom 2. August 1952 an Leslie Adams formuliert: »Ich habe nicht die Absicht, eine Biographie Sigmund Freuds zu schreiben. Vielmehr arbeite ich an einem Buch über Freuds Leben bis zum Übergang vom Hypnotismus zur freien Assoziation, in welchem ich die psychischen, sozialen und historischen Faktoren untersuche, die zu jener ›Wendung‹ seiner Interessen führten, die ihn schließlich berühmt gemacht hat.«[77]

Im Archiv findet sich ein Inhaltsplan für dieses Buch, der tatsächlich bis zum Übergang vom Hypnotismus zur freien Assoziation reicht[78]; es sollte sich um »eine Biographie der Jahre« handeln, die Freuds »Hauptwerk voraufgingen«. Außerdem sind einige englischsprachige Manuskripte bzw. Manuskriptentwürfe vorhanden, Fragmente des geplanten Buchs. Doch ist keiner dieser Texte in druckfertigem Zustand[79]; es machte also we-

76 Die Materialsammlung enthält sogar Daten über Geschichte, Struktur und Atmosphäre von Institutionen, mit denen Freud in Berührung kam, z. B. über das Wiener Allgemeine Krankenhaus oder Meynerts hirnanatomisches Institut. Er liebe es, »Hintergrundsmaterial zu liefern«, bemerkte Bernfeld in einem Brief an Jones vom 17. September 1952, wobei sein Augenmerk feinsten Einzelheiten der historischen Realität galt.

77 Bereits von schwerer Krankheit beeinträchtigt, fügte er noch hinzu: »Wann mein Buch abgeschlossen sein wird, weiß ich nicht. Ich dachte, es würde in diesem Sommer druckfertig sein. Doch hat mein Arzt diese Pläne buchstäblich durchkreuzt.«

78 Er umfaßt vierzehn Kapitel: Einleitung; 1. Freiberg; 2. Vor dem Gymnasium; 3. Gymnasium; 4. Drei chaotische Jahre; 5. Brückes Institut; 6. Die Wendung; 7. Das Allgemeine Krankenhaus; 8. Kokain I; 9. Paris; 10. Das erste Praxisjahr; 11. Kokain II; 12. Hypnotismus; 13. Freie Assoziation; 14. (Zurück nach Freiberg) – Den ersten drei Kapiteln entsprechen die erwähnten, eigens beschrifteten umfangreichen Abschnitte im Lebenslaufregister.

79 Die Blätter enthalten Korrekturen von verschiedener Hand sowie Alternativformulierungen, die nicht gelöscht sind; zwischen manchen Absätzen fehlen gar die Verknüpfungen.

nig Sinn, sie hier in deutscher Übersetzung in extenso wiederzugeben.

Ein zwölfseitiges, titelloses Maschinenskript enthält offenbar Elemente der Einleitung. Es heißt dort: »Ich werde der Entwicklung von Freuds Denken nachgehen von der Zeit, da er ein ›kaum zum Denken erwachter Jüngling‹ gewesen war, bis in seine dreißiger Jahre, in denen er erste Schritte zur Erfindung der psychoanalytischen Methode unternahm. Ich werde das Milieu beschreiben, in dem er lebte, arbeitete und dachte, und die Kräfte zu würdigen versuchen, die Einfluß auf ihn nahmen, die intellektuellen Interessen, die Bewandtnisse und die Ansichten seiner Familie und seiner Freunde, seiner Lehrer und Widersacher, die philosophischen, literarischen und wissenschaftlichen Strömungen seiner Zeit. Schließlich werde ich jene anonymen Mächte zu benennen trachten, die das Denken des Menschen mitprägen – die sozialen, ökonomischen und politischen Verhältnisse, in denen er lebte. Doch werden entsprechende Beschreibungen und Bewertungen auf jenes Mindestmaß beschränkt bleiben, welches für die Förderung des Verständnisses von Freuds Werk, seine ›Lokalisierung‹, unerläßlich ist.« Der Hauptakzent des Buches solle, so betont Bernfeld ausdrücklich, auf der »psychologischen Dimension von Freuds Denken« liegen. Denn der Psychoanalytiker stelle das simple Faktum in Rechnung, »daß der Mensch, manchmal sehr früh, ein Ideal von sich bildet und daß dieses Ideal, obzwar seinerseits Resultat bisheriger Lebensgeschichte, in allen nachfolgenden Entwicklungen als prägende Kraft wirksam« werde. Bei manchen nur sehr schwach und kaum merklich. Im Falle Freuds sei dies früh aufgerichtete und bis zum Ende durchgehaltene Ideal aber von ausschlaggebendem Einfluß gewesen. »Ohne Zweifel war Freud ein Mensch, der in einem solchen Ausmaße ›an sich gearbeitet‹, ›sich selbst gemacht‹ hat, daß das Endergebnis ohne angemessene Würdigung dessen, was zu werden er sich vorgenommen hatte, nicht beurteilt werden kann.«[80]

80 Das Einleitungsmanuskript enthält auch beredte eigene Eindrücke Bernfelds von Freud, von der ersten Begegnung im Jahre 1913 sowie aus späteren Jahren – eine sehr persönliche Charakterskizze des Begründers der Psychoanalyse, aus der zumindest einige Sätze aus einer Passage zitiert seien, in der Bernfeld über das Austragen von Meinungsverschiedenheiten mit Freud berichtet: »Nie spielten dabei böser Wille, schiere Laune, Machtgier, Mangel an Einfühlung

Das einundzwanzigseitige Manuskript des ersten Kapitels trägt den Titel »Freiberg 1856-1859: Die prähistorische Zeit«. Es enthält, passagenweise in wörtlicher Übernahme, den Stoff der drei im vorliegenden Band enthaltenen Freud-Essays, die sich, aus je verschiedener Perspektive, mit Freuds früher Kindheit befassen.[81] Wesentlich ausführlicher und durch neue Forschungsergebnisse angereichert sind die Abschnitte über die historische, kulturelle und soziale Situation, in die Freud hineingeboren wurde. Mehr als in den publizierten Essays erfährt der Leser auch über Herkunft und Lebensmilieu von Freuds Eltern. Zur Interpretation der psychischen Auswirkungen jener höchst komplexen Familienhierarchie[82], in der Freud seine ersten drei Lebensjahre verbrachte, heißt es: »Wie bei jedem Kind wurde auch seine Wißbegierde bald vom Thema Geburt und Empfängnis angezogen, besonders intensiv, weil er so früh auch mit dem Problem des Todes in Berührung gekommen war.[83] Ausdehnung und Richtung dieser Wißbegierde sind höchstwahrscheinlich auch von der besonderen Familienstruktur mitbestimmt worden, die dem Kind sehr zu denken gegeben haben muß. Eigene Position und eigene Strebungen legten ihm nahe, Altersunterschiede als etwas die Menschen Trennendes, Altersähnlichkeiten als etwas sie Verbindendes aufzufassen. Er, John und Pauline bildeten eine Gruppe; Mutter, Philipp und Emanuel – alle etwa gleichaltrig – gehörten als eine andere natürliche Gruppe zusammen; und die beiden Alten, Vater und die Kinderfrau, waren einer wieder anderen, dritten Gruppe zuzurechnen. Aber dann gab es, kaum verstehbar, nicht selten Situationen, in denen Mutter und Vater zusammenkamen, John

oder Eitelkeit eine Rolle. Wer Freuds Wertbegriffe kannte, kannte sein Handeln. Er war ein Mann starker Gefühle und noch stärkerer Selbstbeherrschung; ein Mann mächtiger Wünsche – alles andere als ein Asket –, aber noch mächtigerer Wertvorstellungen. Immer wußte er genau, was er wollte. Ebenso wußte er, daß er nicht alles bekommen konnte, nicht sofort, nicht ohne entsprechende Anstrengung. Er akzeptierte dies auch, doch nicht in Gelassenheit, sondern mit Bedauern, Enttäuschung, ja, mit Empörung. Freud war kein stoischer Weiser.«

81 Bernfeld und Cassirer Bernfeld, 1944; Bernfeld, 1946; Cassirer Bernfeld, 1951.

82 Sie wird an dieser Stelle als bekannt vorausgesetzt. Die Bernfelds haben sie im einzelnen in den in der vorherigen Anmerkung zitierten Arbeiten erläutert.

83 Durch den Tod seines Bruders Julius.

und Pauline ihm entrissen und Emanuel zugeordnet wurden; Philipp schien im Einteilungssystem des Kindes überhaupt keinen eigenen Platz zu haben, und die Kinderfrau, obgleich ihm so vertraut, gehörte nicht einmal wirklich zur Familie; sie ging denn auch, wie zuvor Julius, seiner kindlichen Welt jäh verloren.« An einer späteren Stelle führt Bernfeld aus: »Eine derartige kulturelle Heterogenität in der frühesten Umwelt des Kindes[84] kann zur Quelle schwerer seelischer Störungen im späteren Leben werden. Für Freuds Lebenswerk aber wirkte sie sich als äußerst stimulierender, begünstigender Faktor aus. Seine ersten Kinderjahre auf dem Lande, in Gesellschaft der Bauersfrau, inmitten jenes so konfliktträchtigen wie rätselhaften Familienverbandes, bildeten den fruchtbaren Boden für eine reiche prälogische, symbolische, magische Phantasiewelt, den unerschöpflichen Materialienspeicher für neue wissenschaftliche Konzepte, Vorgehensweisen und Zielsetzungen. Gleichzeitig versorgte ihn diese frühe Umwelt mit ausreichender Reizzufuhr, sinnlichen Befriedigungen und anderen Momenten, dazu geeignet, die kindlichen Gefühlsaufwallungen und Verzweiflungen so weit zu mildern, daß er fest in der Realität verankert bleiben konnte und nie für lange oder gar für immer sich in die Phantasiewelt zurückzuziehen brauchte.«

Das mit »Leipzig, Wien, 1859-1862« betitelte, fünfzehnseitige Manuskript des zweiten Kapitels ist um drei Kindheitserinnerungen organisiert[85], die Freud aus jener Zeit herübergerettet hat; »harte Jahre«, nannte er diesen von Amnesie überdeckten Lebensabschnitt bekanntlich, »nicht wert, sich etwas daraus zu merken«[86]. Bernfeld interpretiert sie als eine Phase schmerzhafter innerer Arbeit, in der Freud, mit Eltern und Schwestern in der Enge einer ärmlichen Mietswohnung der Wiener Leopoldstadt zusammengepfercht, den Verlust des Freiberger Kindheitsparadieses zu verwinden hatte – das Fehlen der wilden, seine aggressiven Impulse befriedigenden Spiele mit dem Al-

84 Bernfeld hatte in den Absätzen davor die aufgeklärte, Vernunft über Tradition setzende Denkungsart von Freuds Eltern der katholischen, von Magie und Aberglauben durchzogenen Religiosität der Kinderfrau gegenübergestellt.
85 Auch hier wird im wesentlichen das Faktenmaterial der drei erwähnten Freud-Essays (s. oben, Anm. 81) wiederaufgenommen und erweitert.
86 Freud, 1899*a*, S. 542.

tersgenossen John[87] in der Weite ländlicher Umgebung, das Ende jener Abenteuer des Zusammenlebens in einer komplexen Großfamilie[88], die Entbehrung der Tröstungen aus dem Auferstehungsglauben der katholischen Kinderfrau. Bernfeld schreibt diese Lebensphase Freuds als Geschichte früher Identifikationen mit kriegerischen historischen Figuren, Masséna zumal, als mühsame Zähmungs- und tastende Sublimierungsübungen, als den Übergang von der »Prähistorie« der frühesten Kindheit zur eigentlich geschichtlichen Phase von Freuds Biographie, die, festgehalten in kontinuierlicher Erinnerung, imgrunde erst mit dem siebten Lebensjahr beginnt. Um nur eine Passage aus diesem zweiten Kapitel zu zitieren: »Handeln, Tätigsein, rasche Bewegungen, ausgedehnte Spaziergänge, anstrengende Wanderungen gehörten zu Freuds Wesen, waren le-

87 In einem anderen unveröffentlichten Manuskript, das eine Variante der ersten beiden Kapitel des geplanten Buches darstellen könnte (obgleich es im Bernfeld-Archiv bei den Unterlagen zum Aufsatz ›Freud's Early Childhood‹, 1944, liegt), heißt es: »John war nicht irgend ein Spielkamerad. Er hatte Ehrgeiz entfacht, Aggressionen geweckt und gleichzeitig auf gesunde Weise im Zaum gehalten. Das Zusammenleben mit ihm hatte Haß sublimiert, Begeisterung stimuliert, körperliche und geistige Kräfte geübt. Die beiden Buben teilten Gefahren und Geheimnisse. Der Verlust Johns zerstörte ein empfindliches Gleichgewicht. Für Sigmund bedeutete dies vermehrte, doch blockierte Aggressionen, ohne Abfuhrmöglichkeit oder allenfalls via eher kruder und amorpher Ausdrucksformen; so dürfte er schwer gegen Langeweile zu kämpfen gehabt haben.«

88 Dazu enthält das in der vorherigen Anmerkung erwähnte Manuskript gleichfalls eine Passage: »Die Trennung von seinem Halbbruder dürfte kaum irgendeine Gefühlskomplikation geschaffen haben, hätte Emanuel in der Beziehung des Knaben zu seinem Vater nicht eine beschützende Funktion ausgeübt. Tatsächlich hat Emanuels Verschwinden die junge Persönlichkeitsstruktur Freuds, wie sie sich in den bedeutsamen letzten sechs Monaten in Freiberg entwickelt hatte, von Grund aus erschüttert. Vater wurde nun zu einer sehr realen, sehr nahen Figur. Bisher der Freund sonntäglicher Waldspaziergänge, konnte er nun nicht länger auf seinem Sockel belassen werden. Man mußte ihm gehorchen, ihn gar hochachten, obwohl sich doch alsbald herausstellte, daß er weder der reichste noch der mächtigste aller Männer war. Angesichts wiederholter geschäftlicher Fehlschläge mußten seine Weisheit und Tüchtigkeit zumindest zweifelhaft erscheinen. Ohne Zwischenträger war er nun direkt als der eigene Vater, als Annas Vater und Mutters Ehemann anzusehen. Der Vater war also hinfort der Rivale, das Hauptziel von Neid und Eifersucht. [...] In Freiberg war Sigmund Mitglied einer »Horde« von Brüdern gewesen, die einen alten, einsamen Vater verehrten und fürchteten. Vereint aber vermochten sie ihn notfalls in Schach zu halten oder gar ohne ihn auszukommen. In seiner Phantasie konnte sich das Kind als Mitglied der Gruppe und ebenso stark wie diese fühlen. In Wien aber sah es sich dem alten Mann, von dem es abhängig war, alleine gegenüber, nur Frauen auf seiner Seite.«

benslang elementare Ausdrucksformen seiner Vitalität. Zweifellos hat das unvermittelt vom Land in den Stadtkäfig versetzte Kind sich gelangweilt und bedrohlich eingeschlossen gefühlt. Daß es alsbald die weite Welt der Phantasie und des Denkens entdeckte, in welcher es sich frei tummeln konnte, wurde zur Ausgangsbasis von Freuds intellektueller Entwicklung. Kampf und Eroberung, schnelle Gangart, jähe und weite Sprünge, die Freiheit desjenigen, der sich in offenen Räumen bewegt, die Wendigkeit, Umwege aufzuspüren und zum Ausgangspunkt zurückzufinden – blieben Charakteristika seines Denkens. Sie äußerten sich nicht zuletzt in seinem Schreibstil, doch hier gebändigt und in die Pflicht genommen, seine Leser auf gefahrlosen, gut befestigten Wegen in einer Welt umherzuführen, die er sich zuvor in allen Winkeln und nach allen Richtungen stürmisch erobert hatte. Er wurde nicht müde, gleichsam als Reiseleiter immer sicherere und bequemere Wege ausfindig zu machen, solange er für sich selbst die Freiheit des Umherschweifens behielt. War dies zeitweilig nicht gewährleistet, so litt er, sogar in seiner inneren Welt, unter Unruhe.«

Die wenigen Manuskriptseiten aus einem Entwurf angeblich für das dritte Kapitel des Buches[89] bestehen aus zwei Stücken. Das eine Stück enthält subtile Herkunfts- und Charakterskizzen der Eltern Freuds, in denen ein Teil der aufschlußreichen, in den ›Research Note Books‹ festgehaltenen Materialien ausformuliert wird. Das andere Stück kreist erneut um die inneren Umschichtungen und schwierigen Entwicklungsschritte, die Freud in den Jahren nach dem Verlassen Freibergs zu bewältigen hatte: »der Mustang war eingefangen und im Begriffe, zu einem nützlichen Arbeitstier zu werden«. Und: »Es ist nicht Absicht dieses Buches, die weitere Entwicklung und Wandlung von Freuds Charakter und Gefühlsbeziehungen über jene harten Jahre hinaus nachzuzeichnen, in denen ihr Grundmuster geprägt wurde. Sie werden hinfort nur erwähnt, insoweit sie für die Geschichte seines Denkens von Belang sind. Mag die Geschichte seines Cha-

89 Nach dem Inhalt zu urteilen, handelt es sich eher um weitere bzw. alternative Textstücke des zweiten Kapitels. Dem in den vorhergehenden Anmerkungen erwähnten Manuskript ist ein die beiden ersten Kapitel des Buchs spezifizierender Inhaltsplan angeheftet. Dort lauten die beiden Unterabschnitte des zweiten Kapitels: »Die zweiten drei Jahre« und »Die Eltern«.

rakters kurz und vergleichsweise einfach gewesen sein, diejenige seines Denkens war lang und kompliziert.« Zur Genese dieses Denkens heißt es dann noch einmal: »Schon als Kind war er ein intensiver und genauer Beobachter mit klaren, scharf umrissenen Wahrnehmungen; während vieler Jahre stand ihm ein photographisches Gedächtnis zu Gebote. Auftauchen des Neuen und Verschwinden des Alten blieben dauerhafte Erkenntnisanreize für ihn, wie schon in seinen frühen Jahren die großen emotional-kognitiven Rätsel. Woher kommt etwas? Wohin verschwindet etwas? Es waren dies die zentralen wissenschaftlichen Fragerichtungen, denen er nacheinander in verschiedenen Forschungsfeldern folgte. In seinen jungen Jahren haftete ihnen eine Tönung von ›Eindringling‹ und ›Verlust‹ an. Bald lernte er es, sich vor Eindringlingen, schlechthin vor Neuem nicht mehr zu fürchten. Dagegen konnte er sich nie – oder zumindest für lange Zeit nicht – mit Verlust, Tod, restloser Zerstörung und spurlosem Verschwinden gefühlsmäßig aussöhnen. Sein Wissensdurst sollte unstillbar werden. Aus diesen frühen Jahren wissen wir nur durch Rückschluß, daß seine Wißbegier nicht allein von jenen emotional-kognitiven Rätseln unterhalten wurde, sondern in enger Beziehung zu Hunger und Durst stand. Es war nicht bloße Metaphorik, wenn er ein Buch mit einer Artischocke verglich – in der Szene des Buch-Zerpflückens –, auch keine leere Stilformel, als er in Verbindung mit der Szene der Ergebung ins Unvermeidliche von ›der Weisheit Brüsten‹ sprach. In dem Traum, zu welchem jene Episode assoziiert wird, erscheint seine Mutter als Köchin und Wirtin, und er ging in die Küche wie damals in seiner Kindheit, wenn er hungrig war und ›die Mutter beim Herd mich mahnte zu warten, bis das Mittagessen fertig sei‹.«[90]

Vergleicht man die zitierten Passagen aus den Manuskriptentwürfen für die ersten Kapitel des geplanten Buchs mit dem Text der veröffentlichten, im vorliegenden Band zusammengefaßten Freud-Essays der Bernfelds, den Archäologie-Aufsatz wiederum ausgenommen, so fällt auf, daß das Buch, gemessen an der manchmal fast spröden Nüchternheit der Aufsätze, offenbar einen mehr literarischen, locker erzählenden Duktus bekommen

90 Diese Sätze beziehen sich auf zwei Freudsche Träume, die er in der *Traumdeutung* (1900*a*, S. 178 bzw. S. 210 ff.) analysierte.

sollte. Noch eine andere Verschiedenheit deutet sich an: Während sich die Aufsätze auf Erhebung und Interpretation historischer Daten und Fakten, besonders der äußeren Realität, konzentrieren und sich psychoanalytischer Deutung weitgehend enthalten, akzentuieren die Kapitelentwürfe, neben der wiederum sorgsamen Auffächerung des historischen Hintergrundes, die Ausdifferenzierung von Freuds innerer Realität, seine Charakterbildung, insoweit sie sich nachweisbar auf Entwicklung und Struktur seines Denkens ausgewirkt hat.[91]

Weiter als bis zu den erwähnten Kapitelentwürfen sind die Vorbereitungen für das Bernfeldsche Buch über Freuds Anfänge nicht gediehen.[92] Es blieb Fragment. Wenige Monate vor seinem Tode hat Bernfeld einem amerikanischen Verlag noch die Veröffentlichung einer »Serie von Monographien über Freuds Leben sowie über Vorgeschichte und Geschichte der Psychoanalyse« angeboten, die er selbst herausgeben wollte.[93] Er registrierte damals ein wachsendes Interesse für Freuds Biographie und die Geschichte der Psychoanalyse und meinte, in den psychoanalytischen und psychiatrischen Fachzeitschriften werde für entsprechende Arbeiten nicht hinreichend Raum zur Verfügung gestellt. Die einzelnen, in unregelmäßiger Folge zu publizierenden Monographien könnten also dem Interesse der Leser und den Bedürfnissen der auf diesem Felde tätigen Autoren entgegenkommen. Bernfeld suchte ein Forum für sorgfältig dokumentierte biographische Studien über Freud, von deren Entstehung er durch seine ausgedehnte Korrespondenz wußte; da er bereits seit Jahren als der maßgebliche Historiker der Psycho-

91 Was Bernfeld in seiner Brill-Memorial-Lecture (Bernfeld-Archiv) »to psychoanalyze Freud« genannt hat, führt er also in den Kapitelentwürfen ein Stück weit behutsam aus. Dabei wird der fundamentale Unterschied zwischen der Funktion des Analytikers und derjenigen des Biographen, also die Differenz zwischen psychoanalytischer und historischer Rekonstruktion nie verwischt. (Vgl. dazu S. Bernfeld, 1932*b*, sowie Suzanne Cassirer Bernfeld, 1952.)

92 Allerdings findet sich im Bernfeld-Archiv noch ein Manuskript ›Some Notes on Freud's Sublimation in Travelling in the Promised Land‹, das etwas mit dem 14. Kapitel des projektierten Buches zu tun haben könnte. Ein anderes Manuskript, eine Stellungnahme zum Inhalt der Fließ-Briefe, steht dagegen mit dem Buch-Plan wohl nicht in Verbindung und stammt überdies von Suzanne Cassirer Bernfeld. (Vgl. den Brief Bernfelds an Leslie Adams vom 12. Februar 1953.)

93 Brief an International Universities Press vom 13. September 1952 (Bernfeld-Archiv).

analyse galt, wurde er von Forschern aus vielen Ländern konsultiert. Aber er suchte auch ein gut sichtbares Podium, auf dem er in Zukunft seine eigenen Abhandlungen sowie diejenigen seiner Frau kompakt, also nicht wie bisher über verschiedene Zeitschriften verstreut, präsentieren könnte. Für eigene, in Bälde abzuschließende Studien nannte Bernfeld damals folgende Themen: Freuds Gymnasialjahre; Freuds Kokain-Studien; Freud als Hypnotiseur; Freuds Beziehung zu Meynert und zur Gehirnanatomie, inklusive einer Darstellung und Kritik des ›Entwurfs einer Psychologie‹.[94] Die nahezu fertige Abhandlung über die Kokain-Studien könne die neue Serie eröffnen.

Die Serie selbst kam nicht mehr zustande, dagegen wurde die Kokain-Arbeit posthum veröffentlicht.[95] Ausgearbeitete Texte oder Manuskript-Entwürfe für die drei anderen Studien sind im Bernfeld-Archiv nicht zu entdecken. Doch sind die entsprechenden Abschnitte im Lebenslaufregister besonders reichhaltig. Offenbar hatte Bernfeld, als er starb, mit der eigentlichen Niederschrift noch nicht begonnen.

Wiederholte schwere Krankheit seit 1951 war gewiß der Hauptgrund für die Stagnation bei Auswertung und Ausformulierung der Bernfeldschen Forschungsergebnisse. Ein hochgetriebenes Ideal wissenschaftlicher Exaktheit und Vollständigkeit mag gleichfalls eine Rolle gespielt haben, auch ein Sich-schwer-Tun mit der Bündelung und Gliederung des kaum noch überschaubaren Materials. Vielleicht hat aber auch die Kooperation mit Ernest Jones die Bernfelds eher zu weiteren Recherchen animiert als ihre eigene schriftstellerische Produktion gefördert.

III

Anhand einer Beschreibung des unveröffentlichten Briefwechsels zwischen den Bernfelds und Ernest Jones haben Harry Trosman und Ernest S. Wolf 1973 die Zusammenarbeit der Biographen während der Vorbereitungszeit des ersten Bandes der

94 Brief an International Universities Press vom 20. Oktober 1952. Vergleicht man diese Themen mit dem Inhaltsentwurf des Buchprojekts, so zeigt sich, daß sie ungefähr dessen einzelnen Kapiteln entsprechen.
95 Bernfeld, 1953.

Jonesschen Freud-Biographie (1953) ausführlich dargestellt. Die Korrespondenz[96] bezeugt, daß Jones Bernfeld 1950 zur Kooperation aufforderte und daß in den Jahren danach, wenn auch wiederholt durch Bernfelds Krankheit unterbrochen, ein ständiger Informationsaustausch stattfand, der nach Bernfelds Tod noch eine Zeitlang zwischen Suzanne Cassirer Bernfeld und Jones fortgesetzt wurde. Ohne jegliche Einschränkung versorgten die Bernfelds Jones mit unzähligen Daten, Fakten und Hypothesen aus dem Reichtum ihrer jahrelangen Forschungen. Es kam zur Diskussion der verschiedenen Auffassungen Bernfelds und Jones' über bestimmte historische Ereignisse, etwa die Art der Aufnahme, die Freud nach seiner Rückkehr aus Paris fand und erwarten durfte, als er im Herbst 1886 vor der ›Gesellschaft der Ärzte‹ seinen Vortrag ›Über männliche Hysterie‹ hielt. Und Jones berichtete gelegentlich von der Ausbeute seiner Lektüre von Hunderten damals größtenteils unpublizierter Freud-Briefe, welche die Familie ihm, dem designierten Freud-Biographen, anfangs zögernd, dann immer bereitwilliger öffnete. Zu dieser »Goldmine«[97] blieb Bernfeld der Zugang verwehrt. Lange bemühte er sich z. B. vergeblich um Mikrofilme der Braut-Briefe.[98] Bernfelds Hilfe bestand nicht zuletzt in der genauen Durchsicht der Manuskripte, die Jones ihm nach und nach von den einzelnen Kapiteln des ersten Bandes der Biographie schickte und die Bernfeld jeweils mit langen Listen sorgfältiger Korrekturen und Kommentare[99] zurücksandte.

Im Auftaktbrief vom 23. März 1950, in dem er Bernfeld seinen Plan einer umfassenden Freud-Biographie erläutert, meint Jones: Bernfelds Arbeiten stellten in diesem Zusammenhang ein besonderes Problem; ein Teil, beispielsweise der zuletzt publizierte Essay[100], könne nicht noch einmal gemacht werden, son-

96 Sie liegt im Jones-Archiv, London, sowie im Bernfeld-Archiv.

97 Brief Bernfelds an Jones vom 9. August 1952.

98 Wie er von Jones wußte, waren den Braut-Briefen u. a. unverzichtbare Einzelheiten zu Freuds Kokain-Experimenten zu entnehmen, einem Thema, an dem Bernfeld damals arbeitete. Nach einigem Hin und Her konnte ihm Jones zumindest einige diesbezügliche Auszüge schicken.

99 Nicht zuletzt mit Hinweisen auf Zusammenhänge zwischen Freuds Begriffsbildung und jüngsten wissenschaftlichen Vorstellungen, etwa zwischen den im ›Entwurf einer Psychologie‹ (1950*a*) ausgearbeiteten Konzepten und kybernetischen Modellen (Brief vom 6. Juni 1952).

100 ›Freud's Scientific Beginnings‹, 1949.

dern müsse in der einen oder anderen Form übernommen werden; einen Moment habe er, Jones, erwogen, Bernfeld anzubieten, einen derartigen Aufsatz als Kapitel des Buches zu veröffentlichen, doch würde eine solche Einschaltung die Chronologie der Gesamtgliederung seiner Biographie stören. Im selben Brief fordert Jones Bernfeld auf, gemeinsam mit ihm über die Lösung dieser Frage nachzudenken. In seinem Antwortbrief vom 24. April 1950[101] schreibt Bernfeld: »Ich sehe nicht, wie meine Studien mit Ihrer Arbeit irgend in Konflikt geraten könnten. Ich sehe nicht, warum Sie meine Publikationen nicht in genau der Weise benutzen könnten und sollten, die in Ihren Plan paßt. Wenn Sie Absätze oder Seiten aus meinen Veröffentlichungen zitieren wollen, so läßt sich das mit den Copyright-Inhabern arrangieren. Von einigen unserer Aufsätze habe ich mir das Copyright vorbehalten und gedenke diese Politik in Zukunft so weit wie möglich fortzusetzen.« Und weiter: »Auch will ich gerne mit Ihnen zusammenarbeiten, wenn Sie bislang nicht publizierte Informationen von mir haben möchten. Es macht mir Freude, dies mich faszinierende Thema ›Freuds Leben und Werk‹ zu erörtern.«[102]

Überdies war Bernfeld davon überzeugt, daß Freuds Charakter und Lebensgeschichte noch für lange Zeit ein fesselndes Thema bleiben würden, selbst wenn das Interesse an der Psychoanalyse allmählich zurückgehen sollte.[103] Dafür den biographi-

101 Jones bezeichnete ihn in einem Schreiben vom 21. November 1951 als einen der liebenswürdigsten und großzügigsten Briefe, die er je erhalten habe. Unzweifelhaft zeigte Bernfeld also schon Jones gegenüber die gleiche vorbehaltlose Offenheit, mit der er später, am 8. August 1952, auf eine ähnliche Anfrage Leslie Adams' reagierte, der fast am gleichen Projekt wie Bernfeld arbeitete, nämlich einer psychologischen Studie über Freuds persönliche Entwicklung bis 1900; Adams hatte sich an Bernfeld als die »anerkannte Autorität auf diesem Felde« gewandt. Im Bernfeld-Archiv liegt der ausführliche Briefwechsel zwischen Bernfeld und Adams. Passagenweise gleicht er eher einem echten Informationsaustausch als der Bernfeld-Jonessche, weil Adams umfangreiche eigene Recherchen betrieb und seinerseits Bernfeld mit Forschungsergebnissen überraschen konnte. Daß dieser Briefwechsel am Ende entgleiste, steht auf einem anderen Blatt.

102 Auch später, in einem Brief vom 14. März 1952, betonte Bernfeld: »Es war eine große Freude, Ihr Buch wachsen zu sehen.« Ähnlich Jones, der am 18. Dezember 1952 gesteht, der Briefwechsel bereite ihm, ganz abgesehen von seinem faktischen Wert, großes Vergnügen; jeden Morgen laute seine erste Frage, ob ein Brief von Bernfeld angekommen sei.

103 Brief an Jones vom 26. Mai 1952.

schen Stoff zu sammeln und zu bewahren, schien ihm ein sinnvolles Unterfangen. Die Vorläufigkeit gegenwärtiger Freud-Biographik klar vor Augen, erachtete er gleichwohl jedwede Bemühung in dieser Richtung für unterstützenswert. »Ich meine, je mehr Freud-Biographien erscheinen, desto besser.«[104]

Was Bernfeld sich von Jones' Biographie erhoffte, geht aus einem Brief vom 28. September 1951 hervor, mit dem er auf einen ersten Gliederungsentwurf von zwölf Kapiteln reagierte, den Jones ihm zur Begutachtung zugeschickt hatte: »Mir scheinen Ihre Kapiteleinteilungen gut gewählt, sie markieren etwa die Materialgliederung für jede Standardbiographie Freuds. Die meisten Kapitel entsprechen natürlichen Unterteilungen der Interessen Freuds oder seiner Lebensgeschichte. Aber genau hier beginnt mein Kummer. Ich hatte gehofft, Sie würden etwas anderes vorhaben – offengestanden, etwas mehr als die Geschichte von Freuds Leben. Ich glaube nicht, daß das derzeit verfügbare Material für eine autoritative, mehr oder weniger objektive Darstellung ausreicht. Vielmehr bin ich ziemlich sicher, daß in den nächsten Jahren viel neues Material zutage kommt, so daß ein heute geschriebenes Buch zwangsläufig bald überholt sein wird. Nichtsdestotrotz meine ich, daß eine Biographie Freuds, heute verfaßt von jemandem, der ihm, jedenfalls während einer bestimmten Lebensphase, nahestand und der die psychoanalytische Bewegung kennt, wertvoll sein kann. Es besteht ein großer Bedarf nach einem solchen Buch, und die Lücken und Irrtümer, die es unweigerlich enthalten wird, können das Ausgraben neuen Materials nur anregen und solcher Arbeit die Richtung weisen. Doch habe ich das Gefühl, Sie wären in der Lage, noch eine andere, eigentlich einzigartige Funktion zu erfüllen. Sie sind der einzige, der aus eigener, in direkter Zusammenarbeit mit Freud gewonnener Erfahrung ein lebendiges und rundes – wenngleich natürlich einseitiges – Bild davon entwerfen kann, wie Freud war – als Mensch, Therapeut, Organisator, Wissenschaftler, Sammler, Familienvater; wie er reagiert hat – auf Niederlagen, Erfolge, auf seine Schüler, auf Bewunderung, Eifersucht, Zuneigung; was ihn antrieb, wovon er abhängig war, wie die psychoanalytische Bewegung zu dem wurde,

104 Brief an Leslie Adams vom 2. August 1952.

was sie heute – mit allen schlimmen und guten Seiten – ist; in welcher Weise Freuds Persönlichkeit, seine Vorsätze und seine eigene Vergangenheit die Richtung dieser Bewegung, in ihren wissenschaftlichen wie in ihren organisatorischen Aspekten, mitbestimmt haben.« »Von Freuds Mitarbeitern haben nur drei ihre Eindrücke veröffentlicht – Sachs, Reik und Wittels. Alle haben ihren Zweck gründlich verfehlt. Sie sind der letzte, der einen umfassenden, genauen und unabhängigen Augenzeugenbericht geben kann. [...] Ich hoffte und hoffe noch immer, daß Sie das tun werden, was allein Sie tun können. Angesichts Ihrer zwölf Kapitelüberschriften frage ich mich, ob dies das Schema für den ersten Teil, sozusagen die Einleitung sei oder für ›das Buch‹. Sollte letzteres der Fall sein, wäre es für die Ideengeschichte ein großer Verlust.«

Jones beruhigte Bernfeld in seinem Antwortbrief vom 4. Oktober 1951. Sein Gliederungsentwurf beziehe sich vorwiegend auf den ersten Band, danach werde er bei der Darstellung der weiteren Etappen von Freuds Leben natürlich sein persönliches Wissen mitverarbeiten. Er habe allerdings nie die Absicht gehabt, etwa wie Sachs quasi seine Erinnerungen an Freud zu schreiben, sondern verfolge zwei Ziele: erstens, ehe sie in Vergessenheit gerieten, so viele Fakten zu berichten, wie derzeit überhaupt erhoben werden könnten – und in dieser Beziehung habe Bernfeld bereits bedeutende Arbeit geleistet (da er, Jones, schon dreiundsiebzig sei, könne er auch nicht länger warten, immerhin könne sein Buch jenen törichten Legenden Widerpart bieten, wie sie von Wittels, Puner[105] und anderen verbreitet würden); zweitens, den Zusammenhang zwischen Freuds Lebenserfahrungen und der Entwicklung seiner Ideen aufzuzeigen.[106]

Inwieweit das Ergebnis von Jones' Arbeit – Bernfeld hat zwar das Erscheinen des ersten Bandes nicht mehr erlebt, doch die Manuskripte der einzelnen Kapitel gekannt – seine Hoffnungen enttäuscht oder erfüllt hat, läßt sich schwer sagen. Der Briefwechsel enthält vorwiegend positive, manchmal bewundernde

105 F. Wittels, 1924; H. W. Puner, 1949.

106 Am 9. Oktober 1951 kam Bernfeld nochmals darauf zurück: »Ich bin überzeugt, daß selbst eine gänzlich objektive Darstellung der bereits bekannten Fakten von dem Bild beeinflußt sein wird, welches Sie insgesamt von Freuds Entwicklung und Persönlichkeit haben. Und vor allem dies Bild möchte ich gerne kennenlernen und mit meinem eigenen vergleichen können.«

Kommentare Bernfelds.[107] Gewiß hat Jones' noch in fortgeschrittenem Alter stupende Arbeitskraft ihm Respekt abgenötigt; tatsächlich ist staunenswert, wie entschlossen, draufgängerisch-unbekümmert Jones in vergleichsweise kurzer Zeit ein Kapitel nach dem anderen ausformulierte.[108] Dies bezeugt der Briefwechsel eindrucksvoll.

Daß der erste Band, ›Die Entwicklung zur Persönlichkeit und die großen Entdeckungen, 1856-1900‹ (1953), ohne die Forschungen der Bernfelds und ihre unermüdliche briefliche Unterstützung nicht in so kurzer Zeit und nicht in dieser Gestalt zustande gekommen wäre, steht außer Zweifel. Bernfeld, der von sich selbst sagte, er habe Freud gründlich eigentlich nur bis 1892 studiert[109], hat Jones mit jenem Stoff versorgt, den dieser aus eigener Anschauung nicht kannte und der ihm, aufgrund seines ganz anderen Herkunftsmilieus, imgrunde auch fremd geblieben ist.

Im Vorwort hat Jones denn auch danksagend den Beitrag der Bernfelds in einer allgemeinen Formulierung gewürdigt. Doch bleiben dem uninformierten Leser Ausmaß und Gewicht dieses Beitrags verborgen, weil Jones ihn fast nahtlos seinem eigenen

107 Anläßlich der Ankunft der Manuskripte seiner ersten drei Kapitel schrieb Suzanne Cassirer Bernfeld am 7. Dezember 1951 an Jones – Bernfeld hatte damals einen Herzinfarkt erlitten und lag in der Klinik (es war der Beginn jener Serie schwerer Erkrankungen, die dann zum Tod führte): »Ich glaube, ich kann seinen Eindruck von Ihrem Manuskript ungefähr so zusammenfassen: Er ist sehr zufrieden mit der objektiven historischen Arbeit, die niemand besser als Sie hätte durchführen können. [. . .] Er meint allerdings noch immer, daß Ihr wichtigster Beitrag in der Beschreibung jener Zeitabschnitte bestehen wird, in welchen Sie persönlich mit Freud in Verbindung kamen [. . .].« – Etwa ein Jahr später heißt es in einem Brief Bernfelds vom 20. Dezember 1952 an Leslie Adams: »Es wird kein gutes Buch, nicht das, was Sie, gemessen an Ihres Bruders *Shakespeare*, ein gutes Buch nennen würden. Aber es wird ein sehr nützliches Buch, das einige Aspekte von Freuds Leben darstellt, die der Öffentlichkeit bisher nicht bekannt sind, und das eine Fülle neuen Materials für einen zukünftigen Biographen zur Verfügung stellt. [. . .] Nach meinem Eindruck wird es nach dem Erscheinen von Jones' Buch möglich sein, auf einer breiteren und solideren Grundlage über Freud zu schreiben. Die beiden schwächsten Punkte des Buches sind sein Mangel an Kenntnissen über die Familie und über die Kultur, in der Freud heranwuchs. Es ist nicht das Buch eines Historikers und nicht dasjenige eines Psychoanalytikers.«

108 Es ist hier selbstverständlich nicht der Ort, auf die vielen, teilweise inzwischen auch in der Literatur nachgewiesenen Ungereimtheiten, Einseitigkeiten und Entstellungen der Jones-Biographie aufmerksam zu machen; ihre großen Verdienste sind gleichwohl unbestritten.

109 Brief an Jones vom 17. April 1952.

Text einverleibt hat. Was über Freuds früheste Kindheit gewußt wird, zusammengetragen im wesentlichen aus vielen Anspielungen, die Freud, überall in seinem Werk verstreut, gegeben hat, wird heute eher auf Jones' erstes Kapitel zurückgeführt als auf die neun Jahre früher erschienene Bernfeld-Studie ›Freud's Early Childhood‹[110]: als wäre es Jones und nicht Bernfeld gewesen, der dieses Mosaik in mühseliger Arbeit zusammengesetzt hat.[111] Ähnliches läßt sich über einige Passagen des Kokain-Kapitels mutmaßen; immerhin kannte Jones das damals noch nicht veröffentlichte Manuskript der Kokain-Arbeit Siegfried Bernfelds.

Dieses Verwischen des Bernfeld-Beitrags wird ferner durch eine eigentümliche Zitiertechnik bewirkt. Zwar gibt es in Jones' drittem Kapitel ein durch Anführungszeichen klar markiertes Zitat aus einem der Bernfeldschen Freud-Essays. Und gelegentlich erwähnt Jones in anderen Kapiteln auch Bernfelds Namen, jedoch oft im Zusammenhang mit eher Beiläufigem; dagegen werden an vielen Stellen Hypothesen und Interpretationen der Bernfelds übernommen, ohne daß die Urheber kenntlich gemacht würden.[112]

110 Bernfeld und Cassirer Bernfeld, 1944. In den bibliographischen Anmerkungen zum ersten Kapitel zitiert Jones diese Arbeit nicht einmal.

111 Man muß sich vergegenwärtigen, daß es damals noch keinerlei Nachschlagewerke gab. Es fehlten nicht nur so ausgezeichnete Materialquellen wie E. Lesky (1965) oder H. F. Ellenberger (1970), sondern auch das *Gesamtregister der Gesammelten Werke* (Freud, 1968) mit dem ›Biographischen Register‹, etc. Die *Standard Edition of the Complete Psychological Works of Sigmund Freud* mit James Stracheys unentbehrlichen editorischen Kommentaren war erst im Entstehen. (Aus den im Bernfeld-Archiv aufbewahrten Korrespondenzen geht hervor, daß Bernfeld auch mit Strachey über Details seiner Freud-Forschungen korrespondierte.)

112 Hierfür zwei Beispiele: Im vierten Kapitel erwähnt Jones, Bernfeld habe auf den Altersunterschied zwischen Freuds Universitätslehrern Carl Claus und Ernst von Brücke aufmerksam gemacht. Daß die unbewußte Bedeutung dieser Altersdifferenz vielleicht für Freuds sehr verschiedene Einstellung zu den beiden Personen verantwortlich gewesen sein könnte – weil dieser Altersunterschied nämlich demjenigen zwischen Freuds Halbbruder und Freuds Vater entsprach –, wird von Jones anschließend in einer Art und Weise erörtert, die das Mißverständnis zuläßt, es handele sich um eine Jones-Hypothese, während der Gedanke doch schon in Bernfelds Arbeit über Freuds wissenschaftliche Anfänge (1949) entfaltet worden war. So heißt es bei Bernfeld u. a.: »The young man accepted guidance and criticism from the old Brücke – ›the greatest authority I ever met‹ – as he had admiringly and with awe looked up to his father in those early childhood years in Freiberg« (Bernfeld, 1949, S. 169). Und bei Jones steht – *ohne* Anführungszeichen, die klargestellt hätten, daß es

Im vierten Kapitel, ›Der Medizinstudent, 1873-1881‹, findet sich schließlich in der englischen Originalausgabe in einer Fußnote[113] der Hinweis, dieser Absatz sowie die folgenden seien eine freie Wiedergabe aus zwei »wertvollen Essays« von Bernfeld, das ganze Kapitel verdanke seinen Recherchen viel. In Wirklichkeit handelt es sich, von unbedeutenden Veränderungen abgesehen, um das wortwörtliche Zitat größerer, von Jones lediglich anders montierter Passagen aus den beiden einschlägigen Bernfeld-Aufsätzen von 1944 und 1949, ohne daß sie durch Anführungszeichen als Bernfeld-Text ausgewiesen wären.[114] In der deutschen Ausgabe fehlt auch noch dieser magere Fußnotenhinweis.[115]

Mag sein, daß Bernfeld korrekte Urheber-Zuschreibungen für irrelevant hielt. Immerhin hat er in einer Plagiatsauseinandersetzung mit dem Verleger der Freud-Biographie von Helen Walker Puner (1949) in detaillierten Aufstellungen[116] nachgewiesen, wo die Autorin Formulierungen aus den Bernfeld-Aufsätzen verbatim oder nur minimal verändert übernahm, ohne dies deutlich zu machen; allerdings handelte es sich um eine Biographin, mit deren Methoden und Hypothesen Bernfeld in keiner Weise einverstanden war, während er sich in der grundsätzlichen Einstellung mit Jones im Einklang wußte. Genau besehen, zeigt der Briefwechsel mit Jones freilich nicht durchgehend jenes harmonische Bild ambivalenzfreier Zusammenarbeit, das Trosman und Wolf gezeichnet haben. In etlichen Briefen Bernfelds klingt Irritation bezüglich der Frage der Priorität

sich um Formulierungen Bernfelds handelt: »The young student accepted guidance and criticism from the old Brücke – ›the greatest authority I ever met‹ – as he had admiringly looked up to his father in early childhood« (Jones, 1953, S. 39). – Im ersten Kapitel beschreibt Jones ausführlich den Zusammenhang zwischen der komplexen, für ein Kind höchst verwirrenden Familienstruktur und der frühzeitigen Entwicklung von Freuds Intellekt – wie sich der Leser erinnern wird, eine Hauptthese Siegfried Bernfelds –, erwähnt Bernfelds Namen auf diesen Seiten aber lediglich in einer nebensächlichen Fußnote; wie andere Autoren, so habe auch Bernfeld in einem bestimmten Kontext (dem »Einkasteln« von Freuds Kinderfrau) dem Halbbruder Emanuel, anstatt richtigerweise Philipp, die Aktivität zugeschrieben.

113 Jones, 1953, S. 41.

114 Vgl. in den englischen Originalausgaben beispielsweise: Jones, 1953, S. 40 ff., mit Bernfeld, 1944, S. 348 ff.

115 Jones, 1960, S. 62.

116 Bernfeld-Archiv.

an.[117] Jones läßt sich meist nicht weiter darauf ein, sondern geht mit ein paar unverbindlichen Zusicherungen zur Tagesordnung über, was Bernfeld ihm allerdings auch leicht gemacht hat, denn es entsprach wohl nicht seinem von Urbanität und Fairneß bestimmten Stil, auf der Hervorhebung seines Anteils zu beharren.[118] Und gewiß wäre es auch nicht nach seinem Geschmack, würde all dies hier noch detaillierter ausgeführt. Immerhin mag der erstmalige Abdruck der Freud-Essays in *einem* Bande den grundlegenden Beitrag der Bernfelds zu Teil I der Jones-Biographie endlich ins rechte Licht rücken[119] und gleichzeitig augenfällig machen, daß es sich bei diesen Essays tatsächlich selbst um eine Art »Biographie en miniature« handelt, wie Hedwig Hoffer[120] schrieb.

Hauptzweck der vorliegenden Sammlung bleibt jedoch die Würdigung des ersten wissenschaftlichen Freud-Biographen, der Siegfried Bernfeld gewesen ist. Indem er für die Psychoanalyse den »context of discovery« aufzuklären begann, erledigte er ein erstes Stück der Arbeit, die Freud einmal so umrissen hat:

117 So heißt es in einem Brief vom 14. April 1952, anläßlich Bernfelds Lektüre des fünften Kapitels: »Dies gibt mir Gelegenheit, auf die Verweise zu kommen. Aus Ihren Entwürfen für Kapitel 1 bis 5 konnte ich nicht entnehmen, welches Verweissystem Sie anwenden. Sicherlich will ich in dieser Angelegenheit nicht kleinlich sein, ich werde nicht darauf bestehen, daß Sie auf meine und Frau Bernfelds Artikel verweisen, wo immer Sie sie benutzen. Ich meine aber, daß irgendein Verweis angebracht wäre, wo Sie mehr oder weniger wörtliche Zitate aus diesen Aufsätzen bringen und wo Sie wichtige Gedanken und Auffassungen von uns übernehmen.« Oder, in einem Brief vom 1. Dezember 1952: »Ich nehme an, Sie verstehen, warum ich mitunter in bezug auf kleine Einzelheiten über Priorität streite. Ich weiß, daß dies, wie Freud sagte, töricht und kindisch ist. Und ich nehme es tatsächlich auch nicht allzu ernst damit. Doch erfordert die biographische Forschung, die wir betreiben, gerade bezüglich winziger Details einen so enormen Arbeitsaufwand, für den es keine andere Entschädigung gibt als eben die geringfügige Genugtuung, ein kleines Detail entdeckt zu haben, das von anderen übersehen wurde.«

118 Bernfeld war nicht der erste, der Jones' laxen Umgang mit den Ideen anderer zu spüren bekommen hatte. In einem nicht veröffentlichten Brief an Sándor Ferenczi vom 24. Dezember 1915 bemerkt Freud in einem Postskriptum: »Jones hat in der Internation. Rundschau (Zürich) einen Aufsatz über ›Krieg und Sublimierung‹ veröffentlicht, in dem eine Note einmal sagt: Siehe *auch* den Aufsatz Zeitgemäßes etc. von F. [Freud, 1915*b*]. Er ist aber selbst eine unverhohlene Wiedergabe dieses Aufsatzes.«

119 Vgl. dazu D. Shakow und D. Rapaport, 1964, S. 41; R. Ekstein, 1966, S. 427; M. S. Bergmann, 1973, S. 844.

120 H. Hoffer, 1955, S. 68.

»Die Psychoanalyse ist sozusagen mit dem zwanzigsten Jahrhundert geboren; die Veröffentlichung, mit welcher sie als etwas Neues vor die Welt tritt, meine *Traumdeutung*, trägt die Jahreszahl 1900. Aber sie ist, wie selbstverständlich, nicht aus dem Stein gesprungen oder vom Himmel gefallen, sie knüpft an Älteres an, das sie fortsetzt, sie geht aus Anregungen hervor, die sie verarbeitet. So muß ihre Geschichte mit der Schilderung der Einflüsse beginnen, die für ihre Entstehung maßgebend waren, und darf auch der Zeiten und der Zustände vor ihrer Schöpfung nicht vergessen.«[121] Jenseits von Hagiographie und Demontage hat Bernfeld gleichzeitig ein methodologisches Exempel für die »Spurenwissenschaft« zukünftiger Freud-Forschung statuiert: »Das Sammeln neuen Materials, nicht die übereilte Ausbeutung bereits bekannter Fakten bleibt die eigentliche und unabdingbare Aufgabe des Biographen.«[122]

Es ist durchaus denkbar, daß in nicht allzu ferner Zeit nicht bloß die Entstehung der Psychoanalyse historischer Rekonstruktion und Exegese bedarf, sondern gleichermaßen bestimmte, dem psychoanalytischen Verfahren inhärente Zielvorstellungen der psychischen Ontogenese (beispielsweise Reife des Überichs und Autonomie des Ichs). Den Älteren mögen diese Zielvorstellungen, die dem einzelnen doch ein Höchstmaß an Individuationsanstrengung zumuten, heute gerade noch selbstverständlich, gewissermaßen »natürlich« vorkommen, weil sie, insofern »Zeitgenossen« Freuds, aufgrund der Bildungsbedingungen ihres eigenen Überichs, bestimmte Inhalte seines Ichideals teilen. Einer jüngeren Generation, aufgewachsen im Zeichen eher regressiver Gruppenorientierung, könnten diese bürgerlich-individualistischen, von Freud in Lebens- und Arbeitsstil prototypisch verkörperten Zielvorstellungen, die Verinnerlichung als Wert setzen, kaum noch einfühlbar, vielleicht kurios, bestenfalls antiquiert erscheinen. Und doch waren es diese Überich-Ichideal-Inhalte, denen Freud nicht zuletzt seine unbändige Kraft verdankte, »in der Opposition zu stehen«[123]; schließlich betonte er in einem

121 Freud, 1924*f*, S. 405.
122 Aus dem unveröffentlichten Manuskript (Bernfeld-Archiv) einer Replik auf Edith Buxbaums Artikel ›Freud's Dream Interpretation in the Light of His Letters to Fliess‹ (1951). Eine etwas andere Version ist unter dem Namen Suzanne Cassirer Bernfelds 1952 erschienen.
123 Freud, 1925*d*, S. 35.

Brief an Stefan Zweig selbst einmal, daß seine Leistung »nicht so sehr Sache des Intellekts als des Charakters war«.[124]
In Wirklichkeit bedarf es auch heute noch etwas von jener Oppositionsfähigkeit, um die nur scheinbar längst akzeptierte Tatsache des Unbewußten, damit das unbequemste und doch revolutionärste Stück der Psychoanalyse, ihre Triebtheorie, gelten zu lassen und in allen menschlichen Angelegenheiten in Rechnung zu stellen. In dem sich immer neu und in wandelnder Gestalt formierenden Widerstand gegen das Wahrnehmen dieser Tatsache schlagen noch Merkmale des Unbewußten durch: Zeitlosigkeit, Unbelehrbarkeit, Verwerfung des Realitätsprinzips. So gesehen, ist das Studium solider Freud-Biographik, das Sichbefassen mit der Entstehungsgeschichte der Psychoanalyse, via dosierter Identifizierung mit Freud, Einübung in die notwendige Oppositionsfähigkeit. Dies gilt ungeachtet des Faktums, daß man sich einer – unter dem Gesichtspunkt möglichst vollständiger Ermittlung der historischen Einzelheiten – definitiven Freud-Biographie erst dann wird annähern können, wenn sich der Zugang zu heute noch verschlossenen Quellen und damit zur ungeschmälerten Komplexität der Figur Freuds allmählich öffnet.

124 Freud, 1960*a*, S. 420.

Bausteine der Freud-Biographik

Zu dieser Ausgabe

Die Aufsätze von Siegfried Bernfeld und Suzanne Cassirer Bernfeld werden in der vorliegenden ersten deutschen Übersetzung möglichst originalgetreu, ihrerseits als historische Dokumente, wiedergegeben:

– Die Anordnung der Essays folgt der Chronologie ihrer Erstveröffentlichung.[1] Auf diese Weise läßt sich die Entfaltung der Bernfeldschen historisch-biographischen Forschungen am besten nachvollziehen.

– Da die englischen Originalfassungen in einem Zeitraum von mehreren Jahren jeweils einzeln, in Zeitschriften bzw. Jahrbüchern erschienen sind, enthalten sie an einigen wenigen Stellen Wiederholungen. Solche Wiederholungen wurden in der vorliegenden Ausgabe nicht getilgt. Die Autoren haben in den englischen Versionen in der Regel selbst darauf aufmerksam gemacht, wenn sie eine Passage aus einem früheren Essay in einen späteren übernahmen; derartige Anmerkungen wurden selbstverständlich mitübersetzt.

– Es wurde darauf verzichtet, die Aufsätze entsprechend dem neuesten Stand der Forschung zu kommentieren. Wie in der Einleitung erwähnt, betraten die Bernfelds seinerzeit Neuland; sie arbeiteten ohne jene vielfältigen technischen Hilfsmittel, ohne zahlreiche inzwischen veröffentlichte Freud-Dokumente, welche dem an Freud-Biographik und Geschichte der Psychoanalyse Interessierten heute zur Verfügung stehen. Neuere und neueste Daten in die vorliegende Ausgabe einzuarbeiten, wäre auf die Formulierung eines umfangreichen editorischen Fußnotenapparates hinausgelaufen, der die Bernfeldschen Texte wie eine besserwisserisch krittelnde zweite Stimme begleitet und ihre inhaltliche und stilistische Geschlossenheit gestört hätte. Natürlich ent-

1 Eine Ausnahme bildet lediglich der Artikel ›Freud und die Archäologie‹ von Suzanne Cassirer Bernfeld, der an den Schluß des Bandes gerückt wurde, da er sich in seiner freien, manchmal spekulativen Gedankenführung vom Argumentationsstil der übrigen, eher strikt wissenschaftsgeschichtlichen Abhandlungen unterscheidet. Indessen knüpft der in der Literatur häufig zitierte Artikel an vielen Stellen an die Bernfeldschen Forschungen an, ergänzt und bereichert sie nicht zuletzt durch persönliche Erinnerungen der Autorin an Freud, so daß es nahelag, ihn in die Sammlung aufzunehmen.

halten die Essays einige Irrtümer: So ist etwa auf S. 82 und S. 244, unten, davon die Rede, Sigmund Freud entstamme der zweiten Ehe Jakob Freuds. Inzwischen wurde festgestellt, daß es sich in Wirklichkeit um die dritte Ehe handelte.[2] Auf S. 70/74 wird das für Freuds Studienwahl ausschlaggebende Fragment über ›Die Natur‹, welches er nach der Matura in einer populären Vorlesung Carl Brühls hörte, Goethe zugeschrieben; heute weiß man, daß der Autor wohl der Schweizer Theologe Georg Christoph Tobler gewesen ist, der Text irrtümlich Goethes Werken zugeschlagen wurde.[3] In der englischen Erstpublikation ihres Aufsatzes über ›Freuds frühe Kindheit‹ haben die Autoren in einer Passage, die in der vorliegenden Ausgabe den Seiten 86 ff. entspricht, irrtümlich den Namen von Freuds Halbbruder Emanuel angegeben, anstatt denjenigen des Halbbruders Philipp. Doch haben sie diesen Fehler wenig später bemerkt. Nur solche Korrekturen, die die Autoren bereits selbst erarbeiteten, die sie also entweder in die Nachdrucke der Aufsätze eingeführt oder in den im Bernfeld-Archiv aufbewahrten Forschungsunterlagen festgehalten haben, werden in die vorliegende Ausgabe übernommen. Auch andere kleinere Irrtümer, Flüchtigkeitsfehler zumeist, die sich gleichsam aus dem Bernfeldschen Kontext richtigstellen lassen, wurden gleichfalls stillschweigend korrigiert.

– Der Verzicht auf darüber hinausgehende, am letzten Stand der Freud-Forschung orientierte Revision[4] bedeutet selbstverständlich auch den Verzicht auf ausführliche Erwähnung der seit Anfang/Mitte der fünfziger Jahre erschienenen Literatur zur Geschichte der Psychoanalyse und zur Freud-Biographik[5]; das gilt ebenso für die Sekundärliteratur zu den Bernfeldschen Beiträgen selbst[6].

2 Vgl. J. Sajner, 1968.

3 Vgl. J. Stracheys Anmerkung in *Standard Ed.*, Bd. 20, S. 8 f., sowie J. W. Goethe, *Naturwissenschaftliche Schriften*, Erster Teil, *Gedenkausgabe der Werke, Briefe und Gespräche*, hrsg. von E. Beutler, Bd. 16 (1949), S. 978. Zürich.

4 So wird z. B. davon Abstand genommen, die Breuer-Passagen im Aufsatz über ›Freuds früheste Theorien und die Helmholtz-Schule‹ entsprechend den in A. Hirschmüllers inhaltsreichem Buch über Breuer (1978) gewonnenen Erkenntnissen zu revidieren.

5 Für eine relativ umfangreiche Bibliographie der Freud-Biographik vgl. zuletzt R. Clark (1980).

6 Beispielsweise D. Shakow und D. Rapaport, 1964, S. 41 ff., oder P. F. Cranefield, u. a. 1966.

Ansonsten sind alle editorischen Hinzufügungen durch eckige Klammern kenntlich gemacht. Zitate aus Freuds voranalytischen Schriften und aus anderen zeitgenössischen Beiträgen erscheinen in modernisierter Orthographie und Interpunktion. Spezielle Erläuterungen der Bernfelds für englischsprachige Leser wurden, da für deutschsprachige entbehrlich, fortgelassen.

Zu danken habe ich vor allem Prof. Rosemarie Ostwald (University of California, Berkeley), der Tochter Siegfried Bernfelds, und Prof. Peter Paret (Stanford University), Sohn Suzanne Cassirer Bernfelds und Stiefsohn Siegfried Bernfelds. Sie haben mir in großzügiger Weise den Zugang zum Bernfeld-Archiv (Library of Congress, Manuscript Division, Washington, D. C.) geöffnet und die Erlaubnis gegeben, aus unveröffentlichten Dokumenten zu zitieren; überdies verdanke ich ihnen eine Fülle von Informationen und Anregungen. Peter Paret hat den Originalwortlaut der im letzten Aufsatz des Bandes angeführten, bislang nicht publizierten Briefe Freuds an Suzanne Cassirer Bernfeld zur Verfügung gestellt. Danken möchte ich auch Dr. Eva Laible (Wien), die mir während der Übersetzungsarbeit bei der Verifizierung vieler Ausdrücke und Daten geholfen sowie Photokopien jener zahlreichen zeitgenössischen Beiträge besorgt hat, aus denen die Bernfelds zitieren; sie sind seinerzeit in verschiedenen Fachzeitschriften, aber auch in der Tagespresse erschienen; dank der Photokopien konnten Rückübersetzungen der ursprünglich deutschen Beiträge vermieden werden (nur wo die Originale sich nicht auffinden ließen oder die Quellen in den englischen Fassungen der Bernfeld-Texte nicht angegeben sind, habe ich die entsprechenden Passagen – es sind wenige – in indirekter Form übersetzt). Dankenswerte Hilfen bei der Klärung verschiedener Fragen erhielt ich von Dr. K. R. Eissler (New York), Prof. Ulrich Herrmann (Universität Tübingen), der an einer Bernfeld-Monographie arbeitet, und Ingeborg Meyer-Palmedo (Frankfurt a. M.). Schließlich ist dem S. Fischer Verlag (Frankfurt a. M.) für die Genehmigung zu danken, im dritten Essay des vorliegenden Bandes einen längeren Ausschnitt aus Freuds Arbeit ›Über Deckerinnerungen‹ (1899*a*) abzudrucken.

I. G.-S.

Freuds früheste Theorien und die Helmholtz-Schule*

Freuds frühe Arbeiten[1] sind größtenteils in einer einfachen, nicht-fachlichen Sprache geschrieben, und die Ausdrücke, die er prägte, etwa »Verdrängung« oder »Abwehr«, klingen umgangssprachlich; gelegentlich kommen jedoch so dunkle Wendungen vor wie »Erregungssumme«, »Abfuhr«, »Ablösung«, die wie Relikte aus der Neurologie von 1890 erscheinen.

Offensichtlich spielt Freud damit auf eine von ihm hochgeschätzte Theorie an – eine Theorie, von der viele psychoanalytische Begriffe abgeleitet sind. Freud hat diese Theorie allerdings nicht ausführlich dargelegt. Er hat lediglich den sehr allgemeinen Gedanken mitgeteilt, »daß an den psychischen Funktionen etwas zu unterscheiden ist (Affektbetrag, Erregungssumme), das alle Eigenschaften einer Quantität hat – wenngleich wir kein Mittel besitzen, dieselbe zu messen –, etwas, das der Vergrößerung, Verminderung, der Verschiebung und der Abfuhr fähig ist und sich über die Gedächtnisspuren der Vorstellungen verbreitet, etwa wie eine elektrische Ladung über die Oberflächen der Körper. Man kann diese Hypothese, die übrigens bereits unserer[2] Theorie des ›Abreagierens‹ ... zugrunde liegt, in demselben Sinne verwenden, wie es die Physiker mit der Annahme des strömenden elektrischen Fluidums tun. Gerechtfertigt ist sie vorläufig durch ihre Brauchbarkeit zur Zusammenfassung und Erklärung mannigfaltiger psychischer Zustände.«[3] Ohne Zweifel geht es Freud hier um den Kern des »ökonomischen Gesichtspunkts« und des »psychischen Apparats«.

Die Kenntnis der historischen Ursprünge von Freuds Theorien

* [Unter dem Titel ›Freud's Earliest Theories and the School of Helmholtz‹ erschien diese Studie zuerst 1944 in *The Psychoanalytic Quarterly*, Bd. 3, S. 341–362; 1945 wurde sie in *The Yearbook of Psychoanalysis*, Bd. 1, S. 31–47, nachgedruckt.]

1 *Collected Papers*, Bd. 1. [Der erste Band dieser Freud-Edition enthält vor allem Schriften aus den Jahren 1893 bis 1905, die sich in ihrer Mehrzahl auch in Bd. 1 der *G. W.* finden.]

2 D. h. Breuers und Freuds Theorie.

3 Freud, 1894*a*, S. 74.

dürfte zu deren vertieftem Verständnis führen. Die Vorstellung von einer zur Abfuhr gelangenden Erregung wird ausführlich in den *Studien über Hysterie*[4] erörtert, und zwar im Rahmen von Breuers Beitrag[5]. Diese Passagen sind in Freuds *Gesammelten Schriften*[6] nicht abgedruckt und entgehen deshalb gewöhnlich dem Leser der *Studien*. Auch lesen sie sich nicht leicht; anders als Freud, lehnt Breuer sich in seinen Schriften eng an Terminologie und Denken der damaligen Physiologie an. Unser Interesse an der Geschichte von Freuds Theorien nötigt uns jedoch, die Ideen Breuers, seines älteren Freundes und Forschungskollegen, genauer zu betrachten. Tatsächlich mutet Breuers Theorie, befreit man sie von den zeitgenössischen Fachtermini, eher modern an.

I. Breuers Vorstellungen

Die Theorie gliedert sich in der Darstellung Breuers zwanglos in drei Teile: (a) die intrazerebrale tonische Erregung, (b) die Tendenz, die Erregung konstant zu halten, und (c) die Affekte als Störung des dynamischen Gleichgewichts im Zentralnervensystem.

A. Die intrazerebrale Erregung.

»Wir hätten uns eine zerebrale Leitungsbahn nicht wie einen Telephondraht vorzustellen, der nur dann elektrisch erregt ist, wenn er fungieren ... soll ... besser vielleicht, denken wir an eine viel verzweigte elektrische Anlage für Beleuchtung und motorische Kraftübertragung; es wird von dieser gefordert, daß jede Lampe und jede Kraftmaschine durch einfaches Herstellen eines Kontaktes in Funktion gesetzt werden könne. Um dies zu ermöglichen ... muß auch während funktioneller Ruhe in

4 J. Breuer und S. Freud, 1895.
5 Kapitel III, ›Theoretisches‹, ›2. Die intrazerebrale tonische Erregung – Die Affekte‹.
6 [Dies ist die erste, noch zu Freuds Lebzeiten entstandene große Ausgabe in zwölf Bänden.]

dem ganzen Leitungsnetze eine bestimmte Spannung bestehen, und zu diesem Behufe muß die Dynamomaschine eine bestimmte Menge von Energie aufwenden. – Ebenso besteht ein gewisses Maß von Erregung in den Leitungsbahnen des ruhenden, wachen, aber arbeitsbereiten Gehirnes.«[7] Dieser Erregung gibt Breuer den (wenig glücklichen) Namen einer »tonischen intrazerebralen Erregung«. Sie ist vorhanden neben (a) »der potentiellen Energie, welche in dem chemischen Bestande der Zelle ruht«, und (b) »jener uns unbekannten Form kinetischer Energie, welche im Erregungszustande der Faser abläuft«. Die tonische Erregung »verhält sich zu der in einer, z. B. peripheren, motorischen Faser abströmenden Erregung ... wie elektrische Spannung zum elektrischen Strome«[8].

Diese Zitate zeigen uns, daß die Theorie aus zwei Gedankenkomplexen besteht: einerseits dem neurologischen Konzept der Erregung, die als tonisch charakterisiert und in den Leitungsbahnen des Gehirns lokalisiert wird, andererseits der physikalischen Idee einer bestimmten, der psychischen Arbeit zur Verfügung stehenden Energiemenge. Die von Breuer verwendete Bezeichnung »intrazerebrale tonische Erregung« lenkt die Aufmerksamkeit von der physikalischen Bedeutung des Konzepts ab und betont über Gebühr den neurologischen Aspekt. »Erregung« meint den Zustand des Sich-in-Funktion-Befindens. Sie ist an ihren Wirkungen zu beobachten und je nachdem als »größer« oder »geringer« einzuschätzen. Indessen ist sie, im Unterschied zu einer bestimmten Energiemenge, nicht meßbar. Der Ausdruck ist also eigentlich ein qualitativer Terminus. Die Physiologen haben angenommen – und nehmen noch immer an –, Erregung sei Resultat und Indikator eines Energieaustauschs. Da die Relation zwischen ihnen unbekannt ist, spricht die vorsichtige naturwissenschaftliche Sprache von »Erregung«, meint aber »Energie«. Zumindest gilt dies für Breuer.

Da wir wissen wollen, was Breuer wirklich meinte, und nicht, wie er sich in Übereinstimmung mit der damaligen wissenschaftlichen Tradition ausdrückte, werde ich den physikalischen

7 J. Breuer und S. Freud, 1896 [*Ta.*], S. 156. [Die Seitenzahlen beziehen sich auf die einzige im Augenblick zugängliche vollständige deutsche Ausgabe der *Studien*, die Taschenbuchausgabe (*Ta.*).]
8 AaO, Anm. 4.

Aspekt herausstellen, den Breuer im Hintergrund gelassen hat, und die neurologischen Ausdrücke so weit wie möglich einschränken und in umgangssprachlichen Formulierungen – wie »im Gehirn« – wiedergeben. Man kann dieses Verfahren besten wissenschaftlichen Gewissens anwenden. Eine beobachtete Erregung erscheint dann wichtiger als eine hypothetische Energie; indessen sind die Erregungen, von denen Breuer spricht, genauso hypothetisch wie die Energien und als Konzept deshalb ziemlich unbrauchbar.

Breuers Theorie läuft auf folgendes hinaus: Eine gewisse Menge der Energien, die der Organismus in seiner physiochemischen Ökonomie produziert (oder benutzt), steht seinen psychischen Funktionen zur Verfügung. Breuer läßt die Frage offen, ob es verschiedene Energieformen sind – oder eine einzige – und, wenn letzteres zuträfe, welche der im Organismus vorhandenen Energien speziell für psychische Aktivitäten verwendet wird. Es ist bloß von einer bestimmten Menge die Rede, charakterisiert durch ihre Verwendungsart. Indessen ist klar, daß Breuer vom Intensitätsfaktor der verfügbaren Energie spricht, von einem Potential, nicht von der Gesamtmenge der Energie.

Diese Energie wird von den Gehirnzellen während des Schlafs produziert (freigesetzt). Steigt sie über ein bestimmtes Niveau an, erwacht der Organismus; er ist bereit, psychische Arbeit zu leisten. Er beginnt wahrzunehmen, zu assoziieren, zu denken und motorische Innervation zu produzieren. Auf diese Weise wird der gespeicherte Energievorrat wieder verbraucht. Fällt er unter ein bestimmtes Niveau, sinkt der Organismus in Schlaf, und ein neuer Zyklus beginnt.

Während des Wachzustands vergrößert sich das Potential auf dreierlei Weise: (1) die Gehirnzellen setzen Energie frei, die von den normalen psychischen Funktionen unverzüglich aufgebraucht wird. (2) Die großen physiologischen Bedürfnisse des Organismus – Sauerstoffhunger, Nahrungshunger, Durst, Sexualität – vergrößern periodisch die verfügbare Energie. Dieser Energieüberschuß wird in Akten konsumiert, die zur Befriedigung der erzeugten Bedürfnisse führen. (3) Durch den Prozeß der Wahrnehmung vergrößern Energien der Außenwelt das Potential. Dieser Mehrbetrag wird durch assoziative Integration aufgebraucht.

Allgemein: Die für psychische Arbeit verfügbare Energiemenge oszilliert um ein Optimalniveau. Sinkt sie auf ein Minimum ab, erfolgen Maßnahmen (Schlaf), die ihre Regeneration bewirken; steigt sie an, kommen Maßnahmen zu ihrer Verminderung in Gang. Breuer stellt sich also die menschliche Psyche als einen sich selbst regelnden Prozeß vor, der, wie die Atmung, von einer bestimmten zwischen Gehirnzellen, Gehirn, Körper (Drüsen) und der Außenwelt bestehenden relativen Energiesituation gesteuert wird.

B. Die Tendenz, die intrazerebrale Erregung konstant zu halten.

Jede Maschine, jedes System, das imstande ist, ein bestimmtes Niveau der Energie, der Kraft, der Konfiguration usw. wiederherzustellen, läßt sich in teleologischen Begriffen beschreiben. Ein System dieser Art ist ein zusammenhängendes Ganzes; seine Aktionen sind, bezogen auf das betreffende Niveau, entweder »abweichend« oder »wiederherstellend«. Innerhalb des Ganzen haben sie eine »Funktion«, die bestimmbar ist. Es funktioniert so, als ob die Aufrechterhaltung des Niveaus ein Ziel wäre.
Breuers Lehre zufolge konsumiert psychische Arbeit Überschußenergie. Teleologisch könnte man sagen, die psychische Arbeit habe die Funktion, Überschußenergie zu verbrauchen und Potentiale auszugleichen, oder dem Organismus wohne eine Tendenz inne, die Energie auf einem bestimmten Niveau zu halten. Gegenüber der Bezeichnung »Verbrauch von Energie« bevorzugt Breuer das Wort »Abfuhr«, das eine teleologische Konnotation hat.
Indessen ist die Tendenz, die tonische Erregung auf einem konstanten Niveau zu erhalten, nicht bloß eine teleologische Übersetzung des Dissipationsgesetzes, demzufolge Potentiale, wo immer sie auftreten, ausgeglichen werden. Für Breuer ist diese Tendenz ein Bedürfnis des Organismus – anderen Bedürfnissen vergleichbar, z. B. der Tendenz, das Niveau des Wassergehalts im Blut aufrechtzuerhalten.
Das Ziel dieses Bedürfnisses besteht darin, die Potentiale bis zu einem bestimmten optimalen Niveau zu reduzieren, auf dem der Organismus sich in einem Zustand psychischer Wachsamkeit,

allgemeiner Bereitschaft befindet, ohne Aufregung oder Angst. Schmerz stellt sich jeweils ein, wenn ein Bedürfnis frustriert wird; so folgt Schmerz immer dann, wenn das Potential sich über das optimale Maß hinaus steigert oder, wie Freud gelegentlich meint[9], wenn dieses Anwachsen mit einer bestimmten Geschwindigkeit geschieht. Vermindert sich das Potential unter das Optimum, so ist es nicht Sache dieses Prinzips, es wieder zu steigern. Dies wird letztlich von den Gehirnzellen, gewissermaßen als Teil ihrer Lebensroutine, besorgt. Dieser Teil der Breuerschen Theorie bezieht sich, in modernen Termini ausgedrückt, auf das molekular-makroskopische Verhalten des (Gesamt-)Organismus. Hier wird die Psyche sozusagen als die molekulare Aufhebung von Anhäufungen mikroskopischer Spannungen aufgefaßt.

C. *Affekte und Konversion.*

Affekte werden als Störungen des dynamischen Gleichgewichts im Gehirn angesehen. Wir müssen uns das Gehirn als aus verschiedenen Regionen zusammengesetzt denken. Jeder dieser Regionen entspricht ein bestimmter Komplex von Wahrnehmungen, Vorstellungen, motorischen Mustern. Sobald eine bestimmte Energiemenge eine dieser Regionen besetzt, wird der Komplex in Funktion gebracht. Im wachen, arbeitenden Gehirn ist die Energie nicht gleichmäßig verteilt. Es ist, als wäre die verfügbare Energie nie ausreichend, um eine Anzahl verschiedenartiger Tätigkeiten gleichzeitig zu ermöglichen. Deshalb wechselt sie von einer Region zur anderen, schafft Potentiale und gleicht sie zwischen den verschiedenen Regionen wieder aus. Ein Zustand dynamischen Gleichgewichts ist dann erreicht, wenn es zwischen den Regionen keine größeren Potentiale sowie keine Hindernisse mehr gibt, die das Wechseln der Energie von einer Region zur anderen beeinträchtigen; dann ist rascher Ausgleich garantiert.

In Zuständen von Gemütsbewegung ist dieses Gleichgewicht gestört. In einem der Areale hat sich ein beträchtliches Potential

9 Freud, 1895*f*.

aufgebaut.[10] Die betreffende Person ist unruhig, aufgeregt, kurz: sie steht unter der Herrschaft einer »affektiven Vorstellung«. Durch eine Vorstellung dieses Typs (in höheren Intensitätsgraden) »ist der Vorstellungsablauf gestört, der relative Wert der Vorstellungen abgeändert ... Auch die Wahrnehmung, die psychische Verarbeitung der Sinnesempfindungen leidet«; die Motilität ist verändert, »bis sich die Erregung in den motorischen Leistungen ... entladet«[11].

Wenn ein Bedürfnis, beispielsweise Hunger oder Sexualität, einen solchen Affektzustand schafft, gibt es stets eine bestimmte, angemessene motorische Funktion. Da eine angemessene motorische Funktion der Affekte im engeren Sinne – Zorn, Gram, Ärger, Schreck – nicht gegeben oder gehemmt ist, wird der Ausgleich durch »zwecklose« motorische Abfuhr erreicht. So einfach wird das Rätsel des Ausdrucks der Gemütsbewegungen gelöst. »... sie haben keinen anderen Zweck als die Ausgleichung der Erregungssteigerung und die Herstellung des psychischen Gleichgewichtes. Indem sie dies leisten, dienen sie der ›Tendenz zur Konstanterhaltung der zerebralen Erregung‹ ... Wenn dem Affekte eine solche Abfuhr der Erregung aber überhaupt versagt wird, dann ... treten ... anomale Reaktionen auf.«[12] Eine dieser Reaktionen ist die hysterische Konversion.

Dies wird durch die ausführliche Darlegung einer der in der Theorie implizit enthaltenen Vorstellungen erklärt. Obgleich das Nervensystem »ein durchaus zusammenhängendes Ganzes« ist, sind »große, doch nicht unüberwindbare Widerstände eingeschaltet, welche die allgemeine gleichmäßige Ausbreitung der Erregung verhindern«, z. B. sind die »nervösen Apparate ... der Zirkulation und Verdauung ... durch starke Widerstände von den Organen der Vorstellung getrennt ... sie sind direkt durch Vorstellungen nicht beeinflußt«.[13]

Unter bestimmten Bedingungen können diese Widerstände jedoch zusammenbrechen. Das geschieht, wo und wann immer sie

10 Freud spricht häufig von den Affekten als von »Summen«, weil nach dieser Auffassung der Affekt das Ergebnis einer Konzentration von Energie in einem Teil des Systems ist, einer Konzentration, die normalerweise ausreichen würde, um mehrere Teile des Systems zu besetzen.

11 J. Breuer und S. Freud, 1895 [*Ta.*], S. 161.

12 AaO, S. 162 und S. 163.

13 AaO, S. 163 und S. 164.

sich als schwach erweisen, wenn ein großes Potential zwischen verschiedenen Regionen nicht durch assoziative Leistung oder motorische Abfuhr ausgeglichen werden kann oder einfach zu groß ist, um angemessen verbraucht zu werden. Ein solcher Zusammenbruch der Isolierung ist die Grundlage der Konversion in der Hysterie. Es ist eine der möglichen pathologischen Reaktionen auf einen nicht zur Abfuhr gelangten Affekt.

Abgesehen vom Wert dieser Theorie, beeindrucken Weite und Konsequenz des Gedankens. Doch bleiben viele wichtige Details allzu skizzenhaft, nicht nur in meiner fragmentarischen Wiedergabe, auch in der ausführlichen Originalfassung. Vermutlich werden aber die meisten Leser sich weniger für diese Einzelheiten als für den zwiespältigen Eindruck interessieren, den dieser Abschnitt in ihnen ausgelöst haben mag.

Einerseits ist es zweifellos Breuers Theorie, auf die sich Freud als auf »unsere« Erklärung des Konzepts der Abfuhr bezieht; seine verstreuten Bemerkungen, mit denen wir diesen Aufsatz eingeleitet haben, sind eindeutig Bruchstücke dieser Theorie. Freud erweitert sie gelegentlich; und Breuer zitiert Freud als den Autor der Vorstellung von einer Tendenz, das Erregungsniveau konstant zu halten. So muß diese Theorie jedenfalls als Freuds damalige Auffassung angesehen werden.

Andererseits erscheint es schwierig – die Gründe dafür können hier nicht im einzelnen ausgeführt werden –, diese Theorie in das Bild des großen Psychologen einzufügen, der »seine Psychologie von Anfang an als eine bewußte Revolte gegen jene unproduktive Pedanterie entwickelte, die im neunzehnten Jahrhundert als Neurologie ausgegeben wurde«.[14] Sie klingt nicht sehr freudianisch. Man zögert sogar, sie dem Freud der frühen kathartischen Jahre zuzuschreiben.

Vielleicht müssen wir also unser Bild vom frühen Freud ein wenig revidieren. Die traditionelle Geschichte der Psychoanalyse beginnt mit Charcot, der Schule von Nancy und Dr. Breuers berühmtem Fall. Freud war dreißig, als er Charcot begegnete, kein Student mehr, sondern eine Persönlichkeit ganz bestimmten wissenschaftlichen Zuschnitts; ein Privatdozent[15], ausgebildet von Brücke und im weiteren Sinne noch Repräsentant von

14 A. D. Ritchie, 1935, S. 170.
15 [Deutsch im Original.]

dessen Schule. Wenn wir sein Denken von 1893 rekonstruieren wollen, sollten wir etwas über seine vor-kathartischen Jahre wissen, insbesondere über seine Beziehung zu Brücke und dessen Schule. Seltsamerweise ist dieser Zusammenhang kaum je untersucht worden[16], obgleich Freud Brücke einmal die »größte Autorität« nennt, die je auf ihn gewirkt habe.[17]

II. Freud und Brücke[18]

In den sechziger Jahren des neunzehnten Jahrhunderts galt die Physiologie der Helmholtz-Schule als der überhaupt interessanteste, umfassendste und modernste Zweig der gesamten deutschen Universitätslehre. Physiologie fesselte die Studenten jener Zeit etwa so, wie die Kernspaltung die Imagination der heutigen Studenten gefangennimmt. Als Freud 1873 in Wien mit dem Medizinstudium begann, übte die Physiologie noch immer diese Faszination aus. Zwar hatte die Bewegung ihren Höhepunkt schon überschritten, dennoch galt Brückes Physiologisches Institut nach wie vor als eine sehr aktive, berühmte, ja glanzvolle Ausbildungs- und Forschungsstätte.

Die erstaunliche Erfolgsgeschichte dieser wissenschaftlichen Schule begann in den frühen vierziger Jahren mit der Freundschaft zwischen Emil Du Bois-Reymond (1818-1896) und Ernst von Brücke (1819-1892), zu der wenig später Hermann von Helmholtz (1821-1894) und Carl Ludwig (1816-1895) stießen. Von Anfang an war diese Gruppe von einem wahren Kreuzzugsgeist beseelt. 1842 schrieb Du Bois: »Brücke und ich, wir haben uns verschworen, die Wahrheit geltend zu machen, daß im Organis-

16 Meines Wissens haben nur M. Dorer (1932), R. Brun (1936) und S. E. Jelliffe (1937) diesen Punkt berührt.

17 Freud, 1927*a*, S. 290.

18 Wer Freuds frühe Arbeiten und seine autobiographischen Schriften, Pflichtlektüre in der psychoanalytischen Ausbildung, studiert, wird häufig durch Anspielungen auf räumlich und zeitlich entlegene Personen und Ereignisse verwirrt, über die er gerne mehr wüßte. Man kommt jedoch schwer an die Quellen heran. So habe ich der Versuchung nachgegeben, im Zusammenhang mit meinem Thema Informationen zugänglich zu machen, die sonst nur in selten gelesenen Büchern zu finden sind. Dadurch dehnte sich dieser Abschnitt unverhältnismäßig aus. Gleichwohl kann er mitnichten als eine Biographie Freuds auch nur der Jahre 1873 bis 1895 gelten. Ich liefere mich also von zwei Seiten Vorwürfen aus – ich bringe zuviel und nicht genug.

mus keine anderen Kräfte wirksam sind, als die gemeinen physikalisch-chemischen; daß, wo diese bislang nicht zur Erklärung ausreichen, mittels der physikalisch-mathematischen Methode entweder nach ihrer Art und Weise der Wirksamkeit im konkreten Fall gesucht werden muß, oder daß neue Kräfte angenommen werden müssen, welche, von gleicher Dignität mit den physikalisch-chemischen, der Materie inhärent, stets auf nur abstoßende oder anziehende Componenten zurückzuführen sind.«[19]

Diese Männer bildeten einen kleinen Privatklub, den sie 1845 zur ›Berliner Physikalischen Gesellschaft‹ erweiterten. Die meisten Mitglieder waren junge Schüler von Johannes Müller, Physiker und Physiologen, vereint in der Idee, ein für allemal dem Vitalismus, der Grundüberzeugung ihres verehrten Meisters, den Garaus zu machen. Seltsamerweise nahm Johannes Müller ihnen dies nicht übel. Am 23. Juli 1847 hielt Helmholtz auf der Tagung der Gesellschaft einen Vortrag über das Prinzip der Energieerhaltung – in der bescheidenen Absicht, der neuen Physiologie ein solides Fundament zu geben. Ungeahnt begann hier der Aufstieg eines der führenden Physiker des Jahrhunderts. Du Bois, Brücke, Helmholtz und Ludwig blieben lebenslang Freunde. Im Laufe von rund fünfundzwanzig Jahren errangen sie die völlige Vorherrschaft über das Denken der deutschen Physiologen und Mediziner; sie haben der Wissenschaft überall entscheidende Impulse gegeben und einige der alten Rätsel ein für allemal gelöst. Was den Vitalismus angeht, so lebten sie freilich lange genug, um Zeugen seines Wiederaufstiegs zu werden. In den siebziger Jahren jedoch übten sie selbst wie auch die von ihnen vertretene Physiologie noch eine nirgends in Frage gestellte Autorität aus.

Brücke, den man in Berlin »unseren Gesandten im Fernen Osten« nannte, hielt sich in seinen Vorlesungen stets genau an seine ausgearbeiteten Notizen. Diese veröffentlichte er 1874 als *Vorlesungen über Physiologie.*[20] Die ersten vierzig Seiten enthalten die Essenz jener Grundgedanken physikalistischer Physiologie, die den jungen Freud fesselten:

19 Du Bois-Reymond, 1918, S. 108.

20 E. W. v. Brücke, 1874 [die folgenden wörtlichen Zitate finden sich in Band 1 auf den Seiten 1-7].

Physiologie ist »die Lehre von den Organismen als Organismen«. Organismen unterscheiden sich von »leblosen materiellen Ganzen« – Maschinen, die sich in Tätigkeit befinden – durch das Assimilationsvermögen, beide jedoch sind Phänomene der physikalischen Welt. Es sind Systeme von Atomen, von Kräften bewegt nach dem von Helmholtz formulierten Gesetz von der Erhaltung der Kraft: die Summe der Kräfte (»sogenannten Spannkräfte« und »sogenannten lebendigen Kräfte«) bleibt in einem System, welches keiner Einwirkung von außen ausgesetzt ist, konstant. Die »reellen Ursachen« werden in der Wissenschaft durch das Wort »Kraft« symbolisiert. Je weniger wir über sie wissen, desto mehr verschiedene Arten von Kräften unterscheiden wir: mechanische, elektrische, magnetische Kräfte, Licht, Wärme. Der Fortschritt der Erkenntnis hat sie auf zwei reduziert: die anziehende und die abstoßende Kraft. Dies gilt auch für den Organismus Mensch. Im Gegensatz zu Descartes können wir nicht glauben, daß die fortwährenden Veränderungen, die wir erleben und die unserem Ich widerfahren, nicht Folgen äußerer Ursachen sein sollen. Brücke wendet sich dann einer ausführlichen, zweibändigen Darstellung dessen zu, was man damals über Umsetzung und Wechselspiel physikalischer Kräfte im lebenden Organismus wußte – wie diese Kräfte »einander fördern oder hemmen, sich miteinander verbinden, zu Kompromissen zusammentreten usw.«. Mit diesen Worten beschreibt Freud 1926 den dynamischen Gesichtspunkt der Psychoanalyse.[21] Ich wüßte nicht, wie sich Geist und Inhalt von Brückes Vorlesungen besser charakterisieren ließen.

Dieser Geist herrschte im Physiologischen Institut, dem Freud von 1876 bis 1882 angehörte. Brückes damalige Assistenten, Sigmund Exner (1846-1926) und Ernst Fleischl von Marxow (1846-1891), beide Privatdozenten, waren begabte, der Wissenschaft ergebene Männer und glühende Physikalisten.

Fleischl, dessen Freundschaft Freud viel bedeutete, publizierte Arbeiten sowohl aus dem Bereich der Physik als auch der Physiologie: die letztere war seiner Auffassung nach nichts anderes als angewandte Physik und Chemie. Diese Haltung scheint in seiner Familie tradiert worden zu sein. Sein Onkel Johann Nepo-

21 Freud, 1926*f*, S. 301.

muk Czermak (1828-1873), einer der Begründer der Laryngoskopie und Rhinoskopie, hat der Universität Leipzig nicht nur ein großartiges physiologisches Laboratorium vermacht, sondern seinem Neffen Ernst in dessen Gymnasialzeit auch ein Mikroskop geschenkt. Ernst ließ, seinerseits hochherzig, seinen Schulkameraden Exner das wertvolle Spielzeug mitbenutzen.

Jeder Student der Medizin hatte damals Physiologie zu betreiben, und keiner, der überhaupt an Wissenschaft interessiert war, ging unberührt daraus hervor. In Freud hinterließ diese Ausbildung einen tiefen, unauslöschlichen Eindruck. Nach einigen Jahren versprengter, ihn enttäuschender Forschungen auf dem Gebiet der Zoologie und Chemie hatte sich Freud im Institut niedergelassen, vom »verehrten« Brücke[22] und vom »glänzenden« Fleischl[23] fasziniert. Obgleich keiner von beiden eine wirklich farbige Persönlichkeit gewesen ist, erinnert Freud sie als Männer, »die ich respektieren und zu Vorbildern nehmen konnte«[24].

Brücke war ein kleiner Mann mit mächtigem, eindrucksvollem Haupt, gemessenem Gang und ruhigen, sicher kontrollierten Bewegungen, schmallippig, mit den berühmten »fürchterlichen blauen Augen«[25], eher scheu, dabei streng und äußerst verschlossen. Als Protestant und infolge seines preußischen Akzents blieb er im katholischen Wien unweigerlich ein Außenseiter. Da er sich vor Luftzug fürchtete, sah man ihn nie barhäuptig; im Institut trug er stets ein dunkles Seidenbarett. Im Umgang mit seinen Studenten hielt er auf Distanz; niemals diskutierte er eine Arbeit oder eine Idee mit ihnen, bevor sie wirklich ausgereift war. Selbst ein gewissenhafter und unermüdlicher Arbeiter, war er auch in den Ansprüchen, die er an andere stellte, nicht gemütlich[26]. Noch zwanzig Jahre später konnte Freud im Zusammenhang mit seinen Träumen bei der Erinnerung erschaudern, wie Brücke ihn auf seiner Morgenrunde einmal beim Zuspätkommen ertappte.[27] Ein Student, der in einer Arbeit geschrieben hatte: »Oberflächliche Beobachtung ergibt ...«, er-

22 [Freud, 1925*d*, S. 35.]
23 [Freud, 1925*d* (*Ta.*), S. 41.]
24 [Freud, 1925*d*, S. 35.]
25 [Freud, 1900*a*, S. 425.]
26 [Deutsch im Original.]
27 [AaO.]

hielt sein Manuskript zurück; Brücke hatte die betreffende Zeile heftig durchgestrichen und am Rand kommentiert: »Man beobachtet nicht oberflächlich.«[28] Er gehörte zu den am meisten gefürchteten Prüfern. Hatte der Kandidat die Antwort auf seine erste Frage verpatzt, so konnte Brücke während der verbleibenden zehn oder zwölf Minuten der vorgeschriebenen Prüfungszeit steif und schweigsam dasitzen, taub für die Ausflüchte von Prüfling und Dekan. Allgemein war er als kalter Verstandesmensch abgestempelt. Welchen Zwang er sich und seinen Gefühlen auferlegen mußte, um diese Fassade zu wahren, zeigte seine Reaktion auf den Tod seines geliebten Sohnes im Jahre 1873. Er untersagte seiner Familie und seinen Freunden, fortan den Namen des Sohnes zu erwähnen, entfernte alle seine Bilder und arbeitete noch verbissener als zuvor. Aber dieser Mann war andererseits gänzlich frei von Eitelkeit, Intrigantentum und Machtgier. Dem fähigen Studenten war er wie ein überaus wohlwollender Vater, der auch weit über wissenschaftliche Belange hinaus seinem Schützling Rat und Förderung angedeihen ließ. Er respektierte eigene Ideen seiner Schüler, ermutigte sie zu selbständigem Arbeiten und unterstützte Begabte auch dann, wenn sie zu Ergebnissen gelangten, die weit von seinen eigenen Auffassungen wegführten. Angeblich sei ihm niemals ein Schüler oder Freund untreu geworden.

In vieler Hinsicht war Fleischl das genaue Gegenteil von Brücke: jung, gutaussehend, begeisterungsfähig, ein glänzender Redner und faszinierender Lehrer. Mit seinem Charme und seiner Liebenswürdigkeit war er ein typisches Produkt der alten Wiener Gesellschaft, stets bereit, mit einer Flut provozierender Einfälle wissenschaftliche und literarische Themen zu diskutieren. Diese Eigenschaften standen in seltsamem Kontrast zur ergreifenden Rolle eines Helden und Märtyrers der Physiologie. Bei Forschungen im Bereich der pathologischen Anatomie hatte er sich mit fünfundzwanzig Jahren eine Infektion zugezogen. Die Amputation des rechten Daumens rettete ihm das Leben. Doch wurde dies Leben zu einer ständigen Qual, hatte er doch den langsam nahenden Tod vor Augen. Mit seiner verstümmelten und schmerzenden Hand vollführte er gleichwohl experimen-

28 [Das Zitat ist aus dem Englischen rückübersetzt; die Originalquelle war nicht aufzufinden.]

telle Arbeit von technischer Perfektion. In seinen schlaflosen Nächten studierte er Physik und Mathematik. Als er diese Fächer so weit beherrschte, daß sie ihn nicht mehr von seinen Schmerzen ablenken konnten, begann er, Sanskrit zu lernen.

Für beide Männer, Brücke wie Fleischl, bedeutete die Wissenschaft mehr als private Schmerzen und Sorgen, mehr als der Tod. Für sie verschmolzen Forschung und Leben zu einem einzigen Strom stetigen Tätigseins. Wissenschaftliche Arbeit ist bei solchen Menschen so sehr Teil des eigenen Selbsts, daß sogar der Ehrgeiz, etwas Eigenes zum Fortschritt des Wissens beizutragen, bis zu einem gewissen Grade zweitrangig erscheint gegenüber diesem Fortschritt selbst. Jedenfalls sind Wissenschaftler dieses Typs auffallend weniger eitel als sonst in der Berufssparte üblich. Wenn dies der Lebenszuschnitt war, den Freud vorbewußt für sich gewählt hatte, so waren die Lehrer im Physiologischen Institut in der Tat geeignete Vorbilder.

Auch Josef Breuer (1842-1925) verkörperte diesen Typus. Freud begegnete ihm im Institut, wo Breuer sich häufig aufhielt. In den meisten Darstellungen der Psychoanalyse wird er als »Wiener Hausarzt« bezeichnet. Er war jedoch sehr viel mehr. Im Brückeschen Institut ausgebildet, entwickelte er sich zu einem Wissenschaftler und Denker von Rang, einem gläubigen Anhänger der »physikalistischen« Physiologie. In einem Brief an den Philosophen Franz Brentano bekannte er einmal, er habe einen »Gehirndefekt«: »Ametaphysie«.[29] Nach seiner Promotion wurde er 1867 Assistent von Oppolzer an der Klinik für Innere Medizin der Universität Wien; 1868 erfolgte die Ernennung zum Privatdozenten. 1871 eröffnete er eine Privatpraxis, unterrichtete bis 1885 aber weiter an der Universität. (Während Freuds Studienzeit las er über Erkrankungen der Nieren und des Verdauungsapparates.) Er veröffentlichte wenige, aber bedeutende Arbeiten, einige gelten heute als klassisch. 1868 entdeckte er die Selbststeuerung der Atmung durch den Vagus. In den Jahren von 1873 bis 1875 erforschte er die Funktion der Bogengänge im Ohrlabyrinth sowie diejenige der Otolithen und

29 [In den ›Research Note Books‹ (Bernfeld-Archiv, vgl. die Einleitung zum vorliegenden Band) findet sich dieses Zitat unter den Eintragungen über Breuer, in einer sonst nicht näher bibliographisch nachgewiesenen Arbeit von Hans-Horst Meyer (vermutlich 1928, S. 44).]

erwies experimentell ihren Mechanismus.[30] Er führte diese Experimente zu Hause, in seiner Freizeit durch, in der Regel nachts. 1894 wurde er auf Anregung von Mach, Hering und Exner zum Korrespondierenden Mitglied der Wiener Akademie der Wissenschaften gewählt. 1907 veröffentlichte er eine Monographie über das Gehörorgan der Vögel sowie über Experimente hinsichtlich Bewegungsrichtung und Haltung von Fischen unter dem Einfluß galvanischer Ströme. Als praktischer Arzt genoß er ungewöhnliche Beliebtheit und großes Vertrauen. Er war Leibarzt und medizinischer Ratgeber von Brücke, Exner, Fleischl, Billroth, Chrobak und vieler anderer Größen der weithin berühmten Wiener medizinischen Schule.

Neben der Anziehungskraft dieser Figuren war es eine Art ›Wahlverwandtschaft‹, die Freud der Brückeschen Schule zuführte. In rund sechs Jahren rekapitulierte er – in Darwinschen Begriffen gesprochen, die dem jungen Freud bekanntlich so teuer waren – ontogenetisch die Phylogenese des Denkens der voraufgegangenen siebzig Jahre.

Diese »Physiologie« entsprach einem allgemeinen Trend der westlichen Welt. Langsam, aber kontinuierlich hatte er sich während der zwei bis drei vorhergehenden Jahrhunderte überall bemerkbar gemacht, mit dem Ende des achtzehnten Jahrhunderts stetig an Schwung gewonnen und sich endlich seit den dreißiger Jahren mit zunehmender Geschwindigkeit und immer größerem Wirkungsradius ausgebreitet. In Deutschland wurde diese Tendenz besonders nachdrücklich und affektbetont vertreten. Denn hier, wo sie schwächer war als in England und Frankreich, war ihre Entwicklung zwischen 1794 und 1830 (also zwischen der großen und der kleinen Französischen Revolution) unterbrochen worden – durch die Ära der Naturphilosophie[31].

Naturphilosophie ist die Bezeichnung für jenen pantheistischen, dem Mystizismus nahen Monismus, der, von Schelling gelehrt und von einem Heer von Schreibern nachgebetet, weiterentwickelt und abgewandelt, damals von jedem Durchschnittsgebildeten wie auch von den Damen der literarischen Zirkel begierig aufgegriffen wurde. Das Universum, die Natur, ist ein

30 Beide Entdeckungen wurden gleichzeitig und unabhängig von Ernst Mach und, teilweise, auch von Crum Brown gemacht.

31 [Deutsch im Original.]

einziger großer Organismus; letzthin bestehend aus Kräften, Bewegungen, Produkten, Erscheinungen – (all dies!) zusammengespannt in beständig fortdauerndem Gegensatz. Verstand, Bewußtsein, Geist sind bloß Widerschein, Emanation jenes unbewußten Aufruhrs. Solche Ideen sind schon früher geäußert worden und traten auch später wieder auf; einige wissenschaftliche Theorien des neunzehnten Jahrhunderts wie auch unserer eigenen Zeit haben hier ihre Wurzeln. Aber weder diese Ideen noch die sie einhüllende romantische Stimmung sind das eigentlich Besondere der Bewegung; sie sind Teil eines allgemeinen europäischen Trends. Was die deutsche Naturphilosophie kennzeichnet, sind vielmehr die Sehnsucht, die sich in der Bezeichnung »spekulative Physik« zu erkennen gibt (so hat Schelling seine Bestrebungen genannt), sowie der megalomane Gefühlsüberschwang in Phantasie und Stil der betreffenden Autoren. Fechner pries die großartige Kühnheit Okens, eines prominenten Vertreters dieser Richtung, wohingegen ein nüchterner englischer Historiker meint: »Sie zeigen Neigungen, die dem Gang des europäischen Denkens doch fremd sind, und erinnern an die diffuse Vagheit des Ostens und deren Spiegelbild im halborientalischen Alexandria.«[32]

Die »physikalistische« Physiologie hat, wenngleich nicht allein, die Naturphilosophie entthront und ihren Platz eingenommen. Aber wie so oft hatte der Eroberer die Verzücktheit des Opfers introjiziert. »Einheit der Wissenschaften«, »Naturwissenschaft«, »physikalische Kräfte« – dies waren nicht nur Leitgedanken oder Hypothesen für wissenschaftliches Arbeiten; sie wurden zu so etwas wie Kultgegenständen. Es ging nicht nur um Forschungsmethoden, sondern um Weltanschauung[33]. Die Intensität dieser Stimmung war von Wissenschaftler zu Wissenschaftler, von Ort zu Ort verschieden. In Berlin, bei Du Bois-Reymond, erreichte sie ihre größte Dichte, seltsam vermengt mit preußischem Nationalismus. In Österreich dagegen hatte die Naturphilosophie nie recht Fuß fassen können, so war denn auch der Physiologie-Fanatismus in Wien, bei Brücke, vergleichsweise wenig ausgeprägt. Aber es gab ihn doch.

Freud selbst war über die Begeisterung für die Naturphiloso-

32 G. S. Brett, 1921, S. 129.
33 [Deutsch im Original.]

phie zur »physikalistischen« Physiologie gelangt. Kurz vor Ende seiner Gymnasialzeit hatte er im Frühsommer 1873 den Vortrag »von Goethes schönem Aufsatz ›Die Natur‹ in einer populären Vorlesung« von Prof. Carl Brühl gehört, was »die Entscheidung gab, daß ich Medizin inskribierte«.[34] Es war nicht Medizin, was er suchte. Am Beruf des Arztes war er nicht interessiert und von dessen gesellschaftlichem Prestige wenig beeindruckt. Arzt zu werden war nicht ein Ideal, eher eine Abwehr gegen seinen Ehrgeiz, in der Politik eine führende Rolle zu spielen, eine Versuchung, die er seit Kindheitstagträumen verspürte, in denen er sich mit Hannibal, General Masséna und Oliver Cromwell identifiziert hatte. Sich in der medizinischen Fakultät einzuschreiben war einfach der einzig realistische Weg, Naturwissenschaften zu studieren. Alle führenden Figuren der »physikalistischen« Physiologie waren Mediziner, die, wie Brücke und Du Bois-Reymond, nie im Leben einen Patienten behandelt oder, wie Helmholtz, nur anfänglich und bloß während einer kurzen Zeitspanne widerwillig als Ärzte gearbeitet hatten.

Goethe, der Freuds Berufswahl gleichsam mitbestimmt hat, war ein Vorkämpfer der Naturphilosophie – in seinen wissenschaftlichen Schriften (und nur in diesem Bereich) war er selbst Naturphilosoph, freilich ein gemäßigter. Der »kleine, unvergleichlich schöne«[35] Aufsatz über die Natur enthält gewissermaßen das Programm der frühen deutschen Naturphilosophie.

Wie bei Goethe und später in der Schelling-Generation trat auch in Freuds Geist die pantheistische Glaubensüberzeugung an die Stelle des Gottes der Kindheit, nachdem dieser die Macht über das Denken eingebüßt hatte; gleichwohl blieb er in dieser Gestalt lebenslang als Denkobjekt erhalten. Die Parallele wird geradezu lächerlich stimmig, wenn wir erfahren, daß Freud in seiner frühen Begeisterung für die »physikalistische« Physio-

34 Freud, 1925*d*, S. 34. [In seiner nicht veröffentlichten Brill-Memorial-Lecture (Bernfeld-Archiv) berichtet Bernfeld, wie es dazu kam, daß Freud diese für seine Berufswahl maßgebende Vorlesung besuchte: Sein Gymnasialfreund Heinrich Braun arbeitete bereits gegen Ende seiner Schulzeit journalistisch. Für eine Wiener Zeitung sollte er über die Vorlesung Brühls berichten, konnte den Termin aber nicht wahrnehmen. So bat er Freud, an seiner Stelle die Veranstaltung zu besuchen. Bernfeld vermutet, daß Freud tatsächlich einen Bericht über die Veranstaltung verfaßt hat, der, wenn überhaupt, indessen unter dem Namen Heinrich Brauns erschienen sein dürfte.]

35 Freud, 1900*a*, S. 443.

logie für kurze Zeit zum radikalen Materialismus hinüberschwenkte.[36] Diese Reaktion gegen mystischen Idealismus oder jede Art romantischer Philosophie hatte bereits eine Generation vor Freud eingesetzt, und Namen wie Büchner, Vogt und Moleschott waren um 1870 in der Öffentlichkeit noch immer erschreckend populär.

Von Anfang an war Freuds Interesse an der Physiologie nicht bloß passiv. Vielmehr führte er zur vollen Zufriedenheit Brückes selbständige Forschungsarbeiten durch; einige seiner Schriften aus dieser Zeit verlas Brücke vor der Akademie der Wissenschaften. Freud wurde Demonstrator am Institut (eine Art Vorlesungsassistent). Er hatte berechtigten Anspruch zu erwarten, einmal Brückes Assistent zu werden. Da er sich auf eine wissenschaftliche Karriere vorbereitete, hatte er keine Eile, sein Medizinstudium abzuschließen. Studium und Forschung hingegeben und gegen andere Wünsche und Konflikte abgeschirmt, verbrachte Freud die sieben glücklichsten Jahre seiner Jugend im Brückeschen Institut.

Als er das Institut verließ, um sich niederzulassen, gab er seine wissenschaftlichen Ambitionen nicht auf. In den folgenden zehn Jahren wechselte er weder den Forschungsgegenstand noch die Methode. In gewisser Weise hat er beides nie preisgegeben. Ungeachtet der neuartigen, revolutionären Züge der Psychoanalyse, ist sie im Kern doch eine Fortsetzung der Arbeit, der Freud bei Brücke nachgegangen war.

Der Gegenstand, auf den Brücke Freuds Aufmerksamkeit gelenkt hatte, war das Zentralnervensystem oder, anders ausgedrückt, das, was die Institutsmitglieder für Psychologie hielten. In den siebziger Jahren waren mikroskopische und experimentelle Verfahren noch miteinander verbunden. Zwar galt das physiologische Experiment (einschließlich dessen, was man heute Biophysik und Biochemie nennen würde) schon damals zunehmend als *Via regia*, und manche Physiologen taten sich gütlich daran, diejenigen, die mit dem Mikroskop arbeiteten, verächtlich zu machen. Nicht so Brücke. Er kündigte seine Vorlesungen weiter in der traditionellen Sprache der Wiener Universität als Physiologie und Höhere Anatomie an. Das Wissen von der räumlichen Struktur

36 AaO, S. 218.

jenes sich in Tätigkeit befindenden physikalischen Systems ist demnach ebenso wichtig wie das Wissen von den auf diesen Apparat einwirkenden, ihn verändernden oder reproduzierenden Kräften. Und diese Struktur läßt sich mit Hilfe des Mikroskops enthüllen. In Brückes Vorstellung gab es keinen Gegensatz zwischen Anatomie und Physiologie, zwischen Mikroskop und Experiment. Genau diese Einstellung hatte seine erste Arbeit über die Struktur der Zelle (der »Elementarorganismen«[37]) berühmt gemacht.

Getragen von dieser Überzeugung hat Freud in den am Brückeschen Institut verbrachten Jahren eine große Zahl wertvoller mikroskopischer Untersuchungen durchgeführt und solche Arbeiten auch noch als Aspirant und Sekundararzt am Allgemeinen Krankenhaus fortgesetzt, wo er sich auf seine Arztpraxis vorbereitete.[38] Klinische Forschungen auf dem Felde der Neurologie ersetzten allmählich die anatomischen Studien. Selbst nach der Begegnung mit Charcot und während er schon mit der kathartischen Methode arbeitete, betrachtete Freud klinische Neurologie wie auch Neuroanatomie nach wie vor als Teil der »physikalistischen« Physiologie. Klinische Beobachtungen, auch mit unbewaffnetem Auge und Ohr durchgeführt, ergaben Material, das für die Klärung von Struktur und Dynamik des Gehirns oder, allgemeiner ausgedrückt, wie man in jener naiven Sturm- und Drangzeit der Biologie zu sagen pflegte, der Mensch-Maschine von Nutzen sein könnte.

Ein schlagender Beweis für diese Bemühungen ist Freuds Monographie über die *Aphasien*[39], die, Breuer gewidmet, 1891 erschien. Dieses wenig bekannte Buch ist eigentlich das erste »Freudsche« Werk in der schönen Einfachheit des Stils, der Klarheit der Darstellung und einem absichtlichen Verstecken mancher Gedanken – als sei der Leser ein ebenso passionierter Detektiv wie der Autor selbst. Freud geht darin mit den zeitgenössischen Theorien scharf ins Gericht, die auf der von Meynert, Wernicke und anderen betriebenen Hirnanatomie beruhten. Aber nicht, weil er sich eine Psychologie und Psychopathologie

37 [E. W. v. Brücke, 1861.]

38 R. Brun, 1936, erwähnt (und bewertet) dreißig vor-kathartische Arbeiten Freuds.

39 Freud, 1891*b*.

»ohne Gehirn« ausgedacht hätte. Im Gegenteil, seine eigene Theorie ist strikt »physikalistisch«. Sie steht grundsätzlich im Einklang mit Exner und Paneth[40] und ist teils von ihnen beeinflußt. Freud würdigt die Ideen Hughlings Jacksons, den man damals kaum beachtete oder aber als »verrückt« diffamierte. Er verwendet die Daten klinischer Beobachtung (Sektion und Psychologie eingeschlossen) als Schlüssel zu Struktur und Funktionsweise des Gehirns. Nach seiner Meinung vernachlässigten die Anhänger der Lokalisationstheorie die Dynamik (deshalb hebt er Kräfte, anstatt Loci, hervor), und, schlimmer noch, sie hätten eine falsche Vorstellung über die Struktur der von ihnen entdeckten Zentren. Freud skizziert die eigene Theorie allerdings nur in Umrissen; zu konstatieren, daß es sich um die nämliche Theorie handelt, die Breuer ein paar Jahre später in den *Studien* entwickelte, kann also bloß eine Vermutung sein. Jedenfalls haben beide Theorien auffallende Ähnlichkeiten.

Es war Brücke, der Freud, wohl kaum gegen seinen Willen, hinters Mikroskop setzte. Sieht man davon ab, daß das psychoanalytische Verfahren logisch dem Experimentieren entspricht, hat Freud nie experimentiert (mit Ausnahme der berühmten Kokainepisode[41]). Seine Methode bestand darin, passiv hinzuschauen und hinzuhören, bei einem Minimum von Einflußnahme auf das Untersuchungsobjekt. Bald gab er die Anwendung elektrischer Instrumente, später auch die Hypnose auf, weil er sich bei so grob manipulierenden Eingriffen taktlos vorkam und unbehaglich fühlte. Erziehen, Kurieren, Regieren – mehrfach hat er bekannt, wie wenig Neigung er zu solchen Tätigkeiten verspürte. Er verglich die Arbeit des Psychoanalytikers gern mit derjenigen des Archäologen[42], der nichts anderes tut, als die Ablagerungen von Jahrhunderten abzutragen und das darunter Verborgene freizulegen.

Mit vierundsiebzig Jahren bemerkte Freud einmal anläßlich einer Feier: »Meine Lebensarbeit war auf ein einziges Ziel eingestellt. Ich beobachtete die feineren Störungen der seelischen

40 Josef Paneth (1857-1890), Freuds früh verstorbener Freund und Nachfolger im Institut, taucht als »Freund P.« wiederholt in der *Traumdeutung* [1900*a*] auf.

41 [Vgl. Bernfeld, 1953.]

42 [Vgl. S. Cassirer Bernfeld, 1951.]

Leistungen bei Gesunden und Kranken und wollte aus solchen Anzeichen erschließen – oder, wenn Sie es lieber hören: erraten –, wie der Apparat gebaut ist, der diesen Leistungen dient, und welche Kräfte in ihm zusammen- und gegeneinanderwirken.«[43] Er meint hier seine psychoanalytische Arbeit. Wie wir nun erkennen können, gilt diese Feststellung indessen für alle seine wissenschaftlichen Forschungen bis hin zu seiner ersten Untersuchung bestimmter Nervenzellen bei einem seltsamen und seltenen Fisch.[44] Sie reicht sogar noch weiter zurück. Das Thema jener schicksalsträchtigen Vorlesung Prof. Brühls, in der Goethes Aufsatz zitiert wurde, war Vergleichende Anatomie.

III. Freuds früheste Theorien

Die im vorigen Abschnitt erläuterten Fakten zerstreuen jeden Zweifel über Freuds Beziehung zu Breuers Theorie. Diese ist im Geiste »physikalistischer« Physiologie konzipiert, steht in vollkommenem Einklang mit Freuds früheren Vorstellungen und gibt sein Denken zur Zeit der Zusammenarbeit mit Breuer wieder. Die Theorie war in vielen lebhaften Diskussionen von den beiden Männern entwickelt und ausformuliert worden. Sie ist gleichermaßen Freuds wie Breuers Theorie.

Eine kurze Arbeit, von Freud im November 1892 handschriftlich festgehalten, aber erst posthum, 1940, veröffentlicht, beweist diese Annahme und zeigt die Kontinuität von Freuds Denken vom Fragment über die Natur oder zumindest von seinen frühen neuroanatomischen Schriften bis zu den *Studien über Hysterie*. Der Titel der Arbeit lautet: ›Zur Theorie des hysterischen Anfalls‹ von ›Dr. J. Breuer und Dr. Sigm. Freud‹[45]. Offensichtlich als ein erster Bericht über Breuers und Freuds Untersuchungen gedacht, wurde die Darstellung aus unbekannten Gründen durch die im Dezember 1892 geschriebene und 1893 publizierte ›Vorläufige Mitteilung‹[46] ersetzt. Aus ›Zur Theorie des hysterischen Anfalls‹ wurde alles in die ›Vorläufige

43 Freud, 1930*e*, S. 547.
44 [Freud, 1877*a*.]
45 [Freud, 1940*d* (1892).]
46 Freud, 1893*a*.

Mitteilung‹ übernommen, mit Ausnahme des Schlußabsatzes, der einen präzisen, wenngleich kurzen Abriß der Theorie enthält, die Breuer in ausgearbeiteter Form drei Jahre später in den *Studien* veröffentlichte.

Warum Breuer und Freud jeden Hinweis auf diese Theorie aus ihrer ersten Veröffentlichung eliminierten, warum Freud in dem gemeinsamen Buch die detaillierte Darstellung Breuer überließ und warum er selbst sich in seinen eigenen frühen Schriften auf kurze Anspielungen beschränkt, ist nicht bekannt. Gewiß ist nicht anzunehmen, zwischen 1892 und 1895 habe ein Sinneswandel stattgefunden, denn Freud hat diese frühe Theorie, in Gestalt des ökonomischen Gesichtspunkts, viel später in die Psychoanalyse integriert. Gelegentlich definiert er den ökonomischen Gesichtspunkt sogar in Breuerschen Termini, so 1926, wenn er sagt, »daß der psychische Apparat die Tendenz hat, ... die Gesamtsumme der Erregungen, die ihn belastet, möglichst niedrig zu halten«[47]. Wiederholt (beispielsweise 1923 und 1925) hat Freud auf Breuers theoretisches Kapitel in den *Studien* aufmerksam gemacht, die Bedeutung dieser Gedanken für die Entwicklung der Psychoanalyse hervorgehoben und beklagt, daß nicht mehr davon Gebrauch gemacht worden sei.[48] Als ein junges Mitglied der Wiener Psychoanalytischen Vereinigung ihm 1923 mit dem Hinweis auf gewisse Widersprüche in seinen frühen Schriften zusetzte, entgegnete Freud: »Die Schwierigkeit ist dadurch entstanden, daß ich vieles vor 30 Jahren ›harmlos‹ niedergeschrieben habe, ohne vorauszuahnen, daß jedes Detail einmal wörtlich und sakrosankt aufgefaßt werden wird.«[49] Dann fuhr er fort, die Bedeutung des Begriffs Affekt als Erregungssumme eingehend zu erläutern, dachte also gar nicht daran, sich von ihm zu distanzieren.

Doch braucht uns die Geschichte dieser Theorie nach 1895 hier nicht zu beschäftigen. Die wenigen Bemerkungen zu Freuds späterer Einstellung sollen nur die Schlußfolgerung der vorliegenden Studie bekräftigen, die sich folgendermaßen zusammenfassen läßt:

47 Freud, 1926*f*, S. 302.
48 Freud, 1923*a* und 1925g.
49 [Protokoll der Sitzung vom 31. Januar 1923. Das unveröffentlichte Typoskript liegt im Bernfeld-Archiv.]

Mit der Fülle neuer Fakten konfrontiert, welche die kathartische Forschung täglich erbrachte, führte Freud eine Reihe von neuen Begriffen ein: Verdrängung, Abwehr, Abreagieren. Sie waren gut dazu geeignet, das neue Material zu ordnen und in das bis dahin erlangte naive szientistische Wissen einzufügen. Sie haben sich dann in jahrelangen vielfältigen Forschungen bewährt und hinsichtlich neuer Fakten, Anwendungen und Entwicklungen als anpassungsfähig erwiesen. Für Freud aber waren sie lediglich beschreibende Termini. Sie erklärten die Fakten nicht, bedurften vielmehr selbst der Erklärung – ein wahrlich »physikalistisches« Verlangen. Tatsächlich hat Freud nie erreicht, was ihm als endgültige und vollständige Erklärung hätte gelten können. Er hat verschiedene Anläufe dazu gemacht. Die sogenannten psychoanalytischen Theorien, im Unterschied zu psychoanalytischen Entdeckungen und Erfindungen, sind die Summe jener vielfältigen Anstrengungen Freuds, das Ziel wissenschaftlicher Erklärung zu erreichen.
Seine früheste Theorie steht strikt in der Tradition der »physikalistischen« Physiologie. Sie ist anspruchsvoll und deckt ein viel weiteres Feld ab als bloß das Abreagieren aufgestauter Affekte. Sie betrifft den Gesamtorganismus, bestehend aus Körper, Gehirn, Gehirnzellen und Außenwelt sowie den dazwischen lokalisierten Potentialen physikalischer Energie, die, wie Potentialen eigentümlich, schließlichem Ausgleich zustreben. Bedürfnisse, Gefühle, Schlaf, zweckvolles Wachverhalten usw. – all dies wird in Form bestimmter Energiesituationen gedacht, determiniert von Menge und Richtung der Potentiale sowie von den Systemen, zwischen denen Potentiale vorhanden sind. Zum Beispiel: Wahrnehmungen sind mit einem Potential zwischen Außenwelt und Gehirn verbunden; Gefühle mit Potentialen innerhalb des Gehirns; Hunger, Sexualität und ähnliche Bedürfnisse mit einem Potential zwischen Körper und Gehirn. Das Verhalten eines Menschen, äußeres wie inneres, unmittelbares wie symbolisch vermitteltes, bewußtes wie unbewußtes, ist in letzter Analyse von dem (Makro-)Bedürfnis gelenkt, auf geeigneten Wegen die (Mikro-)Akkumulation von Energie zu beseitigen, die vom Stoffwechsel der Gehirnzellen produziert wird. Alles Verhalten wird von Energien angetrieben, die mittels der so produzierten Potentiale zur Verfügung stehen. Wenn geeignete Aktionen

nicht gegeben oder gehemmt sind, so muß die betreffende Person Substitute erfinden oder auf unangemessene Aktionen rekurrieren, die dann den Charakter von Abnormitäten, insbesondere von neurotischen Symptomen, annehmen können.[50]

50 [Außer den in den Anmerkungen zitierten Werken weist Bernfeld für diese Arbeit noch auf die folgenden Quellen hin: M. Benedikt, 1906; H. Boruttau, 1922; E. Th. Brücke, 1928; E. Du Bois-Reymond, 1927; L. Eisenberg, 1893; E. Fleischl v. Marxow, 1893; Freud, 1895*b*; L. Koenigsberger, 1906; M. Lazarus, 1906; A. Lorenz, 1923-27; E. Simmel, 1940; Wien, Universität, 1898; F. Wittels, 1931.]

Freuds frühe Kindheit*

1. Einleitung

In seiner *Selbstdarstellung* verwendet Freud auf seine Kindheit nur wenige Sätze: »Ich bin am 6. Mai 1856 in Freiberg in Mähren geboren, einem kleinen Städtchen der heutigen Tschechoslowakei. ... Als Kind von vier Jahren kam ich nach Wien ...«.[1] Aber es gibt noch in mehreren anderen seiner Schriften Hinweise auf diese erste Lebenszeit. Gesammelt und in die richtige Reihenfolge gebracht, ergeben diese Stellen einen überraschend kohärenten Bericht von seinen drei ersten Lebensjahren. Als Freud sich mit zweiundvierzig Jahren seinen Kindheitserinnerungen zuwandte, gab er sich nicht mit ihrem manifesten Inhalt zufrieden, sondern analysierte sie; einige Ergebnisse dieser Untersuchung hat er sogar veröffentlicht. Gewiß hatte er nicht die Absicht, die Psychoanalyse seiner Kindheit zu schreiben. Vielmehr benutzte er das Material in verschiedenen Zusammenhängen und für verschiedene Zwecke – hier als Beispiel für einen bestimmten psychischen Mechanismus, dort als Ausgangspunkt für eine allgemeine Erörterung, stets beiläufig und zurückhaltend; doch zeichnen sich auf diese Weise die Umrisse der Entwicklung des Kindes und der hervorstechenden Charakterzüge ab.

Wir meinen nun, diese über viele Bände des Werks verstreuten Ergänzungen zu Freuds *Selbstdarstellung* verdienten es, zusammengesetzt zu werden.[2] Dem Psychoanalytiker bieten sich

* [Verfaßt zusammen mit Suzanne Cassirer Bernfeld. – Diese Arbeit erschien unter dem Titel ›Freud's Early Childhood‹ erstmals 1944 im *Bulletin of the Menninger Clinic*, Bd. 8, S. 105-115. Es sei daran erinnert, daß zum Zeitpunkt der Veröffentlichung Freuds Briefe, insbesondere die Dokumente aus der Zeit seiner Freundschaft mit Wilhelm Fließ (Freud, 1950*a*), noch nicht publiziert vorlagen. Gerade die Briefe an Fließ stellten, wie Suzanne Cassirer Bernfeld in ihrem Essay über ›Freud und die Archäologie‹ bemerkt hat, »die Erforschung von Freuds Kindheit auf eine solidere Grundlage« (im vorliegenden Band, unten, S. 238). Zumal über Freuds Kinderfrau wie über seinen bald nach der Geburt verstorbenen Bruder Julius bringt der spätere Aufsatz, gestützt auf die Fließ-Briefe, zusätzliche Fakten und Schlußfolgerungen.]

1 [Freud, 1925*d*, S. 34.]

2 [In der Originalausgabe vermerken die Autoren hier, daß eine Zusammen-

dabei zwei Möglichkeiten, Freuds autobiographische Bruchstücke zu verarbeiten. Die erste besteht in einer Erläuterung des qua Definition Implizierten. Wenn Freud beispielsweise von seinem Rivalisieren mit dem Vater spricht, so sind die für die ödipale Situation charakteristischen Wünsche im Hinblick auf die Mutter zwar nicht ausdrücklich erwähnt, jedoch implizit mitenthalten; denn sie sind qua Freuds Definition ein entscheidendes Moment der ödipalen Auseinandersetzung. Da Freud für psychoanalytisch geschulte Leser schrieb, können solche Implikationen als Teil seiner veröffentlichten Autobiographie angesehen werden. Die zweite Verarbeitungsmöglichkeit wären Deutungen. Davon werden einige sich dem Psychoanalytiker als über jeden Zweifel erhaben aufdrängen. In jedem Fall aber bleiben sie hypothetisch, da sie sich ausschließlich auf jene Auswahl von Fakten stützen, die Freud gleichsam nebenbei mitgeteilt hat, ohne eine eigentliche »Krankengeschichte« zu beabsichtigen.

Wir halten uns strikt an die erste Möglichkeit der Verarbeitung und präsentieren Freuds eigene Analyse seiner frühen Kindheit; wir versuchen nicht, ihn zu analysieren.

In den Abschnitten 2, 3 und 5 haben wir allerdings die Kindheitsgeschichte durch Fakten hinsichtlich des Milieus, in dem sie ablief, angereichert. Unsere Darstellung soll einer Erzählung gleichen. Die erforderliche Philologie ist auf den Anhang beschränkt.[3]

2. Freuds Geburt – Fakten und Legenden

Bei seiner Geburt hatte der kleine Freud offenbar einen solchen pechschwarzen Wuschelkopf, daß die junge Mutter ihm den Kosenamen »kleiner Mohr« gab. Eine alte Bäuerin prophezeite ihr, sie habe der Welt einen großen Mann geschenkt. Die stolze und glückliche Mutter, selbst Nachkomme eines einstmals be-

fügung dieser Stellen um so mehr gerechtfertigt erscheine als zum damaligen Zeitpunkt nur ein Teil des Freudschen Œuvres in englischer Übersetzung vorlag.]

3 [In der vorliegenden deutschen Ausgabe werden die wörtlichen Zitate in editorischen Anmerkungen nachgewiesen. Die Autoren beschränken sich in der Originalausgabe auf kursorische Quellenhinweise. S. unten, S. 91, die Ausführungen im ›Anhang‹.]

rühmten Gelehrten[4], glaubte fest an diese Prophezeiung. Sie gehörte fortan zu den immer wieder erzählten Familiengeschichten und prägte die Atmosphäre, in der das Kind heranwuchs.

Schon an der Wiege wurde also am Gewand des Helden gewoben. Aber Freud, der große Entzauberer, weigerte sich, es anzulegen. »Solche Prophezeiungen«, schrieb der über Vierzigjährige, »müssen sehr häufig vorfallen; es gibt so viel erwartungsfrohe Mütter und so viel alte Bäuerinnen oder andere alte Weiber, deren Macht auf Erden vergangen ist und die sich darum der Zukunft zugewendet haben. Es wird auch nicht der Schade der Prophetin gewesen sein.«[5]

Als sich 1931 in Freiberg (Příbor)[6] ein Bürgerkomitee konstituierte, das Vorbereitungen für das Anbringen einer Gedenktafel an Freuds Geburtshaus treffen sollte, entdeckte man, daß, im Gegensatz zu allen Nachschlagewerken und Freuds eigener Angabe, im Melderegister Freuds Geburt unter dem Datum des 6. März 1856 vermerkt ist. Alle jene Geburtstagswünsche, die jahrzehntelang zuerst die Familienmitglieder, dann Freunde und endlich Menschen aus aller Welt an Freud richteten – waren sie fehldatiert, versäumten sie sämtlich den richtigen Tag um zwei Monate?

Freud war diese Frage gleichgültig. Es ärgerte ihn allenfalls, daß jemand versucht hatte, ihn zwei Monate älter zu machen. Er habe das Datum von seiner Mutter, die es schließlich am besten wissen müsse. Das Komitee fügte sich seiner Ansicht und setzte als wichtigen Gedenktag in der Stadtgeschichte den »6. Mai 1856« auf die Tafel. Obgleich die Mutter eines erstgeborenen Sohnes sich im kalten Mähren sehr wohl hätte wünschen können, seinen Geburtstag im schönsten Monat des Frühlings zu feiern, und obwohl wir wissen, welche Macht solche Wünsche über Vernunft und Wirklichkeit gewinnen können, akzeptieren auch wir das überlieferte Datum.

Der Vorsitzende des Komitees, Herr Benes, Direktor der Arbeiter-Krankenversicherung in Příbor, erklärte die Diskrepanz als

4 Nathan Halevy Charmaz aus Brody, Polen, der im achtzehnten Jahrhundert lebte.

5 [Freud, 1900*a*, S. 198.]

6 Freiberg war 1918 der Tschechoslowakischen Republik angegliedert worden. Damals wurde der alte tschechische Name Příbor (Přzíbor), der etwa »Bei den Ruinen« bedeutet, zur offiziellen Ortsbezeichnung.

ein Versehen des tschechischen Stadtangestellten, der die Eintragung ins Register in deutscher Sprache habe vornehmen müssen, die er weder sehr gut beherrschte noch sonderlich mochte. Tatsächlich ist aber der Mai der einzige Monatsname, der sich in Deutsch und Tschechisch ähnlich schreibt; das macht Herrn Benes' Erklärung nicht sehr überzeugend.

Immerhin hat der »kleine Mohr«, kaum auf die Welt gekommen, eine jener seltsamen Fehlleistungen bewirkt, deren Entstehung er als Professor Freud vierzig Jahre später erklären sollte.[7]

7 [Bei den Vorbereitungen zum ersten Band seiner Freud-Biographie (s. Näheres dazu in der Einleitung zum vorliegenden Band) fragte Ernest Jones am 21. November 1950 bei Bernfeld bezüglich des Geburtsdatums an. Bernfeld antwortete in einem englisch geschriebenen Brief vom 28. November 1950 (Bernfeld-Archiv): »Die Frage des Geburtsdatums ist völlig verworren. Wir haben sie in unserer Arbeit leicht und ein wenig von der humorigen Seite genommen, weil es schließlich nicht so entscheidend wichtig ist, daß genaue Geburtsdatum zu ermitteln. Das Komitee für die Anbringung der Gedenktafel hat das städtische Melderegister geprüft und dabei zwei verschiedene Daten ausfindig gemacht: 16. März und 6. März. Aus Gründen, die ich nicht kenne, gaben sie den 6. März als Datum des Melderegisters an. Ich stimme Ihnen zu, daß die Fehlleistungshypothese von Benes nicht sehr einleuchtend klingt – einmal aus dem von Ihnen angeführten Grund, daß es kaum verständlich erscheint, warum ihm bei der Eintragung des Monats ein Fehler hätte unterlaufen sollen. Es ist ferner auch nicht wahrscheinlich, daß die in den fünfziger Jahren herrschende deutsche Bevölkerungsgruppe einen nicht-deutschen Angestellten beschäftigt hat. Die Dinge sind wohl komplizierter. Früher gab es so etwas wie ein städtisches Melderegister nicht. Die Geburtenregistrierung wurde von den Kirchen besorgt. Damals wurden katholische Kinder von der katholischen Kirche, jüdische von der jüdischen Gemeinde registriert. Danach gab es eine Übergangsperiode, in der die Registrierung sowohl von der Kirche als auch von der Stadt vorgenommen wurde. Wie es 1856 in Freiberg damit stand, weiß ich nicht. Ich habe die dafür erforderlichen Recherchen noch nicht unternommen. In unserem Artikel sind wir stillschweigend davon ausgegangen, a) daß es in Freiberg keine jüdische Gemeinde gab, daß die nächstgelegene sich in Neutitschein befand und daß Jakob Freud die Geburt seines Sohnes dort am Tag der Beschneidung, also sieben Tage nach der Geburt, registrieren ließ; b) daß die Stadt seinerzeit nur diejenigen Kinder registrierte, die nicht von einer der Ortskirchen registriert wurden. Unter diesen beiden Voraussetzungen wäre gut denkbar, daß Vater Freud sich Zeit gelassen hat und, sagen wir, erst im Juni die zusätzliche Registrierung vom Stadtschreiber vornehmen ließ, der dann, aus welchen Gründen auch immer, das falsche Datum eintrug. Doch kann sich alles auch ganz anders zugetragen haben. Ich hatte bislang keine Möglichkeit, die Angelegenheit von einem unserer Freunde [im Freiberger Stadtarchiv] recherchieren zu lassen.« – Vgl. L. Adams, 1954.]

3. Familienkonstellation

Im März oder Mai 1856 war Freiberg eine Stadt von 4800 deutschen und tschechischen Einwohnern; es gehörte zur österreichisch-ungarischen Monarchie, genauer zur Markgrafschaft Mähren, Distrikt Neutitschein, rund 250 Kilometer nordöstlich von Wien. Der Ort liegt in den hügeligen Ausläufern der Karpaten, damals eine stille, ländliche Gegend, nah dem dichten Wald, an einem steilen Abhang über der Lubina; dieser Fluß war im Sommer ein Rinnsal, aber breit und reißend im Frühling. Auf einer Anhöhe im Stadtinnern erhob sich der Turm der Pfarrkirche ›Mariae Geburt‹ über 60 Meter hoch; er hatte das schönste Glockenspiel weit und breit. Das Zentrum der Stadt bildete ein ungewöhnlich weiträumiger Marktplatz, von Arkaden solide gebauter Häuser umrahmt. An einem dieser Häuser befand sich ein auffallendes Mahnmal aus dem Dreißigjährigen Krieg. In jenen glorreichen Tagen waren Kriegslist und zähes Durchhaltevermögen der Bürger nämlich sprichwörtlich gewesen: »Brieg, Freiberg und Brünn machen die Schweden dünn.« Das Wappen, der Stadt für Tapferkeit verliehen, zeigt auf rotem und goldenem Feld zwei gewaltige furchterregende Baummesser.

Etwas vom Zentrum entfernt, schon in der Nähe der Felder und Viehweiden, in der Schlossergasse 117 lebte Jakob Freud mit seiner Familie. Das um 1800 errichtete schmucklose Haus war einfach – ein freistehendes, ziemlich kleines, zweistöckiges, verputztes Backsteingebäude mit Schieferdach.

Im Jahre 1855 heiratete Jakob[8], damals vierzig Jahre alt, ein zweites Mal. Er ehelichte die noch nicht zwanzigjährige Amalie Nathansohn.[9] Im darauffolgenden Jahr wurde Sigmund geboren.

Jakob Freud war zu diesem Zeitpunkt schon Großvater. Emanuel, der ältere der beiden Söhne aus erster Ehe, damals in seinen Zwanzigern, hatte einen einjährigen Sohn, John, und eine neugeborene Tochter, Pauline. Beide Familien lebten in Freiberg eng beieinander.

So waren also die Lebensumstände des kleinen Sigmund von

8 Geboren 1815, gestorben am 23. Oktober 1896.

9 Geboren am 18. August 1835; gestorben am 12. September 1930.

Anfang an höchst kompliziert und paradox. Zwar war er der älteste Sohn der neuen Ehe, gleichzeitig aber das jüngste Kind des Familienverbandes. Er war zunächst Einzelkind, de facto standen ihm aber für alle praktischen Belange ein älterer Bruder und eine Zwillingsschwester zur Seite; und – um die Situation vollends zu verwirren – diese Geschwister-Äquivalente waren sein um ein Jahr älterer Neffe und seine etwa gleichaltrige Nichte. So konnte er sich der Privilegien, die er als ältester Sohn genoß, sowie der Vorteile, Einzelkind und jüngster Knabe zu sein, niemals sicher fühlen. Er mußte ständig darum kämpfen. Selbst seine Autorität als Onkel wurde angezweifelt.

Sigmunds junge Mutter, seine Halbbrüder und seine Schwägerin hatten alle ungefähr das gleiche Alter; sein Vater war andererseits alt genug, um sein Großvater mütterlicherseits sein zu können. Tatsächlich war Jakob ja der Großvater von Sigmunds engstem brüderlichem Freund und Rivalen John. Hinsichtlich der Beziehung zum Vater war Sigmund also gewissermaßen dritte Generation, wie Emanuel[10], der ältere der beiden Halbbrüder, es zwanzig Jahre später dem Studenten Freud einmal darlegen sollte. Freud fand den Ausdruck sehr aufschlußreich. Dagegen war Sigmunds Beziehung zur Mutter natürlich und einfach. Sie gehörte zu ihm. Sie war stolz auf ihren Sohn, liebte und umsorgte ihn zärtlich. Dann gab es noch eine Kinderfrau, die im Haushalt und bei der Kinderpflege half.

In dieser höchst eigentümlichen Familienkonstellation also lebte der »kleine Mohr« die ersten drei Jahre als »das glückliche Freiberger Kind, der erstgeborene Sohn einer jugendlichen Mutter«[11], wie Freud seine früheste Kindheit in jenem Brief umschrieb, der anläßlich der Enthüllung der Gedenktafel an seinem Geburtshaus verlesen wurde.

10 [Im Original ist hier irrtümlich von Philipp, dem jüngeren Halbbruder, die Rede. In den in der Einleitung zum vorliegenden Band erwähnten Kapitelentwürfen zu seiner geplanten Freud-Biographie hat Bernfeld diesen Irrtum bereits korrigiert.]

11 [Freud, 1960*a*, S. 425.]

4. Die ersten drei Jahre

In den in seinen Werken verstreuten Hinweisen Freuds auf seine Kindheit ist eine der *personae dramatis* nicht erwähnt: seine Schwägerin, die Mutter von John und Pauline. Tatsächlich hat er ja auch nur wenig über die eigene Mutter mitgeteilt, aber wir bekommen immerhin einen Eindruck von der tiefen Zuneigung, die zwischen Mutter und Kind bestanden haben muß.

Über die Kinderfrau, jene »prähistorische Alte«[12], erfahren wir eine ganze Menge. Sie war häßlich, aber sehr schlau und tüchtig und hat ihn oft alles andere als freundlich behandelt. Sie schalt ihn bitterlich und verprügelte ihn wohl auch, wenn er ihrer Erziehung zur Reinlichkeit nicht das gehörige Verständnis entgegenbrachte. Aber er schenkte ihr seine Liebe und sein ganzes Taschengeld. Als sie später verschwand, vermißte er sie schmerzlich.

Ein sehr lebendiges Bild erhalten wir auch von der abwechselnd liebevollen und feindseligen Beziehung zwischen dem jungen Onkel und seinem älteren und stärkeren Neffen John. Sie waren unzertrennlich, liebten einander und stritten sich. Gelegentlich führte sich John als Tyrann auf und malträtierte den jüngeren Spielkameraden. Aber der kleine Onkel bewies Mut und verstand es immer wieder, Unterwerfung abzuwenden. Er schlug zurück. Noch Jahre später erinnerte man sich in der Familie an eine Entgegnung, mit welcher der noch nicht Zweijährige sich rechtfertigte, als er vom Vater zur Rechenschaft gezogen wurde: »Warum schlägst du John?« – »Ich habe ihn ge(sch)lagt, weil er mich ge(sch)lagt hat.«[13]

Freud erwähnt nur ein einziges Ereignis, in dem Pauline vorkommt. Es geschah auf einer sanft abschüssigen, von »gelben Blumen«[14] übersäten grünen Wiese. Auf der Kuppe der Böschung lag ein Bauernhaus, vor dem eine Bäuerin mit Kopftuch stand, mit der Kinderfrau ins Gespräch vertieft. Die Kinder spielten friedlich auf der Wiese und pflückten die gelben Blumen. Pauline hatte den schönsten Strauß gesammelt, als plötz-

12 [Freud, 1900*a*, S. 253; vgl. ferner Freud, 1901*b*, S. 58-60.]
13 [Freud, 1900*a*, S. 427 f.]
14 [Freud, 1899*a*, S. 540; vgl. zu dieser Episode den nachfolgenden Bernfeld-Aufsatz.]

lich Onkel und Neffe wie auf Verabredung über sie herfielen und ihr die Blumen entrissen. Weinend rannte Pauline den Hügel hinauf, oben gab ihr die Bäuerin zum Trost ein großes Stück Schwarzbrot. Als die Knaben dies sahen, warfen sie ihre Beute fort und eilten selbst zum Haus, um ihrerseits ein Stück Brot zu verlangen. Sie bekamen es. Mit einem langen Messer schnitt die Bäuerin die Scheiben vom Laib. Nie hatte Brot »so köstlich«[15] geschmeckt.

Über seine Beziehung zum Vater berichtet uns Freud einiges Wichtige. Sie waren zusammen in den »schönen Wäldern«[16] spazierengegangen; kaum daß er gehen konnte, pflegte der kleine Junge dem Vater zu entlaufen. Doch bewunderte er ihn als den klügsten, reichsten und mächtigsten Mann, den er kannte. Tatsächlich war ja Vater Freud auch der höchste Richter, er stand an der Spitze der Familienhierarchie: Vater, Emanuel, Kinderfrau, Mutter, John. Zwar empfand das Kind das patriarchalische Regiment in der Regel als wohlwollend und freundlich, aber gelegentlich erschien der Vater ihm auch als einschränkende und kritische Instanz, so beispielsweise wenn er sich in die Zankereien zwischen Enkel und Sohn einschaltete oder auch bei einem sehr frühen Erlebnis, als der »kleine Mohr«, von sexueller Neugierde getrieben, in das elterliche Schlafzimmer eindrang und vom Vater energisch hinausgewiesen wurde.

Das Kind reagierte auf diese Autorität weder unterwürfig noch feindselig. Man ist versucht zu sagen, es habe dem Vater gegenüber eine mannhafte Haltung eingenommen – wie beispielsweise in seinem Rechtfertigungsspruch oder in einer Szene im Alter von zwei Jahren; damals näßte er gelegentlich noch ein, und als er dafür Vorwürfe zu hören bekam, tröstete er den Vater mit dem Versprechen, ihm in Neutitschein, der nächsten größeren Stadt, ein neues schönes rotes Bett zu kaufen.

Natürlich gab es im Leben des »kleinen Mohren« die üblichen Kindertragödien: ein beschmutztes Bett, hin und wieder einen bösen Traum. Hierher gehört auch der folgende, moralisch bewertete Unfall: Als der kleine Junge einmal alleine in der Speisekammer war, stieg er auf einen Schemel, um sich vom Tisch oder vom Kasten etwas Gutes und Verbotenes zu holen.

15 [AaO, S. 541.]
16 [AaO, S. 542.]

Der Schemel kippte um, und eine Kante verletzte das Kind »hinter dem Unterkiefer«[17]. Leicht hätte es sich alle Zähne ausschlagen können. Die Wunde blutete heftig, aber der einäugige Hausarzt nähte alles wieder zusammen. Zurück blieb eine Narbe, als sollte sie den Übeltäter daran erinnern, daß ihm recht geschehen war.

Philipp[18], Freuds zwanzig Jahre älterer Halbbruder, gehörte zu den Personen, die auf die geistige und seelische Entwicklung des Kindes nachhaltigen Einfluß nahmen. Während der entscheidenden sechs letzten Freiberger Monate, mit denen Freud sein drittes Lebensjahr vollendete, war Philipp offenbar die überragende Figur. Aus dieser Periode erinnerte Freud nur eine einzige Episode – eine Szene, die ihm ungewöhnlich lebhaft im Gedächtnis haftengeblieben war: »Ich sah mich fordernd und heulend vor einem Kasten stehen«, schrieb der Zweiundvierzigjährige, »dessen Tür mein um zwanzig Jahre älterer Halbbruder geöffnet hielt, und dann trat plötzlich meine Mutter, schön und schlank, wie von der Straße zurückkehrend, ins Zimmer. [...] ich war versucht, mir die Erklärung zu geben, daß es sich um die Erinnerung an eine Hänselei des älteren Bruders handle, die durch die Mutter unterbrochen wurde.«[19] Seine Selbstanalyse aber enthüllte die Erinnerung als Deckerinnerung, hinter der sich die beiden folgenden traumatischen Ereignisse verbargen.

Der »kleine Mohr« war gerade zweieinhalb, als seine Mutter einem weiteren Kind das Leben schenkte – einem Mädchen, Anna.[20] Mit diesem Familienzuwachs war er ganz und gar nicht einverstanden. Er wußte nicht, woher und wie das neue Mitglied gekommen, wozu es überhaupt da war, und argwöhnte, es könnten noch mehr kleine Schwestern auftauchen.

Unmittelbar danach verschwand ohne jegliche Vorwarnung die Kinderfrau. Sie war bei schweren Diebereien ertappt worden,

17 [Freud, 1900*a*, S. 566.]

18 [Im Original steht an dieser Stelle sowie in den folgenden Absätzen des Abschnitts irrtümlich Emanuel anstatt Philipp. Bernfeld hat diese Verwechslung in den Kapitelentwürfen zu seiner Freud-Biographie bereits korrigiert. Deshalb wurde in der deutschen Übersetzung wiederum die richtige Version direkt in den Text eingetragen.]

19 [Freud, 1901*b*, S. 58.]

20 Zwischen Sigmund und Anna hatte es noch einen Jungen, Julius, gegeben, der aber schon im Alter von acht Monaten gestorben war. Freud erwähnt diesen Bruder in seinen Schriften nicht.

und der resolute Philipp hatte dafür gesorgt, daß man sie ins Gefängnis warf. Der »kleine Mohr« war doppelt verstört; denn außer der Trauer um den Verlust der Kinderfrau hatte er noch den Kummer über den anderen plötzlichen Wandel zu verwinden. Zwar wußte er nichts Genaues, aber er spürte, daß sein Bruder beim Verschwinden der Kinderfrau eine finstere Rolle gespielt hatte. Er fragte ihn, wo sie sei. Voller Ausflüchte und Witz, wie es seine Art war, antwortete Philipp: »Sie ist ›eingekastelt‹«[21], und damit Schluß. Natürlich war dies keine Antwort; die Bemerkung gab nur weitere Rätsel auf.

Das Kind fand sich also auf eigene Beobachtungen, Vorstellungen und kombinatorische Fähigkeiten zurückgeworfen. Es gelangte schließlich zu einer festen, unumstößlichen, wenngleich lückenhaften Überzeugung – einer Theorie, wie Freud später gesagt haben würde: die Schwester war aus dem Mutterleib herausgekommen, und derjenige, der für das Verschwinden der Kinderfrau verantwortlich war, Philipp, hatte auch das Baby in die Mutter hineinpraktiziert.

Die Deckerinnerung stellt diese Theorie in der Sprache des Traums und des frühkindlichen symbolischen Denkens dar. Der Kasten symbolisiert den Leib der Mutter; die schlanke Gestalt der zurückkehrenden Mutter spielt durch Darstellung des Gegenteils auf die Entstellungen der Schwangerschaft an. Das Kind hatte so flehentlich darum gebeten, in den Kasten hineinschauen zu dürfen, und, als es ihn leer fand, geschrien. Es ist der Bruder, dieser gerissene Kerl, der genau weiß, wie man mit solchen Kästen, denen die Wünsche des Kindes gelten, umgeht.

Der deutsche Ausdruck »eingekastelt« verbindet das Verschwinden der Kinderfrau aufs engste mit Mutters Schwangerschaft. Philipp vermied es, direkt auf die Frage des Kindes zu antworten, indem er sich der doppelsinnigen Wendung – »sie ist ›eingekastelt‹« – bediente; für jeden Erwachsenen besagt sie: »sie ist im Gefängnis«, wohingegen das Kind sie buchstäblich nahm: »sie befindet sich in einem Kasten«.

Die »Theorie« diente natürlich nicht primär der Befriedigung intellektueller Wißbegier. Sie sollte dem Kind vielmehr zu einer Lösung der verwirrenden libidinösen Konflikte verhelfen, in die es durch die Veränderungen geraten war. Von nun an galt es,

21 [AaO, S. 59.]

mit dem Eindringling zu leben, die Schwester wenn nicht lieben zu lernen, so doch nicht zu hassen. Und der Knabe mußte ohne den täglichen Umgang mit der Kinderfrau auskommen, sich ohne ihre Aufsicht zivilisiert benehmen.

Der »Theorie« ist aber auch anzumerken, daß des Kindes dringendstes Bedürfnis wohl darin bestand, mit dem Vater in Frieden zu leben. Der Bruder nimmt in ihr nämlich den Platz des Vaters ein: Philipp, nicht Jakob, ist der mächtige, allwissende, durchtriebene Mann, der Mutter am nächsten und Erzeuger ihres Kindes. Auf diese Weise ist nicht der Vater das Hauptziel von Neid und Eifersucht. Vielleicht hat der Junge seinen Vater mehr geliebt als Philipp oder sich stärker von ihm bedroht gefühlt – jedenfalls ist durch diese Verschiebung seiner leidenschaftlichen Gefühle vom Vater auf den Bruder die Spannung gemildert worden.

Anscheinend hat sich der »kleine Mohr« rasch mit der Existenz einer Schwester ausgesöhnt. Er entdeckte, daß die kleine Anna sich der Mutter doch nicht auf Dauer bemächtigen konnte. So wie sie in jener Deckerinnerung schlank zurückkam, so blieb sie die jugendliche Mutter ihres erstgeborenen Sohnes. Seiner privilegierten Stellung gewiß, war wohl alsbald auch der Kummer über das Verschwinden der Kinderfrau verschmerzt. Schließlich konnte er nun sein Taschengeld für sich alleine behalten und seine Freiheit genießen.

Kaum hatte sich der Knabe aber an die neuen Verhältnisse gewöhnt, als er, im Alter von drei Jahren, zu jener langen Reise in eine große, fremde Stadt – nach Leipzig – aufbrechen mußte. Das erste Stück der Wegstrecke wurde im Pferdewagen zurückgelegt, und dann sah er zum erstenmal eine Eisenbahn. Eine vielstündige Fahrt trennte ihn schließlich für immer von der geliebten Heimat, den Freiberger Wiesen, Hügeln und Wäldern, aber auch von Emanuel und Philipp, John und Pauline.

Mit dieser Eisenbahnfahrt enden die Kindheitserinnerungen Freuds. Im Alter von zweiundvierzig Jahren erinnerte er sich an kaum eine Episode aus dem in Leipzig verbrachten Jahr sowie aus den folgenden zwei oder drei ersten Wiener Jahren: »Dann kamen lange harte Jahre; ich glaube, sie waren nicht wert, sich etwas daraus zu merken.«[22]

22 [Freud, 1899*a*, S. 542.]

5. Gründe der Wanderung

Der »kleine Mohr« ahnte nicht, daß der plötzliche und radikale Wandel in seinem und seiner Familie Leben nur eine jener unzähligen Nebenerscheinungen war, welche die Industrialisierung Mitteleuropas begleiteten.

Das friedliche kleine Städtchen mit dem hübschen Namen Freiberg war zum Schauplatz schwerer Konflikte, von Verzweiflung und Not geworden. Seit 1835 hatte das Textilgewerbe, bisher Haupteinnahmequelle der Kommune, einen Niedergang erlebt. Jakob Freud war Wollhändler. Überall in Europa drängte die Maschine das Handwerk zurück. In den vierziger Jahren war die neue Nordbahn, die von Wien nach Deutschland und nach Galizien führte, nicht über Freiberg gelegt worden. Dies schnürte die Stadt von einer wichtigen Handelsverbindung ab und setzte wachsende Zahlen von Handwerkern frei. Auch Jakob Freuds Geschäft war unmittelbar betroffen. Eine ernste, seit 1852 anhaltende Inflation verschlimmerte die Armut der Stadt, die 1859 vor dem Ruin stand. Schließlich trug auch noch der österreichisch-italienische Krieg von 1859 dazu bei, die Zukunft düster erscheinen zu lassen. Für die Freuds schien es ratsam, wenn nicht unausweichlich, Freiberg zu verlassen.

Es gab dafür noch andere, gleichfalls zwingende Gründe. Seit 1851 herrschte in Österreich die politische Reaktion der Restaurationszeit, die ein preußischer General einmal bewundernd als »durchaus russisch« bezeichnet hatte. Leute, die sich von der Politik fernhielten, waren jedoch kaum davon berührt. Und die Freuds dürften unpolitisch gewesen sein, mochte auch das kurze Aufflackern von Freiheitshoffnungen in den Jahren 1848 und 1851 Jakob und Emanuel Freud tief beeindruckt haben. Die kurzlebige Revolution hatte freilich noch eine andere Wirkung gezeitigt, der man sich nicht so leicht entziehen konnte. Sie hatte dem tschechischen Nationalismus starken Auftrieb gegeben und ihn als einen Machtfaktor in der österreichischen Politik etabliert. Dies wiederum hatte den Haß der Tschechen auf die Deutschen – in Böhmen und Mähren die herrschende Klasse – entfacht. So wurden die Juden, nach Sprache und Erziehung Deutsche, nun zur Zielscheibe eines heftigen tschechischen Antisemitismus.

Während seiner Jugendzeit hatte Jakob in Freiberg schon den deutschen Antisemitismus erfahren. Er hatte die Diskriminierungen stoisch als unvermeidliches Erbe jüdischer Abstammung hingenommen. Sie erschienen ihm geringfügig, gemessen an der relativen Freiheit, deren sich die Juden in Mähren erfreuten. Die Revolution von 1848 setzte im benachbarten Böhmen dann allerdings mit Ausschreitungen der Prager Tschechen gegen jüdische Textilhersteller ein. Die Juden waren nun also Feindseligkeiten von deutscher wie von tschechischer Seite ausgesetzt, und gerade in Freiberg hatten sich die unzufriedenen Kleiderhersteller darauf kapriziert, die jüdischen Textilhändler für ihre Misere verantwortlich zu machen. Üble Nachrede konnte zwar Leben und Eigentum der wenigen Freiberger jüdischen Familien nicht ernstlich gefährden, aber sie belastete die Betroffenen in dieser kleinen, rückständigen Gemeinde doch stärker, als dies in einer der großen Städte der Fall gewesen wäre.
Endlich bot Freiberg auch keinerlei Schul- und Ausbildungsmöglichkeiten für ein begabtes Kind. 1858 hatte man zwar das seit 1827 geschlossene Gymnasium zum Teil wiedereröffnet. Diese bescheidenen Neuanfänge waren durch einen Fond finanziert worden, der über einen Zeitraum von dreißig Jahren glücklich so weit angewachsen war, daß zumindest die unteren Klassen wieder eingerichtet werden konnten. Daß ein großer Mann sich hier sollte entwickeln können – dafür waren die Chancen in Freiberg wahrlich gering.
Suche nach Lebensunterhalt, Bildung und Freiheit von Verfolgung sind seit eh und je die Gründe für Wanderungen gewesen. Auf der Flucht vor einem Pogrom in Köln hatten im vierzehnten Jahrhundert die Vorfahren Jakobs das Rheinland verlassen, waren gen Osten nach Litauen gezogen, von dort nach Polen und westwärts nach Mähren. 1859 wurde die Wanderschaft der Freuds also bloß fortgesetzt. Emanuel ging mit Pauline und John nach Manchester in England, Jakob mit Frau, Sohn und Tochter nach Leipzig, schließlich nach Wien. Dort lebte Freud bis 1938, bis zu seiner letzten Emigration nach London.

Anhang

[In einem Vorspann zum Anhang der Originalveröffentlichung erläutern die Autoren, daß sie den Herausgebern des *Bulletin of the Menninger Clinic* eine Liste mit ausführlichen Quellenangaben für sämtliche in ihrem Artikel enthaltenen Behauptungen übergeben hätten. Wegen der damaligen Papierknappheit sei dem publizierten Aufsatz aber nur eine Kurzfassung dieser Liste beigefügt. – Die ausführliche Liste ist nicht mehr auffindbar. In der vorliegenden deutschen Ausgabe ist der Versuch gemacht worden, alle wörtlichen Zitate in editorischen Anmerkungen nachzuweisen. In der Kurzfassung der Liste geben die Autoren folgende Freud-Schriften als Quelle ihres Berichts an (sie verweisen dabei, neben den englischsprachigen Freud-Ausgaben, auf die zwölfbändigen deutschen *Gesammelten Schriften,* die heute nur noch schwer zugänglich sind; die Seitenangaben wurden deshalb für den vorliegenden Band auf die entsprechenden Passagen der *Gesammelten Werke* umgestellt):]

1. 1899 [*a*] ›Über Deckerinnerungen‹, *G. W.*, Bd. 1, S. 539-542.
2. 1900 [*a*] *Die Traumdeutung, G. W.*, Bd. 2/3, S. 17 f., 46, 177 f., 197 f., 201 f., 203 f., 210 f., 221 f., 252 f., 342, 427 f., 461 f., 486 f., 490 f., 566. [Die letzte Seitenangabe notieren die Autoren in einer eigenen Eintragung: »›Ergänzungen zur Traumdeutung‹, *Ges. Schr.,* Vol. III, Pp. 164.« In die *G. W.*-Ausgabe der *Traumdeutung* sind jene ›Ergänzungen‹ eingearbeitet worden.]
3. 1904 [1901*b*] *Zur Psychopathologie des Alltagslebens, G. W.*, Bd. 4, S. 58-60.
4. 1922 [*a*] ›Traum und Telepathie‹, *G. W.*, Bd. 13, S. 165 f.
5. 1925 [*d*] *»Selbstdarstellung«, G. W.*, Bd. 14, S. 34.
6. 1931 [*e*] ›Brief an den Bürgermeister der Stadt Příbor‹, *G. W.*, Bd. 14, S. 561 [auch in Freud, 1960*a*, S. 425].

In die oben angeführten autobiographischen Materialien beziehen wir auch ›Über Deckerinnerungen‹ ein, weil sich nach unserer Meinung hinter dem »achtunddreißigjährigen akademisch gebildeten Mann« [1899*a*, S. 538], der so lebendig seine Lebensgeschichte erzählt, Freud selbst verbirgt. Einer von uns hat die Argumente, die für bzw. gegen diese Auslegung sprechen, in einer eigenen, demnächst erscheinenden Arbeit [s. im vorliegenden Band die nachfolgende Arbeit] ausführlich diskutiert. [Die Autoren geben dann noch einige Hinweise auf die englischen Übersetzungen der von ihnen genannten Freud-Werke.]

Zusätzlich zu Freuds autobiographischen Hinweisen haben wir folgende Literatur benutzt:

Freud-Bernays, Anna, ›My Brother Sigmund Freud‹, in: *Am. Mercury*, Bd. 51 (November 1940).

Windholz, E., *Sbornik psychoanalytickych praci*, Příbor 1931. (Ein Almanach psychoanalytischer Arbeiten, herausgegeben und veröffentlicht vom Komitee für die Anbringung der Gedenktafel an Freuds Geburtshaus in Příbor anläßlich seines fünfundsiebzigsten Geburtstags.)

Wittels, Fritz, *Sigmund Freud; Der Mann, die Lehre, die Schule*, E. P. Tal & Co. Verlag, Leipzig, Wien, Zürich.

Wertvolle persönliche Mitteilungen verdanken wir Herrn Oliver Freud, Mr. und Mrs. Jerome Lachenbruch und Mr. Anton Lurie.

Im folgenden nennen wir die wichtigsten Quellen für die historischen Abschnitte:

Bretholz, Berthold, *Geschichte Böhmens und Mährens*, Bd. 4, Reichenberg 1924.

D'Elvert, Christian, *Geschichte der Studien-, Schul- und Erziehungsanstalten in Mähren und Schlesien*, Brünn 1857.

Mayer, Sigmund, *Ein jüdischer Kaufmann, 1831-1911; Lebenserinnerungen*, Duncker und Humblot, Leipzig 1911.

Monroe, Will S., *Bohemia and the Czechs*, L. C. Page and Co., Boston 1918.

Nouveau Dictionnaire de Géographie Universelle, LII, Paris 1884.

Siebmacher, L., *Großes und allgemeines Wappenbuch*, Bd. 4, 10. Abt., Nürnberg 1899.

Wolny Gregor, *Die Markgrafschaft Mähren; Topographisch, statistisch und historisch geschildert*, Bd. 1, Brünn 1835.

Ein unbekanntes autobiographisches Fragment von Freud*

I

Freuds Aufsatz ›Über Deckerinnerungen‹[1] enthält einen köstlichen und denkwürdigen Dialog zwischen Freud und einem »achtunddreißigjährigen akademisch gebildeten Mann«[2], der sich »durch Psychoanalyse von einer kleinen Phobie«[3] hatte befreien können. Dieser frühere Patient zeigt eine bemerkenswerte Fähigkeit, seine Geschichte freimütig, höchst konkret und sehr farbig zu erzählen, ohne je vom Wesentlichen abzuschweifen oder es zu verdunkeln. Sein Verständnis psychoanalytischer Gesichtspunkte ist erstaunlich entwickelt und klar, sein Wissen von der Psychoanalyse derart fundiert und sein Darstellungsstil demjenigen Freuds so ähnlich, daß man meinen könnte, einen Monolog zu lesen, spräche nicht das typographische Bild dagegen. Doch gerät dies Aufblitzen eines vagen Verdachts alsbald in Vergessenheit. Der Inhalt der Erinnerungen des achtunddreißigjährigen Mannes und die Deutungen, die Freud mit meisterlicher Leichtigkeit gibt, fesseln des Lesers Aufmerksamkeit so vollkommen, daß jener aufregende Gedanke nicht weiterverfolgt wird. Der im Studium von Falldarstellungen ausgebildete Leser würde sich ohnehin verpflichtet fühlen, neugierige Fragen hinsichtlich der Identität eines ehemaligen Patienten allemal zu unterdrücken.

Ich schlage vor, diese löbliche Zurückhaltung hier einmal zum Nutzen historischer Forschung zu lockern und die unterdrückten Fragen hochkommen zu lassen. Wer konnte 1899 ein derart lebhaftes und gründliches Verständnis der Psychoanalyse haben?

* [Der Titel der Originalarbeit lautet ›An Unknown Autobiographical Fragment by Freud‹. Sie erschien erstmals 1946 in *American Imago*, Bd. 4, S. 3 bis 19; 1947 Nachdruck in *The Yearbook of Psychoanalysis*, Bd. 3. S. 15-29. Vgl. die editorische Anmerkung zu Beginn der Arbeit ›Freuds frühe Kindheit‹, oben, S. 78.]

1 Freud, 1899*a*.

2 [AaO, S. 538.]

3 [AaO, S. 538 f.]

Wer schrieb in den neunziger Jahren ein so klares, einfaches, unverwechselbares und federndes Deutsch? Wer ist dieser interessante und vielversprechende Mann, was ist aus ihm geworden? Seine Persönlichkeit mutet uns vertraut an, und wir meinen uns zu entsinnen, irgendwo auch schon andere Erinnerungen von ihm gelesen zu haben. Nach reiflichem Nachdenken können wir uns die Stellen ins Gedächtnis rufen und sind nun überzeugt, daß der achtunddreißigjährige Mann niemand anderer als Freud selber sei, freilich leicht verkleidet. Träfe dies zu, so enthielte diese Falldarstellung die ersten Informationen über eine wichtige, noch gänzlich unbekannte Phase in Freuds Leben.
Bevor ich den Beweis für diese Identifizierung antrete, sei hier die entscheidende Textpassage aus ›Über Deckerinnerungen‹ abgedruckt.[4] Dies wird die Aufgabe, die ich mir gesetzt habe, wesentlich erleichtern. Überdies erhält der Leser, dem meine Argumente nicht einleuchten oder der sich nicht für Freuds Adoleszenz interessiert, immerhin Gelegenheit, das ausführlichste Beispiel seiner frühen Deutungstechnik kennenzulernen.

II[5]

Ein achtunddreißigjähriger akademisch gebildeter Mann, der sich trotz seines fernab liegenden Berufs ein Interesse für psychologische Fragen bewahrt hat, seitdem ich ihn durch Psychoanalyse von einer kleinen Phobie befreien konnte, lenkte im Vorjahre meine Aufmerksamkeit auf seine Kindheitserinnerungen, die schon in der Analyse eine gewisse Rolle gespielt hatten. Nachdem er mit der Untersuchung von V. und C. Henri[6] bekannt geworden war, teilte er mir folgende zusammenfassende Darstellung mit:
»Ich verfüge über eine ziemliche Anzahl von frühen Kindheits-

4 [In der Originalausgabe begründet Bernfeld den Abdruck vor allem mit der Tatsache, daß ›Über Deckerinnerungen‹ zum damaligen Zeitpunkt noch nicht ins Englische übersetzt worden war. Da der Freud-Text indessen für das Verständnis von Bernfelds Argumentation unverzichtbar ist, haben wir ihn auch in die vorliegende deutsche Ausgabe übernommen. Dem S. Fischer Verlag, Frankfurt am Main, ist für die Abdrucksgenehmigung zu danken.]
5 [Freud, 1899*a*, S. 538-550. Zur Unterscheidung von Bernfelds Text ist der Freud-Text im folgenden kursiv gesetzt.]
6 [V. und C. Henri, 1896.]

erinnerungen, die ich mit großer Sicherheit datieren kann. Im Alter von voll drei Jahren habe ich nämlich meinen kleinen Geburtsort verlassen, um in eine große Stadt zu übersiedeln; meine Erinnerungen spielen nun sämtlich in dem Orte, wo ich geboren bin, fallen also in das zweite bis dritte Jahr. Es sind meist kurze Szenen, aber sehr gut erhalten und mit allen Details der Sinneswahrnehmung gestaltet, so recht im Gegensatz zu meinen Erinnerungsbildern aus reifen Jahren, denen das visuelle Element völlig abgeht. Vom dritten Jahr an werden die Erinnerungen spärlicher und weniger deutlich; es finden sich Lücken vor, die mehr als ein Jahr umfassen müssen; erst vom sechsten oder siebenten Jahre an, glaube ich, wird der Strom der Erinnerung kontinuierlich. Ich teile mir die Erinnerungen bis zum Verlassen meines ersten Aufenthaltes ferner in drei Gruppen. Eine erste Gruppe bilden jene Szenen, von denen mir die Eltern nachträglich wiederholt erzählt haben; ich fühle mich bei diesen nicht sicher, ob ich das Erinnerungsbild von Anfang an gehabt oder ob ich es mir erst nach einer solchen Erzählung geschaffen habe. Ich bemerke, daß es auch Vorfälle gibt, denen bei mir trotz mehrmaliger Schilderung von seiten der Eltern kein Erinnerungsbild entspricht. Auf die zweite Gruppe lege ich mehr Wert; es sind Szenen, von denen mir – soviel ich weiß – nicht erzählt wurde, zum Teil auch nicht erzählt werden konnte, weil ich die mithandelnden Personen: Kinderfrau, Jugendgespielen nicht wiedergesehen habe. Von der dritten Gruppe werde ich später reden.
Was den Inhalt dieser Szenen und somit deren Anspruch auf Erhaltung im Gedächtnis betrifft, so möchte ich behaupten, daß ich über diesen Punkt nicht ganz ohne Orientierung bin. Ich kann zwar nicht sagen, daß die erhaltenen Erinnerungen den wichtigsten Begebenheiten jener Zeit entsprechen, oder was ich heute so beurteilen würde. Von der Geburt einer Schwester, die zweieinhalb Jahre jünger ist als ich, weiß ich nichts; die Abreise, der Anblick der Eisenbahn, die lange Wagenfahrt vorher haben keine Spur in meinem Gedächtnis hinterlassen. Zwei kleine Vorfälle während der Eisenbahnfahrt habe ich mir dagegen gemerkt; wie Sie sich erinnern, sind diese in der Analyse meiner Phobie vorgekommen. Am meisten Eindruck hätte mir doch eine Verletzung im Gesicht machen müssen, bei der ich viel Blut ver-

lor und vom Chirurgen genäht wurde. Ich kann die Narbe, die von diesem Unfall zeugt, noch heute tasten, aber ich weiß von keiner Erinnerung, die direkt oder indirekt auf dieses Erlebnis hinwiese. Vielleicht war ich übrigens damals noch nicht zwei Jahre.

Demnach verwundere ich mich über die Bilder und Szenen der beiden ersten Gruppen nicht. Es sind allerdings verschobene Erinnerungen, in denen das Wesentliche zumeist ausgeblieben ist; aber in einigen ist es zum mindesten angedeutet, in anderen wird es mir leicht, nach gewissen Fingerzeigen die Ergänzung vorzunehmen, und wenn ich so verfahre, so stellt sich mir ein guter Zusammenhang zwischen den einzelnen Erinnerungsbrocken her, und ich ersehe klar, welches kindliche Interesse gerade diese Vorkommnisse dem Gedächtnis empfohlen hat. Anders steht es aber mit dem Inhalt der dritten Gruppe, deren Besprechung ich mir bisher aufgespart habe. Hier handelt es sich um ein Material – eine längere Szene und mehrere kleine Bilder –, mit dem ich wirklich nichts anzufangen weiß. Die Szene erscheint mir ziemlich gleichgültig, ihre Fixierung unverständlich. Erlauben Sie, daß ich sie Ihnen schildere: Ich sehe eine viereckige, etwas abschüssige Wiese, grün und dicht bewachsen; in dem Grün sehr viele gelbe Blumen, offenbar der gemeine Löwenzahn. Oberhalb der Wiese ein Bauernhaus, vor dessen Tür zwei Frauen stehen, die miteinander angelegentlich plaudern, die Bäuerin im Kopftuch und eine Kinderfrau. Auf der Wiese spielen drei Kinder, eines davon bin ich (zwischen zwei und drei Jahren alt), die beiden anderen mein Vetter, der um ein Jahr älter ist, und meine fast genau gleichaltrige Kusine, seine Schwester. Wir pflücken die gelben Blumen ab und halten jedes eine Anzahl von bereits gepflückten in den Händen. Den schönsten Strauß hat das kleine Mädchen; wir Buben aber fallen wie auf Verabredung über sie her und entreißen ihr die Blumen. Sie läuft weinend die Wiese hinauf und bekommt zum Trost von der Bäuerin ein großes Stück Schwarzbrot. Kaum daß wir das gesehen haben, werfen wir die Blumen weg, eilen auch zum Haus und verlangen gleichfalls Brot. Wir bekommen es auch, die Bäuerin schneidet den Laib mit einem langen Messer. Dieses Brot schmeckt mir in der Erinnerung so köstlich, und damit bricht die Szene ab.

Was an diesem Erlebnis rechtfertigt nun den Gedächtnisaufwand, zu dem es mich veranlaßt hat? Ich habe mir vergeblich den Kopf darüber zerbrochen; liegt der Akzent auf unserer Unliebenswürdigkeit gegen das kleine Mädchen; sollte das Gelb des Löwenzahns, den ich natürlich heute gar nicht schön finde, meinem Auge damals so gefallen haben; oder hat mir nach dem Herumtollen auf der Wiese das Brot so viel besser geschmeckt als sonst, daß daraus ein unverlöschbarer Eindruck geworden ist? Beziehungen dieser Szene zu dem unschwer zu erratenden Interesse, welches die anderen Kinderszenen zusammenhält, kann ich auch nicht finden. Ich habe überhaupt den Eindruck, als ob es mit dieser Szene nicht richtig zuginge; das Gelb der Blumen sticht aus dem Ensemble gar zu sehr hervor, und der Wohlgeschmack des Brotes erscheint mir auch wie halluzinatorisch übertrieben. Ich muß mich dabei an Bilder erinnern, die ich einmal auf einer parodistischen Ausstellung gesehen habe, in denen gewisse Bestandteile anstatt gemalt plastisch aufgetragen waren, natürlich die unpassendsten, z. B. die Tournüren der gemalten Damen. Können Sie mir nun einen Weg zeigen, der zur Aufklärung oder Deutung dieser überflüssigen Kindheitserinnerung führt?«

Ich hielt es für geraten zu fragen, seit wann ihn diese Kindheitserinnerung beschäftige, ob er meine, daß sie seit der Kindheit periodisch in seinem Gedächtnis wiederkehre, oder ob sie etwa irgendwann später nach einem zu erinnernden Anlaß aufgetaucht sei. Diese Frage war alles, was ich zur Lösung der Aufgabe beizutragen brauchte; das übrige fand mein Partner, der kein Neuling in solchen Arbeiten war, von selbst.

Er antwortete: »Daran habe ich noch nicht gedacht. Nachdem Sie mir diese Frage gestellt haben, wird es mir fast zur Gewißheit, daß diese Kindererinnerung mich in jüngeren Jahren gar nicht beschäftigt hat. Ich kann mir aber auch den Anlaß denken, von dem die Erweckung dieser und vieler anderer Erinnerungen an meine ersten Jahre ausgegangen ist. Mit siebzehn Jahren nämlich bin ich zuerst wieder als Gymnasiast zum Ferienaufenthalte in meinen Heimatsort gekommen, und zwar als Gast einer uns seit jener Vorzeit befreundeten Familie. Ich weiß sehr wohl, welche Fülle von Erregungen damals Besitz von mir genommen hat. Aber ich sehe schon, ich muß Ihnen nun ein ganzes großes

Stück meiner Lebensgeschichte erzählen; es gehört dazu, und Sie haben es durch Ihre Frage heraufbeschworen. Hören Sie also: Ich bin das Kind von ursprünglich wohlhabenden Leuten, die, wie ich glaube, in jenem kleinen Provinznest behaglich genug gelebt hatten. Als ich ungefähr drei Jahre alt war, trat eine Katastrophe in dem Industriezweig ein, mit dem sich der Vater beschäftigte. Er verlor sein Vermögen, und wir verließen den Ort notgedrungen, um in eine große Stadt zu übersiedeln. Dann kamen lange harte Jahre; ich glaube, sie waren nicht wert, sich etwas daraus zu merken. In der Stadt fühlte ich mich nie recht behaglich; ich meine jetzt, die Sehnsucht nach den schönen Wäldern der Heimat, in denen ich schon, kaum daß ich gehen konnte, dem Vater zu entlaufen pflegte, wie eine von damals erhaltene Erinnerung bezeugt, hat mich nie verlassen. Es waren meine ersten Ferien auf dem Lande, die mit siebzehn Jahren, und ich war, wie gesagt, Gast einer befreundeten Familie, die seit unserer Übersiedlung groß emporgekommen war. Ich hatte Gelegenheit, die Behäbigkeit, die dort herrschte, mit der Lebensweise bei uns zu Hause in der Stadt zu vergleichen. Nun nützt wohl kein Ausweichen mehr; ich muß Ihnen gestehen, daß mich noch etwas anderes mächtig erregte. Ich war siebzehn Jahre alt, und in der gastlichen Familie war eine fünfzehnjährige Tochter, in die ich mich sofort verliebte. Es war meine erste Schwärmerei, intensiv genug, aber vollkommen geheimgehalten. Das Mädchen reiste nach wenigen Tagen ab in das Erziehungsinstitut, aus dem sie gleichfalls auf Ferien gekommen war, und diese Trennung nach so kurzer Bekanntschaft brachte die Sehnsucht erst recht in die Höhe. Ich erging mich viele Stunden lang in einsamen Spaziergängen durch die wiedergefundenen herrlichen Wälder, mit dem Aufbau von Luftschlössern beschäftigt, die seltsamerweise nicht in die Zukunft strebten, sondern die Vergangenheit zu verbessern suchten. Wenn der Zusammenbruch damals nicht eingetreten wäre, wenn ich in der Heimat geblieben wäre, auf dem Lande aufgewachsen, so kräftig geworden wie die jungen Männer des Hauses, die Brüder der Geliebten, und wenn ich dann den Beruf des Vaters fortgesetzt hätte und endlich das Mädchen geheiratet, das ja all die Jahre über mir hätte vertraut werden müssen! Ich zweifelte natürlich keinen Augenblick, daß ich sie unter den Umständen, welche meine Phantasie schuf, ebenso heiß geliebt hätte, wie ich es damals wirklich empfand. Sonderbar, wenn ich sie jetzt gelegentlich sehe – sie hat zufällig hieher geheiratet –, ist sie mir ganz außerordentlich gleichgültig, und doch kann ich mich genau erinnern, wie lange nachher die gelbe Farbe des Kleides, das sie beim ersten Zusammentreffen trug, auf mich gewirkt, wenn ich dieselbe Farbe irgendwo wieder sah.«

»Das klingt ja ganz ähnlich wie Ihre eingeschaltete Bemerkung, daß Ihnen der gemeine Löwenzahn heute nicht mehr gefällt. Vermuten Sie nicht eine Beziehung zwischen dem Gelb in der Kleidung des Mädchens und dem so überdeutlichen Gelb der Blumen in Ihrer Kinderszene?«

»Möglich, doch war es nicht dasselbe Gelb. Das Kleid war eher gelbbraun wie Goldlack. Indes kann ich Ihnen wenigstens eine Zwischenvorstellung, die Ihnen taugen würde, zur Verfügung stellen. Ich habe später in den Alpen gesehen, daß manche Blumen, die in der Ebene lichte Farben haben, auf den Höhen sich in dünklere Nuancen kleiden. Wenn ich nicht sehr irre, gibt es auf den Bergen häufig eine dem Löwenzahn sehr ähnliche Blume, die aber dunkelgelb ist und dann dem Kleid der damals Geliebten in der Farbe ganz entsprechen würde. Ich bin aber noch nicht fertig, ich komme zu einer in der Zeit naheliegenden zweiten Veranlassung, welche meine Kindheitseindrücke in mir aufgerührt hat. Mit siebzehn Jahren hatte ich den Ort wiedergesehen; drei Jahre später war ich in den Ferien auf Besuch bei meinem Onkel, traf also die Kinder wieder, die meine ersten Gespielen gewesen waren, denselben um ein Jahr älteren Vetter und dieselbe mit mir gleichaltrige Kusine, die in der Kinderszene von der Löwenzahnwiese auftreten. Diese Familie hatte gleichzeitig mit uns meinen Geburtsort verlassen und war in der fernen Stadt wieder zu schönem Wohlstand gekommen.«

»Und haben Sie sich da auch wieder verliebt, diesmal in die Kusine, und neue Phantasien gezimmert?«

»Nein, diesmal ging es anders. Ich war schon auf der Universität und gehörte ganz den Büchern; für meine Kusine hatte ich nichts übrig. Ich habe damals meines Wissens keine solchen Phantasien gemacht. Aber ich glaube, zwischen meinem Vater und meinem Onkel bestand der Plan, daß ich mein abstruses Studium gegen ein praktisch besser verwertbares vertauschen, nach Beendigung der Studien mich im Wohnort des Onkels nie-

derlassen und meine Kusine zur Frau nehmen sollte. Als man merkte, wie versunken in meine eigenen Absichten ich war, ließ man wohl den Plan wieder fallen; ich meine aber, daß ich ihn sicher erraten habe. Später erst, als junger Gelehrter, als die Not des Lebens mich hart anfaßte und ich so lange auf eine Stellung in dieser Stadt zu warten hatte, mag ich wohl manchmal daran gedacht haben, daß der Vater es eigentlich gut mit mir gemeint, als er durch dieses Heiratsprojekt mich für den Verlust entschädigt wissen wollte, den jene erste Katastrophe mir fürs Leben gebracht.«

»In diese Zeit Ihrer schweren Kämpfe ums Brot möchte ich also das Auftauchen der in Rede stehenden Kindheitsszene verlegen, wenn Sie mir noch bestätigen, daß Sie in denselben Jahren die erste Bekanntschaft mit der Alpenwelt geschlossen haben.«

»Das ist richtig; Bergtouren waren damals das einzige Vergnügen, das ich mir erlaubte. Aber ich verstehe Sie noch nicht recht.«

»Sogleich. Aus Ihrer Kinderszene heben Sie als das intensivste Element hervor, daß Ihnen das Landbrot so ausgezeichnet schmeckt. Merken Sie nicht, daß diese fast halluzinatorisch empfundene Vorstellung mit der Idee Ihrer Phantasie korrespondiert, wenn Sie in der Heimat geblieben wären, jenes Mädchen geheiratet hätten, wie behaglich hätte sich Ihr Leben gestaltet, symbolisch ausgedrückt, wie gut hätte Ihnen Ihr Brot geschmeckt, um das Sie in jener späteren Zeit gekämpft haben? Und das Gelb der Blumen deutet auf dasselbe Mädchen hin. Sie haben übrigens in der Kindheitsszene Elemente, die sich nur auf die zweite Phantasie, wenn Sie die Kusine geheiratet hätten, beziehen lassen. Die Blumen wegwerfen, um ein Brot dafür einzutauschen, scheint mir keine üble Verkleidung für die Absicht, die Ihr Vater mit Ihnen hatte. Sie sollten auf Ihre unpraktischen Ideale verzichten und ein ›Brotstudium‹ ergreifen, nicht wahr?«

»So hätte ich also die beiden Reihen von Phantasien, wie sich mein Leben behaglicher hätte gestalten können, miteinander verschmolzen, das ›Gelb‹ und das ›Land‹brot aus der einen, das Wegwerfen der Blumen und die Personen aus der anderen entnommen?«

»So ist es; die beiden Phantasien aufeinander projiziert und eine Kindheitserinnerung daraus gemacht. Der Zug mit den Al-

penblumen ist dann gleichsam die Marke für die Zeit dieser Fabrikation. Ich kann Ihnen versichern, daß man solche Dinge sehr häufig unbewußt macht, gleichsam dichtet.«

»Aber dann wäre es ja keine Kindheitserinnerung, sondern eine in die Kindheit zurückverlegte Phantasie. Mir sagt aber ein Gefühl, daß die Szene echt ist. Wie vereint sich das?«

»Für die Angaben unseres Gedächtnisses gibt es überhaupt keine Garantie. Ich will Ihnen aber zugeben, daß die Szene echt ist; dann haben Sie sie aus unzählig viel ähnlichen oder anderen hervorgesucht, weil sie sich vermöge ihres – an sich gleichgültigen – Inhaltes zur Darstellung der beiden Phantasien eignete, die für Sie bedeutsam genug waren. Ich würde eine solche Erinnerung, deren Wert darin besteht, daß sie im Gedächtnisse Eindrücke und Gedanken späterer Zeit vertritt, deren Inhalt mit dem eigenen durch symbolische und ähnliche Beziehungen verknüpft ist, eine Deckerinnerung heißen. Jedenfalls werden Sie aufhören, sich über die häufige Wiederkehr dieser Szene in Ihrem Gedächtnis zu verwundern. Man kann sie nicht mehr eine harmlose nennen, wenn sie, wie wir gefunden haben, die wichtigsten Wendungen in Ihrer Lebensgeschichte, den Einfluß der beiden mächtigsten Triebfedern, des Hungers und der Liebe, zu illustrieren bestimmt ist.«

»Ja, den Hunger hat sie gut dargestellt; aber die Liebe?«

»In dem Gelb der Blumen, meine ich. Ich kann übrigens nicht leugnen, daß die Darstellung der Liebe in dieser Ihrer Kindheitsszene hinter meinen sonstigen Erfahrungen weit zurückbleibt.«

»Nein, keineswegs. Die Darstellung der Liebe ist ja die Hauptsache daran. Jetzt verstehe ich erst! Denken Sie doch: einem Mädchen die Blumen wegnehmen, das heißt ja: deflorieren. Welch ein Gegensatz zwischen der Frechheit dieser Phantasie und meiner Schüchternheit bei der ersten, meiner Gleichgültigkeit bei der zweiten Gelegenheit.«

»Ich kann Sie versichern, daß derartige kühne Phantasien die regelmäßige Ergänzung zur juvenilen Schüchternheit bilden.«

»Aber dann wäre es nicht eine bewußte Phantasie, die ich erinnern kann, sondern eine unbewußte, die sich in diese Kindheitserinnerungen verwandelt?«

»Unbewußte Gedanken, welche die bewußten fortsetzen. Sie

denken sich: wenn ich die oder die geheiratet hätte, und dahinter entsteht der Antrieb, sich dieses Heiraten vorzustellen.«

»Ich kann es jetzt selbst fortsetzen. Das Verlockendste an dem ganzen Thema ist für den nichtsnutzigen Jüngling die Vorstellung der Brautnacht; was weiß er von dem, was nachkommt. Diese Vorstellung wagt sich aber nicht ans Licht, die herrschende Stimmung der Bescheidenheit und des Respekts gegen die Mädchen erhält sie unterdrückt. So bleibt sie unbewußt ...«

»Und weicht in eine Kindheitserinnerung aus. Sie haben Recht, gerade das Grobsinnliche an der Phantasie ist der Grund, daß sie sich nicht zu einer bewußten Phantasie entwickelt, sondern zufrieden sein muß, in eine Kindheitsszene als Anspielung in verblümter Form Aufnahme zu finden.«

»Warum aber gerade in eine Kindheitsszene, möchte ich fragen?«

»Vielleicht gerade der Harmlosigkeit zuliebe. Können Sie sich einen stärkeren Gegensatz zu so argen sexuellen Aggressionsvorsätzen denken als Kindertreiben? Übrigens sind für das Ausweichen von verdrängten Gedanken und Wünschen in die Kindheitserinnerungen allgemeinere Gründe maßgebend, denn Sie können dieses Verhalten bei hysterischen Personen ganz regelmäßig nachweisen. Auch scheint es, daß das Erinnern von Längstvergangenem an und für sich durch ein Lustmotiv erleichtert wird. ›Forsan et haec olim meminisse juvabit.‹«

»Wenn dem so ist, so habe ich alles Zutrauen zur Echtheit dieser Löwenzahnszene verloren. Ich halte mir vor, daß in mir auf die zwei erwähnten Veranlassungen hin, von sehr greifbaren realen Motiven unterstützt, der Gedanke auftaucht: Wenn du dieses oder jenes Mädchen geheiratet hättest, wäre dein Leben viel angenehmer geworden. Daß die sinnliche Strömung in mir den Gedanken des Bedingungssatzes in solchen Vorstellungen wiederholt, welche ihr Befriedigung bieten können; daß diese zweite Fassung desselben Gedankens infolge ihrer Unverträglichkeit mit der herrschenden sexuellen Disposition unbewußt bleibt, aber gerade dadurch in den Stand gesetzt ist, im psychischen Leben fortzudauern, wenn die bewußte Fassung längst durch die veränderte Realität beseitigt ist; daß der unbewußt gebliebene Satz nach einem geltenden Gesetz, wie Sie sagen, bestrebt ist, sich in eine Kindheitsszene umzuwandeln, welche ihrer

Harmlosigkeit wegen bewußt werden darf; daß er zu diesem Zweck eine neue Umgestaltung erfahren muß, oder vielmehr zwei, eine, die dem Vordersatz das Anstößige benimmt, indem sie es bildlich ausdrückt, eine zweite, die den Nachsatz in eine Form preßt, welche der visuellen Darstellung fähig ist, wozu die Mittelvorstellung Brot – Brotstudium verwendet wird. Ich sehe ein, daß ich durch die Produktion einer solchen Phantasie gleichsam eine Erfüllung der beiden unterdrückten Wünsche – nach dem Deflorieren und nach dem materiellen Wohlbehagen – hergestellt habe. Aber nachdem ich mir von den Motiven, die zur Entstehung der Löwenzahnphantasie führten, so vollständig Rechenschaft geben kann, muß ich annehmen, daß es sich hier um etwas handelt, was sich überhaupt niemals ereignet hat, sondern unrechtmäßig unter meine Kindheitserinnerungen eingeschmuggelt worden ist.«

»Nun muß ich aber den Verteidiger der Echtheit spielen. Sie gehen zu weit. Sie haben sich von mir sagen lassen, daß jede solche unterdrückte Phantasie die Tendenz hat, in eine Kindheitsszene auszuweichen; nun nehmen Sie hinzu, daß dies nicht gelingt, wenn nicht eine solche Erinnerungsspur da ist, deren Inhalt mit dem der Phantasie Berührungspunkte bietet, die ihr gleichsam entgegenkommt. Ist erst ein solcher Berührungspunkt gefunden – hier ist es das Deflorieren, die Blume wegnehmen –, so wird der übrige Inhalt der Phantasie durch alle zulässigen Zwischenvorstellungen (denken Sie an das Brot!) so weit umgemodelt, bis sich neue Berührungspunkte mit dem Inhalt der Kinderszene ergeben haben. Sehr wohl möglich, daß bei diesem Prozeß auch die Kinderszene selbst Veränderungen unterliegt; ich halte es für sicher, daß auf diesem Wege auch Erinnerungsfälschungen zustande gebracht werden. In Ihrem Falle scheint die Kindheitsszene nur ziseliert worden zu sein; denken Sie an die übermäßige Hervorhebung des Gelb und an den übertriebenen Wohlgeschmack des Brotes. Das Rohmaterial war aber brauchbar. Wäre es so nicht gewesen, so hätte sich diese Erinnerung eben nicht aus allen anderen zum Bewußtsein erheben können. Sie hätten keine solche Szene als Kindheitserinnerung bekommen, oder vielleicht eine andere, denn Sie wissen ja, wie leicht es unserem Witz wird, Verbindungsbrücken von überallher überallhin zu schlagen. Für die Echtheit Ihrer Löwenzahn-

erinnerung spricht übrigens außer Ihrem Gefühl, das ich nicht unterschätzen möchte, noch etwas anderes. Sie enthält Züge, die nicht auflösbar durch Ihre Mitteilungen sind, auch zu den aus der Phantasie stammenden Bedeutungen nicht passen. So z. B. wenn der Vetter Ihnen mithilft, die Kleine der Blumen zu berauben. Könnten Sie mit einer solchen Hilfeleistung beim Deflorieren einen Sinn verbinden? Oder mit der Gruppe der Bäuerin und der Kinderfrau oben vor dem Haus?«

»Ich glaube nicht.«

»Die Phantasie deckt sich also nicht ganz mit der Kindheitsszene, sie lehnt sich nur in einigen Punkten an sie an. Das spricht für die Echtheit der Kindheitserinnerung.«

»Glauben Sie, daß eine solche Deutung von scheinbar harmlosen Kindheitserinnerungen oftmals am Platze ist?«

»Nach meinen Erfahrungen sehr oft.«

III

Der »achtunddreißigjährige Mann«, den wir der Einfachheit halber Herrn X. nennen wollen, gibt uns eine Menge präziser Daten über seine ersten Lebensjahre und berichtet aus seiner Jugendzeit zwei Episoden. Um die fragliche Identität zu ermitteln, müssen wir nun dieses Material mit Freuds Lebensgeschichte vergleichen.

Gerade über die ersten drei Jahre sind wir besonders gut informiert. Alle zugänglichen Fakten sind in einem anderen Artikel zusammengetragen worden, auf den ich für weitere Einzelheiten verweise.[7] Hier will ich die Funde, soweit sie für unsere vorliegende Fragestellung von Belang sind, lediglich kurz rekapitulieren.

Freud wurde in einer kleinen ländlichen Stadt (Freiberg in Mähren) geboren. Seine Eltern waren recht begütert, bis eine Wirtschaftskrise sie nötigte, in »eine große Stadt«[8] zu ziehen (nach Leipzig, später Wien); von nun an lebten sie in bedrängten Verhältnissen. Der Ortswechsel vollzog sich, als Freud drei Jahre alt war. Noch während seines Aufenthalts in seiner Ge-

7 S. Bernfeld und S. Cassirer Bernfeld, 1944.

8 [S. oben, S. 98.]

burtsstadt war eine Schwester geboren worden; er war damals zweieinhalb. Im Alter von zwei Jahren erlitt er einen Unfall, von dem er lebenslang eine Narbe am Unterkiefer davontrug. In Freiberg lebte auch Freuds rund zwanzig Jahre älterer Halbbruder mit seiner Familie. Die Kinder dieses Halbbruders, ein um ein Jahr älterer Neffe und eine mit Freud etwa gleichaltrige Nichte, waren seine hauptsächlichen Spielkameraden. Eine Kinderfrau versorgte die Kleinen. Die Familie des Halbbruders verließ Freiberg gleichzeitig mit Freud, allerdings zog sie in eine weiter entfernte Stadt, nach Manchester in England, wo sie sehr bald wieder zu Wohlstand kam.

Dieser kurze Bericht von Freuds Leben in seiner Heimatstadt entspricht genau der Geschichte von Herrn X., ein Detail ausgenommen: Herr X. beschreibt seine Spielkameraden als Vetter und Kusine, Kinder eines Onkels, während die Beziehung zwischen Freud und seinen frühen Freunden weniger alltäglich und einfach war. (Wir werden auf diese kleine Diskrepanz später noch zurückkommen.)

Herr X. erwähnt nur wenige, genau, drei Kindheitserlebnisse, die in Freuds autobiographischen Mitteilungen fehlen. Für meine These lautet die entscheidende Frage, ob sie Freud in Freiberg überhaupt hätten widerfahren können:

1. Als sehr kleines Kind ging Herr X. mit seinem Vater in den schönen, die Heimatstadt umsäumenden Wäldern spazieren. Solche Wälder gab es in unmittelbarer Nähe Freibergs.

2. Herrn X.s Deckerinnerung, die im Zentrum der Analyse steht, hat einen ländlichen Schauplatz – eine abschüssige Wiese, ein Bauernhaus, eine Bäuerin im Kopftuch. Eine solche Beschreibung hätte auf Freiberg exakt zugetroffen, und die slowakischen Bäuerinnen pflegten in der Tat Kopftücher zu tragen.

3. Herr X. unterteilt die Reise vom Heimatort zur großen Stadt in seiner Beschreibung in zwei Etappen; zuerst benutzte man einen Pferdewagen, dann die Eisenbahn, die der Knabe damals erstmals in seinem Leben sah. Da Freiberg nicht an der Bahnlinie lag, mußte die Familie Freud irgendein Pferdefuhrwerk besteigen, um zur ziemlich weit entfernten nächsten Bahnstation zu gelangen.

Natürlich lassen die spärlichen Beschreibungen, die Herr X. von seinem Heimatort gibt, keine glatte Identifizierung mit Freiberg zu. Es hätte jede von Wäldern und Hügeln umrahmte und nicht an einer Bahnlinie gelegene kleine Stadt sein können. Aber dies beantwortet durchaus unsere Frage: alle von Herrn X.s früher Kindheit berichteten Ereignisse sind entweder von Freuds Kindheit tatsächlich bekannt oder hätten sich in Freuds Heimatort zugetragen haben können.

IV

Aus seiner Jugendzeit erwähnt Herr X. zwei Ereignisse; daß er, erstens, im Alter von siebzehn seinen Geburtsort erstmals wieder besucht und, zweitens, drei Jahre später bei einem Ferienaufenthalt in der »fernen Stadt« seinen Onkel und dessen Kinder wiedergesehen habe. Für beide Episoden finden sich in Freuds Leben genaue Parallelen. Freud teilt uns mit, daß er Freiberg erstmals während eines Ferienaufenthalts als Gymnasiast mit sechzehn Jahren wiedergesehen habe.[9] Da Freud im Mai geboren ist, betrug das Alter damals exakt sechzehn Jahre und zwei Monate bzw., am Ende der Ferien, sechzehn Jahre und vier Monate. Es liegt also recht nahe an Herrn X.s Angabe, siebzehn Jahren, vielleicht nicht nahe genug. Ich meine aber, daß diese Differenz angesichts der folgenden verblüffenden Koinzidenz kaum ins Gewicht fällt. Herr X. kommt – wir erinnern uns – als »Gast einer befreundeten Familie« wieder in seinen Heimatort; Freud sagt, er habe Freiberg als »Gast der Familie Fluß«[10] wiedergesehen. Aus anderen Quellen weiß ich, daß Vater Fluß und seine Kinder mit der Familie Freud eng befreundet waren. Sie waren seinerzeit in Freiberg geblieben und, als Freud zu Besuch kam, offensichtlich begüterte Leute.[11] Dasselbe trifft auf die Ferien-Gastgeber von Herrn X. zu.[12]

9 ›Brief an den Bürgermeister der Stadt Příbor‹ [Freud, 1960a, S. 425].
10 AaO.
11 Information von Dr. E. Windholz, belegt durch einen Brief von Herrn Fluß, Jr.
12 Der Genauigkeit halber möchte ich erwähnen, daß Herr X. von seiner Reise in seinen Heimatort als von seinen ersten Ferien auf dem Lande spricht, während Freud einmal bemerkte, er habe in seiner Gymnasialzeit mehrmals Ferien in einem in der Nähe von Freiberg gelegenen »Kurort« gemacht (Freud, 1933*a*, S. 151). Den Aufenthalt mit der eigenen Familie in einem Kurort wird man allerdings schwerlich als Ferien auf dem Lande bezeichnen.

»Ich war neunzehnjährig zum erstenmal in England«[13], schreibt Freud. Drei Jahre waren seit seinem Besuch in seinem Heimatort vergangen. Das gleiche Intervall zwischen den beiden Reisen findet sich auch im Bericht von Herrn X. Mit neunzehn war Freud Medizinstudent, in Büchern vergraben und sich mühselig durch entlegene chemische und zoologische Forschungen vorwärtstastend[14] – genauso wie Herr X. in jenem Lebensalter den Büchern gehörte und abstrusen Studien nachging.[15] Freuds Halbbruder war – wie der Onkel von Herrn X. – zur Zeit seines Besuchs wieder zu Wohlstand gelangt.[16]

Aus seinem Erwachsenenleben berichtet Herr X., daß er es schwer gehabt habe, sich in seinem Beruf eine Stellung zu erobern. Er spricht auch von seiner Vorliebe für die Alpen und die alpine Flora. Bekanntlich mußte Freud um berufliche Anerkennung genauso hart kämpfen, und wir wissen auch, daß er Herrn X.s Begeisterung für Gebirge und Bergwiesen teilte. In der *Traumdeutung* ist Freuds Hang zu Bergtouren häufig erwähnt, auch an vielen anderen Stellen seines Werks finden sich Hinweise auf diese Form der Erholung, so beispielsweise in der berühmten Analyse der ›Katharina‹ in den *Studien über Hysterie.*[17] In diesem Zusammenhang mag eine kleine Episode von Interesse sein, die sich rund sechzig Jahre, nachdem Herr X. von einer bestimmten dunkelgelben Alpenblume so beeindruckt war, ereignet hat.

Anläßlich seines achtzigsten Geburtstags machten sich die Mitglieder des Dozentenseminars im Wiener Psychoanalytischen Lehrinstitut Gedanken darüber, wie sie Freud ehren könnten. Schließlich kam man auf die Idee, ein Strauß frischer Alpenblumen sei vielleicht willkommen; immerhin erschien dies im

13 Freud, 1900*a*. S. 524.

14 [Vgl. S. Bernfeld, 1949 (insbesondere Abschnitt I).]

15 [Eine weitere Parallele zwischen Freud und dem Patienten der ›Deckerinnerungen‹ zeigt S. Bernfeld in seiner Arbeit von 1951 auf, im vorliegenden Band S. 156, unten.]

16 Wittels (1924, S. 21) und Anna Bernays (1940, S. 339) geben beide an, Freud habe die Reise nach England unmittelbar nach dem Abitur im Alter von achtzehn Jahren unternommen. Wittels nennt für seine Feststellung keine Quelle; und Anna Bernays' Gedächtnis ist, wie verschiedene Bemerkungen in ihrem Aufsatz beweisen, nicht immer verläßlich. Bis neues Material zugänglich wird, halte ich mich deshalb an Freuds eigene Angabe.

17 [Freud, 1895*d*, z. B. S. 184.]

Vergleich zu den üblichen Geschenken als etwas Besonderes. Es traf sich, daß gerade zu dieser Zeit ein Freund der Wiener Gruppe zu einer Hochgebirgstour aufbrach. Er wurde damit betraut, die Blumen zu suchen. Tatsächlich kam er mit einem schönen Strauß Primula auricula [Alpen- oder Felsenaurikel] zurück. Die Jüngste aus der Gruppe, ein siebzehnjähriges Mädchen, sollte die Blumen in Freuds Wohnung abgeben. Zur großen Überraschung der Überbringerin bat Freud sie herein, um sich persönlich bei ihr zu bedanken; bewegt gab er ihr zu verstehen, wie viel ihm die Blumen bedeuteten.[18]

V

Die beiden Lebensgeschichten entsprechen einander in allen wichtigen Zügen so vollkommen und weichen in so wenigen und vergleichsweise unwichtigen Einzelheiten voneinander ab, daß der angestellte Vergleich nachgerade seinen Zweck zu verfehlen droht. Denn: wenn Herr X. der verkleidete Freud sein soll, dann wäre doch das Fehlen jedweder Entstellung erstaunlich und rätselhaft. Indessen konnte es sich Freud im Jahre 1899 gewiß noch leisten, offen und freimütig zu sein. Von Geburtstag und -ort abgesehen, war seine Lebensgeschichte gänzlich unbekannt und noch nicht Gegenstand öffentlichen Interesses. Er konnte sich sicher fühlen, auch wenn er nur wenige und geringfügige Änderungen in Herrn X.s Bericht vornahm, hatte er doch gleich zu Beginn des Abschnitts, in dem er Herrn X. einführte, den entscheidenden Kunstgriff angewandt. Er scheut an dieser Stelle vor einer glatten Unwahrheit nicht zurück. Mittels der Verwendung des Gegenteils verschleiert er seine Identität hier radikal, indem er uns versichert, Herr X. gehe einem psychologischen Fragen »fernab liegenden Beruf« nach.[19]

18 [Bernfeld zitiert diese ganze Episode in Anführungszeichen, doch fehlt im Literaturverzeichnis die Angabe der Quelle. Deshalb wird die Passage hier in indirekter Form wiedergegeben.]

19 Herr X. war durch die Psychoanalyse von einer leichten Phobie geheilt worden. Dies dürfte eine weitere drastische Entstellungsmaßnahme sein; vielleicht verbirgt sich dahinter aber auch ein Bekenntnis. Freud analysierte sich selbst zwischen 1896 und 1899, und zweifellos hat er davon profitiert. Ob er irgendwelche »Symptome« hatte, ob er diese verlor und ob sie phobischer Na-

Übrigens hat Freud die gleiche Technik auch noch in dem anderen Fall angewendet, in dem er seine Identität verleugnete, in der Studie ›Der Moses des Michelangelo‹.[20] Ferner veränderte er das Alter von Herrn X. Freud war dreiundvierzig, als er die Arbeit schrieb. Er macht Herrn X. jünger, was, da Freud selbst das Älterwerden schwerfiel, nahelag. Er wählte die runde Zahl von fünf Jahren, wodurch Herr X. zu einem Alter von achtunddreißig Jahren kam.[21]

Nach Anwendung dieser Schutzmaßnahmen kann Freud nun die eigene Geschichte ohne Umschweife erzählen und braucht nur noch für Namen bestimmte Verallgemeinerungen einzusetzen – wie »ein kleines Provinznest« für Freiberg oder die »ferne Stadt« für Manchester.[22]

Die Möglichkeit, daß unter seinen Lesern auch einer seiner engsten Freunde sein könnte, mag Freud veranlaßt haben, die einzige wirklich auffallende Tatsache seiner Kindheit zu verwischen, die ihn für diesen Teil seines Publikums sofort kenntlich gemacht hätte: Er verwandelte seinen um ein Jahr älteren Neffen in einen schlichten Vetter und dessen Schwester in eine Kusine. Dies erklärt die einzige wirkliche Entstellung in der ganzen Erzählung.

In seiner *Traumdeutung*, die ein Jahr nach dem Artikel ›Über

tur waren, entzieht sich meiner Kenntnis. Die klinischen Selbstbeobachtungen, die Freud in seine Koka-Arbeit (1884*e*), im Buch über die Aphasien (1891*b*) und in einer Anmerkung zur Bernhardtschen Sensibilitätsstörung (1895*e*) mitgeteilt hat, handeln nicht von phobischen Symptomen, aber sie schließen das Vorhandensein solcher Symptome natürlich auch nicht aus. Wilhelm Fließ, in dieser Lebensphase Freuds vertrautester Freund, hat einmal ausgesagt, Freud habe sich durch seine Selbstanalyse von einer Phobie befreit (persönliche Mitteilung von Dr. Ernst Simmel). Hanns Sachs (1945) berichtet uns von Freuds ständiger Angst, den Zug zu verpassen, möglicherweise einem Überbleibsel einer Eisenbahnphobie. Es gibt Hinweise darauf, daß auch Herrn X.s Phobie mit dem Zugfahren zusammenhing.

20 Freud, 1914*b*.

21 Wie Hanns Sachs in einem Brief an mich ausführte, drückt diese runde Zahl einen offen geäußerten Wunsch Freuds aus; schon vor 1899 hatte er [im Zusammenhang mit der Darstellung eines eigenen Traums] in der *Traumdeutung* geschrieben: »Was sind fünf Jahre? [. . .] Das ist für mich keine Zeit.« (1900*a*, S. 440.) Diese Bemerkung bezieht sich auf die langen fünf Jahre der Verlobungszeit, die er überstehen mußte, weil er sich nicht für einen Brotberuf entschieden hatte.

22 Das Gespräch mit Herrn X. soll angeblich 1898 stattgefunden haben. Damals war Freud zweiundvierzig; wie Herr X. war er in diesem Zeitraum mit den eigenen Kindheitserinnerungen beschäftigt.

Deckerinnerungen‹ erschien, veröffentlichte Freud erstmals viele Mitteilungen über sich selbst und seine Vergangenheit. Er hat dies später in anderen Publikationen fortgesetzt. Von nun an wäre die im Fall von Herrn X. angewandte Technik nur geringfügiger Veränderungen nicht mehr ausreichend gewesen. Ist dies der Grund für das seltsame Schicksal, das der Arbeit ›Über Deckerinnerungen‹ widerfuhr? 1906 hatte Freud alle seine verstreuten Artikel über Psychoanalyse in einem Band zusammengetragen, der *Sammlung kleiner Schriften zur Neurosenlehre*[23], aber die Studie ›Über Deckerinnerungen‹ ist nicht darunter, obgleich sie eines der Grundkonzepte der Psychoanalyse einführt und erläutert.[24]

Zwar stimmt es, daß damals der Inhalt der Arbeit weitgehend im Kapitel ›Über Kindheits- und Deckerinnerungen‹[25] der *Psychopathologie des Alltagslebens* (1901*b)* zugänglich war. Aber dies gilt gleichermaßen für die Gedanken einiger anderer Artikel, die gleichwohl in der *Sammlung* nachgedruckt wurden.

VI

Da sich beim Vergleich aller bekannten Daten eine vollkommene Entsprechung zwischen Herrn X. und Freud ergeben hat und da Diskrepanzen bzw. deren Fehlen nun hinreichend plausibel erklärt sein dürften, meine ich mit Gewißheit sagen zu können, daß Freud sich in der Fallgeschichte des achtunddreißigjährigen Mannes selbst dargestellt hat. Diese Identifizierung gibt den mit Freuds Biographie und seiner Persönlichkeit beschäftigten Forschern neues Material an die Hand. In der vorliegenden Arbeit

23 *Sammlung kleiner Schriften zur Neurosenlehre aus den Jahren 1893-1906*, Leipzig, Wien 1906.

24 Auch in Band 1 der *Collected Papers*, der nach dem Vorbild der *Sammlung* zusammengestellt ist, fehlt ›Über Deckerinnerungen‹. Eine Anmerkung in Band 4, S. 476, weist lediglich darauf hin, daß ein Artikel über Deckerinnerungen in die *Psychopathologie des Alltagslebens* integriert worden sei.

25 Dieses Kapitel faßt die Ergebnisse der Arbeit ›Über Deckerinnerungen‹ zusammen und illustriert sie an zwei Fallbeispielen. Eines ist dem ursprünglichen Aufsatz entnommen; das zweite – es ersetzt den Fall des Herrn X. – ist nunmehr unverhüllt autobiographisch und bringt die berühmte Kindheitserinnerung von dem Kasten und dem Halbbruder [vgl. S. 86f. und S. 248 im vorliegenden Band].

habe ich nicht die Absicht verfolgt, dieses Material zu diskutieren oder auch die Veränderungen hinsichtlich bestimmter Aspekte unseres gegenwärtigen Freud-Bildes zu bewerten, welche es möglicherweise nach sich zieht.

Freuds wissenschaftliche Anfänge*

Freuds Kindheitsphantasien und die Tagträume seiner Pubertätsjahre lassen, soweit wir sie kennen, nichts vom zukünftigen Begründer der Psychoanalyse ahnen. Sie würden eher zu einem General, einem Reformer oder einem Unternehmer passen als zu dem geduldigen Zuhörer, der tagaus tagein aufmerksam den Bagatellklagen seiner Patienten, ihren eintönigen Geschichten und Berichten von scheinbar unsinnigen Leiden lauscht. Es war ein langer Weg von dem Kind, das Thiers Geschichte von Napoleons Taten verschlang, sich mit General Masséna, Herzog von Tivoli und Fürsten von Eßling, identifizierte – bis zu dem Psychoanalytiker, der gelassen einräumen konnte, über jene Symptome und Störungen, die er so gut zu verstehen gelernt, nur wenig Macht zu besitzen. Als Zwölfjähriger sieht Freud sich noch immer als den zukünftigen Anwärter auf ein Ministeramt, und als Jüngling plant er, Anwalt zu werden und in die Politik zu gehen. Mit siebzehn, unmittelbar nach der Matura, läßt er seine Idee, Herrschaft über Menschen zu gewinnen, plötzlich fallen. »In den Jugendjahren wurde das Bedürfnis, etwas von den Rätseln dieser Welt zu verstehen und vielleicht selbst etwas zu ihrer Lösung beizutragen, übermächtig.«[1] Von nun an interessiert er sich für die sublimere Herrschaft über die Natur, durch Wissenschaft zu erlangen, und beschließt, Naturgeschichte zu studieren – Biologie, würden wir heute sagen. Macht, Ansehen und Wohlstand sollten ihm einzig dank hervorragender wissenschaftlicher Leistungen zuwachsen.

Groß allerdings wollte er werden. Daß er sich »vor Mittelmäßigkeit fürchtet«[2], gesteht er einem Freund in einem bemerkenswerten Brief aus den letzten Tagen des Matura-Examens. Dieser Freund hatte ihn gerade zu trösten versucht: wer sich bloß vor Mittelmäßigkeit fürchte, sei schon »geborgen«[3]. Aber,

* [Unter dem Titel ›Freud's Scientific Beginnings‹ erschien diese Arbeit erstmals 1949 in *American Imago*, Bd. 6, S. 163-196. Sie wurde 1950 in *The Yearbook of Psychoanalysis*, Bd. 6, S. 24-50, nachgedruckt.]

1 Freud, 1927*a*, S. 290.

2 Brief an Emil Fluß vom 16. Juni 1873 [Freud, 1925*d* (*Ta.*), S. 120].

3 [AaO.]

so fragt Freud am »16. Juni 1873, nachts«[4] in einer »gewissen schlaftrunkenen Philosophie«[5] zurück: »Wovor geborgen ... doch nicht geborgen und versichert, daß er's nicht ist? Was verschlägt's, ob Sie etwas fürchten oder nicht? Ist nicht die Hauptsache, ob es wahr ist, wie wir's fürchten? Wohl wahr, daß auch stärkere Geister vom Zweifel an sich selbst ergriffen werden; ist darum jeder, der sein Verdienst in Zweifel zieht, ein starker Geist? Er kann ein Schwächling an Geist sein, nur ein ehrlicher Mann dabei, aus Erziehung, Gewohnheit oder gar aus Selbstqual. Ich will Sie nicht auffordern, wenn Sie in irgendwelche zweifelnde Lage kommen, Ihre Empfindungen unbarmherzig zu zergliedern, aber wenn Sie es tun, werden Sie sehen, wie wenig Sie sicher an sich haben. Die Großartigkeit der Welt beruht ja auf dieser Mannigfaltigkeit der Möglichkeit, nur ist's leider kein fester Grund für unsere Selbsterkenntnis.«[6]

Mit hochfahrenden Ambitionen, aber nur vagen Vorstellungen und Plänen immatrikulierte sich Freud im Herbst 1873 an der Wiener Universität. Er hatte sich für die Medizinische Fakultät entschieden. Sie war damals die Ausbildungsstätte nicht nur für Ärzte, sondern auch für zukünftige Forscher im Fach Biologie, jenem Wissensgebiet, auf das sich Freuds Hoffnungen richteten. In scharfem Gegensatz zum streng überwachten, rigide reglementierten Leben und Lernen am Gymnasium gewährte die Universität nun fast völlige Freiheit von jeglichem schulischem Zwang. Eifrige Studenten wie Freud konnten ihren Wissensdurst nach eigenem Gutdünken, ohne Rücksicht auf Bewertungen, in den zahlreichen Vorlesungen, Übungen und Laboratorien stillen. Man brauchte nur wenige unumgängliche Forderungen zu erfüllen, und zwischen der Matura und dem ersten medizinischen Examen konnte sich der Student mehrere Jahre unumschränkter »akademischer Freiheit« erfreuen, eine Gelegenheit, die Freud in seinen ersten drei Universitätsjahren weidlich ausnutzte. Er gab sich verschiedenartigen und etwas chaotischen Studien hin, die sich, wie er mehrfach eingestand, besonders in Chemie und Zoologie als traurige Fehlschläge erwiesen. In seinem dritten Studienjahr trat er in Brückes Physiologisches In-

4 [AaO, S. 118.]
5 [AaO, S. 121.]
6 [AaO, S. 120 f.]

stitut ein und blieb dort mit wenigen Unterbrechungen sechs Jahre lang. 1881 machte er mit beträchtlicher Verspätung, doch in einem Zuge, die zur Erlangung des medizinischen Doktorgrades erforderlichen Examina. Mit siebenundzwanzig Jahren verließ er 1882 aus wirtschaftlichen Erwägungen Brückes Institut, um sich auf seine Niederlassung als Nervenarzt vorzubereiten. Während seiner neun Universitätsjahre veröffentlichte Freud insgesamt fünf wissenschaftliche Arbeiten sowie die Übersetzung eines Essay-Bandes aus dem Englischen.

Freud hat seine wissenschaftlichen Anfänge in seinen autobiographischen Schriften mit ein paar Zeilen abgetan. Brun[7] und Gray[8] haben sie im einzelnen aufgeführt, Dorer[9] und Jelliffe[10] einige dieser Arbeiten kurz zu bewerten versucht. Auf den nachfolgenden Seiten werde ich einen gründlicheren Bericht darüber geben, zusammen mit einigen Informationen über die wissenschaftsgeschichtliche Situation, in der diese Texte entstanden, sowie über Freuds Lehrer und ihre Institute.[11] Ferner habe ich mich bemüht, die damaligen Verdienste dieser Schriften und ihren Platz in Freuds wissenschaftlicher Entwicklung zu bestimmen. Dabei werde ich mich nicht strikt auf die Phase zwischen 1873 und 1882 beschränken, vielmehr noch vier weitere Veröffentlichungen mitberücksichtigen, die zwar erst in den Jahren 1883 und 1884 geschrieben und publiziert wurden, jedoch als Ausarbeitungen und Fortführungen von Freuds Anfängen gelten können. Schließlich werde ich Freuds physiologische Studien aus den Jahren 1878 bis 1883 diskutieren, die nicht zu Veröffentlichungen führten und die deshalb von Brun, Jelliffe, Gray und Dorer nicht behandelt wurden.

7 R. Brun, 1936.
8 H. Gray, 1948.
9 M. Dorer, 1932.
10 S. E. Jelliffe, 1937.
11 Einige Angaben über Freuds Lehrer finden sich in M. Dorer, 1932, sowie in S. Bernfeld, ›Sigmund Freuds frühe Theorien und die Helmholtz-Schule‹, 1944.

I. Zoologie

Freuds Bemühungen auf dem Gebiet der Zoologie führten zu einer Veröffentlichung über die Hoden des Aals.[12] Diese erste wissenschaftliche Arbeit Freuds, wenn auch seine zweite Publikation[13], bietet uns Gelegenheit, sein abfälliges Urteil über sich selbst als Zoologen unserer eigenen, unabhängig davon gewonnenen Meinung gegenüberzustellen.

Das Geschlechtsleben des gemeinen Aals hatte seit den Tagen des Aristoteles den Naturforschern Rätsel aufgegeben; 1876 schien es noch immer ungelöst, hatte doch, trotz zahlloser Versuche im Laufe der Jahrhunderte, »niemand ein reifes Lappenorgan und ein reifes Aalmännchen gesehen«[14]. Im Jahre 1874 war Dr. S. Syrski mit dem neuesten Lösungsvorschlag an die Öffentlichkeit getreten. Er hatte ein aus scharf voneinander getrennten Läppchen bestehendes Organ entdeckt und als Hoden des Aals beschrieben. Carl Claus, Direktor des Instituts für Vergleichende Anatomie an der Universität Wien, stellte dem bei ihm arbeitenden Studenten Freud die Aufgabe, Syrskis Beobachtungen zu überprüfen. (Zwar galt Claus' Hauptinteresse den Hohl- und Krustentieren, doch stand das Problem der Aale in engem Zusammenhang mit seinen früheren Untersuchungen der Zwitterbildung im Tierreich.[15]) Freud sezierte etwa vierhundert Aale und fand in vielen das von Syrski beschriebene Organ. In mikroskopischer Analyse ermittelte er die histologische Struktur des Organs. Danach konnte es sich tatsächlich um eine unreife Form von Hoden handeln; aber Freud konnte keinen positiven Beweis dafür finden.[16]

Die Studie ist also ohne Beweiskraft. Zwar ist sie in präzisem und lebendigem Stil geschrieben, durchaus selbstbewußt, mitunter sogar keck, doch ist ihr Inhalt weder aufregend noch sonderlich brillant. Gleichwohl begründet sie mitnichten Freuds Fest-

12 Freud, 1877*b*.

13 [Vorher erschien die weiter unten erwähnte Arbeit über das Petromyzon (Freud, 1877*a*); die dafür erforderlichen Untersuchungen hatten aber später begonnen als die Aalstudien.]

14 [Freud, 1877*b*, S. 429.]

15 Angaben über Claus aus *Botanik und Zoologie in Österreich in den Jahren 1850–1900*, Wien 1901 [A. Handlirsch und R. Wettstein, Red.] und L. Eisenberg, 1893; ferner aus Claus' Schriften.

16 Freud, 1877*b*.

stellung, »daß Eigenheit und Enge meiner Begabungen mir in mehreren wissenschaftlichen Fächern, auf die ich mich in jugendlichem Übereifer gestürzt hatte, jeden Erfolg versagten. Ich lernte so die Wahrheit der Mahnung Mephistos erkennen:

Vergebens, daß ihr ringsum wissenschaftlich schweift,
Ein jeder lernt nur, was er lernen kann.«[17]

Offenbar schätzte Claus den jungen Wissenschaftler. Im Herbst 1873 war Claus aus Göttingen in der Absicht und mit dem Auftrag nach Wien gekommen, den zoologischen Fachbereich zu modernisieren. Eines seiner Lieblingsprojekte war die Errichtung eines Meereslaboratoriums, und 1874 eröffnete er die Zoologische Station in Triest, laut der patriotischen offiziellen Geschichte von *Botanik und Zoologie in Österreich*, eine der hervorragendsten Institutionen ihrer Art in der Welt. Claus hatte ausreichende Geldmittel zur Verfügung, um zweimal im Jahr Studenten für mehrere Wochen zum Studienaufenthalt nach Triest zu schicken. Zu einer frühen Gruppe, die im März 1876 nach Triest reiste, gehörte auch Freud. Eine solche Reise an die adriatische Küste auf Kosten der Fakultät war gewiß etwas sehr Begehrtes, und die Nominierung galt als Belohnung und Auszeichnung. Tatsächlich erinnert Anna Freud Bernays, mehr als ein halbes Jahrhundert danach, dieses Stipendium als bedeutsames Ereignis im Leben ihres Bruders Sigmund.[18]

Im September desselben Jahres erneuerte Claus Freuds Stipendium. Er ließ für ihn die erforderlichen größeren Aale beschaffen, die es nur in den Monaten zwischen Oktober und Januar gab. Bereits am 15. März 1877 reichte Claus Freuds Arbeit bei der Kaiserlichen Akademie der Wissenschaften ein und sorgte für ihre Veröffentlichung in der Aprilausgabe ihrer Sitzungsberichte. Gewiß hätte er gerne verkünden mögen, in seinem Institut sei das alte Problem der Aal-Fortpflanzung endgültig gelöst worden. Aber er wußte sehr wohl, daß wissenschaftlicher Fortschritt sich nur schrittweise vollzieht, in der langsamen Aufeinanderfolge eben solch unentschiedener, wenig aufregender kleiner Publikationen. Nichts deutet darauf hin, daß er mit der Arbeit seines Schülers unzufrieden gewesen wäre.

Tatsächlich ist Syrskis Behauptung wenig später bestätigt wor-

17 Freud, 1925*d*, S. 35.
18 A. Bernays, 1940.

den: die von ihm entdeckten Lappenorgane erwiesen sich wirklich als die Hoden des Aals. Freuds Arbeit war die erste einer Reihe von Studien, durch welche nach und nach die Beweise zusammengetragen wurde.[19] Doch hat dies nichts an Freuds geringschätziger Meinung über seine erste wissenschaftliche Untersuchung geändert. Zwanzig Jahre danach hat er in der Hoffnung auf Beförderung zum Extraordinarius eine Aufstellung seiner damals insgesamt achtunddreißig Publikationen privat drucken lassen, um seine wissenschaftlichen Verdienste deutlich zu machen.[20] Zwar sind die Zusammenfassungen, die er darin von den einzelnen Arbeiten gibt, knapp, nie übertrieben, gelegentlich eher untertrieben, aber sie vermitteln doch ein klares Bild von den jeweiligen Ergebnissen, neuen Funden oder neuen Gesichtspunkten. Zu seiner ersten Arbeit bemerkt er: »Dr. Syrski hatte kurz vorher in einem paarigen, lappenartig eingekerbten Organ in der Bauchhöhle des Aals die lange gesuchten männlichen Geschlechtsorgane des Tieres erkannt. Auf Anregung des Prof. Claus untersuchte ich in der zoologischen Station zu Triest das Vorkommen und die gewebliche Zusammensetzung dieser Lappenorgane.«[21]

Das ist nicht bloß eine bescheidene Untertreibung. Handelte es sich um das von einem Kollegen verfaßte Kurzreferat seiner Arbeit, so hätte sich der Autor zu Recht über böswillige Verfälschung beklagen können. In der Zwischenzeit dürfte Freud erfahren haben, daß Syrskis Entdeckung von den Zoologen bestätigt worden war, und zwar u. a. dank seiner eigenen Voruntersuchung. Seine kurze Zusammenfassung aber läßt im Leser den Eindruck entstehen, Syrskis Funde seien *vor* Freuds Studien bewiesen worden; unter dieser Voraussetzung erschiene die Arbeit in der Tat gänzlich überflüssig, zweck- und ergebnislos, wofür dann allerdings Claus verantwortlich wäre. (Diese Kurzfassung ist, wohlgemerkt, die einzige, in der Freud den Namen des Lehrers erwähnt, der die Studie angeregt hat.)

Die Verwerfung der eigenen zoologischen Bemühungen, die der Student so vehement vertrat und die Freud selbst als alter Mann

19 *Dean's Bibliography of Fishes*, Bd. 3, S. 639, 1923. Persönliche Mitteilung von Earl S. Herald, Kurator der California Academy of Sciences.

20 Freud, 1897*b*.

21 AaO, S. 463.

nie korrigiert hat – erscheint noch verwunderlicher, wenn man bedenkt, daß sich die Institute von Claus und Brücke in Methode, allgemeiner Zielsetzung und wissenschaftlicher Gesinnung durchaus glichen. Die Untersuchungen auf dem Gebiet der vergleichenden Anatomie des Nervensystems, die Freud unter Brücke durchführte und mit denen er selbst zufrieden war, unterschieden sich nur im Thema von seinen zoologischen Forschungen.

War ihm der Untersuchungsgegenstand so widerwärtig, daß er sich außerstande sah, unbefangen damit umzugehen? Die siebziger Jahre des neunzehnten Jahrhunderts waren prüde und bigott, die moralischen Maßstäbe der Familie Freud strikt viktorianisch; Freud stand mit voller Überzeugung hinter ihnen. Noch im hohen Alter beklagte sich seine Schwester, daß er ihr verboten habe, so unsittliche Autoren wie Balzac und Dumas zu lesen.[22] Oder ist es einfach eine jener seltsamen Koinzidenzen, daß der Entdecker des Kastrationskomplexes seine allererste Arbeit über die nicht auffindbaren Hoden des Aals verfaßte und fast zwanzig Jahre verstreichen ließ, ehe er wieder einen wissenschaftlichen Gedanken auf die Sexualität verwandte?

Oder waren vielleicht der Lehrer Claus und die Atmosphäre an seinem Institut die Ursache von Freuds Unbehagen? Von Brückes Institut sagte er: »Im physiologischen Laboratorium ... fand ich ... die Personen, die ich respektieren und zu Vorbildern nehmen konnte«[23], womit er unzweideutig zu verstehen gibt, daß ihm in den Jahren davor die Voraussetzungen, sich selbst zu finden und seine Fähigkeiten zu entfalten, gefehlt hätten. Claus war ein hochangesehener Wissenschaftler. Adam Sedgwick schreibt in seiner englischen Übersetzung von Claus' *Zoologie*, das Werk sei damals das führende zoologische Lehrbuch gewesen. Offenbar war Claus ein sehr anregender Lehrer – ehrgeizig, darauf versessen und befähigt, seine Schüler zum Nacheifern anzustacheln. Wie Brücke war er Darwinist, ein gewissenhafter Arbeiter und glühender Physikalist; enger und von geringerer wissenschaftlicher Statur als Brücke, war er doch nicht eng oder gar unbedeutend. Die tieferen Gründe für Verehrung und Zuneigung lassen sich natürlich nicht erhellen, zumal wenn wir

22 A. Bernays, aaO.
23 Freud, 1925*d* [S. 35].

denjenigen, um dessen Präferenzen es geht, nicht mehr zur Mitarbeit an einer psychoanalytischen Untersuchung bewegen können. Aber wir können immerhin über einen bestimmten Sachverhalt nachdenken, auch wenn dessen Gewicht schwer einzuschätzen ist:
Brücke war rund vierzig Jahre älter als Freud, während Claus seine einflußreiche Position schon als vergleichsweise junger Mann bezogen hatte, er war nur zwanzig Jahre älter. Brücke gehörte also zur Generation von Freuds Vater, Claus hatte etwa das Alter seines Halbbruders. Das sind unwichtige Daten, die eines Menschen Erfolg oder Mißerfolg auf einem bestimmten Betätigungsfeld nicht beeinflussen sollten. Sie sollten es nicht, gewiß – aber sie tun es doch, beim Durchschnittsstudenten wie beim Hochbegabten. Aus Freuds Selbstanalyse wissen wir, daß er in der Kindheit in Freiberg seine ganze Liebe, Bewunderung und Zuversicht auf den Vater richtete, alle Zweifel, rebellischen und feindseligen Strebungen aber auf den Halbbruder verschob, freilich ohne jemals aufzuhören, auch ihn zu lieben.[24] Als junger Mann konnte Freud Führung und Kritik vom alten Brücke, »der größten Autorität, die je auf mich gewirkt hat«[25], relativ konfliktfrei annehmen, so wie er in jenen frühen Freiberger Kindertagen ehrfürchtig zum Vater aufgeschaut hatte. Für den jüngeren Claus mag er dagegen dieselbe Gefühlsmischung aus Liebe und Feindseligkeit, Respekt und Argwohn empfunden haben, die einst seine Beziehung zum Halbbruder gefärbt hatte. Einerseits versucht, gegen ihn aufzubegehren und mit ihm zu rivalisieren, andererseits gehemmt durch den Wunsch nach Belehrung und durch eine echte Wertschätzung der bedeutenden Gedanken und Leistungen des Lehrers, befand er sich in einer prekären Lage, durch Zweifel und ständiges Vergleicheziehen irritiert. Diese Unruhe stand in genauem Gegensatz zum inneren Frieden, in dem er später unter einer Autorität, die er nicht anzufechten brauchte, lernen und sein Selbstwertgefühl festigen konnte. Wie man sich in noch späteren Jahren von einer solchen Autorität allmählich lösen und die volle Selbständigkeit erlangen kann, ist dann eine Schwierigkeit, die schon manches Talent

24 S. Bernfeld und S. Cassirer Bernfeld, 1944 [vgl. auch S. Cassirer Bernfeld, 1951].
25 [Freud, 1927*a*, S. 290.]

zerstört oder verbogen hat – nicht so dasjenige Freuds. Doch war Freud im Jahre 1876, als er von der Zoologie zur Physiologie überwechselte, noch sechs Jahre von dieser kritischen Phase entfernt.

II. Histologie der Nervenzelle

In Wien wurde in den siebziger Jahren von jedem Medizin-Studenten erwartet, daß er die Vorlesungen Ernst von Brückes über Physiologie und Höhere Anatomie besuchte, auch sollte er zumindest ein Semester am Brückeschen Physiologischen Institut gearbeitet haben. Freud scherte sich wenig um solche Forderungen, aber auf der Suche nach einem Lehrer und einem Arbeitsgebiet, auf dem er seine Ambitionen erproben konnte, versuchte er es auch mit Brücke; er blieb sechs Jahre bei ihm »haften«, wie er es einmal ausgedrückt hat.[26] In diesem Institut arbeitete er nicht nur zu Brückes und seiner eigenen vollen Zufriedenheit – was er dort mitbekam, war darüber hinaus von so weittragender Bedeutung für ihn, daß er in seinen autobiographischen Äußerungen diese Zeit uneingeschränkt die »glücklichsten Stunden« nannte, die er »als Schüler verbracht«[27]. Die Gründe für dieses Lob kennen wir nicht. Aber wir können mit Bestimmtheit sagen, daß Freud in diesen sechs Jahren jene Eigenschaften erwarb bzw. zur vollen Entfaltung brachte, die ihn von nun an als Wissenschaftler kennzeichnen sollten.

Es wurde nachgewiesen, daß die Grundlagen sowie viele Einzelheiten von Freuds Konzepten und Theorien ihre Wurzeln im Brückeschen Institut haben, daß sie in gewissem Umfang Umformungen jener Ideen und Methoden darstellen, die Freud damals gelernt hat.[28] Dies läßt es als gerechtfertigt erscheinen, auf den folgenden Seiten ausführlich die Umstände zu schildern, unter denen Freud damals arbeitete, mögen auch seine in dieser Periode veröffentlichten Schriften, für sich genommen, vielleicht eine so breite Erörterung nicht verdienen.

Das Physiologische Institut war im zweiten Stock und im Keller-

26 [AaO.]
27 [Freud, 1900*a*, S. 212.]
28 Vgl. S. Bernfeld, 1944.

geschoß einer dunklen, muffigen Gewehrfabrik notdürftig untergebracht.[29] Es bestand aus einem großen Hörsaal und zwei Räumen mit je zwei Fenstern; einer der Räume war Brückes Arbeitszimmer. Die Mikroskope der Anfänger waren im Auditorium aufgestellt. Daneben gab es noch ein paar kleine Zellen, einige davon überhaupt ohne Tageslicht, die als elektrophysiologische, chemische und optische Laboratorien dienten. Im zweiten Stock grenzten einige dieser Räumchen direkt an den Hörsaal und an Brückes Arbeitszimmer an. Andere lagen im Kellergeschoß. Die Tiere wurden in einem Schuppen im Hof gehalten. Es gab weder Gas noch Wasser. Wollte man etwas anwärmen, so hatte dies über einer Spiritusflamme zu geschehen, und das Wasser mußte aus einem im Hof stehenden Brunnen heraufgebracht werden. Dies war die Aufgabe des Hausmeisters, der jeden Morgen einen Eimer voll in den zweiten Stock hinaufschleppte und im großen Raum abstellte, in dem er gleichzeitig als Mechaniker Dienst tat und den er mit Brückes beiden Assistenten, den Professoren Fleischl und Exner, sowie deren Famuli teilte. Nichtsdestotrotz war dieses Institut dank der Zahl und Erlesenheit seiner ausländischen Besucher und Studenten der Stolz der medizinischen Fakultät.

Tatsächlich spielte Brückes Institut in jener bedeutsamen wissenschaftlichen Bewegung eine wichtige Rolle, die am besten unter der Bezeichnung Helmholtz-Schule der Medizin bekannt ist. Die erstaunliche Geschichte dieser wissenschaftlichen Schule begann in den frühen vierziger Jahren mit der Freundschaft zwischen Emil Du Bois-Reymond (1818-1896) und Ernst von Brücke (1819-1892), zu der wenig später Hermann von Helmholtz (1821-1894) und Carl Ludwig (1816-1895) stießen. Von Anfang an war diese Gruppe von einem wahren Kreuzzugsgeist beseelt. 1842 schrieb Du Bois: »Brücke und ich, wir haben uns verschworen, die Wahrheit geltend zu machen, daß im Organismus keine anderen Kräfte wirksam sind, als die gemeinen physikalisch-chemischen; daß, wo diese bislang nicht zur Erklärung ausreichen, mittels der physikalisch-mathematischen Methode entweder nach ihrer Art und Weise der Wirksamkeit im konkreten Fall gesucht werden muß, oder daß neue Kräfte an-

29 Die Angaben über Brücke und das Physiologische Institut sind Brückes Schriften sowie den in S. Bernfeld, 1944, angegebenen Quellen entnommen.

genommen werden müssen, welche, von gleicher Dignität mit den physikalisch-chemischen, der Materie inhärent, stets auf nur abstoßende oder anziehende Componenten zurückzuführen sind.«[30]

Diese Männer bildeten einen kleinen Privatklub, den sie 1845 zur ›Berliner Physikalischen Gesellschaft‹ erweiterten. Die meisten Mitglieder waren junge Schüler von Johannes Müller, Physiker und Physiologen, vereint in der Idee, ein für allemal dem Vitalismus, der Grundüberzeugung ihres verehrten Meisters, den Garaus zu machen. Seltsamerweise nahm Johannes Müller ihnen dies nicht übel. Am 23. Juli 1847 hielt Helmholtz auf der Tagung der Gesellschaft einen Vortrag über das Prinzip der Energieerhaltung – in der bescheidenen Absicht, der neuen Physiologie ein solides Fundament zu geben. Ungeahnt begann hier der Aufstieg eines der führenden Physiker des Jahrhunderts. Du Bois, Brücke, Helmholtz und Ludwig blieben lebenslang Freunde. Im Laufe von rund fünfundzwanzig Jahren errangen sie die völlige Vorherrschaft über das Denken der deutschen Physiologen und Mediziner; sie haben der Wissenschaft überall entscheidende Impulse gegeben und einige der alten Rätsel ein für allemal gelöst. Was den Vitalismus angeht, so lebten sie freilich lange genug, um 1890 Zeugen seines Wiederaufstiegs zu werden. In den siebziger Jahren jedoch übten sie selbst wie auch die von ihnen vertretene Physiologie noch eine nirgends in Frage gestellte Autorität aus.

Brücke, den man in Berlin »unseren Gesandten im Fernen Osten« nannte, hielt sich in seinen Wiener Vorlesungen stets genau an seine ausgearbeiteten Notizen. Diese veröffentlichte er 1874 als *Vorlesungen über Physiologie*. Die ersten vierzig Seiten enthalten die Essenz jener Grundgedanken physikalistischer Physiologie, die den Studenten Freud fesselten.

Kurz zusammengefaßt, sind es die folgenden: Physiologie ist die Lehre von den Organismen als Organismen. Organismen unterscheiden sich von leblosen materiellen Ganzen – Maschinen, die sich in Tätigkeit befinden – durch das Assimilationsvermögen, beide jedoch sind Phänomene der physikalischen Welt; Systeme

30 [E. Du Bois-Reymond, 1918, S. 108]. Dieser Absatz – das gilt auch für die drei folgenden – ist, mit kleinen Veränderungen, aus S. Bernfeld, 1944 [im vorliegenden Band S. 62 ff., oben], übernommen.

von Atomen, von Kräften bewegt nach dem von Helmholtz formulierten Gesetz von der Erhaltung der Kraft: die Summe der Kräfte (»sogenannten Spannkräfte« und »sogenannten lebendigen Kräfte«) bleibt in jedem isolierten System konstant. Die reellen Ursachen werden in der Wissenschaft durch das Wort »Kraft« symbolisiert. Je weniger wir über sie wissen, desto mehr verschiedene Arten von Kräften unterscheiden wir: mechanische, elektrische, magnetische Kräfte, Licht, Wärme. Der Fortschritt der Erkenntnis hat sie auf zwei reduziert – Anziehung und Abstoßung. Dies gilt auch für den Organismus Mensch. Im Gegensatz zu Descartes können wir nicht glauben, daß die fortwährenden Veränderungen, die wir erleben und die unserem Ich widerfahren, nicht Folgen äußerer Ursachen sein sollen. Brücke wendet sich dann einer ausführlichen, zweibändigen Darstellung dessen zu, was man damals über Umsetzung und Wechselspiel physikalischer Kräfte im lebenden Organismus wußte. Ich wüßte nicht, wie sich Geist und Inhalt von Brückes Vorlesungen besser als mit jenen Worten charakterisieren ließen, die Freud 1926 zur Kennzeichnung des dynamischen Gesichtspunkts seiner Lehre benutzte: die Psychoanalyse führe alle psychischen Vorgänge »auf das Spiel von Kräften zurück, die einander fördern oder hemmen, sich miteinander verbinden, zu Kompromissen zusammentreten usw.«.[31]

Mit dem dynamischen Aspekt der Brückeschen Physiologie war aufs engste ihre evolutionistische Ausrichtung verbunden. Der Organismus ist Teil des physikalischen Universums, aber die organismische Welt bildet für sich selbst eine Familie. Deren offenkundige Vielgestaltigkeit ist das Ergebnis auseinanderlaufender Entwicklungslinien, die einst von mikroskopisch kleinen einzelligen »Elementarorganismen« ihren Ausgang genommen haben. Zur Familie gehören Pflanzen, niedere wie höhere Tiere und schließlich auch die Spezies Mensch von ihren Anfängen im Hordenleben der Anthropoiden bis zu den Höhen der gegenwärtigen westlichen Kultur. In dieser Evolution des Lebens sind nicht Geister, Wesenheiten oder Entelechien, nicht oberste Pläne und letzte Zwecke am Werk. Es sind einzig physikalische Energien, die – irgendwie – Wirkungen ausüben. Darwin hatte gezeigt,

31 [Freud, 1926*f*, S. 301.]

daß Hoffnung bestehe, in absehbarer Zukunft gewisse konkrete Einsichten in das »Wie« der Evolution zu gewinnen. Begeisterte Anhänger waren sogar davon überzeugt, Darwin selbst habe bereits mehr als das gezeigt, eigentlich schon das ganze Geheimnis gelüftet. Während Skeptiker und Enthusiasten noch miteinander stritten, machten sich tatkräftige Forscher an die Arbeit, setzten Organismen-Stammbäume zusammen, schlossen Lücken, ordneten taxonomische Systeme für Pflanzen und Tiere gemäß genetischer Verwandtschaften, entdeckten Transformationsreihen und wiesen hinter der manifesten Vielgestaltigkeit Homologien nach.

Diese Physiologie entsprach einem allgemeinen Trend der westlichen Welt. Langsam, aber kontinuierlich hatte er sich während der zwei bis drei vorhergehenden Jahrhunderte überall bemerkbar gemacht, seit Ende des achtzehnten Jahrhunderts stetig an Schwung gewonnen und sich endlich seit den dreißiger Jahren mit zunehmender Geschwindigkeit und immer größerem Wirkungsradius ausgebreitet. In Deutschland wurde dieser Trend besonders nachdrücklich und affektbetont vertreten. Denn hier, wo er schwächer war als in England und Frankreich, war die Entwicklung zwischen 1794 und 1830 (also zwischen der großen und der kleinen Französischen Revolution) durch die Ära der *Naturphilosophie* unterbrochen worden.[32]

»Naturphilosophie« ist die Bezeichnung für jenen pantheistischen, dem Mystizismus nahen Monismus, der, von Schelling gelehrt und von einem Heer von Schreibern nachgebetet, weiterentwickelt und abgewandelt, damals von jedem Durchschnittsgebildeten wie auch von den Damen der literarischen Zirkel begierig aufgegriffen wurde. Das Universum, die Natur, ist ein einziger großer Organismus; letzthin bestehend aus Kräften, Bewegungen, Produkten, Erscheinungen – all dies –, zusammengespannt in beständig fortdauerndem Gegensatz; Verstand, Bewußtsein, Geist sind bloß Widerschein, Emanation jenes unbewußten Aufruhrs. Solche Ideen sind schon früher geäußert worden und traten auch später wieder auf; einige wissenschaftliche Theorien des neunzehnten Jahrhunderts wie auch unserer eigenen Zeit haben hier ihre Wurzeln. Aber weder diese Ideen noch

32 Dieser Absatz und die beiden folgenden sind, mit kleinen Veränderungen, aus S. Bernfeld, 1944, übernommen. [S. oben, S. 68 f.]

die sie einhüllende romantische Stimmung sind das eigentlich Besondere der Bewegung; sie sind Teil eines allgemeinen europäischen Trends. Was die deutsche Naturphilosophie kennzeichnet, sind vielmehr die Sehnsucht, die sich in der Bezeichnung »spekulative Physik« zu erkennen gibt (so hat Schelling seine Bestrebungen genannt), sowie der megalomane Gefühlsüberschwang in Phantasie und Stil der betreffenden Autoren. Fechner pries die großartige Kühnheit Okens, eines prominenten Vertreters dieser Richtung, wohingegen ein nüchterner englischer Historiker meint: »Sie zeigen Neigungen, die dem Gang des europäischen Denkens doch fremd sind, und erinnern an die diffuse Vagheit des Ostens und deren Spiegelbild im halborientalischen Alexandria.«

Die physikalistische Physiologie hat, wenngleich nicht allein, die Naturphilosophie entthront und ihren Platz eingenommen. Aber wie so oft hatte der Eroberer die Verzücktheit des Opfers introjiziert. »Einheit der Wissenschaft«, »Naturwissenschaft«, »physikalische Kräfte« – dies waren nicht nur Leitgedanken oder Hypothesen für wissenschaftliches Arbeiten; sie wurden zu so etwas wie Kultgegenständen. Es ging nicht nur um Forschungsmethoden, sondern um Weltanschauung. Die Intensität dieser Stimmung war von Wissenschaftler zu Wissenschaftler, von Ort zu Ort verschieden. In Berlin, bei Du Bois-Reymond, erreichte sie ihre größte Dichte, seltsam vermengt mit preußischem Nationalismus. In Österreich dagegen hatte die Naturphilosophie nie recht Fuß fassen können, so war denn auch der Physiologie-Fanatismus in Wien, bei Brücke, vergleichsweise wenig ausgeprägt. Aber es gab ihn doch.

Brückes Veröffentlichungen umfassen eine lange Zeitspanne und eine große Themenvielfalt. Sie beginnen im Jahre 1841 mit der Physiologie der stereoskopischen Erscheinungen und enden 1892 mit einem Pamphlet über die Frage ›Wie behütet man Leben und Gesundheit seiner Kinder?‹. Unter ihnen finden sich klassische Werke zu Forschungen über die Bewegung der Mimose, den Farbwechsel bei den Chamäleonen, die Struktur der »Elementarorganismen«, die Biochemie des Urins; doch ist der Großteil – über hundertzwanzig Bücher und Artikel – nur von mehr oder weniger vorübergehender Bedeutung. Er selbst pflegte zu sagen, eine wissenschaftliche Wahrheit überdauere höchstens fünf Jahre. Unter seinen Arbeiten sind viele, die, nach Maßgabe physikalistischer Physiologie, psychologische und sozialpsychologische Fragestellungen behandeln: Sehen, Hören, Sprache, Dichtung und bildende Kunst. Die folgende Aufstellung von Schriften aus den sechs Jahren, mit denen wir es hier zu tun haben, kann nur einen blassen Eindruck von Brückes Vielseitigkeit vermitteln:

1. ›Über die Quellen des Ammoniaks im destillierten Wasser‹ (1876);
2. ›Vorschläge in bezug auf die Verbesserung schlechten oder verdächtigen Trinkwassers durch Kochen‹ (1876);
3. ›Über das Absorptionsspektrum des übermangansauren Kali und seine Benützung bei chemisch-analytischen Arbeiten‹ (1876);
4. ›Beiträge zur chemischen Statistik‹ (1877);
5. ›Bruchstück aus der Theorie der bildenden Künste‹ (1877);
6. ›Über willkürliche und krampfhafte Bewegungen‹ (1877);
7. ›Das Schistoskop‹ (1877);
8. ›Über einige Empfindungen im Gebiete der Sehnerven‹ (1878);
9. ›Über den Zusammenhang zwischen der freiwilligen Emulgierung der Öle und dem Entstehen sogenannter Myelinformen‹ (1879);
10. ›Über einige Konsequenzen der Young-Helmholtzschen Theorie‹ (1879);
11. ›Über die Notwendigkeit der Gymnasialbildung für die Ärzte‹ (1879);
12. ›Zur Versbetonung‹ (1879);
13. ›Über eine durch Kaliumhypermanganat aus Hühnereiweiß erhaltene stickstoff- und schwefelhaltige, unkristallisierbare Säure‹ (1881);
14. ›Nachtrag zu der am 7. Jänner gemachten Mitteilung über eine durch Oxydation von Eiweiß erhaltene unkristallisierbare Säure‹ (1881);
15. ›Die Darstellung der Bewegung durch die bildenden Künste‹ (1881).

Brücke schätzte es, wenn ein Student eigene Pläne und Projekte verfolgte, aber er war auch jederzeit bereit, für jene Anfänger, die noch zu schüchtern oder in ihrer Interessensrichtung zu vage waren, ein Thema zu formulieren. Freud gehörte zur zweiten Kategorie, als er 1876, wahrscheinlich im Herbst nach der Rückkehr von seinem zweiten Triest-Aufenthalt, als Famulus in das Institut eintrat. Brücke setzte ihn hinter das Mikroskop zwecks Studien über die Histologie der Nervenzellen. Dieses Thema gehörte in den Bereich von Brückes lebhaftem Interesse an »Psychologie«.

Ein paar Jahre später schrieb Freud über die damalige Situation auf diesem Forschungsfeld: »Sehr bald, nachdem Nervenzelle und Nervenfaser als die wesentlichen Bestandteile des Nervensystems erkannt worden waren, begannen die Bemühungen, die feinere Struktur dieser beiden Elemente aufzuklären, wobei die Hoffnung von Einfluß war, aus der erkannten Struktur Schlüsse auf die physiologische Dignität derselben ziehen zu können. Es ist bekanntlich nicht gelungen, nach einer dieser beiden Richtungen befriedigenden Aufschluß und Einigung zu erzielen: dem einen Autor gilt die Nervenzelle als körnig, dem anderen als fibrillär; die Nervenfaser oder deren wesentlicher Bestandteil, der Achsenzylinder, dem einen als ein Fibrillenbündel, dem andern als eine Flüssigkeitssäule, und dementsprechend wird die Nervenzelle hier als der eigentliche Herd der Nerventätigkeit gewürdigt, dort zur Bedeutung eines Kernes der Schwannschen Scheide degradiert.«[33]

Mit dem Problem der Struktur der nervösen Elemente hängt die interessante Frage zusammen, ob das Nervensystem der höheren Tiere, zumindest dasjenige der Wirbeltiere, aus Elementen zusammengesetzt sei, die sich von denen des Nervensystems der niederen Tiere unterscheiden, oder ob man sich die einfachen und komplizierten Systeme aus den nämlichen Elementen aufgebaut vorstellen muß. Über diese Frage wurde damals heftig diskutiert. Insbesondere erregten ihre philosophischen und theologischen Implikationen die Gemüter. Waren Intelligenz- und Bewußtseinsunterschiede zwischen höheren und niederen Tieren nur eine Frage des Komplexitätsgrades? Hebt sich der menschliche Geist vom »Bewußtsein« irgendeiner Molluske nicht prinzipiell ab, sondern nur gemäß der für beide charakteristischen Anzahl der Nervenzellen und der Komplexität ihrer jeweiligen

33 Freud, 1884*f* [S. 221].

Fasern? Wissenschaftler suchten Antworten auf solche Fragen in der Hoffnung, auf diese oder jene Weise gleichzeitig definitiven Aufschluß über das Wesen des Menschen, die Existenz Gottes und den Sinn des Lebens zu erhalten.

In dieses weite und aufregende Forschungsgebiet gehörte auch die durchaus bescheidene Aufgabe, die Brücke Freud gestellt hatte. Im Rückenmark von Ammocoetes (Petromyzon), eines zur Gattung der primitiven Cyclostomatae gehörenden Fisches, hatte Reissner eine besondere Art großer Zellen entdeckt. Die Frage nach der Beschaffenheit dieser Zellen und ihrer Verbindung mit dem Rückenmarkssystem hatte eine Reihe bislang erfolgloser Untersuchungen ausgelöst. Brücke ging es um die Klärung der Histologie dieser Zellen. Nach einigen Wochen gelang Freud die überraschende Entdeckung, daß die Wurzeln der Hinterzellen in einigen dieser Reissnerzellen lokalisiert waren. Zwar erklärte dieser Fund nicht die Beschaffenheit der Zellen, aber er versprach eine einfache Lösung und schaltete verschiedene in der Literatur verbreitete Hypothesen aus. Anscheinend hielt Brücke das Ergebnis für einen Anfänger für ausreichend und drängte auf Veröffentlichung. Freud tat ihm den Gefallen und formulierte eilends einen Bericht.[34] Seine Unzufriedenheit mit der unvollendeten Arbeit schimmert aber an vielen Stellen des Texts durch. In Stil und Aufbau reicht die Studie tatsächlich nicht an die Aal-Veröffentlichung und auch nicht an die folgenden Publikationen aus Freuds Studienzeit heran. Brücke legte die Mitteilung der Akademie der Wissenschaften in der Sitzung vom 4. Januar 1877 vor. Sie erschien in der Januarnummer der Sitzungsberichte.

Freud setzte seine sorgfältigen Untersuchungen der Reissnerzellen fort und publizierte im Juli des folgenden Jahres einen zweiten Bericht über das Petromyzon.[35] Hierfür stellte er eine bemerkenswert ausführliche Bibliographie zusammen – achtzehn Seiten des Berichts befassen sich allein mit der Literatur. Diese gewissenhafte Durchsicht des bereits Erschienenen wirkte sich hinsichtlich der Ambitionen des jungen Wissenschaftlers freilich ernüchternd aus: »Ich muß mich [...] anklagen, daß ich mich mit Unrecht für den ersten gehalten habe, der den Ursprung

34 Freud, 1877*a*.
35 Freud, 1878*a*.

hinterer Wurzelfasern aus Zellen bei Petromyzon nach direkten und unzweifelhaften Beobachtungen beschrieben hat. Kurz nach Veröffentlichung meiner zitierten Abhandlung fand ich in den Referaten aus der russischen Literatur von Stieda einen Auszug einer Abhandlung von Kutschin, welche wichtige Mitteilungen über den Ursprung der hinteren Wurzelfasern machte. Durch die Güte des Herrn Prof. Stieda in Dorpat, der mir auf Ansuchen die in russischer Sprache geschriebene Abhandlung einsandte, konnte ich die Abbildungen Kutschins prüfen und überzeugte mich, daß Kutschin den Ursprung hinterer Wurzelfasern aus Hinterzellen schon 1863 in beweisenden Präparaten gesehen hatte. Ich kann zu meiner Entschuldigung nur anführen, daß Kutschins Angaben – vielleicht weil seine Abbildungen den deutschen Histologen nicht zugänglich waren – allgemein vernachlässigt wurden.«[36] War es also nicht doch ein Fehler von Brücke gewesen, auf die Veröffentlichung der vorläufigen Mitteilung zu drängen?

Mittels einer Verbesserung der Präpariertechnik konnte Freud definitiv feststellen, daß es sich bei den Reissnerzellen um nichts anderes als Spinalganglienzellen handelt. »Wenn [...] die Spinalganglien sich durch Verlängerung ihres Stiels vom Rückenmark entfernt haben, darf es nicht Wunder nehmen, wenn bei einem Tier, das in vieler Hinsicht einen permanenten Embryo darstellt, sich zurückgebliebene Zellen vorfinden, die den Weg bezeichnen, den die Spinalganglienzellen einst gewandert sind.«[37] Oder: »Diese versprengten Zellen bezeichnen den Weg, den die Spinalganglienzellen entwicklungsgeschichtlich zurückgelegt haben.«[38] Diese Lösung des Problems war ein Sieg präziser Beobachtung und genetischer Deutung – eine jener zahllosen unscheinbaren Errungenschaften, die in der wissenschaftlichen Welt schließlich die Überzeugung von der evolutionären Einheit aller Organismen befestigten.

Aber Freud gelang am Petromyzon sogar eine große Entdekkung: »Die Spinalganglienzellen der Fische waren seit langem als *bipolar* erkannt, jene der höheren Tiere galten als unipo-

36 [AaO, S. 133.]
37 Freud, 1878*a* [S. 139].
38 Freud, 1897b [S. 464].

lar.«[39] Diese Kluft zwischen den höheren und niederen Tieren hat Freud geschlossen: Die Nervenzellen des Petromyzon »zeigen alle Übergänge von der Bipolarität zur Unipolarität mit T-förmiger-Faserverteilung«[40]. Ohne Zweifel steht diese Arbeit nach Inhalt, Darstellungsweise und Bedeutung weit über Anfängerniveau. Brücke legte sie am 18. Juli 1878 der Akademie vor, und sie erschien, sechsundachtzig Seiten lang, in den Sitzungsberichten des darauffolgenden Monats.

Auch Freuds nächste Untersuchung, deren Gegenstand er selbst bestimmt hatte und mit der er sich in den Sommermonaten der Jahre 1879 und 1881 befaßte, war auf das nämliche allgemeine Problem gerichtet. Diesmal ging es um die Nervenzellen des Flußkrebses. Er untersuchte das Gewebe »lebensfrisch«[41] unter dem Mikroskop, eine damals noch wenig entwickelte, schwierige Technik, die selten angewandt wurde. Er gelangte zu dem eindeutigen Befund, daß die Nervenzellen durchweg fibrilläre Struktur haben. Ferner erkannte er, daß sie aus zwei Substanzen bestehen, von denen die eine netzförmig angeordnet ist und sich in die Fibrillen der Nervenfasern fortsetzt. Diese Arbeit[42], die Freud der Akademie der Wissenschaften auf der Sitzung vom 15. Dezember 1881 selbst einreichte und die in den Sitzungsberichten vom Januar 1882 veröffentlicht wurde, besticht durch Wahl der Methode, äußerste Sorgfalt bei der Durchführung, Behutsamkeit der Argumentation, sichere Formulierung des Kernproblems ebenso wie durch genaue, definitive und bedeutsame Resultate.

Mit dieser Studie und den beiden vorausgegangenen hatte Freud dazu beigetragen, der Neuronentheorie den Weg zu ebnen. Man kann getrost noch ein wenig weitergehen und mit Brun[43] und Jelliffe[44] behaupten, Freud habe früh und klar erkannt, daß Nervenzellen und Fibrillen eine morphologische und physiologische Einheit bilden – später Neuron genannt. In seinen Untersuchungsberichten beschränkte er sich indessen strikt auf den anatomischen Aspekt, obgleich er deutlich zu verstehen gibt, daß

39 [AaO.]
40 [AaO.]
41 [AaO, S. 465.]
42 Freud, 1882*a*.
43 R. Brun, 1936.
44 S. E. Jelliffe, 1937.

seine Forschungen in der Hoffnung durchgeführt worden seien, Einblick in das Geheimnis der Nerventätigkeit zu gewinnen. Nur einmal, in einem Vortrag über ›Die Struktur der Elemente des Nervensystems‹[45], der seine Forschungen zusammenfaßt, wagt er sich in einem Absatz in dieses Gebiet jenseits der Histologie vor: »Wenn wir die Annahme machen, daß die Fibrillen der Nervenfaser die Bedeutung von isolierten Leitungsbahnen haben, dann müssen wir sagen, *daß die im Nerven getrennten Bahnen in der Nervenzelle zusammenfließen*, dann muß uns die Nervenzelle als der ›Anfang‹ aller Nervenfasern gelten, welche anatomisch mit ihr im Zusammenhange stehen. Es würde die Grenzen, die ich mir gesteckt habe, überschreiten, wollte ich vorbringen, was derzeit für die Gültigkeit der erwähnten Annahme vorliegt; auch weiß ich, daß das vorhandene Material nicht zur Entscheidung dieser physiologisch bedeutungsvollen Frage ausreicht. Wenn sich diese Annahme beweisen ließe, kämen wir ein gutes Stück in der Physiologie der Nervenelemente weiter; wir könnten dann daran denken, daß ein Reiz von gewisser Stärke die Isolierung der Fibrillen zu durchbrechen vermag, so daß die Nervenfaser als Ganzes die Erregung leitet [...].«[46]

Etwa ein Jahr nachdem er das Brückesche Institut verlassen hatte, 1882 oder 1883, hielt Freud diesen Vortrag vor dem Psychiatrischen Verein. Er wurde Anfang 1884 in den Jahrbüchern des Vereins veröffentlicht. Hier gibt er einem größeren Publikum von Ärzten, also nicht Fachgelehrten der Neurohistologie, eine Darstellung des allgemeinen Problemzusammenhangs, von dem seine eigenen hochspezialisierten Forschungen ausgegangen waren. Er behandelt seine Methoden und Befunde ausführlich und deutet in ein paar Sätzen die weiten Perspektiven an, welche sich durch seine Ergebnisse eröffneten. Hier begegnen wir bereits jener Behutsamkeit und Souveränität, jenem besonderen Argumentationsstil, welche die zahlreichen populären Erläuterungen der Psychoanalyse auszeichnen, die Freud später für Leser verfaßt hat, bei denen er keine Fachkenntnisse bezüglich Ziel, Methoden und Praxis der Psychoanalyse voraussetzen konnte. Diese erste Vorlesung teilt mit ihren späteren Nachfolgern die bündige Darstellung verschlungener Tatbestände und kompli-

45 Freud, 1884*f*.
46 [AaO, S. 228 f.]

zierter Gedankengänge in einigen wenigen, einfachen, klaren Sätzen. Aber ganz im Gegensatz zu ihnen enthält die Vorlesung auch scharfe Angriffe gegen Vertreter gegenteiliger Auffassungen. Obgleich maßvoll in der Sprache, heben sich diese Passagen deutlich von Freuds bisheriger und auch seiner späteren Zurückhaltung ab.

Eines seiner Opfer ist Fleischl, sein Freund und Lehrer am Brückeschen Institut. In freundlichen Wendungen nimmt er eine Studie Fleischls über die Faserstruktur auseinander und verwirft sie; ja, er greift in polemischer Absicht sogar zu psychologischen Deutungen, wenn er Vermutungen darüber anstellt, welche Motive den Verfasser bewogen haben könnten, seine Funde falsch zu begründen. Man kann sich fragen, ob hier nicht Unzufriedenheit und Mißvergnügen über sein Ausscheiden aus dem Institut seine sonst übliche schriftstellerische Kontenance durchbrochen haben.

Wie dem auch sei, die Polemik gegen Fleischl mag uns daran erinnern, daß die Vorwegnahme der Neuronentheorie, die wir Freud zuschreiben, sich nicht selbstverständlich aus dem ergab, was er bei Brücke und seinen Mitarbeitern gelernt hatte. Zwar entsprach diese Theorie dem Geist ihrer Lehren, aber weder Brücke noch Fleischl noch wohl auch Exner und Paneth hatten zu jener Zeit ihr Nachdenken in diese Richtung gelenkt. Offenbar handelt es sich tatsächlich um ureigene Ideen Freuds. Gleichwohl müssen wir betonen, daß Freud an der eigentlichen Entwicklung der Neuronentheorie keinen Anteil hatte. Seine histologischen Arbeiten sind von einigen Neuroanatomen zur Kenntnis genommen und gelegentlich zitiert worden. Gewiß haben sie ihm den Ruf eines hoffnungsvollen jungen Mannes eingetragen, aber sie hatten schwerlich Einfluß auf den Gang von Forschungspraxis und Theorie. Seine in jener populären Vorlesung vor Psychiatern in einem kurzen Absatz zusammengedrängten physiologischen Grundgedanken sind seinerzeit höchstwahrscheinlich nicht einmal bemerkt worden. Sie bedurften eines wohlwollenden Biographen, um entdeckt zu werden.

III. Neue Methoden

Freuds Erfolg auf dem Gebiet der Histologie der Nervenzellen wurde durch eine technische Verbesserung erleichtert, wenn nicht ermöglicht, die ihm 1877, kurz nach seinem Eintritt in das Physiologische Institut, gelang. In einer kurzen ›Notiz über eine Methode zur anatomischen Präparation des Nervensystems‹ vom 26. Mai 1879 schreibt er: »Ich bediene mich der von mir modifizierten Reichertschen Mischung zur sicheren und mühelosen Präparation des zentralen und peripheren Nervensystems höherer Wirbeltiere (Maus, Kaninchen, Rind) [...]. An den Hirnnerven des Kindes habe ich das in Rede stehende Verfahren unter der freundlichen Teilnahme des Herrn Prosektors Dr. E. Zuckerkandl versucht, und wir haben gefunden, daß es insbesondere die Präparation von in Knochenkanälen verlaufenden Nerven und die Darstellung und Auflösung von Anastomosen und Geflechten wesentlich erleichtert. [...] Ich erwähne endlich noch, daß ich die modifizierte Reichertsche Mischung auch zur Darstellung solcher Gebilde (wie Schleimdrüsen, Schweißdrüsen, Pacinischen Körperchen, Haare mit ihren Wurzelscheiden und Zwiebeln usw.), welche Budge mit Salpetersäure und chlorsaurem Kali zu isolieren gelehrt hat, mit Erfolg angewendet habe.«[47]

Diese Ausführungen dokumentieren die Spannweite von Freuds damaligen Interessen, die weit über das Problem hinausreichte, an dem er seinerzeit auf Anregung Brückes arbeitete. Die neue Technik leistete ihm überdies in seiner Funktion als »Demonstrator« am Physiologischen Institut gute Dienste: als eine Art Vorlesungsassistent hatte er die Aufgabe, die anatomischen Präparate und histologischen Objektträger für die Lehrveranstaltungen Brückes und seiner Assistenten vorzubereiten.

Freuds Modifikation der Reichertschen Lösung schrieb eine Mischung aus einem Teil konzentrierter Salpetersäure, drei Teilen Wasser und einem Teil konzentriertem Glyzerin vor. Offenbar hat niemand außerhalb des Instituts dieser Erfindung besondere Beachtung geschenkt. Sie überhaupt eine Erfindung zu nennen, klingt, obgleich logisch korrekt, vielleicht gar nach

47 Freud, 1879*a* [S. 468 f.].

Vergötterung, einer Schwäche, der Biographen großer Männer allzu leicht erliegen. Für Freud war diese bescheidene Errungenschaft jedoch tatsächlich die erste Verwirklichung eines ehrgeizigen Strebens. Sechs Jahre später machte er einen zweiten Anlauf auf diesem Gebiet: »Die Histologie«, schreibt er in seiner Arbeit ›Eine neue Methode zum Studium des Faserverlaufs im Zentralnervensystem‹, »zählt so viele Methoden, die sich nur in den Händen ihrer Erfinder als brauchbar erwiesen haben, daß ich mich zur Mitteilung aller, selbst kleinlicher Vorschriften entschlossen habe, um dieser Methode ein ähnliches Schicksal zu ersparen.«[48] Im Herbst 1883 hatte Freud diese Methode entwikkelt. Damals war er bereits nicht mehr am Brückeschen Institut; er bereitete sich auf seine Niederlassung vor, nahm sich aber noch Zeit, seine Forschungen in Meynerts hirnanatomischem Institut weiterzutreiben.

Freud war von der Brauchbarkeit seiner neuen Methode der Färbung von Hirn- und Rückenmarkspräparaten mit Goldchlorid überzeugt. Er rühmt das dabei zutage tretende »Faserungsbild von größter Schärfe«[49] und seine »überraschende Deutlichkeit«[50]. Die erzielten Resultate waren denjenigen jeder anderen damals gebräuchlichen Färbmethode weit überlegen, und Freud war mit der großen Verläßlichkeit des Verfahrens zufrieden. Jetzt spricht er nicht mehr bescheiden davon, daß er es »gefunden habe«.[51] Diesmal macht er deutlich, daß er die Methode fleißig und zielstrebig, Schritt für Schritt, in vielen Experimenten entwickelt habe, die er, einem Hinweis Flechsigs folgend, unternahm; Flechsig hatte den Vorschlag 1876 veröffentlicht, selbst aber nicht erprobt.

Diesmal wollte Freud offenbar in den Genuß des Erfolgs kommen. Er veröffentlichte zunächst, wie unter Histologen üblich, eine Kurzfassung.[52] Um aber, so können wir vermuten, nicht wieder wie damals vor sechs Jahren übergangen zu werden, ließ er dieser Publikation eine siebenseitige ausführliche Darstellung[53] folgen, der auch die oben zitierten Zeilen entnommen

48 Freud, 1884*d* [S. 459 f.].
49 [AaO, S. 459.]
50 [AaO, S. 458.]
51 [Freud, 1879*a*, S. 468.]
52 Freud, 1884*b*.
53 Freud, 1884*d*.

sind. Damit noch nicht genug, schrieb er eine dritte Version, in Englisch, und veröffentlichte sie in der Zeitschrift *Brain*[54]. Seine Bemühungen trugen ihm eine gewisse Resonanz ein, jedenfalls blieb seine Erfindung nicht gänzlich unbeachtet. Der eine oder andere Wissenschaftler wandte sie an, und zumindest einer erinnerte sich ihrer noch 1888 in einer amerikanischen Fachzeitschrift.[55] Und doch war es nicht die Goldchlorid-Präparation von Nervenfasern, die als Freudsche Methode bekanntwerden sollte.

Die beiden neuen Methoden und ihr Schicksal sind nur deshalb von Bedeutung, weil sie das Bild des jungen Wissenschaftlers Freud abrunden. Es ist dies ein Bild, das dem des Erfinders der psychoanalytischen Methode bereits erstaunlich ähnelt. Für Freud ist, wie er mehrfach betont hat, die Psychoanalyse an erster Stelle eine neue Technik, durch die ein umfassender, vorher unzugänglicher Faktenbereich allererst ans Licht gebracht werden konnte. Es handelt sich um ein neues Beobachtungsinstrument, eine neue Forschungsmethode. Erst an zweiter Stelle ist die Psychoanalyse ein neuer Wissensfundus, erhoben mittels jenes neuartigen Instruments. Freuds Entdeckungen sind die gleichsam beiläufigen Resultate von Freuds Erfindung. Von seinen wissenschaftlichen Anfängen an hatte er offenbar mehr im Sinn als bloß bereits erkennbare Fakten zu sammeln und systematisch zu ordnen, gleichsam nur einige eigene Divisionen zu jener in das Dunkel, das Unbekannte vorstoßenden Wissenschaftsarmee zu entsenden. Ihn verlangte danach, diese Armee mit einer neuen Waffe auszurüsten – einer Erfindung, die mit einem Schlag die Kampfkraft magisch vervielfachen würde.

Ob diese Metaphern, die zwischen Freuds frühen Tagträumen und seiner späteren Lebensarbeit eine Verbindung herzustellen suchen, zutreffen oder bloß eine stilistische Verzierung sind, weiß ich nicht zu sagen. Aber ich möchte nachdrücklich betonen, daß Freuds anhaltendes Interesse an der Erfindung neuer Methoden, wenn auch in seinem eigenständigen Denken begründet, durchaus mit den im Brückeschen Institut herrschenden Überzeugungen sowie mit der logischen Struktur der Erfahrungswissenschaften in Einklang stand. Wissenschaftlicher Fortschritt ver-

54 Freud, 1884*c*.
55 H. S. Upson, 1888.

läuft stets von einem neuen Instrument zu einem neuen Wissensfundus. So hat beispielsweise erst die Erfindung des Mikroskops die Entfaltung der Histologie möglich gemacht. Und in der Geschichte jedes beliebigen erfahrungswissenschaftlichen Gebiets können auf lange Sicht immer nur neue Instrumente und Techniken neue Fakten zutage fördern. Von hier aus schreitet die wissenschaftliche Arbeit dann zur Bildung neuer Theorien fort: gemeint ist die Anordnung neuen und alten Erfahrungswissens in einem neuen Tatsachensystem. Und von der Theorie zweigt dann schließlich die »Spekulation« ab, d. h. das probeweise Nachdenken über Fragen und Antworten jenseits der zur Verfügung stehenden Beobachtungsmöglichkeiten. Es ist sehr selten, daß ein und derselbe Mensch in mehreren dieser verschiedenen Phasen des Forschungsprozesses Produktives leistet, und es kommt so gut wie nie vor, daß er zu allen gleichermaßen Bedeutendes beiträgt. Die Psychoanalyse ist ein Beispiel für solch ein äußerst seltenes Zusammentreffen: Freud erfand das Instrument, nutzte es für eine große Zahl von Entdeckungen, schuf die systematisierende Theorie und ging in seinen spekulativen Arbeiten kühn über das damals Erfahrbare hinaus. Es ist bemerkenswert, daß er schon in seinen zwanziger Jahren zu einem solchen enzyklopädischen Unterfangen ausholte. Sein Vortrag über ›Die Struktur der Elemente des Nervensystems‹[56], den er 1882 vor dem Psychiatrischen Verein hielt, enthält gleichermaßen eine Darstellung der neuen Technik, der neuartigen, ihr zu verdankenden Entdeckungen, der diese Funde systematisierenden Theorie sowie einige spekulative Ausblicke. Alle Freudschen Charakteristika sind vertreten – keimhaft, doch bereits klar erkennbar.

IV. Physiologie

In den Bemerkungen über seine akademische Ausbildung notierte Freud, die Physiologie seiner Studienjahre habe sich »zu sehr auf Histologie«[57] eingeschränkt. Dieser milde Vorwurf hebt sich deutlich gegen das fast übertriebene Lob ab, mit dem

56 Freud, 1884*f*.
57 Freud, 1927a [S. 290].

Freud gewöhnlich Brücke und seine Schule bedacht hat. Überdies ist unter allen denkbaren Einwänden gegen Brückes Lehre gerade dieser am wenigsten gerechtfertigt. Gewiß, in den siebziger Jahren unterschied man in Brückes Institut noch nicht zwischen dem mikroskopischen und dem experimentellen Verfahren. Das physiologische Experiment, einschließlich dessen, was man heute Biophysik und Biochemie nennen würde, entwickelte sich damals mehr und mehr zur *Via regia* der Forschung, und manche Physiologen taten sich gütlich daran, diejenigen, die mit dem Mikroskop arbeiteten, verächtlich zu machen. Nicht so Brücke. Er kündigte seine Vorlesungen weiter in der traditionellen Sprache der Wiener Universität als »Physiologie und Höhere Anatomie« an. Das Wissen von der räumlichen organismischen Struktur erschien ihm ebenso wichtig wie das Wissen von den auf diesen Apparat einwirkenden, ihn verändernden oder reproduzierenden Kräften. Und diese Struktur ist einzig mittels des Mikroskops zu enthüllen. In Brückes Vorstellung gab es also keinen Gegensatz zwischen Anatomie und Physiologie, zwischen Mikroskop und Experiment. Genau diese Einstellung hatte schon seine erste große Arbeit von 1861 berühmt gemacht.[58] Tatsächlich aber war zu Freuds Zeit die Arbeit Brückes und seiner Assistenten Fleischl und Exner bereits fast ausschließlich physiologisch im engeren Sinne des Wortes, d. h. es ging um das Funktionieren des Organismus, und das Tierexperiment war in diesem Zusammenhang eine wichtige, wenn auch nicht die einzige Methode. Es gab in Europa damals wenige Institute, an denen man Physiologie ähnlich gründlich lernen konnte.

Wir haben kein Anzeichen dafür, daß Freud diese Chance genutzt hat. Angesichts der unumschränkten Forschungsfreiheit, die das Klima in Brückes Institut charakterisierte, ist es sehr unwahrscheinlich, daß irgendein äußerer Zwang Freud hinter dem Mikroskop hielt, nachdem er 1878 seine erste histologische Aufgabe bezüglich der Reissnerzelle abgeschlossen hatte. 1883, unmittelbar nachdem er das Institut verlassen hatte, um sich auf seine Arztpraxis vorzubereiten, nahm er seine Forschungen erneut auf. Und wieder wandte er sich anatomischen Untersuchun-

58 [Bis hierher ist dieser Absatz teilweise eine fast wörtliche Übernahme einer Passage aus S. Bernfeld, 1944 (im vorliegenden Band S. 71 f., oben).]

gen zu, obgleich die Entscheidung über Gegenstand und Methode nun ganz gewiß ausschließlich bei ihm lag. Erst als die klinische Neurologie seine wenigen freien Stunden mehr und mehr beanspruchte, gab er seine anatomisch-histologischen Studien auf. Freud hat seine neurologischen Arbeiten, trotz ihres imponierenden Umfangs und der einmütigen Anerkennung, die sie fanden, nie als wissenschaftliche Forschung gelten lassen. Erst Mitte der neunziger Jahre, als er als kathartischer Psychoanalytiker sich wieder vor einem Beobachtungsobjekt fand und die Struktur der Psyche in der Hoffnung studierte, etwas über das Funktionieren des Gehirns zu erfahren, hatte er das Gefühl, zur Wissenschaft zurückgekehrt zu sein, und feierte dies als seinen »Lebenstriumph«[59]. Man könnte also den Eindruck gewinnen, daß sein Herz einfach der Histologie gehörte und daß Physiologie ihn nicht reizte. Aber er hat zu oft und nachdrücklich den untergeordneten Rang des Studiums der Formen im Vergleich zum Verstehenlernen der Funktion betont – beim ersteren versuche man gleichsam aus dem Bühnenbild das Drama zu erschließen. In seiner wissenschaftlichen Laufbahn war es zweifellos von Anfang an ein hochgeschätztes Ziel gewesen, Einsicht in die Dynamik der Kräfte zu gewinnen. Aber wie Moses stand er viele Jahre vor dem verbotenen Gelobten Land, bloß mutmaßend, wie es darin aussehen könnte.

Ein in Freuds autobiographischen Schriften nicht erwähntes und auch von seinen Biographen bislang übersehenes Faktum läßt diesen Konflikt in scharfen Konturen hervortreten. Freud hatte während seiner Studentenzeit auf dem Gebiet der eigentlichen Physiologie mehrere Anläufe gemacht, allerdings nicht in Brükkes Institut. Damals wurde nämlich ein beträchtlicher Teil der physiologischen Forschung unter Anleitung von Stricker durchgeführt. Salomon Stricker (1834-1898), ein Altersgenosse von Claus und Schüler Brückes, war als Ordinarius seit 1873 Direktor des Instituts für experimentelle Pathologie.[60] Durch embryologische Studien hatte er sich früh einen Namen gemacht. Seine spätere Arbeit galt der Physiologie des Gefäßsystems sowie der Theorie des Bewußtseins, der Sprachvorstellungen und

59 [Freud, 1927*a*, S. 290.]

60 Die Angaben über Stricker stammen aus L. Eisenberg, 1893, sowie aus S. Strickers Schriften.

der Erkenntnis. Ihm wird die Überführung der Pathologie von einer anatomischen in eine experimentell-physiologische Disziplin zugeschrieben. In seinem Institut wurde eine große Zahl verdienstvoller Arbeiten auf den verschiedenen Gebieten der Physiologie ausgeführt. Seine Assistenten waren solide Wissenschaftler, aber nur wenige wirklich große Begabungen sind aus seiner Schule hervorgegangen. Schuld daran seien seine Eitelkeit, Streitsucht, Rechthaberei sowie gewisse persönliche und wissenschaftliche Verschrobenheiten – so wollte es damals der Wiener Klatsch wissen. Freud arbeitete mindestens zweimal in diesem Institut, 1878 und dann wieder von 1883 bis 1884.

Auf der Sitzung der k.k. Gesellschaft der Ärzte in Wien vom 17. Oktober 1879 eröffnete Stricker seinen Vortrag über die Leistung der azinösen Drüsen mit der Bemerkung, er »habe ein halbes Jahr lang mit dem Stud. med. Freud über diese Frage Versuche angestellt«[61], ohne etwas zu erreichen. Nach dem Mißerfolg mit Freud arbeitete Stricker mit Arnold Spina und gelangte diesmal zu interessanten Ergebnissen. Setzt man für diese zweite Experimentierphase einen Zeitraum von etwa einem halben Jahr an, so dürfte Freud seine Untersuchungen spätestens in der zweiten Hälfte des Jahres 1878 begonnen haben.

Bald nach Beendigung seiner Arbeit über die Histologie der Reissnerzellen beim Petromyzon hatte Freud sich also in experimenteller Physiologie versucht. Es war ein Fehlschlag. Unverzüglich kehrte er aus eigenem Entschluß in Brückes Institut zurück. Hier widmete er sich nun nicht der Physiologie, sondern setzte sich wieder hinters Mikroskop und begann mit der Untersuchung der Nervenzellen des Flußkrebses, wobei er mit lebendem Gewebe arbeitete, einer Methode, als deren Hauptverfechter in Wien Stricker galt, nicht Brücke.

1883, nachdem er Brücke verlassen hatte, finden wir ihn erneut in Strickers Institut.[62] Zusammen mit Wagner-Jauregg, Gärtner, Spina und Koller beteiligte er sich jetzt an Tierexperimenten im Zusammenhang mit einem Forschungsprojekt über die Funktion der Drüsen und des Kreislaufs. Wieder vollbrachte er nichts. Gleichzeitig hatte er hirnanatomische Studien begonnen und die Arbeit an seiner zweiten Erfindung, der Goldchlorid-

61 S. Stricker, 1879, Sp. 1403.
62 Carl Koller, in: *Wiener Medizinische Wochenschrift*, 1928 [*a*].

Methode, weitergetrieben. Die Wiederaufnahme der physiologischen Arbeit geschah also anscheinend nur halbherzig, aber sie zeigt doch, daß das Bedürfnis, sich der eigentlichen Physiologie zuzuwenden, noch immer lebendig war. Anders als Moses – versuchte er in das Gelobte Land einzudringen, wurde aber bei jedem neuen Anlauf zurückgeschlagen. Forschungseinrichtungen, Gelegenheiten, Lehrer und Anregung gab es genug, und gewiß fehlte es ihm auch nicht an Interesse. Offenbar hatte er einfach keine Begabung für physiologisches Arbeiten. Dies können wir aufgrund des negativen Beweises, daß Freud uns keinerlei physiologische Werke hinterlassen hat, feststellen. Es gibt sogar einen positiven Anhaltspunkt: Freud hat 1885 eine einzige experimentelle Arbeit veröffentlicht – über die Wirkung des Kokains, gemessen mit dem Dynamometer[63]. Es handelt sich in der Tat um einen ziemlich armseligen Versuch. In Konzept und Technik übermäßig vereinfacht, unsicher und unkritisch, das Werk eines wenig hoffnungsvollen Anfängers, nicht zu vergleichen mit den Qualitäten seiner frühen histologischen Arbeiten. Nicht die Zoologie, wie er behauptete, sondern die Physiologie war in Wirklichkeit das Feld, auf dem »Eigenheit und Enge« seiner Begabungen ihm »jeden Erfolg versagten«[64].

Dank Freud bilden »Begabungen« heute nicht länger die Grundkategorien psychologischen Verstehens. Jetzt können wir nach den »Eigenheit und Enge« bedingenden Determinanten fragen. Wie im Falle des von Freud selbst erwähnten Scheiterns in der Zoologie, können wir Mutmaßungen über die Gründe seines von ihm verheimlichten Mißerfolgs in der Physiologie anstellen. Stricker war noch weniger als Claus ein Lehrer, den Freud hätte »respektieren«[65] können. Man kann sich leicht vorstellen, warum er bei Stricker versagte. Aber warum hat er dann nicht die Gelegenheit am Brückeschen Institut ergriffen? Warum hatte er sich Brücke als Autorität und Vorbild nur für die Untersuchung des Bühnenbilds und nicht des Dramas genommen? Brücke hatte ihn zunächst an das Sezieren toten Gewebes gesetzt. Hatte Freud

63 Freud, 1885*a*. – Die Publikation berichtet von im Jahre 1884 durchgeführten Experimenten. [Vgl. S. Bernfelds Arbeit über Freuds Kokain-Studien, 1953.]
64 [Freud, 1925*d*, S. 35.]
65 [AaO.]

diese Aufgabenstellung unbewußt so verstanden, als wolle Brücke ihn zur wenig anspruchsvollen vorbereitenden Untersuchung der Gewebestruktur abschieben, während er sich selbst und den älteren Mitgliedern des Instituts die höhere Einsicht in das Funktionieren des lebenden Organismus vorbehielt? Hatte Brücke auf diese Weise die ärgerliche Schelte des Vaters wiederholt, die auf den kleinen Freud herniedergegangen war, als er, von sexueller Neugier getrieben, einmal in das elterliche Schlafzimmer eindrang?[66] Und hatte Brücke damit die Physiologie mit einem Tabu belegt? Mag sein.

Auf sichererem Boden fühlt man sich, wenn man einen bewußtseinsnäheren, möglicherweise gleichzeitig wirksamen Faktor in Betracht zieht. Das Tierexperiment stellt einen ungleich gewaltsameren Angriff auf Rechte und Leben der Kreatur dar als die Untersuchung am toten Körper. Und was ist mit den »lebensfrischen« Zellen des Flußkrebses? Sie sind doch auch »tot« verglichen mit lebendigen Meerschweinchen, Hasen und Hunden. Als Jüngling gab Freud die Idee der Machtausübung über Menschen auf und zog sich in die Wissenschaft von der Natur zurück. Das gleiche Verhaltensmuster zeigt sich noch einmal, als Freud mit etwa Mitte dreißig sich von der Hypnose abkehrte, auf der Suche nach einem weniger grob manipulativen Verfahren. Dies waren die beiden Wendepunkte in Freuds Beziehung zur Wissenschaft; am ersten beschloß er, überhaupt Wissenschaftler zu werden, am zweiten erfand er die Psychoanalyse. Dazwischen hielt er sich, abgesehen von einigen wenigen Versuchen in dieser Richtung, vom aktiven physiologischen Experimentieren fern, blieb bei der subtileren Form von Herrschaft, in der Rolle des Beobachters von Strukturen.

V. Übersetzungen

In Freuds Universitätszeit entstand auch das einzige von ihm veröffentlichte Werk, das nicht in einem unmittelbaren Zusammenhang mit seinen wissenschaftlichen oder therapeutischen Interessen steht. 1879 übersetzte er einige Essays von John Stuart

66 S. die Arbeit von S. Bernfeld und S. Cassirer Bernfeld über ›Freuds frühe Kindheit‹, 1944.

Mill ins Deutsche.[67] Der Herausgeber der deutschen Ausgabe von Mills *Gesammelten Werken* war Theodor Gomperz, ein an der Universität und in der Wiener Gesellschaft hochangesehener Philosoph und Historiker. Freud trat an die Stelle von Eduard Wessel, des Übersetzers, der während der Vorbereitungen für den zwölften Band plötzlich und vorzeitig verstorben war. Freud begann die Arbeit im Herbst 1879 und beendete sie im Dezember desselben Jahres.

Was Freud dazu bewogen hat, diesen Auftrag zu übernehmen, wissen wir nicht. Er hatte damals unfreiwillige Ferien von der Wissenschaft, denn er leistete seinen einjährigen Militärdienst, der für alle körperlich gesunden Studenten obligatorisch war. Offenbar war er kein Mustersoldat; er erinnert sich schmunzelnd daran, wie er seinen vierundzwanzigsten Geburtstag, am 6. Mai 1880, unter Arrest verbrachte. Ich könnte mir vorstellen, daß er eine Gelegenheit suchte, Langeweile und Mißlichkeiten des Garnisonslebens durch ein paar geistige Übungen zu unterbrechen – eine Art der Entspannung, die freilich ein wenig übertrieben anmutet, bedenkt man die körperliche und psychische Beanspruchung durch den Militärdienst. Nicht zuletzt dürfte auch ein bescheidenes Übersetzerhonorar gerade in diesem Jahr willkommen gewesen sein.

Indessen mag die Aufgabe Freud nicht nur aus solchen sekundären Gründen gereizt haben. Als er sich seinerzeit dazu entschied, seinen Platz nicht unter den Politikern, sondern in der Welt der Wissenschaft zu suchen, hatte er keineswegs auch sein Interesse für gesellschaftliche Fragen aufgegeben. Drei der vier von ihm übersetzten Mill-Essays handeln von der Arbeiterfrage, der Frauenemanzipation und Problemen des Sozialismus. In seinen späteren Jahren hat Freud aus seiner Abneigung gegen Philosophie kein Hehl gemacht, und es ist nicht wahrscheinlich, daß er sich je sonderlich dafür interessierte. Aber Mills philosophisches Werk steht in klarem Gegensatz zu den metaphysischen Systemen, die man damals vorzugsweise »Philosophie« nannte. Mills Werk stand eher dem empiristisch-physikalistischen Geist

67 [*John Stuart Mill Gesammelte Werke.* Autorisierte Übersetzung unter Redaktion von Professor Dr. Theodor Gomperz, zwölfter Band; Vermischte Schriften III (Über Frauenemanzipation; Plato; Die Arbeiterfrage; Der Sozialismus), Leipzig 1880.]

des Brückeschen Instituts nahe. Sowohl die Themen als auch der Schriftsteller dürften Freud angezogen haben. Mit Sicherheit hat er gerne übersetzt. Er liebte Sprachen und Schriftstellerei. In seinen Gymnasialjahren las er zum Spaß griechische und lateinische Autoren. Schon früh beherrschte er Englisch und Französisch und schrieb später mehrere Arbeiten in diesen Sprachen. Er hat in seinem Leben viel übersetzt – je zwei Bände von Bernheim[68] und Charcot[69], wobei es für diese Übersetzungen gewiß noch sehr viel mehr sekundäre Motivationen gab als im Falle der Mill-Übersetzung. Freud war ein derart sorgfältiger, glänzender und flinker Übersetzer, daß das Übersetzen als solches für ihn eine Art angenehmen Zeitvertreibs gewesen sein dürfte.

Als Heinrich Gomperz, der Sohn von Theodor Gomperz, selbst Philosoph und Historiker, an der Lebensdarstellung seines Vaters[70] arbeitete, fragte er Freud, wie es dazu gekommen sei, daß er den zwölften Band übersetzte. Freud antwortete in einem Brief vom 9. Juni 1932: »Ich weiß, daß ich Ihrem Vater durch Franz Brentano empfohlen worden war. Er hatte in einer Gesellschaft ... geäußert, daß er einen Übersetzer suche, und Br., dessen Hörer ich damals oder noch vorher gewesen war, nannte meinen Namen.«[71] – Daß Freud Brentano persönlich gekannt hat, einst bei ihm studierte und daß Brentano sich seiner entsann, klingt verwunderlich. Franz Brentano hat nur wenig veröffentlicht, und seine philosophischen und psychologischen Vorlesungen haben zu seinen Lebzeiten kein besonderes Aufsehen erregt.[72] Indessen haben Edmund Husserls Phänomenologie und die verschiedenen mit den Namen von Meinong, Marty und anderen verbundenen Richtungen in Logik und Psychologie (etwa Meinongs »Gegenstandstheorie«) ihren Ursprung in Brentanos Denken. Einige moderne psychologische Schulen wie die von Stumpf und jüngst die Gestaltpsychologie haben ihn als einen ihrer hervorragenden Vorläufer anerkannt. Tatsächlich hatte er sich 1870 sowohl von der Metaphysik als auch vom

68 [H. Bernheim, 1886 und 1891.]

69 [J.-M. Charcot, 1887 und 1888.]

70 [H. Gomperz, 1974.]

71 [AaO, S. 106; das im nachfolgenden Absatz abgedruckte Zitat steht gleichfalls auf S. 106 f., Anm. 74 (Bernfeld nennt als Quelle Ph. Merlan, 1945).]

72 Die Angaben über Brentano sind seinen Schriften entnommen; vgl. ferner O. Kraus, 1919 und 1926.

physiologischen Physikalismus abgewandt und begonnen, die Psychologie als Wissenschaft zu entwickeln, gegründet auf empirische Beobachtung des durch bewußte Wahrnehmung intentional zugänglichen »Gegebenen«. Man ist also versucht, sich Brentano und Freud in ihrem Denken als einander diametral entgegengesetzt vorzustellen.

Heinrich Gomperz bemerkte über die Beziehung zwischen Freud und Brentano, die er für »nicht ganz bedeutungslos« hält: »Man erinnere sich daran, daß Freud, im Gegensatze zu der mehr oder weniger materialistischen Medizin seiner Zeit, stets die vergleichsweise Selbständigkeit des ›psychischen Apparats‹ der Physis gegenüber betont und im Zusammenhang damit die Möglichkeit *seelischer* Einwirkung auf *seelische* Leiden behauptet hat. Sollte da nicht etwa doch auch der Einfluß jenes Seelenforschers [also Brentanos] nachgewirkt haben, der schärfer als jeder andere die *psychischen* von den *physischen* Phänomenen unterschieden und auf diese Unterscheidung sein ganzes Lehrgebäude gegründet hat?« – Daß Gomperz Freuds damaligen wissenschaftlichen Standort mißverstanden hat, folgt, falls es darüber überhaupt Zweifel gab, klar aus den voraufgegangenen Abschnitten der vorliegenden Arbeit.

Es ist undenkbar, daß Freud damals oder zu irgendeinem Zeitpunkt diesbezüglich ein Anhänger Brentanos gewesen ist. Man kann sich sogar fragen, ob er sich überhaupt um ein Verständnis der Nuancen von Brentanos Denken bemüht hat. Das schließt jedoch nicht aus, daß Freud von manchen Polemiken und Aussagen Brentanos beeindruckt gewesen ist, daß sie in seinem Vorbewußten haften blieben und zwanzig Jahre später auf sein Denken einwirkten, als er sich, von den gängigen psychologischen Theorien enttäuscht, selbständig in jenes große Gebiet vorwagte. Brentanos Klassifikation psychischer Phänomene (Vorstellungen, Urteile, Liebe und Haß), seine Thesen über das Genie, sein Determinismus und auf seltsam verschlungenen Wegen auch seine Betonung der Tatsache, daß, vereinfacht ausgedrückt, sich alle psychischen Phänomene stets auf ein Objekt beziehen (Intentionalismus) – all diese Ideen mögen in den neunziger Jahren einen verspäteten Einfluß auf Freud ausgeübt haben. Wie Merlan dargelegt hat, könnte das auch für Brentanos gründliche historische Darstellung und ernsthafte Diskussion der

Lehre vom »Unbewußten« gelten, obgleich Brentano selbst das Konzept unbewußter Seelentätigkeit verwarf. All dies könnte man sich vorstellen – sofern Freud jemals Schüler Brentanos gewesen ist.[73] In seinem Brief an Gomperz bezeichnete er sich als »Hörer« Brentanos, also nicht eigentlich als seinen Schüler. Brentano war im damaligen akademischen Wien eine prominente Figur, und in seine Vorlesungen strömten nicht nur seine Studenten, sondern auch Besucher und die Universitätsnotabeln. Aber sehr wenige seiner »Hörer« kamen, um wirklich bei ihm Philosophie und Psychologie zu studieren.

Brentano hatte im Mittelpunkt des Interesses gestanden, kaum daß er, aus Würzburg kommend, in Wien eingetroffen war. Allein der Name faszinierte. Neffe des berühmten Dichters der Romantik, Clemens von Brentano, Enkel von Maximiliane Laroche, der Jugendfreundin Goethes, Neffe Bettinas, der berühmten Adressatin von Goethes Briefen an ein Kind – war er in allen literarischen Zirkeln und Salons hochwillkommen. Aber noch aufregender als die Geschichte seiner Familie war seine eigene. Als vierundzwanzigjähriger Doktor der Philosophie hatte er sich entschlossen, Theologie zu studieren; zwei Jahre später war er zum katholischen Priester geweiht worden. Mit zweiunddreißig hatte er unerschrocken eine Kampagne gegen den Papst begonnen, als dieser sich anschickte, das Unfehlbarkeitsdogma zu verkünden. Als seine Bemühungen erfolglos blieben, legte er das Priesteramt ab und gab seinen Würzburger Lehrstuhl auf. Die liberalen Wiener Professoren förderten seine Ernennung und konnten alsbald feststellen, daß Brentanos Persönlichkeit in Lauterkeit, Begeisterungsfähigkeit und Charme durchaus zu seiner spektakulären Ahnentafel und seinen aufsehenerregenden kirchenpolitischen Aktivitäten paßte. Gerade zu dieser Zeit, als Gomperz einen Übersetzer suchte, bot Brentano der Wiener Gesellschaft eine neue Sensation. Er wollte Ida Lieben heiraten, Tochter einer der vornehmsten Wiener Familien. Aber die reaktionäre Auslegung eines alten österreichischen Gesetzes erklärte die Heirat mit einem ehemaligen Priester für illegal. Brentano gab sein Ordinariat auf, erwarb die sächsische Staatsbürgerschaft und heiratete schließlich am 16. September

73 [S. die spätere Arbeit von S. Bernfeld, 1951, insbesondere im Anhang die Liste der von Freud besuchten Lehrveranstaltungen, unten, S. 179.]

1880 in Leipzig. Er kehrte später nach Wien zurück, um seine Lehrtätigkeit wiederaufzunehmen – fortan als schlichter Privatdozent.

Daß Freud sich für Brentano interessierte, ihn als Menschen und Kämpfer respektierte, steht außer Frage. Ich habe aber keine Erklärung für Brentanos Interesse an Freud. Nun brauchte die Empfehlung eines jungen Studenten für die Übersetzung einiger recht unphilosophischer Mill-Essays nicht notwendig von besonderer Wertschätzung zu zeugen. Und gewiß setzte die Namensnennung nicht voraus, daß der Genannte ein Anhänger von Brentanos Lehren war. Gesucht wurde lediglich jemand, der Englisch konnte. Denkbar wäre, daß sich Freud in Brentanos Seminaren mit seinen Sprachkenntnissen hervorgetan hatte. Aber es kann ebensogut sein, daß Freud Brentano überhaupt nicht aufgefallen war, daß er persönlich sich seiner gar nicht erinnerte, daß er vielmehr mit seiner Empfehlung nur den Vorschlag eines gemeinsamen Freundes weitergab. Fleischl, Exner sowie Freuds enger Freund Paneth waren persönlich wie auch durch ihre Familien mit Brentano gut bekannt; Josef Breuer war sein Hausarzt. Da wir nicht wissen, wie eng Freuds Bekanntschaft 1879 mit Breuer und Paneth gewesen ist, bleibt indessen auch diese Rekonstruktion hypothetisch.

In seiner Aufzählung von Freuds fünfundsechzig voranalytischen Veröffentlichungen gibt Horace Gray nur zu einer einzigen einen subjektiven Kommentar, zur Mill-Übersetzung: »In einer Fußnote zur deutschen Ausgabe [des Essays ›Über Frauenemanzipation‹] teilt uns der Herausgeber Gomperz mit, erstens, daß der Verfasser dem Wiederabdruck des Aufsatzes ein kurzes Vorwort vorausgeschickt hat, ›in dem er erklärt, daß derselbe zum weitaus größten Teile das Werk seiner seither (1858) verstorbenen, um ihrer hervorragenden Geistes- und Charaktereigenschaften willen von ihm warm gepriesenen Gemahlin ist‹[74] –, zweitens, daß er keine Übersetzung von Mills späterer, thematisch verwandter Schrift ›The Subjection of Women‹ von 1869 veröffentlicht, die mit ›Die Hörigkeit der Frauen‹ übersetzt worden sei. Diese Fakten mögen im Hinblick auf Freuds spätere Bemerkung von Interesse sein: ›Hinter diesem Penisneid

74 [Es wird hier der Wortlaut des Originals wiedergegeben, S. 1 der Freud-Übersetzung. Für bibliographische Angaben vgl. Anm. 67, oben.]

kommt nun die feindselige Erbitterung des Weibes gegen den Mann zum Vorschein, die in den Beziehungen der Geschlechter niemals ganz zu verkennen ist und von der in den Bestrebungen und literarischen Produktionen der »Emanzipierten« die deutlichsten Anzeichen vorliegen.‹[75] – Nebenbei sei auf die hervorragende Qualität der deutschen Übersetzung von ›Frauenemanzipation‹ hingewiesen, die Treue gegenüber dem Original, ohne jeglichen Verzicht auf Eleganz. Seltsamerweise ist der Vorname des Übersetzers mit Siegmund wiedergegeben, sowohl auf der Titelseite wie auch im Nachwort des Herausgebers.«[76]

Der Einfluß englischer Philosophie, Literatur und politischer Theorie auf Freuds Denken ist ein interessantes Thema, das eine eigene Untersuchung verdiente. Da offenbar jedermann, der Freuds Übersetzung erwähnt, sich bemüßigt fühlt, etwas dazu zu sagen, möchte ich nun auch noch eine Bemerkung machen. Bei einem Gespräch über Plato räumte Freud 1933 ein, seine Kenntnis von Platos Philosophie sei höchst fragmentarisch, aber seine Theorie der Anamnesis habe ihn einmal sehr beeindruckt und ihm viel zu denken gegeben.[77] Zu den vier Aufsätzen des zwölften Bandes gehört auch Stuart Mills Studie über ›Plato‹. Mill stellt hier die Erinnerungstheorie zustimmend dar; die ganze Arbeit ist überdies eine temperamentvolle Entlarvung der Auffassungen über Platos Philosophie, die Lehrer damals in den Schulen zu predigen pflegten. Mills Common sense hat Freud gewiß sehr gefallen – und vielleicht ist dieser Aufsatz tatsächlich die Quelle seiner »fragmentarischen« Plato-Kenntnis.

75 [Freud, 1918*a*, S. 176.]
76 H. Gray, 1948 [S. 404 f.].
77 Persönliche Mitteilung von Suzanne Cassirer Bernfeld.

Freuds Vorbereitung auf den Arztberuf, 1882-1885*

I. Medizinische Studien

Freud hat seine Einstellung zum Beruf des Arztes einmal in einem wenig bekannten Abschnitt seines ›Nachworts zur »Frage der Laienanalyse«‹ zusammengefaßt: »Nach 41jähriger ärztlicher Tätigkeit sagt mir meine Selbsterkenntnis, ich sei eigentlich kein richtiger Arzt gewesen. Ich bin Arzt geworden durch eine mir aufgedrängte Ablenkung meiner ursprünglichen Absicht. ... Aus frühen Jahren ist mir nichts von einem Bedürfnis, leidenden Menschen zu helfen, bekannt, meine sadistische Veranlagung war nicht sehr groß, so brauchte sich dieser ihrer Abkömmlinge nicht zu entwickeln. Ich habe auch niemals ›Doktor‹ gespielt, meine infantile Neugierde ging offenbar andere Wege. ... Ich meine aber, mein Mangel an der richtigen ärztlichen Disposition hat meinen Patienten nicht sehr geschadet. Denn der Kranke hat nicht viel davon, wenn das therapeutische Interesse beim Arzt affektiv überbetont ist. Für ihn ist es am besten, wenn der Arzt kühl und möglichst korrekt arbeitet.«[1]

Freuds Familie hatte diesen »Mangel an der richtigen ärztlichen Disposition« früh bemerkt. Als er mit siebzehn den jähen Wandel in seinen Zukunftsplänen verkündete, nämlich nicht Jura, sondern Medizin zu studieren, wandte man ein, er sei doch zu weichherzig, könne kein Blut sehen.[2] Die Familie teilte natürlich die damalige Idealvorstellung vom Arzt als einem Mann, der leidenschaftlich Kranken helfen will, aber gleichzeitig hart zu sein hat, unempfindlich für ihre Wunden, Mißbildungen und Schmerzen. Hingegen hatte sich Freud zum Medizinstudium eher aus dem vagen, aber übermächtigen Bedürfnis entschlossen,

* [Die Originalarbeit trägt den Titel ›Sigmund Freud, M. D., 1882-1885‹ und erschien 1951 in *The International Journal of Psycho-Analysis*, Bd. 32, S. 204 bis 217. Ein Nachdruck mit einer Reihe von Korrekturen wurde 1952 in *The Yearbook of Psychoanalysis*, Bd. 8, S. 14-38, veröffentlicht. Diese Veränderungen wurden in der deutschen Übersetzung berücksichtigt.]

1 Freud, 1927*a*, S. 290 f.

2 A. Bernays, 1940, S. 340.

in die Geheimnisse der Natur einzudringen, als in der klaren Absicht, später als Arzt zu praktizieren. Medizin erschien ihm als der einzige gangbare Weg, seine Wißbegierde bezüglich Natur und Menschenwelt zu stillen und vielleicht einmal etwas zur Lösung einiger ihrer Rätsel beizutragen. Aus seinen verschiedenen autobiographischen Äußerungen können wir schließen, daß er sein Medizinstudium zögernd, eher etwas nachlässig betrieb, sich jedenfalls immer wieder auf intensive Beschäftigung mit wissenschaftlichen Gebieten einließ, die mit der praktischen ärztlichen Tätigkeit wenig zu tun hatten. Dank der erfolgreichen Bemühungen von Viktor Kraft, der auf meine Anregung die Archive der Wiener Universität durchgesehen hat, können wir Freud nun Schritt für Schritt auf seinem Zickzackkurs durch seine Universitätsjahre folgen.[3]

Das akademische Jahr an der Wiener Universität bestand aus zwei Abschnitten: das Wintersemester dauerte von Oktober bis März, das Sommersemester von Ende April bis Ende Juli. Mit siebzehneinhalb Jahren immatrikulierte sich Freud an der Medizinischen Fakultät für das Wintersemester 1873/74 und belegte, wie von einem ordentlichen Medizin-Studenten nicht anders zu erwarten, Vorlesungen über Anatomie und Chemie. Insgesamt schrieb er sich für dreiundzwanzig Wochenstunden ein, dazu gehörten auch Übungen im anatomischen Sezieren sowie im chemischen Laboratorium. Während seines ersten Sommersemesters (1874) verbrachte er wöchentlich achtundzwanzig Stunden bei Lehrveranstaltungen in Anatomie, Chemie, Mikroskopie, Biologie und Mineralogie. Gleichsam als intellektuellen Luxus leistete er sich einen Kurs in »Allgemeiner Zoologie; Darwinismus« beim Zoologen Carl Claus sowie Ernst von Brückes Vorlesung »Physiologie der Stimme und Sprache«. Im Wintersemester seines zweiten Jahrs (1874/75) arbeitete er noch immer wie ein gelehrsamer angehender Mediziner – achtundzwanzig Wochenstunden Sezieren, Zoologie, Physik und Physiologie. Einmal wöchentlich gönnte er sich allerdings in Brentanos Literaturseminar einen flüchtigen Blick in die Philosophie.

Aber plötzlich im Sommersemester 1875 läßt sich Freud nur noch von seinen Vorlieben leiten. Er war von der »Zoologie

3 S. im Anhang zu dieser Arbeit die vollständige Liste der Lehrveranstaltungen, die Freud belegte.

für Mediziner« zur eigentlichen Zoologie (zehn Stunden bei Claus) übergewechselt. Er hatte zwei Physik-Vorlesungen belegt, mehr als der medizinische Lehrplan vorschrieb. Er nahm nicht nur weiterhin am Philosophie-Seminar teil, sondern hörte nun auch noch Brentanos Logik-Kolleg. An den physiologischen Vorlesungen und Übungen beteiligte er sich zwar nach wie vor, aber wohl mehr aus einer wachsenden Anhänglichkeit für Brücke als aus Gehorsam gegenüber dem medizinischen Lehrplan.[4] Freud mag an dieses Semester gedacht haben, als er sich 1899 erinnerte: er habe »ganz den Büchern« gehört, und seine Familie habe schließlich einen gewissen Druck auf ihn ausgeübt, »daß ich mein abstruses Studium gegen ein praktisch besser verwertbares vertauschen« sollte. Aber als »man merkte, wie versunken in meine eigenen Absichten ich war, ließ man wohl den Plan wieder fallen«[5].

In seinem dritten Studienjahr (1875/76) ist Freud offenbar ganz von der Medizin zur Biologie hinübergeschwenkt. Die meiste Zeit verbringt er mit wissenschaftlicher Arbeit für Fortgeschrittene im Zoologischen Institut; im März und im September arbeitet er in der meereszoologischen Station in Triest an Forschungen über die Hoden des Aals. Er beteiligt sich an einem Kurs über Pflanzenphysiologie, forscht in Brückes physiologischem Laboratorium, belegt Seminare und Vorlesungen in Nervenphysiologie und Spektralanalyse bei Brückes Assistenten, Fleischl und Exner, und setzt auch seine philosophischen Studien fort. Im Sommer befaßt er sich erneut mit anatomischem Sezieren – vielleicht ein Anzeichen dafür, daß er sich auf seine ursprünglichen Pläne besann, wahrscheinlicher ist aber, daß das Sezieren mit seinen biologischen Interessen in Zusammenhang stand. Im Herbst 1876, möglicherweise schon im Sommer, tritt er offiziell als Famulus in das Brückesche Institut ein und

4 Ernst von Brückes Physiologisches Institut war das Zentrum für Grundlagenforschung im Bereich Biologie, inklusive Biochemie und Biophysik. Zwar waren Brückes Vorlesungen und Laborübungen Bestandteil des medizinischen Curriculums, dennoch wurde den spezifisch medizinischen Anwendungen der dort durchgeführten Forschungen wenig Beachtung geschenkt. Für Informationen über Brücke, sein Institut und Freuds dortige Arbeit vgl. S. Bernfeld, 1949, S. 10 ff. [im vorliegenden Band S. 120 ff., oben].

5 Freud, 1899*a*, S. 544 f. – Die These, daß der in der Arbeit ›Über Deckerinnerungen‹ beschriebene achtunddreißigjährige Mann mit Freud identisch sei, wird in S. Bernfeld, 1946, begründet.

beginnt mit seinen Arbeiten über die Histologie des Nervensystems, die er bis 1882 fortsetzen sollte.

Freud sagte einmal von sich, er habe in den ersten Universitätsjahren die Erfahrung machen müssen, »daß Eigenheit und Enge meiner Begabungen mir in mehreren wissenschaftlichen Fächern, auf die ich mich in jugendlichem Übereifer gestürzt hatte, jeden Erfolg versagten. Ich lernte so die Wahrheit der Mahnung Mephistos erkennen:

> Vergebens, daß ihr ringsum wissenschaftlich schweift,
> Ein jeder lernt nur, was er lernen kann.

Im physiologischen Laboratorium von Ernst Brücke fand ich endlich Ruhe und volle Befriedigung, auch die Personen, die ich respektieren und zu Vorbildern nehmen konnte«[6] – den großen Brücke selbst und seine Assistenten Exner und Fleischl. Die am Brückeschen Institut endlich erlebte »Ruhe und volle Befriedigung« waren nicht nur seiner dortigen Arbeit förderlich; sie befähigten ihn auch dazu, nach drei Semestern das Medizinstudium ordnungsgemäß und konzentriert wiederaufzunehmen. In seinem vierten Wintersemester (1876/77) beschäftigte er sich dreißig Wochenstunden mit Allgemeiner Pathologie, Pathologischer Anatomie, Chirurgischer und Medizinischer Klinik. Weitere acht Stunden arbeitete er mit Fleischl und Exner höhere Mathematik für Mediziner sowie an physiologischen Themen; zur Abrundung belegte er noch einen zweistündigen Kurs über die Wirkung der Gifte. Freud blieb dabei. Mit Ausnahme einer dreistündigen Übung bei Fleischl über Muskel- und Nervenphysiologie im Sommersemester 1877, enthält sein Stundenplan von nun an vier Semester lang – bis 1878 – ausschließlich die zentralen medizinischen Fächer, bis zu einundvierzig Stunden pro Woche.

Trotz seines vollgestopften medizinischen Stundenplans arbeitete Freud 1878 ein Sommersemester lang und während eines Teils seiner Sommerferien an physiologischen Tierexperimenten in Strickers Laboratorium. An seinen lebenslangen Freund aus den Gymnasialjahren, Wilhelm Knöpfmacher, schreibt er am 6. August 1878: »Ich bin in diesen Ferien in ein anderes Laboratorium gegangen und bereite mich dort für meinen eigentlichen Beruf vor. ... Tiere schinden oder Menschen quä-

6 Freud, 1925*d*, S. 35.

len ..., und ich entscheide mich immer mehr für das erste Glied der Alternative.«[7] Jedoch erlitt er mit dem Forschungsprojekt, das man ihm in Strickers Institut zur Aufgabe gestellt hatte, einen Fehlschlag.[8]

Die meisten Männer, mit denen es Freud in den Jahren seines Medizinstudiums zu tun hatte, waren hervorragende und inspirierende Lehrer. Einige – wie Billroth, Hebra und Arlt – waren weltberühmt und zogen Scharen begeisterter Studenten an. Sie vermittelten ihnen mehr als das übliche Standardwissen der damaligen Medizin. Sie selbst waren auf ihrem jeweiligen Gebiet glänzende Neuerer und brachten ihren Studenten den Geist *wissenschaftlicher* Medizin bei. Sie lehrten sie, ihren Beruf zu lieben und stolz, vielleicht übertrieben stolz auf ihn zu sein. Freud aber reagierte mit Gleichgültigkeit. Auch am Ende dieser Phase regte sich bei ihm noch immer kein besonderes Interesse für eines der medizinischen Fachgebiete, Meynerts Psychiatrie ausgenommen. Wenn er daran dachte, daß er Arzt werden würde, geschah dies ohne besonderen Stolz, schon gar nicht mit Vergnügen; wie der Brief an Knöpfmacher zeigt, bezweifelte er sogar, ob er überhaupt einer werden wollte. Aber es war auch nicht die physiologische Forschung – »Tiere schinden« –, wozu er sich damals entschieden hatte. Tatsächlich ging er in Brückes Institut noch immer seinen friedfertigen histologischen Studien nach.

Nach fünfjährigem Studium war der damalige medizinische Durchschnittsstudent gewöhnlich vorbereitet, sich zu den drei obligatorischen Hauptprüfungen zu melden. Freud war jedoch noch nicht soweit. Trotz seines Mangels an Interesse für die Medizin, ja, trotz einer gewissen Aversion gegen dieses Fach, beendete er sein Studium indessen mit einem zusätzlichen Wintersemester (1878/79), in dem er für je zehn Wochenstunden bei Bamberger Innere Medizin und bei Arlt Augenheilkunde belegte. Im Sommer 1879 begann er dann in Brückes Institut mit seiner Untersuchung der Nervenzellen des Flußkrebses und veröffentlichte die Mitteilung über seine neue histologische Methode, wobei er stolz mit »Drd. med.« (d. h. Doctorandus medicinae)

7 Freud, 1950*a*, S. 389 (Anm. 3 zu S. 20).

8 Weitere Angaben über den Pathologen Stricker und den Zoologen Claus, ihre Institute sowie Freuds Beziehung zu ihnen finden sich in S. Bernfeld, 1949.

zeichnete.[9] Aber noch immer meldete er sich nicht zum Examen. Er hatte es offenbar nicht eilig zu promovieren. Ein ganzes Jahr verstrich – »im Kreise meiner Bekannten hielt man mich für verbummelt, zweifelte man, daß ich ›fertig‹ werden würde. Da entschloß ich mich schnell, meine Prüfungen zu machen, und wurde doch fertig: trotz des Aufschubs«.[10]

Denkbar unzureichend vorbereitet und, wie er selbst meint, mit »gut begründeter Angst«, trat er am 9. Juni 1880 vor seinen Freund Fleischl, der im ersten Rigorosum Botanik, Biologie und Chemie prüfte; er sei »der Strafe aber durch Gunst des Schicksals oder des Prüfers entgangen«[11]. Tatsächlich erhielt er die Note »ausgezeichnet«[12].

Im zweiten Rigorosum in allgemeiner Medizin ließ Hofmann ihn am 22. Juli 1880 nur mit »genügend« durchkommen, weil er in Gerichtsmedizin versagt hatte. Freud arbeitete danach noch weitere zehn Monate im Brückeschen Laboratorium, bevor er sich zum dritten Rigorosum in verschiedenen medizinischen Spezialgebieten meldete. Wieder war Hofmann der Prüfer, am 30. März 1881 ließ er ihn mit der Note »ausgezeichnet« passieren. Nach Freuds Ansicht verdankte er diesen Erfolg einzig seinem photographischen Gedächtnis, dessen er sich in Kindheit und Jugend erfreut hatte, das jetzt aber allmählich nachzulassen begann. Er hatte die lange Pause nicht etwa zur Vorbereitung auf die nächste Prüfung genutzt. »In der Spannung vor dem letzten medizinischen Rigorosum muß ich noch Gebrauch von dem Reste dieser Fähigkeit gemacht haben, denn ich gab in einigen Gegenständen den Prüfern wie automatisch Antworten, die sich getreu mit dem Texte des Lehrbuches deckten, welchen ich doch nur einmal in der größten Hast durchflogen hatte.«[13] So wurde Freud am 30. März 1881 zum Doktor der gesamten Heilkunde promoviert. Die Promotionsfeier fand in der schönen Barock-Aula der Alten Universität statt. Freuds Familie war

9 [Freud, 1879*a*, S. 468.]
10 Freud, 1900*a*, S. 453.
11 AaO, S. 282.
12 Möglicherweise beziehen sich Freuds Assoziationen zum ›Traum von der botanischen Monographie‹ auf diese Prüfung: »Bei meiner botanischen Vorprüfung bekam ich [. . .] eine Kruzifere zur Bestimmung und – erkannte sie nicht. Es wäre mir schlecht ergangen, wenn nicht meine theoretischen Kenntnisse mir herausgeholfen hätten« (aaO, S. 177).
13 Freud, 1901*b*, S. 149.

anwesend und auch Richard Fluß mit seinen Eltern, alte Freunde aus frühen Kinderjahren in Freiberg (Mähren).
Nach Freuds eigener Aussage absolvierte er dieses dritte und letzte Examen, ohne irgendein praktisches Ziel vor Augen zu haben. Es diente der Stärkung seines Selbstvertrauens, das offenbar unter den in seinem Bekanntenkreis lautgewordenen Anzweifelungen gelitten hatte. Eigentlich war es nur ein psychologisch bedeutsames Ereignis, es hinderte ihn nicht an seinen histologischen Forschungen. Er hatte dem Realitätsprinzip seinen Tribut gezollt und bewiesen, daß er imstande war, medizinische Stoffe zu lernen, aber er war nicht willens, »Menschen [zu] quälen«. Noch intensiver als zuvor setzte er seine Arbeit am Physiologischen Institut fort. Brücke ernannte ihn zum »Demonstrator«; das entsprach etwa der Position eines Vorlesungsassistenten. Freud übte diese Funktion vom Mai 1881 bis Ende Juni 1882 aus, also drei Semester lang. Gleichzeitig besetzte er einen Laboratoriumsplatz im Chemischen Institut von Carl Ludwig und widmete sich komplizierten gasanalytischen Studien. Dies zeigt, daß er von der Histologie zur physiologischen Forschung übergehen, also die von Brücke und Meynert favorisierte Richtung einschlagen wollte. Mit einer jener für seinen Lebensweg charakteristischen Kehrtwendungen faßte er dann plötzlich im Sommer 1882, mehr als ein Jahr nach der Promotion, den Entschluß, seinen Lebensunterhalt als Arzt zu verdienen, und verließ Brückes Institut.

II. Die Wendung[14]

Über diese für sein Leben und Werk so bedeutsame Entscheidung schrieb Freud 1925 in seiner *Selbstdarstellung*: »Die Wendung kam 1882, als mein über alles verehrter Lehrer den großmütigen Leichtsinn meines Vaters korrigierte, indem er mich mit Rücksicht auf meine schlechte materielle Lage dringend mahnte, die theoretische Laufbahn aufzugeben. Ich folgte sei-

14 Die in diesem Abschnitt dargelegten Fakten sind den über das ganze Werk verstreuten autobiographischen Bemerkungen Freuds sowie A. Bernays, 1940, entnommen. Das Verlobungsdatum nannte Miss Anna Freud, London, in einer persönlichen Mitteilung; die Information über Freuds Brief an Knöpfmacher verdanke ich einer persönlichen Mitteilung von Hugo Knöpfmacher, New York.

nem Rate, verließ das physiologische Laboratorium und trat als Aspirant in das Allgemeine Krankenhaus ein.«[15] Ein Jahr später heißt es ähnlich an anderer Stelle: »[...] bis ein Mahnwort des verehrten Lehrers mir sagte, daß ich in meiner armseligen materiellen Situation eine theoretische Laufbahn vermeiden müßte«[16]. Eine Behauptung von Wittels, Freud habe mit Brücke gebrochen, korrigierte er: er habe das physiologische Laboratorium 1882 auf »Brückes eigenen Rat« verlassen.[17]

Diese wohlbedachten autobiographischen Äußerungen dürften den Leser jedoch eher verwirren. Nur eines scheint sicher, nämlich daß Freud nicht auf Druck von Brücke dem Institut den Rücken kehrte, sondern daß dies freiwillig und in gutem Einvernehmen mit seinem Lehrer geschah. Und doch war es eine erzwungene Entscheidung, mit der er sich widerstrebend einer mißlichen finanziellen Realität beugte. Aber warum mußte Freud so plötzlich Forschungsinteressen aufgeben, die ihn sechs Jahre lang so ausschließlich gefesselt hatten, für die er doch offensichtlich so begabt war und mit denen er überdurchschnittliche Erfolge erzielt hatte? Unzählige mittellose junge Wissenschaftler haben vor und nach ihm eine solch opportunistisch anmutende Entscheidung ausgeschlagen und doch am Ende ihres Lebens wenig Anlaß gehabt, ihre Standfestigkeit zu bereuen. Oder, anders betrachtet, warum hatte Freud so lange in einer illusionären, eskapistischen Haltung verharrt? Warum hatte er so viele Jahre an eine Karriere verschwendet, die ihm nicht offenstand? Freud gibt auf diese Fragen keine Antwort. Vergegenwärtigen wir uns indessen seine Lebenssituation im Jahre 1882, so tritt, obgleich wir wenig über die komplexen Einzelheiten wissen, doch ein wichtiger Umstand deutlich hervor:

Freuds Vater war damals siebenundsechzig Jahre alt; er lebte in unsicheren finanziellen Verhältnissen und war von Zeit zu Zeit auf Darlehen und Geschenke von Verwandten seiner Frau angewiesen; die Verantwortung für eine Familie mit sieben

15 Freud, 1925*d*, S. 35.

16 Freud, 1927*a*, S. 290

17 Diese Mitteilung steht in einem Brief Freuds an Wittels [vom 18. 12. 1923]; persönliche Mitteilung von Wittels. [Der Brief selbst ist abgedruckt in Freud, 1960*a*, 363 f.; allerdings fehlt dort eine Liste von Berichtigungen, die Freud dem Brief beifügte und die die oben zitierte Formulierung enthält. Brief und Liste werden demnächst in einem *Nachtragsband* zu den *G. W.* erscheinen.]

Kindern lastete auf ihm, und noch immer mußte er für seinen schon erwachsenen, jetzt sechsundzwanzigjährigen Sohn aufkommen. Er tat es ohne Murren, großzügig und gern, mit jener für ihn charakteristischen liebenswürdigen Leichtfertigkeit. Er hatte seinem Sohn bei der Berufswahl volle Freiheit gelassen und war durchaus bereit, sein Medizinstudium zu finanzieren. Als Freud während seiner ersten Universitätsjahre in jene chaotische Phase geriet, begann der Vater allerdings, sich über seine Zukunft Sorgen zu machen, und dachte daran, ihn dazu zu bewegen, Kaufmann zu werden und seine Nichte zu heiraten. Aber diesen Plan gab er bald auf, und obgleich er sich von Zeit zu Zeit gefragt haben mag, wohin das alles noch führen sollte, machte er ihm keine Vorhaltungen, als Freud zur Erlangung seines medizinischen Doktorgrades – statt der erwarteten fünf – acht Jahre brauchte. Und selbst als der Sohn danach noch immer keine Anstalten machte, endlich als Arzt seinen Lebensunterhalt zu verdienen, vielmehr beschloß, weiter als Histologe am Brückeschen Institut zu arbeiten, war der Vater wohl stolz auf seine hervorragenden Geistesgaben, vielleicht sogar sehr zufrieden mit dem völligen Mangel an Geschäftssinn, einer Eigenschaft, die ihm selbst abging und die in seiner privaten Wertordnung ziemlich weit unten rangierte. Es wäre ihm nie in den Sinn gekommen, seinem Sohn eine einträglichere Beschäftigung aufzuzwingen. Und er hat vielleicht auch keine Notwendigkeit dafür gesehen. Obwohl Freud häufig die unsichere ökonomische Lage seiner Familie, die Not des Lebens[18], die er früh zu spüren bekommen, erwähnt hat, scheint Jakob Freud doch immer dafür gesorgt zu haben, daß die Familie genug zum Essen und Anziehen hatte und in einer geräumigen Wohnung leben konnte. Keines der Kinder brauchte vorzeitig die Schule zu verlassen, ja, es gab sogar einige Anzeichen für einen gewissen Wohlstand. Es standen genug Mittel zur Verfügung für Bücher, Theaterkarten, ein Klavier, für Musikstunden und ein Ölbild von allen Kindern, als Sigmund dreizehn war, für eine moderne und verbesserte Petroleumlampe – eine der ersten ihrer Art in Wien –, sogar für Sommerferien in einem Kurbad in Mähren.
Freuds fast gänzliche finanzielle Abhängigkeit von seiner Familie war gleichwohl nicht bedrückend. Mit sechsundzwanzig Jah-

18 [Deutsch im Original.]

ren lebte er noch immer in jenem kleinen Studierzimmer, das man ihm als besonderes Privileg schon in seinen frühen Jugendjahren eingerichtet hatte. »Während all dieser Jahre ... war das einzige, was sich in diesem Raum änderte, die wachsende Zahl überfüllter Bücherregale, die neben Schreibtisch, Bett, Stuhl und Ablage das Mobiliar ausmachten.«[19] Er selbst wie seine Arbeit wurden von der Familie sehr ernst genommen. Freud verlangte und erhielt ein beträchtliches Stück Privatheit. Zu bestimmten Zeiten nahm er das Abendessen nicht am Familientisch, sondern auf seinem Zimmer ein. Aber sonst war er äußerst bescheiden, in materiellen Dingen anspruchslos, mit dem Einfachsten an Kleidung, Essen und Unterhaltung zufrieden. Offenbar brauchte er außer Ruhe für seine Studien und der Gesellschaft einiger anregender Freunde wenig mehr als Bücher, und die konnte man meistens für recht wenig Geld bekommen. Seine Leidenschaft für Bücher – zumal aufwendige illustrierte wissenschaftliche Monographien – hatte ihn zu Beginn seiner Universitätsjahre einmal in Schwierigkeiten gebracht, war seither aber recht gut unter Kontrolle. Peinliche Situationen ergaben sich manchmal, wenn er von Freunden Geld leihen mußte, das er dann aber jeweils gewissenhaft, oft früher als vereinbart, zurückzahlte. Von einer solchen Episode wissen wir aus dem einzigen Brief, der aus der Korrespondenz mit seinem Freund Knöpfmacher erhalten blieb.[20] Gelegentlich bekam er für seine Veröffentlichungen ein Honorar, und 1879 erhielt er ein Universitätsstipendium von hundert Gulden.
Das Leben mit seiner Familie verlief natürlich nicht ohne Reibungen. Die Unterdrückung jeglicher Kritik am Vater muß im Sohn Spannungen und Ängste erzeugt haben, besonders in den Jahren vor seiner Reise nach England, wo sein dreiundzwanzig Jahre älterer Halbbruder ihn lehrte, den Vater in neuem Licht zu sehen. Aber trotz des Rückzugs in sein Studierzimmer, lebte er doch nicht einfach neben der Familie her, sondern wirklich mit ihr. Er nahm an den Freuden und Sorgen der einzelnen Mitglieder Anteil und verfolgte all ihre Belange mit tatkräftigem Interesse. Man fragte ihn nach seiner Ansicht, und oft wurde sein Rat befolgt. Zu einem großen Familienverband zu

19 A. Bernays, 1940, S. 336.
20 Persönliche Mitteilung von Hugo Knöpfmacher, New York.

gehören, war für ihn von seiner frühesten Kindheit an etwas Selbstverständliches. Es wäre ihm nicht eingefallen, sich als ›Schmarotzer‹ vorzukommen. Daß ein Teil jenes Gefühlsaufruhrs und jener Unausgeglichenheit, die er wie jeder Adoleszente zu durchleiden hatte, tatsächlich auch eine Folge seiner Abhängigkeit war, konnte er damals so wenig wissen wie irgendeiner seiner Altersgenossen. Vielleicht wußte er es sogar noch weniger als diejenigen unter seinen Freunden, die in offener Rebellion gegen ihre Väter ein stürmisches Leben als Sozialisten, gleichsam als Verstoßene führten oder als Sonderlinge in Kaffeehäusern und vegetarischen Restaurants herumsaßen oder auch ihre akademische Freiheit bei Sanges- und Trinkfreuden bzw. im Duell vergeudeten. Alle von Freud bewußt wahrgenommenen Mißlichkeiten seiner Situation wurden jedoch durch das Arbeitsglück und die ruhige, befriedigende Atmosphäre am Physiologischen Institut aufgewogen, wo nur eines zählte: Wissenschaft, Hingabe an den wissenschaftlichen Fortschritt. Er wünschte sich, dieser glückliche Zustand möge ewig währen. Denn er trug so entscheidend zu Freuds Ausgeglichenheit bei, daß nur ein mächtiger, von außen kommender Einfluß das Gleichgewicht stören konnte. Wenn sein Vater gestorben wäre, oder wenn eine Wirtschaftskrise den Geschäftszweig, in dem er tätig war, ruiniert hätte. Nicht Tod, nicht Rezession – für Freud wurde Eros zum Störenfried.

Im Frühjahr 1882 begegnete er Martha Bernays aus Hamburg. Sie war damals noch nicht einundzwanzig. Nach nur wenigen Wochen intensiver, scheuer und geheimer Werbung machte er ihr brieflich einen Heiratsantrag und erhielt zum Zeichen ihres Einverständnisses einen »Händedruck unter dem Tisch«[21]. Am 17. Juni 1882 feierten sie offiziell Verlobung. Ungeduldig drängte Freud auf baldige Heirat. Dieses Faktum hat er in den verschiedenen Darstellungen der »Wendung« nirgends erwähnt, was mitnichten bedeutet, Freud habe es für unwichtig gehalten. Freilich hat er in allen Selbstbekenntnissen, die er doch so reichlich über sein Werk verstreute, mit äußerster Konsequenz jeglichen Bezug auf Liebe ausgespart. Er stellte sich selbst als Schurken dar, vatermörderisch, ehrgeizig, kleinlich, rachsüchtig,

21 Freud, 1901*a*, S. 662.

aber, abgesehen von ein paar sehr zurückhaltenden Anspielungen auf seine Verlobte und spätere Frau, nie als Liebenden. Selbst eine Jugendverliebtheit hat er uns nur in der Verhüllung einer Falldarstellung verraten.[22] Dies sollte die Biographen davor warnen zu glauben, Freuds autobiographische Mitteilungen seien Zufallsproben. Genau das Gegenteil ist der Fall, sie sind streng nach Kriterien zensuriert, die nicht augenfällig sind.

Auf dem Hintergrund dieser zusätzlichen Information wird das Motiv für Freuds Entscheidung, das Physiologische Institut zu verlassen, verstehbar, ein menschliches und sehr realistisches Motiv. Freuds Verlobte war mittellos, worauf er stolz war. Eine Professur zu erlangen, schien in weiter Ferne zu liegen. Man hatte nach dem Studium mehrere Jahre zu arbeiten, um als erste Voraussetzung den Titel eines Privatdozenten zu erlangen; dann folgten, sofern einen nicht ungewöhnliches Glück und besondere Umstände begünstigten, noch viele weitere Jahre bis zur Ernennung zum Professor, wobei man nie sicher sein konnte, dieses Ziel je zu erreichen. Wohl wäre er an der Reihe gewesen, die nächste freiwerdende Assistentenstelle am Brückeschen Institut zu bekommen. Dies hätte ein kleines Gehalt bedeutet, von dem allerdings eine Familie nicht leben konnte; bestenfalls hätte es, mit einer gewissen Unterstützung aus anderen Quellen, für ein junges Paar ohne Kinder ausgereicht. Am Physiologischen Institut gab es nur zwei solcher Assistentenstellen, und beide waren mit fähigen und relativ jungen Männern besetzt. Es bestand wenig Aussicht, daß sie weggehen oder befördert würden. Grundlagenforschung bot also keinerlei Chance für wirtschaftliche Unabhängigkeit und Sicherheit, weder in naher noch in ferner Zukunft. Für einen jüdischen Wissenschaftler sah es noch düsterer aus. Wer nicht einsehen wollte, daß die Taufe die Eintrittskarte in die akademische Welt war, konnte sich auf unzählige Kränkungen und endlose Verzögerungen gefaßt machen. Weil für Freud nun die Tage vorüber waren, da geistige Nahrung alles war, was er vom Leben verlangte, begriff er, daß er die Universität verlassen und seinen Traum aufgeben müsse, wie Brücke einmal ordentlicher Professor für Physiologie und Höhere Anatomie zu werden.

22 S. Bernfeld, 1946.

III. Im Allgemeinen Krankenhaus[23]

Seinen Doktor hatte Freud ein Jahr vor der »Wendung« gemacht. Er hätte nun nichts weiter zu tun brauchen, als seine Promotionsurkunde in einem Raum seiner Wohnung aufzuhängen, diesen damit zum Behandlungszimmer zu bestimmen, am Hauseingang ein Schild anzubringen und auf Patienten zu warten. Seine Wünsche und seine Ungeduld mögen ihm, als er Brückes Institut und damit der Wissenschaft den Rücken kehrte, gedrängt haben, genau das zu tun. Hunderte von Ärzten hatten es so gehalten und ihr Auskommen gefunden, manche zusätzlich noch Anhänglichkeit und Dankbarkeit ihrer Patienten. Jedoch kamen solche Ärzte im damaligen Österreich in der Standeshierarchie über den untersten Rang nicht hinaus. Der angesehene Arzt verdankte seine über Landarztniveau hinausreichende Position einigen Jahren Volontärdienst im Wiener Allgemeinen Krankenhaus. Dies brachte den begehrten Titel eines »Emer. Secundararztes« ein, den der Betreffende auf seinem Praxisschild und im Adreßbuch unter seinen Namen setzen konnte. Über dieser breiten Mittelschicht angesehener Ärzte thronte die medizinische Aristokratie – die Universitätsmitglieder mit ihrer eigenen Hierarchie vom Privatdozenten über den Außerordentlichen Professor bis zum Ordinarius. Ihre Laufbahn begann gewöhnlich auf einer Assistentenstelle in einer der Universitätskliniken, die, obgleich in den Bauten des Allgemeinen Krankenhauses untergebracht, unter Universitätsverwaltung standen und ungleich höheres Ansehen genossen. Freud suchte seinen Platz in der Mittelschicht. Im Juli 1882 trat er als Aspirant in das Allgemeine Krankenhaus ein.

Welche Gründe mögen ihn dazu bewogen haben? Hoffte er durch diese mehrjährige Zusatzausbildung seiner Familie auf lange Sicht ein besseres Auskommen sichern zu können? War

23 Die in diesem Abschnitt erwähnten Fakten wurden folgenden Quellen entnommen: den im Werk verstreuten autobiographischen Mitteilungen Freuds, seinem 1885 für das Habilitationsgesuch verfaßten ›Curriculum vitae‹ (aus dem Archiv der Wiener Universität [jetzt abgedruckt in Freud, 1925*d* (*Ta.*), S. 125 f.]), persönlichen Mitteilungen von Fritz Wittels, New York, sowie den zeitgenössischen medizinischen Fachorganen, insbesondere der *Presse medicale Belge* [Artikel von J. Thiriar, 1883]; ferner J. Hofmann, 1873; Min. f. soc. Verw. (Hrsg.), 1934; H. Hun, 1883; L. Eisenberg, 1893; F. Wittels, 1944.

Prestige für ihn – oder seine Verlobte – ein Wert, für den die Verzögerung in Kauf zu nehmen war? War es einfach das, was sich damals schickte, so daß man sich dem nicht entziehen konnte? Oder ersehnte er, ohne sich dessen bewußt zu sein, einen weiteren, gut rationalisierbaren Aufschub? Der Mangel an Fakten läßt es nicht zu, auch nur einen dieser Deutungsversuche zu begründen. Indessen dürfte sich Freud über einen sehr einfachen, trivialen Tatbestand durchaus im klaren gewesen sein: ob er nun Medizin mochte oder nicht, zweifellos verfügte er noch nicht über jene ärztlichen Fertigkeiten, die man ihm durch seine Promotion bescheinigt hatte. Während seiner Ausbildung hatte er nur Vorlesungen besucht und klinische Vorstellungen im Hörsaal gesehen. Er hatte kaum je am Krankenbett gestanden; und bei solchen seltenen Gelegenheiten hatte er den Patienten allenfalls untersuchen, nicht behandeln dürfen. Er war Arzt – aber er war es nur auf dem Papier, nicht nach seinem Gewissen. Er selbst hielt sich noch nicht für reif, in eigener Verantwortung eine Privatpraxis zu betreiben; so arbeitete er zunächst unter Aufsicht eines Primarius im Allgemeinen Krankenhaus.
Mindestens dreitausend Patienten lagen damals auf den Stationen der alten, grauen, muffigen Gebäude des Allgemeinen Krankenhauses, die nicht weit vom Stadtzentrum eine Fläche von fünfundzwanzig Morgen bedeckten. Die Patienten kamen nicht nur aus Wien, sondern auch aus entlegenen Gegenden der österreichischen Monarchie, ja, sogar aus Asien und Afrika. Weitere Tausende wurden in den Ambulanzabteilungen versorgt; selbst die seltensten Krankheiten, die man sonst allenfalls einmal im Leben zu Gesicht bekommt, konnte man dort regelmäßig sehen. Obwohl die über dem Hauptportal angebrachte Rokoko-Tafel von 1780 »Heilung und Trost den Kranken« verheißt, gehörte der Geist der Männer, die diese Stätte berühmt gemacht hatten, mehr der Forschung und Beobachtung als der Therapie. Hyrtl, Skoda, Rokitansky, um nur drei der einflußreichsten zu nennen, sahen ihre Lebensaufgabe darin, jenes Gemisch aus Bigotterie und alten Weisheiten, Magie und gesundem Menschenverstand, Effekthascherei und echter Güte abzuschaffen, welches, von wenigen denkwürdigen Ausnahmen abgesehen, in der ersten Hälfte des neunzehnten Jahrhunderts noch weithin die ärztliche Praxis bestimmte. Erfolgreich hatten sie diese Verfahren durch wissen-

schaftliche Untersuchung, Beobachtung, durch Mikroskop und Autopsie ersetzt. Diese Männer haben das medizinische Fachwissen beträchtlich erweitert und das Fundament für eine empirische und effektive Krankenbehandlung gelegt, aber die Heilkunde war gleichwohl eine Aufgabe der Zukunft geblieben. 1882 war diese Gründergeneration bereits gestorben oder nicht mehr im Amt. An ihre Stelle waren Männer gleicher Gesinnung getreten – einer Gesinnung, die man, etwas überspitzt, als therapeutischen Nihilismus bezeichnet hat. Sie setzten die Tradition der Schule fort: »*Qui bene diagnoscit bene curat* (wer gut diagnostiziert, heilt gut); in der Regel schade man einem Patienten mehr, wenn man ihn für eine Krankheit behandele, die er nicht habe, als wenn man ihn gut versorge und den Rest der Natur überlasse [...]. Der Gynäkologe Chrobak [...] hatte in seinem Hörsaal beispielsweise die Losung aufgehängt: *Primium est non nocere* (der oberste Grundsatz ist, keinen Schaden zuzufügen).«[24]

Wittels hat den Geist der Wiener medizinischen Schule aus eigener Erfahrung beschrieben: »Wann immer ein Patient starb, gingen – ich möchte fast sagen, rannten die Ärzte ins Institut für Pathologische Anatomie. Der Chef, die Assistenten und die jüngeren Ärzte, alle in weißen Kitteln, strömten herbei. Der Tag des Jüngsten Gerichts war angebrochen [...]. Nachdem die Leichenschau beendet war, kehrten wir, manchmal in gehobener Stimmung, manchmal ziemlich niedergeschlagen, auf unsere Stationen zurück und versammelten uns im Arbeitszimmer des Chefs zur Epikrisis, d. h. zur gründlichen kritischen Diskussion des Falls.«[25]

In den Augen der Patienten aber waren die Ärzte, zumal die Professoren, damals wie heute, mächtige Helfer, geradezu Halbgötter. Für sie bedeutete allein die Konsultation eines berühmten Arztes eine Garantie für Heilung. In der unbehaglichen Lage eines glück- und machtlosen Ignoranten, jedoch mit der Autorität des Allwissenden ausgestattet, versuchten die Ärzte ihre therapeutische Ohnmacht durch eine betont idealistisch-altruistische Einstellung gegenüber den Patienten ein Stück weit auszugleichen.

24 F. Wittels, 1944, S. 522 [im Original Englisch].
25 [AaO.]

Einer der reinsten Repräsentanten dieses Typs war Nothnagel. Sein Begriff von ärztlicher Pflichterfüllung war extrem streng. Er bedeutete seinen Studenten, wer mehr als fünf Stunden Schlaf brauche, tauge nicht zum Medizinstudium. Der Medizinstudent müsse von acht Uhr früh bis sechs Uhr abends Vorlesungen und Übungen besuchen, danach zu Hause noch bis spät in die Nacht lesen. Er selbst hat sich wohl noch weniger Schlaf gegönnt. Neben wissenschaftlicher und editorischer Arbeit, neben Lehrverpflichtungen und administrativen Aufgaben im Rahmen seiner großen Klinik brachte er einem ausgedehnten Patientenstamm von wohlhabenden Wienern und Fremden Trost, wenn nicht Heilung; aber er fuhr auch in entlegene Dörfer, um sich dort um die Armen und Schwachen zu kümmern. Es fiel ihm schwer, einen Patienten abzuweisen. Er wurde geliebt, bewundert, vergöttert. Vorzeitig starb er mit vierundsechzig Jahren an Herzversagen. Notizen über Pulsschlag und Empfindungen während seines letzten stenokardischen Anfalls, die der Sterbende flüchtig festgehalten hatte, fanden sich auf seinem Nachttisch – neben einem Band mit Schillers Werken, aufgeschlagen war das philosophische Gedicht ›Das Ideal und das Leben‹. Sein Sterben – exemplarisch für jenen Typus Arzt, von dem er einst bei seiner Antrittsvorlesung in Wien 1882 gesagt hatte, nur ein guter Mensch könne ein großer Arzt sein – machte ihn für lange Zeit unter den Kranken in Wien und andernorts zu einer legendären Figur.
In Nothnagels Klinik für Innere Medizin im Allgemeinen Krankenhaus arbeitete Freud als Aspirant von Juli bis Dezember 1882. Aber offenbar konnte er für die Behandlung der Kranken auf der Station nicht mehr Interesse aufbringen als früher beim Zuschauen, wenn ein Professor eine Diagnose stellte oder im Auditorium einen chirurgischen Eingriff vornahm. Freud war vom Wissenschaftler Nothnagel beeindruckt und hegte große Achtung vor dem Menschen. Aber er war außerstande, sah sich nicht einmal bemüßigt, Nothnagels ärztlichem Temperament nachzueifern. Auf der Station kam Freud alsbald endgültig zu der Überzeugung, daß er sich eine Zukunft als praktischer Arzt oder Internist, kurz, als Doktor nicht vorstellen konnte oder wollte. Nachdem die Zeit bei Nothnagel abgelaufen war, trat er für die nächsten vier Monate nicht in eine andere Abteilung des Krankenhauses ein.

Nicht im Krankenhaus, sondern in Meynerts hirnanatomischem Laboratorium fand er die Arbeit, die ihn fesselte. Meynert, einem der Begründer der Hirnanatomie, fraglos der damals größten Kapazität in diesem Fach, wurde allenthalben Ehrfurcht und Bewunderung entgegengebracht. Schon als Student fühlte sich Freud von Werk und Persönlichkeit dieses Mannes angezogen. Trotz bitterer Enttäuschungen, die er später mit ihm erleben mußte, erinnerte sich Freud seiner stets als des glänzendsten Geistes, dem er je begegnet sei. In dieses Laboratorium des großen »Meynert, dessen Spuren ich mit so hoher Verehrung gefolgt bin«[26], trat Freud im Herbst 1882 ein, während er noch Dienst in Nothnagels Abteilung tat, und er blieb dort bis zur Abreise nach Paris im Herbst 1885. Er teilte seinen Labortisch mit Bernard Sachs und Allen Starr, beide aus New York, und Gabriel Anton aus Wien. Bald war er so hingebungsvoll in seine Untersuchungen vertieft wie nur je in Brückes Institut. Und ohne Rücksicht auf seinen Plan, sich auf seine Privatpraxis vorzubereiten, ungeachtet der Sehnsucht nach seiner Verlobten, also imgrunde gegen alle Vernunft – folgte er erneut seinem unbezähmbaren Forschungsdrang. In gewissem Sinne blieb er sogar dem Thema treu, das er ein paar Monate zuvor aufgegeben hatte. »Brücke hatte mich an das Rückenmark eines der niedrigsten Fische (Ammocoetes-Petromyzon) als Untersuchungsobjekt gewiesen, ich ging nun zum menschlichen Zentralnervensystem über.«[27] Aber: »Die Gehirnanatomie war in praktischer Hinsicht gewiß kein Fortschritt gegen die Physiologie.«[28] Glücklicherweise bot sich dieses Mal ein Kompromiß zwischen Ideal und Wirklichkeit an, nämlich das Gebiet der Krankheiten des Nervensystems, zu jener Zeit Neuropathologie genannt. Dieses medizinische Fachgebiet erfordert gründliche Kenntnisse in Hirn- und Nervenanatomie und war damals mehr noch als heute eigentlich nichts anderes als die diagnostische Anwendung der Anatomie. »Ich habe nicht genug gelernt, um Mediziner zu sein, in meiner medizinischen Entwicklung gibt es einen Riß, der später mühsam geknüpft worden ist. Ich konnte gerade noch so viel lernen, daß ich Neuropathologe wurde«[29] – schrieb Freud am

26 Freud, 1900*a*, S. 439.
27 Freud, 1925*d*, S. 35.
28 [AaO, S. 36.]
29 Freud, 1950*a*, S. 56.

29. August 1888 sarkastisch an seinen Freund Fließ. So nahm er sich vor, im Allgemeinen Krankenhaus Neuropathologie zu lernen, durch eine Reihe von Veröffentlichungen den akademischen Titel eines Privatdozenten zu erlangen, seine Ausbildung mit einem Semester in Paris bei Jean-Martin Charcot abzurunden, um sich schließlich als Facharzt für Neurologie in Wien niederzulassen. Dieser Plan versprach eine ziemlich sichere Zukunft. Die Beschäftigung mit Hirnanatomie erschien nicht länger als unsinniger Zeitvertreib; sie gehörte vielmehr zu den notwendigen Vorbereitungen auf dem Weg zu einem vernünftigen Ziel.

Es ist nicht bekannt, wann genau Freud diese Entscheidung fällte. Wir wissen nur, daß er am 1. Mai 1883 seinen Dienst am Allgemeinen Krankenhaus wieder aufnahm. Er arbeitete diesmal als Sekundararzt in Meynerts Psychiatrischer Klinik. In dieser Stellung standen ihm ein eigener Raum, Brennholz sowie ein Anerkennungssalär zu, die gleiche Summe, die auch der Gaslichtanzünder bekam. So verließ Freud im Alter von siebenundzwanzig Jahren erstmals das Elternhaus, um eine eigene Unterkunft zu beziehen. Aber die meisten Wochenenden verbrachte er bei seiner Familie und seinen Büchern.

Fünf Monate lang arbeitete Freud in Meynerts Psychiatrischer Klinik; nach kurzer Dienstzeit in einer Syphilis-Station ging er von Dezember 1883 bis zum Sommer 1885 auf die Vierte medizinische Abteilung, wo der Primarius, Franz Scholz, schon seit längerem den Nervenkrankheiten besondere Aufmerksamkeit schenkte. Obwohl seine Station Kranken aller Art offenstand, konnte man doch stets eine große Zahl und Vielfalt von »Nervenfällen« sehen. Dieser Ablauf – Überwechseln von der Psychiatrischen Klinik zur Syphilis-Station und von dort zur Scholz-Abteilung – deutet darauf hin, daß der Plan, sich auf Neuropathologie zu spezialisieren, Anfang 1883 gefaßt wurde.

Sind der Entscheidung heftige innere Kämpfe vorausgegangen? War Freud von sich selbst enttäuscht, war er beschämt, deprimiert? Oder besaß er mit siebenundzwanzig schon jene souveräne Gelassenheit angesichts der eigenen Grenzen, die er als alter Mann in dem einfachen Satz ausdrücken sollte, seine Selbsterkenntnis sage ihm, er »sei eigentlich kein richtiger Arzt gewesen«[30]? Gewöhnlich reagierte Freud auf Fehlschläge sehr

30 Freud, 1927*a*, S. 290.

heftig, wie aus einer bemerkenswerten Einschaltung in der *Traumdeutung* hervorgeht, die sich auf seine chemischen Untersuchungen in Ludwigs Laboratorium aus den Jahren 1881/82 bezieht: »Ich habe als junger Doktor lange Zeit im chemischen Institut gearbeitet, ohne es in den dort erforderten Künsten zu etwas bringen zu können, und denke darum im Wachen niemals gern an diese unfruchtbare und eigentlich beschämende Episode meines Lernens. Dagegen ist es bei mir ein wiederkehrender Traum geworden, daß ich im Laboratorium arbeite, Analysen mache, Verschiedenes erlebe usw.; diese Träume sind ähnlich unbehaglich wie die Prüfungsträume und niemals sehr deutlich. Bei der Deutung eines dieser Träume wurde ich endlich auf das Wort ›*Analyse*‹ aufmerksam, das mir den Schlüssel zum Verständnis bot. Ich bin ja seither ›Analytiker‹ geworden, mache Analysen, die sehr gelobt werden, allerdings *Psychoanalysen*. Ich verstand nun: wenn ich auf diese Art von Analysen im Tagesleben stolz geworden bin, mich vor mir selbst rühmen möchte, wie weit ich es gebracht habe, hält mir nächtlicherweile der Traum jene anderen mißglückten Analysen vor, auf die stolz zu sein ich keinen Grund hatte; es sind Strafträume des Emporkömmlings [...].«[31]

Dennoch dürfen wir nicht annehmen, die Unfähigkeit, Medizin zu lernen, hätte bei Freud eine ähnlich starke Reaktion ausgelöst; dazu hatten die beiden Fächer für ihn eine zu ungleiche Bedeutung. Chemie war das Gebiet, zu dem Freud sich hingezogen fühlte und auf dem er es zu etwas bringen wollte, während ihm Medizin, gewissermaßen durch Verschulden seines Vaters, aufgenötigt worden war. Wäre dieser reich und mächtig gewesen, so wie er ihm als Kind in Freiberg vorgekommen war, hätte der junge Student nicht eine praktische Laufbahn ins Auge fassen müssen, um seinen Wissensdurst zu stillen; keine »schlechte materielle Lage«[32] hätte den frisch promovierten Doktor dazu gezwungen, die Erfüllung seines sehnlichen Wunsches, unabhängig und selbst Familienvater zu werden, mit dem Verzicht auf seine wissenschaftliche Karriere zu bezahlen. Für ihn war die Arztpraxis ein Tribut an die Not des Lebens[33], an das Realitäts-

31 Freud, 1900*a*, S. 479.
32 [Freud, 1925*d*, S. 35.]
33 [Wiederum Deutsch im Original.]

prinzip, wie er später sagen sollte; und wahrscheinlich fühlte er sich durchaus berechtigt, so wenig wie möglich für des Vaters Versagen zu bezahlen, indem er sich nämlich jenen Winkel der Medizin aussuchte, der seinen wissenschaftlichen Interessen am nächsten, gleichzeitig aber vom üblichen Geschäft des Arztes am weitesten entfernt lag. Es hat nicht den Anschein, daß er seine Wahl je bereut hat, obgleich er in einer flüchtigen Verstimmung ein paar Jahre später einmal an seinen Freund Fließ schrieb: »Arzt sein anstatt Spezialist, mit allen Untersuchungsmitteln arbeiten und sich des Kranken ganz bemächtigen, das ist gewiß die einzige Methode, die eigene Befriedigung und materielle Erfolge verspricht, aber für mich ist es damit vorbei.«[34]

IV. Anatomie der Medulla oblongata[35]

Im Zuge seiner Vorbereitungen auf die Berufsarbeit begann Freud im Herbst 1883 mit hirnanatomischen Studien. In den vorangegangenen Jahren hatte er sich im Sinne Meynerts Grundkenntnisse über das Gehirn angeeignet, und mit Nervenzellen und Rückenmark hatte er sich bereits während seiner Studentenzeit durch seine Arbeit bei Brücke gut vertraut gemacht. So war die Medulla oblongata, die den Übergang vom Rückenmark zum Großhirn bildet, gleichsam ein folgerichtiger Ausgangspunkt für seine Untersuchungen. Über die Struktur dieses wichtigen Hirnteils wußte man damals wenig; es handelte sich um ein höchst kontroverses Thema. Die Nervenfasern, die aus der Oblongata entspringen oder durch sie hindurchführen, lassen sich besonders schwer erkennen, isolieren und in ihrem Verlauf verfolgen. Die Verbindung der Hirnnerven mit der Oblongata – es ist dies tatsächlich die Region, in der sie entspringen – war noch nicht bekannt, jedenfalls noch nicht ausreichend und in Einzelheiten bestimmt. Einige der frühen Befunde Meynerts waren durch neuere Veröffentlichungen zweifelhaft geworden. Dieses aufregende Gebiet beabsichtigte Freud zu erforschen; hierauf wollte er sich nun eine Zeitlang konzentrieren.

34 Freud, 1950*a*, S. 56.

35 Freuds Beziehung zu Meynert wird in einer eigenen Arbeit erörtert werden. Dort werden auch die Quellen zitiert. [Diese Arbeit ist von Bernfeld nicht mehr abgeschlossen worden.]

In der damaligen Zeit wurden hirnanatomische Untersuchungen durch Unzulänglichkeiten jener Techniken erschwert, mit deren Hilfe man die Nervenfasern färbte oder anderweitig kenntlich zu machen suchte, um bei der mikroskopischen Präparation klare Bilder zu bekommen. Einem Vorschlag Flechsigs folgend, entwickelte Freud im Herbst 1883 die Goldchlorid-Methode. Sie führte zwar nicht zu einer durchschlagenden Verbesserung, erwies sich aber doch als hilfreich. Ich habe in einer früheren Arbeit die Veröffentlichungen erwähnt, in denen Freud seine Erfindung beschreibt.[36]

Zwischen 1883 und 1885 widmete Freud einen beträchtlichen Teil seiner Zeit dem Studium der Oblongata. In drei Mitteilungen veröffentlichte er 1885/86 freilich nur einen geringen Teil seiner Befunde sowie der theoretischen Konzepte, zu denen sie ihn geführt hatten. In seiner *Selbstdarstellung* erwähnt er sie als »kleine Arbeiten«, die »immerhin von Edinger vermerkt worden« seien[37]. Zwei sind tatsächlich kleine Arbeiten, die gewisse Details im Aufbau der Oblongata entweder definitiv klärten oder ihrer zukünftigen Bestimmung näherbrachten: erstens ›Zur Kenntnis der Olivenzwischenschicht‹ und zweitens ›Über die Beziehung des Strickkörpers zum Hinterstrang und Hinterstrangskern nebst Bemerkungen über zwei Felder der Oblongata‹. Das Manuskript der zuerst genannten Arbeit ist mit »Wien, Mitte Mai 1885« datiert. Sie erschien im Juni 1885.[38] Die andere, mit »Paris, 23. Januar 1886« datiert, kam im Juni 1886 heraus.[39] Als Ko-Autor zeichnete bei der zweiten Dr. L. Darkschewitsch, ein junger russischer Neurologe, der von 1883 bis 1887 bei Flechsig, Virchow, Goltz, Meynert und Charcot arbeitete. Nach seiner Rückkehr nach Rußland wurde er Privatdozent in Moskau, 1889 Ordinarius in Kasan. Er galt – so heißt es in den Nachrufen – als der »russische Oppenheim«, als Begründer der neurologischen Schule von Kasan, der zu ihrer Zeit größten und berühmtesten in ganz Rußland. Freud begegnete Darkschewitsch in Meynerts Laboratorium oder in Paris; über seine Arbeitsbeziehung zu ihm teilt er mit: »Wir sind nun auf Grund unab-

36 S. Bernfeld, 1949, S. 22 [im vorliegenden Band S. 134 f., oben].
37 [Freud, 1925*d*, S. 36.]
38 Freud, 1885*d*.
39 Freud, 1886*b*.

hängig voneinander angestellter Untersuchungen dazu gelangt, das von Flechsig vermutete Fasersystem nachzuweisen [...]. Als wir die vollkommene Übereinstimmung unserer Ergebnisse bemerkten, haben wir beschlossen, davon in gemeinsamer Publikation Mitteilung zu machen.«[40]

Die dritte Arbeit über die Medulla oblongata, ›Über den Ursprung des N[ervus] acusticus‹[41], im Juli 1886 niedergeschrieben und im August, unmittelbar nach Freuds Rückkehr aus Paris, veröffentlicht, enthält indessen mehr als nur die Ermittlung eines bestimmten Details, dazu geeignet, ein oder zwei winzige weiße Flecke auf der Landkarte des Gehirns auszufüllen. Freud verfolgt hier nicht nur den Nervus acusticus (VIII) bis zu seinem Ursprung in der Medulla; anhand eines Vergleichs dieser Ergebnisse mit seinen früheren Funden aus den Petromyzon-Studien formuliert er vielmehr die Theorie, daß alle hinteren Hirnnervenwurzeln den hinteren Rückenmarkswurzeln homolog seien; damit brachte er erstmals eine einfache Ordnung in ein verwirrendes, chaotisches Gebiet. Für den Hörnerv weist er diese Homologie überzeugend nach. Die Ausdehnung dieser Feststellung auf alle Hirnnervenwurzeln ist später, laut Brun[42], bestätigt worden.

Alle Untersuchungen Freuds über die Medulla haben ein auffallendes Merkmal gemeinsam, nämlich die Methode, deren er sich dabei bediente. Die Standardtechnik bestand seinerzeit darin, das Gehirn für eine große Zahl von Objektträgern zu zerschneiden und dann anhand ganzer Serien Verlauf und Verbindungen der Nervenfasern entweder rein anatomisch oder in Kombination mit physiologischen Tatbeständen zu studieren. Bei letzterem Ansatz bediente man sich der Kenntnisse, die man bei der Beobachtung spontaner oder experimentell herbeigeführter Läsionen gewonnen hatte – durch »Verstümmelung«[43], wie Freud es im Hinblick auf die physiologischen Methoden so drastisch formuliert hatte. Er teilte die damalige Begeisterung für diese Methoden nicht, stand ihnen eher skeptisch gegenüber und hielt die neue, kurz zuvor von Flechsig eingeführte Methode für

40 AaO, S. 123.
41 Freud, 1886*c*.
42 R. Brun, 1936, S. 202.
43 [Freud, 1886*c*, S. 246.]

ein weitaus besseres Instrument. Bei der neuen Methode wird ein embryologisches Moment zur Richtschnur im Labyrinth anatomischer Verbindungen genommen. Die an der Markscheidenbildung der Nervenfasern erkennbare Reifung erfolgt im gesamten Nervensystem nicht überall gleichzeitig, sondern in exakten, gesetzmäßig aufeinanderfolgenden Schritten. Deshalb empfiehlt es sich, den Aufbau des Hirns nicht am voll ausgereiften, sondern am fetalen Objekt zu studieren. Dann bekommt man einfache Bilder zu sehen, in denen sich nur wenige Fasern abzeichnen, »anstatt der unentwirrbaren Durchschnittsbilder, an denen kaum mehr als eine topographische Orientierung möglich ist«[44]. Mittels Vergleichs der Schnitte durch ein fetales Gehirn lassen sich Verlauf, Verbindungen und Aufbau der Nervenfasern unmittelbar beobachten, während man beim reifen Gehirn hierüber allenfalls Vermutungen anstellen kann. Die dieser Methode zugrunde liegende Annahme besagt, wie Freud eindeutig feststellt, daß die frühesten Strukturen während der Entwicklung erhalten bleiben, daß sie nur immer verwickelter, aber »nicht verschüttet«[45] werden. Bereits in seinen histologischen Forschungen war das Problem der Entwicklung von größter Bedeutung gewesen, aber damals betrachtete er es unter phylogenetischem Aspekt. In den Oblongata-Studien richtete sich sein Augenmerk erneut auf das Thema der Evolution, doch stand diesmal der ontogenetische Aspekt im Mittelpunkt.

Es bedarf keiner langen Erläuterung, um deutlich zu machen, daß ein Hauptthema der Psychoanalyse sich bis zu den Oblongata-Studien zurückverfolgen läßt. In den Gefühlen der Menschen entdeckte Freud später einen anderen Bereich, auf welchem die Anwendung des ontogenetischen Gesichtspunkts, aufbauend auf der in Flechsigs Methode implizit enthaltenen Annahme, zu fruchtbaren Ergebnissen führte. Freilich mußte Freud zuerst eine Methode erfinden, um hier an die archaischen Strukturen heranzukommen, die, wenngleich nicht zerstört, tatsächlich tief »verschüttet« sind.

Man kann sich gut vorstellen, daß Meynert von Freuds Energie, Originalität und Hingabefähigkeit beeindruckt war. »Eines Tages machte mir Meynert, der mir das Laboratorium eröffnet

44 AaO, S. 247.
45 AaO.

hatte, auch als ich nicht bei ihm diente, den Vorschlag, ich solle mich endgültig der Gehirnanatomie zuwenden, er verspreche, mir seine Vorlesung abzutreten, denn er fühle sich zu alt, um die neueren Methoden zu handhaben. Ich lehnte, erschreckt durch die Größe der Aufgabe, ab; auch mochte ich damals schon erraten haben, daß der geniale Mann mir keineswegs wohlwollend gesinnt sei.«[46] Freuds Oblongata-Forschungen hielten sich strikt an den Rahmen der Meynertschen Konzepte. Sie versprachen also, zu seinem Ruhme beizutragen – ein Aspekt, der in Meynerts Augen zählte. Doch machte Freud in seinen Veröffentlichungen in gewissem Umfang auch für Flechsig Reklame. Der alternde Meynert, durch seine psychiatrischen Interessen mehr und mehr von der Hirnanatomie abgekommen, fühlte sich von diesen »neueren Methoden«, mit denen er nicht vertraut war, bedroht. Es paßt gut zu seinem schwierigen Charakter, daß er in der Bedrängnis widerstreitender Gefühle zu einer Demutsgebärde Zuflucht nahm, anbot, sich von der Lehre der Hirnanatomie völlig zurückzuziehen, und Freud aufforderte, ihn abzulösen. Freud dürfte die Beimengung von Eifersucht und Feindseligkeit um so deutlicher herausgespürt haben, als für ihn selbst die Beschäftigung mit Flechsigs Arbeit – einmal abgesehen von den wissenschaftlichen Gründen, die ihn dazu veranlaßten – emotional einem Loyalitätsbruch mit Meynert gleichkam, dessentwegen er sich, infolge der eigenen schwierigen Beziehung zu seinem Lehrer, schuldig gefühlt haben mag.

V. Klinische Neurologie

Über seiner gewissenhaften hirnanatomischen Arbeit vergaß Freud nicht das Studium der organischen Nervenkrankheiten. Das war jedoch ein schwieriges Unterfangen. Im Allgemeinen Krankenhaus gab es keine eigene neurologische Klinik. Entsprechende Fälle waren über sämtliche Stationen der Inneren Medizin verstreut. An der Universität wurden keinerlei Spezialkurse für diese Krankheiten angeboten. Nothnagel, der kurz zuvor aufgrund seines Buches über die topische Diagnostik der Gehirn-

46 Freud, 1925*d*, S. 36.

krankheiten nach Wien berufen worden war, legte weder in seiner Klinik noch in den Vorlesungen besonderes Gewicht auf Neuropathologie. Meynerts psychiatrische Vorlesungen, obgleich außerordentlich anregend, konzentrierten sich auf allgemeine Gehirnanatomie und ausgewählte psychiatrische Themen, z. B. die Amentia. Was Obersteiner und einige Privatdozenten, Benedikt und andere, zu bieten hatten, war rasch aufgenommen. Scholz, Freuds Primarius auf der Vierten medizinischen Abteilung des Allgemeinen Krankenhauses[47], hatte vor mehr als zwanzig Jahren in der Inneren Medizin wissenschaftlich gearbeitet und sich stets besonders für neurologische Fälle interessiert; aber 1883, damals vierundsechzig Jahre alt, war er, zum Spott seiner Studenten, »längst fossil; [...] notorisch schwachsinnig«[48]. Immerhin ließ er seinen Assistenten, wohl infolge seniler Gleichgültigkeit, jegliche Freiheit, genau das zu tun, wonach ihnen der Sinn stand. Freud mußte also sein eigener Lehrer sein, und offensichtlich stellte er sich dabei sehr geschickt an. »Ich wurde allmählich mit dem Gebiet vertraut; ich verstand es, einen Herd in der Oblongata so genau zu lokalisieren, daß der pathologische Anatom nichts hinzuzusetzen hatte [...]. Der Ruf meiner durch die Autopsie bestätigten Diagnosen trug mir den Zulauf amerikanischer Ärzte ein, denen ich in einer Art von Pidgin-English Kurse an den Kranken meiner Abteilung las.«[49] Scholz schätzte seinen Sekundararzt außerordentlich; bald übertrug er ihm, wenn auch nicht Titel und Gehalt, so doch die Funktionen eines Sekundararztes I. Klasse; für sechs Wochen vertraute er ihm sogar die Vertretung als Abteilungsleiter an.[50]

Von den vielen Fällen, die Freud in der Vierten Abteilung gesehen und behandelt hat, gibt es nur von dreien schriftliche Berichte. Die betreffenden Behandlungen wurden 1884 durchgeführt. Freud veröffentlichte seine Falldarstellungen zwischen 1884 und 1886 in insgesamt drei Publikationen. Das Haupt-

47 Die Angaben über die Abteilung von Scholz sind den in Anm. 23, oben, angegebenen Quellen entnommen.

48 Freud, 1901*a*, S. 678.

49 Freud, 1925*d*, S. 36.

50 Auf der Abteilung lagen zwischen fünfzig und hundert Patienten, je zur Hälfte Männer und Frauen. Zur Abteilung gehörten zwei Sekundarärzte und ein Sekundararzt I. Klasse. Die Sekundarärzte beteiligten sich turnusmäßig auch am vierundzwanzigstündigen Aufnahmedienst des Allgemeinen Krankenhauses.

motiv für die Veröffentlichung wird wohl die Absicht gewesen sein, sein akademisches Ansehen zu mehren; doch sind die Berichte, »Musterbeispiele konziser neurologischer Deduktion«[51], offensichtlich auch mit Lust geschrieben. In seinen späteren Jahren äußerte sich Freud in der Regel abfällig über die Neurologie der achtziger Jahre. Einmal schalt er sie ein läppisches Kombinationsspiel[52]. Nichtsdestotrotz spielte er dieses Spiel in seinen ersten Jahren als Neuropathologe virtuos und mit Leidenschaft.

Einer jener Berichte handelt vom Fall eines sechzehnjährigen Schuhmacherlehrlings, der am 17. Januar 1884 in das Krankenhaus eingeliefert wurde; er zeigte stark blutendes Zahnfleisch und punktförmige Hämorrhagien an den Unterschenkeln. Sonst waren, von einer leichten Apathie abgesehen, keine weiteren Symptome an ihm festzustellen. Am Morgen des darauffolgenden Tages fiel er in tiefstes Koma, am gleichen Abend verstarb er. Während des ganzen Tages war er fortlaufend in kurzen Abständen beobachtet und neurologisch aufs genaueste untersucht worden; es zeigte sich ein verwirrendes Bild – Erbrechen, linksseitige Fazialparese, Pupillendifferenz, Nackenstarre usw. Eine sorgfältige Erörterung jedes dieser beobachteten Symptome im Hinblick auf Art und Lokalisation des verborgenen pathologischen Geschehens im Gehirn führte zu der richtigen Diagnose von Skorbut, verbunden mit »Haemorrhagia cerebri intermeningealis (et ad crura cerebri) et retinarum«[53]. Die von Kundrat durchgeführte Autopsie bestätigte Freuds diagnostische Schlußfolgerungen bis ins einzelne. Im zweiten Teil seiner Arbeit ›Ein Fall von Hirnblutung mit indirekten basalen Herdsymptomen bei Skorbut‹ diskutiert Freud eingehend die Literatur sowie bestimmte Merkmale von Blutungen an der Hirnbasis.[54]

In einem anderen der Berichte beschreibt Freud den Fall eines

51 S. E. Jelliffe, 1937, S. 702.

52 Persönliche Mitteilung von Suzanne Cassirer Bernfeld. [Der Originalwortlaut dieses Ausspruchs von Freud war nicht zu ermitteln. Im Englischen steht an dieser Stelle »silly game of permutations«. Gemeint ist ein Spiel mit einer begrenzten Anzahl von Grundelementen, die in verschiedener Reihenfolge zusammengestellt werden.]

53 Freud, 1884*a* [Sp. 246].

54 [AaO, Sp. 276 ff.]

Bäckergehilfen, den er vom 3. Oktober 1884 bis zu seinem Tode am 17. Dezember desselben Jahres beobachtet und als Fall von »Endokarditis, Pneumonie und Neuritis multiplex (Polyneuritis acuta)«[55] diagnostiziert hatte. Die wiederum von Kundrat durchgeführte Autopsie bestätigte abermals die Diagnose – es handelte sich um die erste in Wien an einem solchen Fall vorgenommene Sektion. Freud versprach in seiner Veröffentlichung, die Resultate der mikroskopischen Untersuchung noch anderwärts mitzuteilen.[56] Offenbar ist es dann aber nicht dazu gekommen. Allerdings hat Sperling 1886 im *Neurologischen Centralblatt* festgestellt, es handele sich um einen sehr wertvollen Beitrag zur Klinik der akuten multiplen Neuritis, zu der bislang die mikroskopischen Untersuchungen gefehlt hätten.[57]

Das nämliche »Spiel« von Beobachtung, Analyse und Intuition, gestützt auf umfassende Kenntnis der Anatomie sowie der klinischen Literatur, hat Freud im dritten Fall zur Diagnose »Muskelatrophie mit ausgebreiteten Sensibilitätsstörungen (Syringomylie)« geführt, einer Affektion, von der damals erst wenige Fälle bekannt geworden waren. Der Patient, ein sechsunddreißigjähriger Weber, hatte, vom 10. November an, sechs Wochen lang nicht nur unter Freuds Beobachtung, sondern auch in elektrischer Behandlung gestanden. Bei der Entlassung behauptete er, »eine Kräftigung ... zu verspüren«.[58]

VI. Der Privatdozent

Bereits Anfang 1885, gut eineinhalb Jahre nachdem er sich definitiv für seinen Berufsweg entschieden hatte, fand Freud sich fast schon am Ziel. Zweifellos von Brücke und Meynert dazu ermutigt, bewarb er sich am 21. Januar um die Ernennung zum Privatdozenten.[59]

Der Privatdozent war damals nicht zu den Fakultätssitzungen zugelassen. Er bekam auch kein Gehalt ausbezahlt. Doch konnte

55 [Freud, 1886*a*, Sp. 171.]
56 AaO [Sp. 168].
57 S. E. Jelliffe, 1937, S. 702.
58 Freud, 1885*c* [Sp. 391].
59 Dank der Bemühungen Viktor Krafts (Wien) kann ich mich im folgenden auf die im Archiv der Wiener Universität aufbewahrten Dokumente stützen.

er eine begrenzte Anzahl von Vorlesungen halten, gewöhnlich ein bis zwei, wobei für jede Vorlesung wiederum ein bis zwei Wochenstunden vorgesehen waren. Allerdings hatte er Stoffe zu wählen, die nicht zum medizinischen Grundlehrplan gehörten, und er war verpflichtet, die üblichen Kolleggelder zu verlangen. Infolgedessen waren die Hörerzahlen in der Regel sehr gering. Sofern es sich nicht um einen der wenigen besonders populären Dozenten handelte, galten zehn Studenten schon als ungewöhnliche große Hörerzahl. Die Bedingungen für die Ernennung waren äußerst anspruchsvoll. Der Bewerber mußte anhand zahlreicher Publikationen selbständige, originelle und gültige wissenschaftliche Leistungen vorweisen können. Die Dozentur erschien gleichwohl als etwas überaus Erstrebenswertes. Sie war die unerläßliche Voraussetzung für die spätere Ernennung zum Professor, und in der Öffentlichkeit genoß der Titel hohes Ansehen. Da es in der damaligen Zeit noch keine Facharzttitel gab, wies einen die Privatdozentur immerhin als einen auf einem bestimmten Spezialgebiet überdurchschnittlich kompetenten Fachmann aus. Hinzu kam, daß diese Autorität nur einer sehr kleinen Gruppe zuerkannt wurde. Und obgleich tatsächlich nicht selten Leute mit guten Beziehungen die begehrte Position ohne eigene Verdienste erlangten, waren die Privatdozenten damals im allgemeinen doch wissenschaftlich hochqualifiziert. Sie hatten beträchtlichen Anteil am Fortschritt ihrer Wissenschaft.

Freuds Habilitationsgesuch, am 21. Januar 1885 ausgefertigt, umfaßte einen Lebenslauf, die Bibliographie seiner Veröffentlichungen und einen »Lehrplan«: »Wenn das löbliche Professoren-Kollegium mir die Dozentur für Nervenkrankheiten verleiht, gedenke ich auf zwei Wegen den Unterricht in diesem Zweige der menschlichen Pathologie zu fördern: Erstens durch Abhaltung von Vorlesungen und Kursen über die Anatomie und Physiologie des Nervensystems, soweit Kenntnisse dieser Art die unerläßliche Vorbedingung für das Verständnis der neuropathologischen Tatsachen darstellen; zweitens durch die Abhaltung von Kursen und Vorlesungen, in welchen Nervenkranke demonstriert, die hierbei erforderlichen Untersuchungsmethoden gelehrt und der gegenwärtige Stand unseres Wissens über die Pathologie des Nervensystems mitgeteilt werden soll. Für letzteren Zweck hat mir Herr Primarius Dr. F. Scholz das Material der

4. mediz. Abteilung im allgem. Krankenhause, an welcher ich als Sekundararzt diene, gütigst zur Verfügung gestellt.«[60] Franz Scholz bestätigte diese Zusicherung mit seiner Unterschrift.

Auf der Fakultätssitzung vom 24. Januar wurde ein Komitee von Fachreferenten gewählt, bestehend aus Meynert, Brücke und Nothnagel; es sollte das Gesuch prüfen und der Fakultät darüber berichten. Am 1. Februar teilte Brücke dem Komitee kurz seine Ansicht mit: »Die mikroskopisch anatomischen Arbeiten des Herrn Dr. Sigm. Freud sind allgemein mit Anerkennung aufgenommen und so weit sie überhaupt nachgearbeitet wurden, in ihren Resultaten bestätigt worden. Sie sind mir wohl bekannt, und ich bin bereit, jedes auf Zulassung des Petenten gerichtete Referat zu unterschreiben, eventuell auch zu einer Komiteesitzung zu kommen, wenn eine solche notwendig werden sollte.«[61] Am 5. Februar schloß sich Nothnagel Brückes Ansicht an, und auf der Fakultätssitzung vom 28. Februar trug Brücke das von ihm verfaßte, von Nothnagel und Meynert unterzeichnete Referat des Komitees vor.

In seinem Bericht geht Brücke sorgfältig und ausführlich auf Freuds drei histologische Schriften über die hinteren Nervenwurzeln beim Petromyzon (1877 [*a*], 1878 [*a*]) und über die Nervenzellen beim Flußkrebs (1882 [*a*]) ein[62], wobei er die zuletzt genannte als »sehr wichtige Arbeit«[63] bezeichnet. Er gibt dann kürzere, gleichfalls anerkennende Zusammenfassungen von ›Notiz über eine Methode zur anatomischen Präparation des Nervensystems‹ (1879 [*a*]), ›Eine neue Methode zum Studium des Faserverlaufs im Zentralnervensystem‹ (1884 [*b*])[64], ›Ein Fall von Hirnblutung‹ (1884 [*a*])[65] sowie ›Über Koka‹ (1884 [*e*]).[66] Ferner erwähnt er die zoologische Arbeit über die Aale (1877 [*b*]) und Freuds Zusammenfassung seiner neuro-histolo-

60 [Vgl. J. und R. Gicklhorn, 1960, S. 66, sowie Faksimile Abb. 3; die Orthographie wurde für die vorliegende Ausgabe modernen Gepflogenheiten angeglichen; das gilt auch für die nachfolgenden Zitate aus dieser Quelle.]
61 [AaO.]
62 Für Informationen über diese Arbeiten vgl. S. Bernfeld, 1949.
63 [J. und R. Gicklhorn, 1960, S. 68.]
64 Vgl. für beide Arbeiten wiederum S. Bernfeld, 1949.
65 S. oben, S. 173.
66 Diese sowie die späteren Arbeiten Freuds über Koka werden Thema einer eigenen Studie sein [vgl. S. Bernfeld, 1953], obgleich sie, der Chronologie nach, in die Zeit von Freuds Dienst am Allgemeinen Krankenhaus gehören.

gischen Studien in ›Die Struktur der Elemente des Nervensystems‹ (1884 [*f*]).[67] Er schließt mit folgender Empfehlung: »Herr Dr. Freud ist ein Mann von guter Allgemeinbildung, ruhigem ernstem Charakter, ein vortrefflicher Arbeiter auf nervenanatomischem Gebiete, von feiner Geschicklichkeit, klarem Blikke, umfassender Literaturkenntnis und besonnener Schlußweise, wohlgeformter schriftlicher Darstellungsgabe, seine Arbeiten erfreuen sich der Anerkennung und Bestätigung, seine Vortragsweise ist durchsichtig und sicher. Er vereinigt so sehr die Eigenschaften des wissenschaftlichen Untersuchers und des wohlberufenen Lehrers in sich, daß das Komitee sich einstimmig den Vorschlag erlaubt, das verehrte Kollegium möge seine Zulassung zu den weiteren Habilitationsakten beschließen.«[68] Das Gutachten wurde unverzüglich mit 21 Stimmen bei einer Gegenstimme angenommen. Am 13. Juni bestand Freud das von Brücke und Meynert abgehaltene Kolloquium. Am 20. beschloß die Fakultät, Freud zur Probevorlesung zuzulassen. Bei dieser Abstimmung hat offenbar sein einziger Gegner aus der vorangegangenen Sitzung weitere Unterstützung gefunden – das Stimmenverhältnis war diesmal 19 zu 3. Die Probevorlesung fand am 27. Juni um 12.30 Uhr in Brückes Hörsaal statt. Freud sprach ›Über die Zeit des Weißwerdens der Markfasern‹. Laut Protokoll waren Brücke, Meynert, Fleischl, Privatdozenten, Assistenten, Doktoranden sowie viele Studenten anwesend; der Probevortrag sei »zur allseitigen Befriedigung abgehalten«[69] worden. Danach wurde die Ernennung Freuds zum Privatdozenten für Nervenpathologie von der Fakultät einstimmig empfohlen und am 5. September 1885 vom Minister für Kultus und Unterricht bestätigt.

Innerhalb der Standeshierarchie gehörte Freud nun also zur Aristokratie, wenn auch zu deren niedrigstem Rang. Zur gleichen Zeit erhielt er ein Reisestipendium für einen halbjährigen Aufenthalt an der Salpêtrière, der Pariser Klinik von J.-M. Charcot. Damit war seine Studienzeit – neun Jahre Universität, drei Jahre Allgemeines Krankenhaus – endgültig vorbei. Gewiß, er betrachtete den Parisaufenthalt noch als zur Ausbildung gehörig,

67 Vgl. für beide zuletzt genannten Arbeiten wiederum S. Bernfeld, 1949.
68 [J. und R. Gickelhorn, 1960, S. 70, s. auch Faksimile Abb. 4.]
69 [AaO, S. 7.]

und er hatte ihn sowohl aus Prestigeüberlegungen als auch im Hinblick auf eine Verbesserung seiner beruflichen Kompetenz geplant, doch erfüllte diese Reise, die er Ende August oder Anfang September 1885 antrat, darüber hinaus eine alte Sehnsucht: ». . . die Seligkeit, in welcher ich zuerst den Fuß auf das Pflaster von Paris setzte, nahm ich als Gewähr, daß ich auch die Erfüllung anderer Wünsche erreichen werde.«[70]

Anhang

Vollständige Liste[71] der Lehrveranstaltungen, die Freud belegt und für die er Gebühren bezahlt hat:

Wintersemester 1873/74 (1. Semester)		*Wochenstunden*
Langer	Anatomie des Menschen	6
Langer	Sezierübungen	6
Schneider	Mineralchemie	5
Schneider	Übungen im chemischen Laboratorium	6

Sommersemester 1874 (2. Semester)		
Langer	Anatomie des Menschen	6
Claus	Allgemeine Zoologie. Darwinismus	3
Schneider	Organische Chemie	5
Schneider	Chemische Übungen	6
Toldt	Mikroskopische Übungen	3
Fenzl	Systematik der Phanerogamen	3
Tschermak	Mineralogie	5
Brücke	Physiologie der Stimme und Sprache	1

70 Freud, 1900*a*, S. 201.

71 [Wie bereits erwähnt, wurden die Recherchen über Freuds Studiengang seinerzeit, im Auftrag Bernfelds, von Viktor Kraft in Wien durchgeführt. Kraft teilte seine Funde Bernfeld in einem Brief vom 13. Mai 1950 mit. Dieser Brief war im Bernfeld-Archiv indessen nicht auffindbar. In Bernfelds ›Research Notes‹ finden sich lediglich maschinengeschriebene Auszüge daraus. Für die vorliegende deutsche Ausgabe hat Frau Dr. Eva Laible anhand der von Freud ausgefüllten Nationale die Liste nochmals überprüft und in etlichen Punkten korrigiert. Die Orthographie wurde modernen Gepflogenheiten angepaßt, Abkürzungen sind aufgelöst.]

Wintersemester 1874/75 (3. Semester)		*Wochenstunden*
Voigt	Übungen im Seziersaal	6
Brücke	Physiologie des Menschen	5
Brücke	Übungen im physiologischen Laboratorium	6
Claus	Zoologie für Mediziner	5
Stefan	Magnetismus. Elektrizität und Wärme	4
Stefan	Theorie der magnetischen Kräfte	2
Brentano	Lesung philosophischer Schriften	1

Sommersemester 1875 (4. Semester)

Brücke	Physiologie	5
Brücke	Physiologische Übungen	6
Claus	Anatomie der Vertebraten	5
Claus	Anatomie der Mollusken	2
Claus	Zoologisches Praktikum für Anfänger	3
Brentano	Logik	4
Brentano	Philosophische Lesungen	1
Stefan	Optik	3
Stefan	Theorie der Wärmeleitung	2

Wintersemester 1875/76 (5. Semester)

Langer	Anatomische Übungen	6
Brücke	Physiologische Übungen	6
Claus	Zoologisches Praktikum	10
Fleischl	Physiologische Besprechungen	2
Brentano	Lesung philosophischer Schriften	1

Sommersemester 1876 (6. Semester)

Claus	Zoologisches Praktikum	15
Fleischl	Muskel- und Nervenphysiologie	4
Exner	Medizinische und Physiologische Demonstration	2
Exner	Spektralanalyse	2
Wiesner	Pflanzenphysiologie	3
Brentano	Die Philosophie des Aristoteles	3

Wintersemester 1876/77 (7. Semester)

Dumreicher	Chirurgische Klinik	10
Duchek	Medizinische Klinik	10
Stricker	Allgemeine Pathologie	5

		Wochenstunden
Heschl	Pathologische Anatomie	5
Exner	Physiologie der Sinne	3
Fleischl	Physiologische Besprechungen	2
Fleischl	Höhere Mathematik für Mediziner	3
Basch	Wirkung der Gifte	2
Sommersemester 1877 (8. Semester)		
Billroth	Chirurgische Klinik	10
Bamberger	Interne Medizin	10
Heschl	Pathologische Anatomie	5
Hofmann	Spezielle Partien der gerichtlichen Medizin	3
Fleischl	Muskel- und Nervenphysiologie	3
Breuer	Krankheiten der Nieren	2
Wintersemester 1877/78 (9. Semester)		
Billroth	Chirurgische Klinik	10
Duchek	Medizinische Klinik	10
Meynert	Psychiatrische Klinik	5
Heschl	Pathologische Sektionsübungen	3
Langer	Sezierübungen	6
Ludwig	Physiologische und Pathologische Chemie	3
Sommersemester 1878 (10. Semester)		
Billroth	Chirurgische Klinik	10
Hebra	Klinik, Hautkrankheiten	10
Späth	Klinik für Geburtshilfe	10
Sigmund	Klinik für Syphilis	5
Stricker	Allgemeine Pathologie des Nervensystems	1
Bettelheim	Physikalische Untersuchungen	5
Wintersemester 1878/79 (11. Semester)		
Bamberger	Interne Medizin	10
Arlt	Augenheilkunde	10

Freuds erstes Praxisjahr, 1886-1887*

»Herr Dr. Sigmund Freud, Dozent für Nervenkrankheiten an der Universität, ist von seiner Studienreise nach Paris und Berlin zurückgekehrt und ordiniert I., Rathausstraße Nr. 7, von 1 bis 2 ½ Uhr.« Diese Notiz[1] und ähnlich lautende Anzeigen erschienen Anfang Mai 1886 in den Wiener medizinischen Fachjournalen. Freud hatte Ende Februar Paris verlassen und sich anschließend mehrere Wochen in Berlin aufgehalten, um dort bei Baginsky seine pädiatrischen Kenntnisse aufzufrischen. Nach Wien zurückgekehrt, bereitete er seine Niederlassung vor. Am Ostersonntag war er soweit, seine ersten Patienten zu empfangen. In einem Brief vom 12. April 1936 schreibt er: »Oster Sonntag bedeutet für mich die 50te Wiederkehr der Aufnahme meiner Praxis.«[2] Gewiß ein ungewöhnliches Eröffnungsdatum, denn der Ostersonntag war in Wien ein hoher Feiertag; alle Geschäfte und Büros waren geschlossen, nur die dringendsten Notdienste wurden ausgeübt. Der Kalender zeigt, daß der Ostersonntag in jenem Jahr auf den 25. April fiel.

Obwohl Freuds Bekanntenkreis groß war und so einflußreiche Persönlichkeiten wie Nothnagel, Breuer und Chrobak umfaßte, dürfte er in den ersten Praxismonaten weniger Patienten gehabt haben, als er es sich gewünscht haben mochte. Doch saß er nicht untätig herum. Unmittelbar nachdem er sich in der Rathausstraße eingerichtet hatte, beendete er seine noch in Paris begonnene Übersetzung von Charcots Vorlesungen.[3] In seinem auf

* [Verfaßt zusammen mit Suzanne Cassirer Bernfeld. – Diese Arbeit erschien unter dem Titel ›Freud's First Year in Practice, 1886-1887‹ erstmals 1952 im *Bulletin of the Menninger Clinic*, Bd. 16, Nr. 2, S. 37-49. Ein Nachdruck erfolgte 1953 in *The Yearbook of Psychoanalysis*, Bd. 9, S. 9-22.]

1 [Der obige Wortlaut (hier orthographisch etwas modernisiert) stand schon am 25. April 1886 in der ›Kleinen Chronik‹ der *Neuen Freien Presse*. Bernfeld hat seiner englischen Übersetzung anscheinend einen etwas anderen Anzeigentext zugrunde gelegt.]

2 Vgl. S. Cassirer Bernfeld, 1951 [im vorliegenden Band, unten, S. 254].

3 J.-M. Charcot, 1887. – Von Oktober 1886 an machte der Verlag in den medizinischen Fachzeitschriften für das Buch Reklame. Unter dem Titel ›Über einen Fall von hysterischer Coxalgie‹ erschien am 15. Mai 1886 der Vorabdruck eines Kapitelauszugs in der *Wiener medizinischen Wochenschrift* (Bd. 36, S. 711 ff.).

den 18. Juli 1886 datierten Vorwort äußert er Genugtuung darüber, daß die deutsche Fassung von Charcots bedeutendem Werk sogar früher erscheine als die französische Originalausgabe.[4] Im Juli schrieb er ferner den Bericht über seine Untersuchungen des Nervus acusticus, die er im Vorjahr in Meynerts Laboratorium durchgeführt hatte.[5] Überdies nahm er irgendwann zwischen Mai und Juli seinen Dienst als Leiter der neu eingerichteten Nervenabteilung am Öffentlichen Kinder-Krankeninstitut auf; das Institut stand damals unter der energischen und ehrgeizigen Leitung von Kassowitz.[6]

Im September reiste Freud rund tausend Kilometer nach Wandsbek bei Hamburg, um mit Martha Bernays zusammenzutreffen, mit der er seit mehr als vier Jahren verlobt war und die dort mit Mutter und Schwester lebte. Die Hochzeit fand am 14. September 1886 im Rathaussaal statt. Noch vierundsechzig Jahre später konnte sich Frau Freud lebhaft daran erinnern, wie der Standesbeamte sie hänselte, weil sie ihren neuen Namen ganz selbstverständlich, ohne das geringste Zögern, ins Heiratsregister eingetragen hatte.[7] Sie war damals fünfundzwanzig Jahre alt, Freud knapp über dreißig.

Bevor Freud Wien verließ, um seine Braut zu holen, hatte er für den zukünftigen Haushalt und seine Praxis eine Vierzimmerwohnung gemietet.[8] Sie befand sich in dem am Schottenring gelegenen Kaiserlichen Stiftungshaus in einem Bezirk in der Nähe der Neuen Universität, der sich seit den sechziger Jahren zu einem der elegantesten Wohnviertel der Stadt entwickelt hatte. Das Haus machte einen herrschaftlichen Eindruck; es waren große, schöne Räume.

Besser bekannt war das Stiftungshaus allerdings unter dem düsteren Namen »Sühnhaus«. Am 8. Dezember 1881 war wenige Minuten vor der Premiere von ›Hofmanns Erzählungen‹ ein

4 Charcot gefiel die Übersetzung; zum Dank schickte er Freud ein ledergebundenes Exemplar seiner gesammelten Werke mit der Widmung: »A Monsieur le Docteur Freud, excellent souvenir de la Salpêtrière. Charcot.« (Zitiert mit freundlicher Genehmigung des Psychiatric Institute, Freud Room, New York.)

5 Freud, 1886*c*.

6 Vgl. Freud, 1888*a* [eine Arbeit, die seinerzeit unter dem Übertitel ›Aus dem I. Öffentlichen Kinderkrankeninstitute in Wien‹ in der *Wiener medizinischen Wochenschrift* publiziert wurde].

7 Persönliche Mitteilung von Miss Anna Freud, London.

8 Gleichfalls persönliche Mitteilung von Anna Freud.

Feuer ausgebrochen und hatte das Wiener Ringtheater zerstört. Mehr als vierhundertfünfzig Menschen kamen dabei ums Leben; es wurde ruchbar, daß ohne die schier unglaubliche Nachlässigkeit der Verwaltung wohl die meisten hätten gerettet werden können. Aus eigenen Fonds errichtete Kaiser Franz Joseph daraufhin am Ort der Katastrophe ein großes Appartementhaus mit der Auflage, sämtliche Mietgelder sollten für immer den Wiener Wohlfahrtsorganisationen zur Verfügung gestellt werden. Es sei nicht einfach gewesen, Mieter für ein Wohnhaus zu finden, das auf dem Boden errichtet worden war, wo so viele Menschen den Tod gefunden hatten – berichtet Anna Freud Bernays in ihren Erinnerungen.[9] Ihr Bruder, von den verbreiteten abergläubischen Befürchtungen unbeeindruckt, habe nicht gezögert, sich dort mit seiner jungen Frau zu installieren. Und sein Beispiel habe alsbald auch andere dazu ermutigt. Als dort 1887 Sigmunds erstes Kind zur Welt kam, habe der Kaiser dieses erste im Sühnhaus geborene Baby durch das Geschenk einer schönen Vase aus der Kaiserlichen Porzellanmanufaktur geehrt. Da die zu dieser Zeit erschienenen Nummern der Wiener Tageszeitungen jedoch nichts von einer solchen Schenkung erwähnen und da die Presse sich andererseits die rührende Geschichte einer persönlichen Hulderweisung des Kaisers schwerlich hätte entgehen lassen, halten wir uns lieber an die bescheidenere Version, nämlich daß die kaiserliche Kanzlei eine Glückwunschadresse zur Geburt geschickt habe.[10]

Über die Anfänge von Freuds Praxis haben wir bis auf die beiden folgenden Anekdoten keine genauen Informationen. Die erste erwähnte Freud einmal beiläufig in einem Gespräch. Eines Tages habe er, allein in seinem Arbeitszimmer sitzend, die Türklingel läuten gehört, sodann in der Diele die Stimmen seines Hausmädchens und einer Dame. Voller Ungeduld, weil man den Besuch nicht unverzüglich zu ihm hereingeführt, trat er hinaus, unterbrach die Unterhaltung und geleitete die Besucherin zu einem Stuhl neben seinem Schreibtisch. Sie schaute sich flüchtig um, schwieg jedoch. Er fragte sie, ob es ihr hier nicht gefalle. Im Gegenteil, erwiderte sie, alles gefalle ihr ausnehmend gut. Was denn dann so schwierig sei, wollte er wissen. Nichts Schlimmes,

9 A. Bernays, 1940 [S. 341].
10 Persönliche Mitteilung Anna Freuds.

meinte sie, bloß daß sie sich schon verspätet habe, sie sollte doch die Kopfschmerztabletten für Frau X. abholen – eine entfernte Verwandte Freuds, deren Hausmädchen er nun in seinem Gegenüber erkannte.

Die zweite Anekdote betrifft eine Krankenbehandlung. Sie wurde uns vom Besitzer eines der vielen Buchantiquariate auf der Wiener Wollzeile erzählt. Durch unsere Nachfrage nach Freuds frühen neurologischen Schriften aufmerksam geworden, erkundigte er sich bei uns, ob der berühmte Professor wohl mit jenem Dr. Freud identisch sei, der im Herbst 1886 im Sühnhaus einen Faradisationsapparat installiert hatte. Er berichtete dann, daß er als vierzehnjähriger Junge von einer Droschke auf der Ringstraße überfahren worden sei und von dem dabei erlittenen Schock hysterische Anfälle bekommen habe. Damals habe ein Passant dazu geraten, den neuen Doktor aus dem nahe gelegenen Appartementhaus herbeizurufen. Dieser Doktor Freud habe ihn nach mehreren Wochen faradischer Behandlung kuriert, er könne sich noch sehr gut an seine Freundlichkeit und seine schönen Augen erinnern.

Während die Praxis langsam und unauffällig anlief, kam es am 15. Oktober 1886, kaum einen Monat nach seiner Heirat, auf einer Sitzung der Wiener Gesellschaft der Ärzte zu einem für Freuds Zukunft folgenschweren Vorfall. Er hatte sich verpflichtet gefühlt, vor dieser Vereinigung über seinen durch ein Universitätsstipendium ermöglichten Paris-Aufenthalt zu berichten. Die Gesellschaft der Ärzte war eine Standesorganisation auf der Basis freiwilliger Mitgliedschaft; unter den verschiedenen unabhängigen medizinischen Vereinen genoß sie das höchste wissenschaftliche und professionelle Ansehen. Die zahlreichen in Wien erscheinenden medizinischen Zeitschriften – wie auch die Fachjournale anderer deutschsprachiger medizinischer Zentren – entsandten zu den Treffen eigens Korrespondenten und berichteten gewöhnlich in allen Einzelheiten über den Verlauf der Sitzungen. Diesem Umstand ist es zu verdanken, daß wir Freuds Vortrag und die anschließende Diskussion detaillierter rekonstruieren können, als es Freud selbst in der kurzen Erwähnung in seiner *Selbstdarstellung* getan hat.[11]

11 Freud, 1925*d* [S. 39]. Unsere Darstellung stützt sich auf die Sitzungsberichte in der *Wiener medizinischen Presse*, Bd. 26 (1886), S. 1407-1410, in den *Wie-*

Es war das erste Treffen nach der Sommerpause. Der Vorsitzende, der Internist Heinrich von Bamberger, eröffnete die Sitzung mit einer Begrüßungsansprache. »Leider mischte sich diesem freudigen Gefühle des Wiedersehens der bittere Wermutstropfen bei, daß der Ehrenpräsident Hofrat v. Arlt seit längerer Zeit an einer schweren Krankheit darniederliegt [...]. Ferner berichtet der Vorsitzende über das Ableben eines der ältesten und verdienstvollsten Mitglieder der Gesellschaft, des Doktor Theodor v. Jurié.«[12] Nachdem sich die Versammelten zu einer Gedenkminute von ihren Sitzen erhoben hatten, demonstrierte Dr. Grossmann einen Fall von Kehlkopf-Lupus.

Anschließend sprach Freud über männliche Hysterie. Während seines Studienaufenthalts in Paris, so begann er, habe er Gelegenheit gehabt, die jüngsten Arbeiten Charcots kennenzulernen, der sich jetzt fast ausschließlich mit Hysterie beschäftige; er erlaube sich, nur einige wenige von Charcots Funden und Ansichten, die ihm selbst ebenso wichtig wie neu erschienen, vorzutragen. Er hoffe, keinem Widerspruch zu begegnen, wenn er sage, daß die Ärzte gewöhnlich mit Hysterie keinen festen Begriff verbänden. Die Bezeichnung werde oft etwa gleichbedeutend mit »nervös« verwendet. Die Diagnose werde zumeist auf das Alter und Geschlecht der Patienten, Verlauf, Wandelbarkeit der Symptome, aber eigentlich vorwiegend auf eine negative Relation gegründet, nämlich die Unmöglichkeit, den Symptomenkomplex irgendeiner der damals gebräuchlichen nosologischen Kategorien zuzuordnen. Endlich herrsche allgemein die Ansicht vor, die Hysterie sei ausschließlich eine Krankheit des weiblichen Geschlechts.

Charcots großes Verdienst, führte Freud aus, bestehe nun darin, daß er erstens – wie bei anderen Krankheitsbildern auch – einen Typus für die Hysterie aufgestellt habe, nämlich die »grande hystérie«, die durch eine Reihe positiver diagnostischer Merkmale charakterisiert sei: 1. Eigentümliche Anfälle, welche vier gesonderte Phasen erkennen lassen; 2. charakteristische Sensibilitätsstörungen, häufig in Form zerebraler Hemianästhesie; 3. Störungen an Sinnesorganen, insbesondere am Auge; 4. moto-

ner medizinischen Blättern, Bd. 9 (1886), S. 1292-1294, und in der *Wiener medizinischen Wochenschrift*, Bd. 36 (1886), S. 1444-1447.

12 [*Wiener medizinische Wochenschrift*, aaO, S. 1444-1445.]

rische Störungen; 5. hysterogene Körperstellen. Allerdings könne man nicht in jedem Falle alle diese Merkmale finden, aber die Diagnose lasse sich aufgrund der Annäherung an den Typus stellen. Zwar habe Charcot seinen Typus postuliert, nachdem der Terminus »Hystero-Epilepsie« geprägt worden war; er habe diese Fälle dann aber als Hysterie erkannt. Charcots zweites Verdienst bestehe, nach Freuds Ansicht, darin, daß er das Vorhandensein einer klar definierbaren Ordnung in den hysterischen Symptomen nachgewiesen und das Vorurteil beseitigt habe, Hysteriker seien Simulanten. Schließlich habe Charcot gezeigt, daß der Zusammenhang der Hysterie mit Reizungszuständen der Geschlechtsorgane in seiner Bedeutung überschätzt worden sei. Männliche Hysterie, die bis zu Charcots Forschungen als Kuriosität, ja, als etymologischer Widersinn gegolten habe, sei nun als eine nicht einmal seltene Erfahrungstatsache ausgewiesen. Charcot habe zwischen der männlichen und der weiblichen Hysterie bezüglich der Symptomatik keine Unterschiede gefunden. Im Gegenteil, der Typus der »grande hystérie« zeige sich bei Männern sogar häufiger. Selbst jene Körperzone, die bei Männern der Eierstockregion entspreche, sei nach Charcots Überzeugung hysterogen. Schließlich sei er der Meinung, daß bei Männern die Hysterie nach geringfügiger Traumatisierung, vielleicht infolge eines psychischen Schocks, auftrete, unabhängig davon, ob der Betreffende hereditär belastet sei oder nicht. Freud illustrierte dies anhand einer detaillierten Schilderung von Charcots erstem Fall von männlicher Hysterie, den er selbst in der Salpêtrière noch gesehen hatte.

Zum Schluß befaßte sich Freud mit der praktischen Bedeutung von Charcots Theorie. Charcot neige dazu, die nach Eisenbahnunfällen aufgetretenen pathologischen Zustände – als »Railway spine« oder »Railway brain« bekannt – großenteils als Hysterien gelten zu lassen. Er befinde sich dabei in Übereinstimmung mit mehreren amerikanischen Wissenschaftlern, wohingegen deutsche Forscher ihm entschieden widersprochen hätten. Obgleich diese Frage bisher nicht definitiv geklärt sei – Charcot habe solche Fälle noch nicht untersucht –, sei es doch lohnend, so meinte Freud, wenn praktische Ärzte sich mit ihr befaßten.

Die Diskussion wurde von Rosenthal eröffnet, der einwarf, es sei durchaus bekannt, daß Männer an Hysterie erkranken könnten, wenn auch sehr viel seltener als Frauen; er beschrieb dann ausführlich zwei Fälle, die ihm in den sechziger Jahren zu Gesicht gekommen waren. Man wisse auch, daß von relativ geringfügigen Traumen ausgelöste psychische Schocks zur Hysterie führen könnten. Hier gehe die Erregung gewöhnlich vom Kortex aus.

Meynert, der nach Rosenthal sprach, bemerkte, er habe in seiner Klinik zehn Jahre lang Fälle beobachtet, bei welchen, meistens nach traumatischen Insulten, psychische Veränderungen, kombiniert mit epileptischen Anfällen und Störungen der Bewußtseinsfunktionen, aufgetreten seien. Diese Zustände habe er »epileptoid« genannt. Er fügte hinzu, es wäre sehr interessant, wenn Dr. Freud zu ihm in die Klinik kommen würde, um dort, an *seinen* Fällen, die Stichhaltigkeit des in seinem Bericht Behaupteten zu demonstrieren. Meynert sagte ferner aus, daß er den von Rosenthal konstatierten kortikalen Ursprung der Hysterie nicht bestätigen könne.

Als nächster ergriff Bamberger das Wort und stellte fest, daß er, bei aller Bewunderung für Charcot und dessen Leistungen auf diesem Gebiete, in Freuds Vortrag nichts Neues finden könne; alles, was er gesagt habe, sei in Wien seit langem wohlbekannt. Überdies finde er Charcots Einteilung in große und kleine Hysterie nicht überzeugend, es gäbe auch schwerste Formen von Hysterie, die ohne Krampfanfälle verliefen. Zur Illustration erwähnte er den Fall eines Mädchens, das seit dem zweiten Lebensjahr an einer Paralyse der Beine, hochgradigen Kontrakturen der Extremitäten und Blasenlähmung litt; dieser Fall, dem niemand die Schwere der Hysterie bestreiten könne, würde gleichwohl nicht zu Charcots hysterischem Typus gehören. Auch bezüglich der männlichen Hysterie sei zu dem, was ohnehin bekannt war, nichts hinzugefügt worden. Neu – wenngleich nicht bewiesen – sei allenfalls die traumatische Ätiologie. Die Fälle von »Railway spine« seien schwerlich der Hysterie zuzurechnen, obgleich die Symptome gewisse Ähnlichkeiten aufwiesen.

Leidesdorf, der letzte Diskussionsredner, sagte, er habe viele Fälle beobachtet, bei denen sich schwere Erkrankungen des Rückenmarks, beispielsweise progressive Paralyse, nach Eisenbahnunfällen entwickelt hätten. Zwar wolle er nicht die Möglichkeit ausschließen, daß Hysterie gelegentlich auf ein Trauma folgen könne, aber er habe so viele Fälle, insbesondere junger Leute, gesehen, wo nach Schädeltraumen ohne äußere Verletzung hinterher Veränderungen wie Überempfindlichkeit oder Schlaflosigkeit aufgetreten seien, die mit Hysterie absolut nichts zu tun hätten.

Danach hielt Latschenberger seinen Vortrag ›Über die Bildung von Gallenfarbstoff in tierischen Geweben und Flüssigkeiten‹. Eine kurze, aber scharfe Kontroverse zwischen Bamberger und Latschenberger beschloß diese Sitzung der Gesellschaft der Ärzte, eine von Hunderten ihrer allwöchentlichen Routinediskussionen.

In seiner *Selbstdarstellung* faßte Freud seinen Eindruck in dem Satz zusammen: »... ich fand eine üble Aufnahme«.[13] Das war nicht übertrieben. Nicht nur Rosenthal, ein seinerzeit nicht sonderlich angesehener Neurologe, auch Bamberger, Meynert und Leidesdorf – Spitzen der Wiener medizinischen Schule – hatten erstaunlich primitive Einwände vorgebracht. Freud war es ja nicht um die Häufigkeit der Fälle männlicher Hysterie gegangen, vielmehr um die Tatsache, daß schon ihr vereinzeltes Auftreten die damals gängige Auffassung von der Hysterie als einer Uterusstörung bzw. als einer von einer Uterusstörung bewirkten Erkrankung widerlegte. Bamberger hatte nicht einmal den Sinn der von Charcot aufgestellten Typen richtig verstanden. Die Schwere eines Falls und der Grad seiner Annäherung an einen Typus (d. h. ob bestimmte auffallende und charakteristische Symptome wie etwa Anfälle auftreten oder nicht) waren verschiedene Gesichtspunkte, die nicht hätten durcheinandergeworfen werden dürfen. Freud hatte in der Einleitung seines Vortrags ausdrücklich vor solchen Fehlern gewarnt. Die zahlreichen Kommentare der Diskussionsredner zum Thema »Railway spine« hatten mit Charcots Theorie sicherlich wenig zu tun. Zwar hatte Meynert eingeräumt, daß nur eine gründliche Untersuchung seiner Epileptoiden klären könne, ob sie zu Charcots Hysterie gehörten oder nicht, aber er hatte diese Einsicht in die Form einer witzelnden, ja hämischen Einladung an Freud gekleidet.

Wie kam es zu dieser übereilten, unwissenschaftlichen Urteilsbildung? Welche Emotionen trübten das Denken? Gewiß waren

13 Freud, 1925*d* [S. 39].

die Größen der Gesellschaft der Ärzte im allgemeinen nicht sonderlich geneigt, Neulingen, die ihnen allenfalls als Publikum willkommen waren, Gehör zu schenken. Diese Einstellung hatte die jüngeren Mitglieder der Gesellschaft schon seit Jahren verdrossen und wohl mit zur Gründung des Wiener medizinischen Doktoren-Kollegiums beigetragen, wo sich die jungen Wissenschaftler vor dem unhöflichen, um nicht zu sagen, rüden Gehabe eines Bamberger und seinesgleichen sicher fühlten. Und doch galt an jenem 15. Oktober die einmütige Ablehnung nicht so sehr Freud persönlich – dem jungen Privatdozenten, der sich erdreistet hatte, die Großen zu belehren –, sondern einem Verräter der Wiener medizinischen Schule. Schließlich hatte Freud bei Bamberger, Leidesdorf und Meynert studiert. Für zwei Jahre, 1883 bis 1885, war er enger wissenschaftlicher Mitarbeiter Meynerts gewesen.[14] Von der Universität war er mit einem Stipendium zu Charcot geschickt worden, aber anstatt die beruhigende und von allen erwartete Nachricht mit nach Hause zu bringen, Paris habe Wien in puncto Neurologie nichts zu bieten, war er als glühender Anhänger des Ausländers Charcot zurückgekehrt; indem er dessen Verdienste anpries, legte er implizit den Finger auf Unzulänglichkeiten der Wiener Schule.[15]

Eigentlich sollte das Wort »Verräter« im Bereich objektiver Wissenschaft nichts zu suchen haben, wo doch Beobachtung und Experiment zur einmütigen Annahme bewiesener Erfahrungstatsachen führen – *sine ira et studio.* Wie man weiß, spielen indessen Emotionen und irrationale Bedürfnisse derer, die Wissenschaft treiben, ihre Streiche. Tatsächlich hatte Freud in Paris einen Mann entdeckt, den er mehr bewundern konnte als Meynert; zurückgekehrt, begann er an Meynerts hirnanatomi-

14 Für nähere Ausführungen über Freuds Arbeit in dieser Phase s. S. Bernfeld, 1951.

15 Julius Wagner-Jauregg, Nobelpreisträger von 1927, war bei der Sitzung anwesend gewesen. In seinen Memoiren kommt er kurz darauf zu sprechen. Damals war er mit Freud gut bekannt, wenngleich gewiß nicht befreundet. 1893 wurde er an der Universität Meynerts Nachfolger. Auf Seite 72 seiner *Lebenserinnerungen* (1950) heißt es: »Er [Freud] ging nach Paris und begeisterte sich für Charcot .... Nach Wien zurückgekehrt, hielt er einen Vortrag in der Gesellschaft der Ärzte, in dem er nur von Charcot sprach und ihn in den höchsten Tönen pries. Das vertrugen aber die Wiener Größen schlecht. Bamberger und Meynert wiesen Freud in der Diskussion schroff zurück, und damit war er quasi bei der Fakultät in Ungnade gefallen.«

schen Lehren herumzukritisieren. Im August 1886 war seine Arbeit über den Nervus acusticus[16] erschienen; deren Befunde sollte er in einer 1891 publizierten Beweisführung[17] gegen Meynert benutzen. Gleichfalls 1886 hatte er im Wiener Physiologischen Klub einen Vortrag über Aphasie gehalten[18], in dem die von ihm entwickelte Theorie gewissen Grundauffassungen Meynerts widersprach. Auf diesem Hintergrund betrachtet, läßt sich Meynerts aggressive Haltung auf der Oktobersitzung der Gesellschaft der Ärzte als der Auftakt zu jener Feindschaft verstehen, die ihn wenige Jahre später dazu trieb, Freud in einer Veröffentlichung scharf anzugreifen, ihn nachgerade einen Renegaten der Wiener Schule zu heißen, die ihn doch einmal zum »physiologisch exakt geschulten Arzt«[19] ausgebildet habe.

Gewiß war Freuds Bericht über seinen Aufenthalt an der Salpêtrière nicht sonderlich diplomatisch. Er bezog eine völlig unabhängige Position und ließ die übliche Bescheidenheit eines jungen Mannes vermissen, von dem man erwartete, daß er davon überzeugt sei, alles was er zu sagen habe, sei nicht wirklich interessant, und es für seine selbstverständliche Pflicht halte, seinen medizinischen Altvordern Beifall zu zollen. Wir wissen nicht, inwieweit Freud sich der Folgen *dieser* Rede vor *diesem* Auditorium bewußt war. Wir können aber davon ausgehen, daß, wäre ihm von einem Freund Vorsicht angeraten worden, er dies weit von sich gewiesen hätte. Niemals hat Freud in Fragen wissenschaftlicher Wahrheit noch auch in der offenen Äußerung seiner Gefühle für oder gegen eine bestimmte Person Kompromisse geduldet. Diesmal ging es um seine wissenschaftliche wie um seine persönliche Integrität. Sein noch ungebrochener naiver Respekt vor Autorität und seine Neigung zu Heldenverehrung ließen ihn damals allerdings seine tiefe Überzeugung noch nicht ernstlich in Frage stellen, daß nur wirklich große Männer Machtpositionen erlangen könnten und diese großen Männer bei der Urteilsbildung über wissenschaftliche Behauptungen kein anderes Motiv gelten ließen als eben reines Wahrheitsstreben. Daß hinter dieser Naivität auch die Verleugnung eines tiefverwurzelten Argwohns

16 [Freud, 1886*c*.]
17 Freud, 1891*b*.
18 AaO, s. die Anm. 1 auf S. 68.
19 Vgl. Th. Meynert, 1889, S. 501 [Anm.].

gegen alle mächtigen Figuren stecken könnte – die Aufdeckung solcher Zusammenhänge lag noch weit in der Zukunft. Es war jedoch ein schwerer Fehler gewesen, das kontroverse Randproblem der Eisenbahnunfälle überhaupt anzusprechen, ein Thema, das Freud, ohne daß er sich dessen bewußt gewesen wäre, aus persönlichen Gründen interessiert haben mag.[20]

Die Größen der medizinischen Fakultät enttäuschten jedoch nicht nur bei der Diskussion am 15. Oktober. Freud stieß in mehreren Abteilungen des Allgemeinen Krankenhauses auf Fälle von männlicher Hysterie, aber die Leiter dieser Abteilungen zeigten keinerlei Neigung, ihm und der Wissenschaft im Kampf gegen Bamberger, Meynert, Leidesdorf und die kompakte Majorität beizustehen. Man verweigerte ihm die Erlaubnis, diese Fälle in der Gesellschaft vorzustellen. »Endlich trieb ich außerhalb des Spitals einen Fall von klassischer hysterischer Hemianästhesie bei einem Manne auf [...].«[21] Das Wort »endlich«, das Freud in der *Selbstdarstellung* verwendet, erweckt in uns die Vorstellung, er habe lange suchen und warten müssen; in Wirklichkeit drückt es aber bloß Freuds Empörung und Ungeduld aus. Denn Freud hatte schon eine Woche nach seinem Auftritt vor der Gesellschaft der Ärzte die Beschwerden eines neunundzwanzigjährigen Ziseleurs, August P., als Hysterie diagnostiziert. Der Fall war ihm von Dr. von Beregszászy, einem jungen Privatdozenten und Kehlkopfspezialisten, überwiesen worden. Am 23. Oktober begann der Ophtalmologe Königstein in Freuds Praxis mit einer gründlichen Untersuchung von P.s Augen (Hemianopsie), und am 24. November, also nur fünf Wochen nach Meynerts Herausforderung, präsentierte Freud der Gesellschaft seine ›Beobachtung einer hochgradigen Hemianästhesie bei einem hysterischen Manne‹[22].

Diesmal führte nicht Bamberger den Vorsitz, sondern der Physiologe Sigmund Exner, ein jovialer, verbindlicher kleiner Mann mit mächtigem Kropf. Es war eine jener Sitzungen, auf denen nicht ein einzelner Hauptvortrag den Schwerpunkt bildete, und da zahlreiche kürzere Mitteilungen und Falldarstellungen auf

20 [Dies ist eine Anspielung der Autoren auf Freuds Eisenbahnphobie; vgl. dazu die Anm. 19 zu S. Bernfeld, 1946, im vorliegenden Band S. 108 f., oben.]

21 Freud, 1925*d* [S. 39].

22 Freud, 1886*d*; L. Königstein, 1886.

der Tagesordnung standen, ermahnte Exner alle Redner, sich strikt an die ihnen zugebilligte zehnminütige Redezeit zu halten. Exner war mit Freud aus ihrer gemeinsamen Zeit in Brückes Physiologischem Institut gut bekannt.[23] Da er selbst kein praktizierender Arzt war, brauchte er in der Frage, ob Charcot ein größerer Kliniker sei als die Wiener Kapazitäten, nicht Stellung zu beziehen. So verstand er es offenbar, für Freud ein günstiges Klima zu schaffen.

Freud stellte den Fall des jungen Ziseleurs August P. vor, ein sehr überzeugendes Beispiel von hochgradiger Hemianästhesie und Hemianopsie; der Patient zeigte viele von Charcots »hysterischen Stigmata« in extremer Ausprägung, inklusive hysterogene Zonen. Freud hatte festgestellt, daß die Symptome eine direkte Antwort auf ein schweres Trauma waren, und berichtete die folgenden Fakten:

»Seine gegenwärtige Erkrankung datiert seit etwa drei Jahren. Er geriet damals mit seinem liederlichen Bruder, welcher ihm die Rückzahlung einer geliehenen Summe verweigerte, in Streit; der Bruder drohte, ihn zu erstechen, und ging mit dem Messer auf ihn los. Darüber geriet der Kranke in eine namenlose Angst, er verspürte ein Sausen im Kopfe, als ob ihm dieser zerspringen wolle, eilte nach Hause, ohne sich besinnen zu können, wie er dahin gekommen sei, und fiel vor seiner Türschwelle bewußtlos zu Boden. Es wurde später berichtet, daß er durch zwei Stunden die heftigsten Zuckungen gehabt und dabei von der Szene mit seinem Bruder gesprochen habe. Als er erwachte, fühlte er sich sehr matt; er litt in den nächsten sechs Wochen an heftigem linksseitigem Kopfschmerze und Kopfdrucke, das Gefühl in seiner linken Körperhälfte kam ihm verändert vor, und seine Augen ermüdeten leicht bei der Arbeit, die er bald wieder aufnahm. So blieb sein Zustand mit einigen Schwankungen durch drei Jahre, bis vor sieben Wochen eine neue Aufregung eine Verschlimmerung herbeiführte. Der Kranke wurde von einer Frauensperson des Diebstahls beschuldigt, bekam heftiges Herzklopfen, war durch etwa 14 Tage so deprimiert, daß er an Selbstmord dachte, und gleichzeitig stellte sich ein stärkerer Tremor an den linksseitigen Extremitäten ein; die linke Körperhälfte verspürte er

23 [Vgl. die früheren Arbeiten S. Bernfelds, 1944, 1949, 1951.]

so, als ob sie von einem Schlage gestreift worden wäre; seine Augen wurden sehr schwach und ließen ihn häufig alles grau sehen; der Schlaf wurde von schreckhaften Erscheinungen und von Träumen, in denen er von einer großen Höhe herabzufallen glaubte, gestört; Schmerzen traten am Halse links, in der linken Weiche, am Kreuze und an anderen Orten auf; der Magen war ihm häufig ›wie gebläht‹, und er sah sich genötigt, seine Arbeit einzustellen. ... Der Kranke unterliegt überdies heftigen Schmerzen im linken Knie und in der linken Sohle, wenn er längere Zeit geht, verspürt [er] eine eigentümliche Empfindung im Halse, als ob ihm die Zunge gefesselt wäre, hat häufig Singen in den Ohren u. dergl. mehr. Sein Gedächtnis ist für die Erlebnisse während seiner Krankheit herabgesetzt, für frühere Ereignisse gut. Die Krampfanfälle haben sich in den drei Jahren sechs bis neun Mal wiederholt; doch waren die meisten derselben sehr leicht, nur *ein* nächtlicher Anfall im letzten August war mit stärkerem ›Schütteln‹ verbunden.«[24]

Freud demonstrierte diese Symptome in Charcots brillanter Manier, sachkundig, präzise und doch mit mehr Rücksichtnahme gegenüber dem Patienten als damals in klinischen Vorstellungen üblich.

»Die Haut der linken Kopfhälfte verhält sich aber ganz anders, als man erwarten sollte: sie ist völlig unempfindlich gegen Reize jeder Art; ich kann stechen, kneipen, das Ohrläppchen zwischen meinen Fingern wälzen, ohne daß der Kranke auch nur die Berührung verspürt. Es besteht hier also eine höchstgradige Anästhesie; dieselbe betrifft aber nicht bloß die Haut, sondern auch die Schleimhäute, wie ich Ihnen an den Lippen und an der Zunge des Kranken zeige. Führe ich ein Papierröllchen in den linken äußeren Gehörgang und dann durchs linke Nasenloch ein, so wird dies keinerlei Reaktion hervorrufen. Ich wiederhole den Versuch auf der rechten Seite und konstatiere daselbst die normale Empfindlichkeit des Kranken. ... Derselbe Einfluß der abgelenkten Aufmerksamkeit und des Hinsehens gilt für das linke Bein. Der Kranke ist heute wohl eine Stunde lang im raschen Schritt neben mir über die Straße gegangen, ohne beim Gehen auf seine Füße zu sehen, und ich konnte nur bemerken, daß er

24 AaO [Sp. 1634 f.].

das linke Bein etwas nach auswärts und schleudernd aufsetzte und mit dem Fuße häufig am Boden schleifte. Heiße ich ihn aber gehen, so muß er jede Bewegung des anästhetischen Beines mit den Augen verfolgen, dieselbe fällt langsam und unsicher aus und ermüdet ihn sehr rasch. Völlig unsicher geht er endlich mit geschlossenen Augen, er schiebt sich dann mit beiden Füßen am Boden haftend vorwärts, wie unsereiner im Dunklen, wenn er das Terrain nicht kennt. Er hat es auch sehr schwer, sich auf dem linken Bein stehend zu erhalten; schließt er in dieser Stellung die Augen, so fällt er sofort um.«[25]

Königstein beendete die Vorstellung mit einem Bericht über seine sehr eingehende Untersuchung des Sehorgans des Patienten, wobei er die hysterischen Augensymptome, insbesondere die Hemianopsie, nachwies, die Charcot beschrieben, die man aber in Wien bisher »oft genug übersehen«[26] hatte.

Die damals in den medizinischen Fachzeitschriften veröffentlichten Sitzungsberichte erwähnen nichts von einer anschließenden Diskussion des Freudschen Vortrags. Vielleicht gab es keine. Freud bemerkte in seiner *Selbstdarstellung*: »Diesmal klatschte man mir Beifall [...].«[27] Mehr scheint sich nicht ereignet zu haben. Jedenfalls konnte Freud diese Runde offensichtlich für sich verbuchen.

Die ›Beobachtung einer hochgradigen Hemianästhesie bei einem hysterischen Manne‹ erschien, zusammen mit Königsteins Bericht, in der *Wiener medizinischen Wochenschrift* vom 4. und 11. Dezember 1886, und zwar unter dem vielversprechenden Übertitel ›Beiträge zur Kasuistik der Hysterie, I.‹. Doch hat Freud dann keine weitere Folge veröffentlicht.

Mit Beginn des Jahres 1887 setzten die vier mageren Jahre in Freuds Werkverzeichnis ein. In diesem Zeitraum »habe ich wenig wissenschaftlich gearbeitet und kaum etwas publiziert. Ich war davon in Anspruch genommen, mich in den neuen Beruf zu finden und meine materielle Existenz sowie die meiner rasch anwachsenden Familie zu sichern«[28]. Neben der Übersetzung des Buches von Bernheim über den Hypnotismus samt Vorrede

25 AaO [Sp. 1635, Sp. 1637].
26 AaO [Sp. 1633].
27 Freud, 1925*d*, S. 39.
28 AaO, S. 41.

dazu[29], einigen Artikeln für ein medizinisches Handwörterbuch[30] sowie vier Buchbesprechungen[31] erschienen in den Jahren 1887 bis 1890 nur zwei kurze wissenschaftliche Beiträge – einer über Kokainfurcht[32], der andere ›Über Hemianopsie im frühesten Kindesalter‹[33]. Daß im Hintergrund indessen intensiv weitergeforscht wurde, zeigt der plötzliche Produktionsschub im Jahre 1891.[34] Während jener stillen Phase hatte Freud stetig auf den Gebieten der Hirnanatomie, der infantilen Zerebrallähmung, des Hypnotismus und der Neurosen weitergearbeitet. Jedoch zögerte er die Veröffentlichung seiner Funde jahrelang hinaus.

Die Gründe für diesen Widerwillen, diese Scheu oder gar Hemmung entziehen sich unserer Kenntnis, und wir haben auch nicht die Absicht, definitive Schlußfolgerungen zu ziehen, ehe mehr Fakten zugänglich sind. Der Konflikt mit Meynert war sicherlich ein Faktor, der in jenen unproduktiven Jahren eine Rolle spielte; ein anderer war die Enttäuschung mit dem Kokain. (Beide Themen werden in eigenen Abhandlungen bearbeitet werden.[35]) Ein dritter Faktor dürfte zweifellos die Reaktion der führenden Mediziner auf seine Berichte vor der Gesellschaft der Ärzte gewesen sein. Freud stellte fest, daß man trotz des Beifalls vom 26. November »weiter kein Interesse« an ihm nahm. »Der Eindruck, daß die großen Autoritäten meine Neuigkeiten abgelehnt hätten, blieb unerschüttert; ich fand mich mit der männlichen Hysterie ... in die Opposition gedrängt.«[36]

All dies änderte selbstverständlich nichts an Freuds Überzeugung, er und Charcot seien im Recht. Aber es verminderte jäh seine Bewunderung für jene großen Männer, die, mit beweisbaren neuen Fakten konfrontiert, sich nicht bemüßigt gefühlt hatten, ihre überholten Theorien zu revidieren. Einen viele Jahre später von Freud benutzten Ausdruck variierend, könnte man

29 H. Bernheim, 1886 [die deutsche Übersetzung erschien 1888-1890].

30 Gemeint sind die Artikel ›Aphasie‹, ›Gehirn‹, vielleicht noch einige andere, in A. Villarets *Handwörterbuch der gesamten Medizin*, Bd. 1, Stuttgart 1887 bis 1890. S. die Anmerkungen von Ernst Kris in Freud, 1950*a*.

31 Freud, 1887*a*, 1887*b*, 1887*e*, 1889*a*.

32 Freud, 1887*d*.

33 Freud, 1888*a*.

34 Freud, 1891*a* und *b*.

35 [Fertig wurde dann nur noch der Kokain-Essay (S. Bernfeld, 1953).]

36 Freud, 1925*d*, S. 39.

vielleicht sagen, in solchen Menschen sei die Stimme des Intellekts zu leise, um die von ihnen beanspruchte Hochachtung und Autorität zu verdienen. Er mußte dies mit bitterer, zorniger Enttäuschung begreifen lernen. Damals war er noch weniger als später in der Lage, seine Verachtung zu verbergen; einmal mehr widerstrebte es ihm, zu lügen und zu heucheln; aber noch zauderte er, seine entzauberten Helden in offener Arena anzugreifen. Er war nicht dazu aufgelegt, ihnen seine wirklich bedeutenden Gedanken und Versuche zu präsentieren; nicht einmal diejenigen Überlegungen wollte er ihnen zeigen, die sich lediglich auf dem Niveau wissenschaftlicher Durchschnittsveröffentlichungen bewegt hätten.

In seiner *Selbstdarstellung* folgt dem Bericht, wie er sich »in die Opposition« gedrängt gefühlt habe, die Bemerkung: »Als mir bald darauf das hirnanatomische Laboratorium versperrt wurde . . ., zog ich mich aus dem akademischen und Vereinsleben zurück. Ich habe die ›Gesellschaft der Ärzte‹ seit einem Menschenalter nicht mehr besucht.«[37]

Die Gefühlsbewegung jener Tage, wie sie noch vierzig Jahre später im Autor der *Selbstdarstellung* nachschwingt, könnte beim flüchtigen Leser den Eindruck erwecken, Freud habe sich, verletzt durch den Mangel an Resonanz, unmittelbar nachdem er dort seinen zweiten Vortrag gehalten hatte oder kurz darauf von den Sitzungen der Gesellschaft der Ärzte zurückgezogen. In Wirklichkeit aber hat er seinem impulsiven Urteil erst nach mehr als einem Jahr nachgegeben. Aus den in den Fachzeitschriften veröffentlichten Sitzungsberichten wissen wir, daß er sich noch am 13. Mai 1887 und am 21. Oktober 1887 an Diskussionen in der Gesellschaft beteiligte. Im Februar 1888 schrieb er an Fließ: »Gestern gab es einen Hauptskandal in der Gesellschaft der Ärzte. Sie wollten uns zwangsweise auf ein neues Wochenblatt abonnieren, welches den geläuterten, exakten und christlichen Standpunkt einiger Hofräte, die das Arbeiten längst verlernt haben, behaupten soll. Sie setzen es natürlich durch; ich habe große Lust auszutreten.«[38] Ende der achtziger Jahre machten sich in der Universitätspolitik mehr und mehr antisemitische Tendenzen bemerkbar. Wie aus Freuds Brief hervorgeht,

37 AaO.
38 Freud, 1950*a*, S. 54.

steigerte dies seine skeptische Einstellung schließlich zur offenen Verachtung.

Wir wissen nicht, wann Freud endgültig seine Teilnahme an den Sitzungen der Gesellschaft einstellte. Die Formulierung »seit einem Menschenalter«[39], die er 1925 benutzte, ist vielleicht keine bloße Metapher, sondern datiert den letzten seiner sporadischen Auftritte tatsächlich auf das Jahr 1896.[40]

Indessen gibt der in der *Selbstdarstellung* berichtete unvermittelte Austritt aus der Gesellschaft gewiß Freuds damaligen spontanen Wunsch wieder. Er begriff sofort, was die Vorhaltungen von Bamberger, Leidesdorf und Meynert zu bedeuten hatten. Er verstand, daß er nicht zu ihnen gehörte, nicht mehr zu ihnen gehören wollte, ja, daß er sich von seinen früheren Lehrern vollkommen lossagen müsse. Aber erst zwei Jahre später – nach einigen weiteren kritischen Situationen, vor allem nach Meynerts Angriff gegen ihn wegen seines Eintretens für die Hypnose – war Freud imstande, seine klare Ansicht in ebenso klare Worte zu fassen: »Es fällt den meisten Menschen schwer anzunehmen, daß ein Forscher, der für einige Kapitel der Neuropathologie große Erfahrung erworben und viel Scharfblick bewiesen hat, für andere Probleme jeder Eignung, als Autorität angerufen zu werden, entbehren sollte; und der Respekt vor der Größe, besonders vor der intellektuellen Größe, gehört gewiß zu den besten Eigenschaften der menschlichen Natur. Aber er soll gegen den Respekt vor den Tatsachen zurücktreten. Man braucht sich nicht zu scheuen, es auszusprechen, wenn man die Anlehnung an eine Autorität gegen das eigene, durch Studium der Tatsachen erworbene Urteil, zurücksetzt.«[41] Daß die führenden Köpfe der Wiener medizinischen Schule ihn ablehnten, wirkte nun auf Freud als mächtiger Ansporn, vollkommene intellektuelle Unabhängigkeit zu erlangen. Zunächst aber machte es das erste Jahr seiner wirtschaftlichen Unabhängigkeit zum »düsterste[n] und erfolgloseste[n]«[42] seines Lebens.

39 Freud, 1925*d*, S. 39.

40 Im Psychiatrischen Verein, im Wiener Medizinischen Doktoren-Kollegium und im sonstigen »Vereinsleben«, die Gesellschaft der Ärzte ausgenommen, beteiligte sich Freud als Diskussions- und Vortragsredner bis etwa 1909. Seine Vorlesungen an der Universität – seit 1902 als Privatdozent, später als Extraordinarius – hielt er regelmäßig bis 1917; aus jenem Jahr stammen die *Vorlesungen zur Einführung in die Psychoanalyse* [Freud, 1916-1917].

41 Freud, 1889*a*, S. 1098.

42 Freud, 1900*a*, S. 480.

Freuds Kokain-Studien, 1884-1887*

Zur Geschichte von Freuds Krankenhausjahren (1882-1885)[1] gehört ein Kapitel über seine Befürwortung des Kokains, sein »abseitiges, aber tiefgehendes Interesse«[2] an dieser Droge. Tatsächlich verfolgte Freud bei seinen Kokain-Forschungen erstmals eigene Wege. Seine Studien unter Brücke[3] und Meynert wie auch seine Arbeiten in klinischer Neurologie waren, ungeachtet der Begabung, die sich in ihnen verriet, und aller Originalität im Detail, im Grunde konservativ gewesen. Zielsetzungen, Konzepte, Methoden, Problemstellung und -lösung – nichts überschritt den von bewunderten und geliebten Lehrern gesteckten Rahmen; sie hatten ihn dazu angeregt und seine Bemühungen mit ihrer Zustimmung sanktioniert. Die Kokain-Studien dagegen wurden von niemandem gefördert. Die seit 1859 oder 1860 aus den Blättern der Kokapflanze gewonnene Droge war noch kaum bekannt. Diejenigen Wissenschaftler, die überhaupt etwas davon wußten, betrachteten sie in der Regel als wertlos, aber gleichzeitig gefährlich. Gerüchte über ihre wohltuenden Wirkungen führte man auf die Leichtgläubigkeit von Reisenden zurück, die sich zum Aberglauben verarmter peruanischer Indianer hatten beschwatzen lassen.

Jedenfalls ging Freud in diesen Studien – wenn auch nur um ein paar Schritte – über die enggezogenen Grenzen des anerkannten Forschungsbereichs hinaus, auf den er sich bisher beschränkt hatte. Sie können deshalb als sein erster Versuch gelten, zu voller Unabhängigkeit vorzustoßen. In den nächsten Jahren unternahm

* [Der Artikel erschien, posthum, 1953 unter dem Titel ›Freud's Studies on Cocaine, 1884-1887‹ im *Journal of the American Psychoanalytic Association*, Bd. 1, Nr. 4, S. 581-613. In einer ›Anmerkung der Redaktion‹ heißt es dort auf S. 581: »Diese Arbeit war von Dr. Bernfeld in einer Rohfassung vorgelegt worden; er hatte darum gebeten, ihm den Text zur Überarbeitung nochmals zuzuschicken. Sein vorzeitiger Tod hat dies leider vereitelt. Das Manuskript wurde dann von Bernice Engle (Langley Porter Clinic) und Peter Paret zum Druck vorbereitet.« – Ein Nachdruck des Aufsatzes wurde 1954 in *The Yearbook of Psychoanalysis*, Bd. 10, S. 9-37, aufgenommen.]

1 S. Bernfeld, 1951.

2 Freud, 1925*d*, S. 38.

3 S. Bernfeld, 1949.

er weitere, entschiedenere Anstrengungen in dieser Richtung; aber erst in der zweiten Hälfte der neunziger Jahre war er wirklich so weit, ganz alleine und gegen die »kompakte Majorität«[4] seinem eigenen Weg zu folgen. Die Kokain-Studien brachten überdies seine erste wissenschaftliche Begegnung mit den Neurosen, den verschiedenen Formen und Graden der Beeinträchtigung von Wohlbefinden und Arbeitsfähigkeit, unter denen seine Freunde und auch er selbst litten.

Die Kokain-Episode ist deshalb nicht nur in bezug auf das biographische Studium Freuds von Interesse; sie steht vielmehr in direktem Zusammenhang mit der Entstehung der Psychoanalyse. Aus beiden Gründen bedarf sie sorgfältiger und ausführlicher Darstellung[5], mag sie als solche in der medizinischen und pharmakologischen Geschichtsschreibung auch bloß ein paar Zeilen verdienen.

1. Freuds Monographie ›Über Koka‹ (1884)

Blättert man die *Deutsche Medizinische Wochenschrift* vom 12. Dezember 1883 durch, so mag der Blick an einer gesperrt gesetzten Passage hängenbleiben: »... Hebung aller geistigen Kräfte, Stärkung des Körpers gegen Strapazen und Hintansetzung des Hungergefühles ...«. Diese Wendungen gehören nicht etwa zu einer deutlich als solche kenntlich gemachte Arzneimittelanzeige, vielmehr stehen sie in einem nüchternen, besonnenen Bericht über Beobachtungen, die ein Dr. Theodor Aschenbrandt[6] im gleichen Jahr während der Herbstwaffenübung an bayeri-

4 [Freud, 1925*d*, S. 35.]

5 F. Wittels (1924) und H. Sachs (1945) erwähnen Freuds Kokain-Studien lediglich kurz; K. Koller (1884*a* und *b*, 1928*a* und *b*, 1935) hat seinen Standpunkt mehrfach dargestellt; M. Silverman (1943) gibt einen detaillierten und lebendigen, aber teilweise fehlerhaften, etwas romanhaften Bericht. Viele Autoren, die sich mit der Entdeckung der Lokalanästhesie befaßten, haben Freud genannt, die meisten folgten dabei der oben zitierten Passage aus Freuds *Selbstdarstellung*; manche haben seinen Beitrag überschätzt. Meines Wissens haben nur H. W. Maier (1928, S. 493), R. Brun (1936) und S. E. Jelliffe (1937) Freuds Kokain-Schriften erörtert; dort finden sich kurze Beschreibungen und Bewertungen einiger seiner Veröffentlichungen zum Thema.

6 Th. Aschenbrandt, 1883 [Zitat auf S. 731].

schen Soldaten gemacht hat: ›Die physiologische Wirkung und Bedeutung des Kokain. muriat. auf den menschlichen Organismus‹.

Diese Veröffentlichung war für Freud »der Anlaß, die Kokawirkung an der eigenen Person und an anderen zu studieren«[7]. Sofern ihm in der Kokainforschung überhaupt ein Verdienst zukomme, so meint er, bestehe dieses wohl lediglich darin, daß »ich dieser Angabe Glauben schenkte«[8]. Aschenbrandt hatte sechs Fälle beobachtet, wovon der erste typisch ist: »Einj. T. sank am 2. Marschtage, der Tag war sehr heiß, dicht hinter W. erschöpft zusammen. Ich verabfolgte ihm cr. einen Eßlöffel voll Wasser mit 20 Tropfen einer Kokainlösung (0,5:10). Einige Minuten (cr. 5) darauf stand er von selbst auf und legte mit Gepäck den Weg nach H., der noch immer einige Kilometer betrug, in der größten Sonnenhitze, frisch und munter zurück.«[9] Aschenbrandt schloß daraus, daß das Kokain tatsächlich jene Wunderwirkung ausübe, von der einige Autoren früher schon berichtet hatten.

Freud besorgte sich von der Quelle, die schon Aschenbrandt beliefert hatte – Merck in Darmstadt –, Proben des Alkaloids; und seit dem 30. April 1884 wußte er aus eigener Erfahrung, daß Aschenbrandt und die südamerikanischen Indianer recht hatten: »Ich nahm das erstemal 0,05 Gramm Kokain. muriat. in 1%iger wässeriger Lösung während einer leichten, durch Ermüdung hervorgerufenen Verstimmung. ... Wenige Minuten nach der Einnahme stellt sich eine plötzliche Aufheiterung und ein Gefühl von Leichtigkeit her.«[10] Während der darauffolgenden Monate erprobte Freud die Kokadroge noch etwa ein dutzendmal an sich selbst; sie versagte nie. Stets fühlte er dieselbe »Aufheiterung« und anhaltende »Euphorie, die sich von der normalen Euphorie des gesunden Menschen in gar nichts unterscheidet. Es fehlt gänzlich das Alterationsgefühl, das die Aufheiterung durch Alkohol begleitet .... Man fühlt eine Zunahme der Selbstbeherrschung, fühlt sich lebenskräftiger und arbeitsfähiger .... Man ist eben einfach normal und hat bald Mühe, sich zu glauben, daß man unter irgendwelcher Einwirkung steht. ... Lang-

7 Freud, 1885*b*, S. 374.
8 AaO.
9 Th. Aschenbrandt, aaO [S. 731].
10 Freud, 1884*e*, S. 299.

anhaltende, intensive geistige oder Muskelarbeit wird ohne Ermüdung verrichtet . . . . Man kann . . . reichlich und ohne Widerwillen essen, aber man hat die deutliche Empfindung, daß man die Mahlzeit nicht bedurft hat. . . . Bemerkenswert erscheint mir, was ich an mir selbst und anderen urteilsfähigen Beobachtern erfahren habe, daß nach der ersten oder wiederholten Kokaeinnahme durchaus kein Verlangen nach weiterem Kokagebrauch eintritt, vielmehr eher eine gewisse, nicht motivierte Abneigung gegen das Mittel.«[11] Freud erprobte die Droge an zahlreichen Freunden, Kollegen und Patienten. Stets gelangte er zu den gleichen spektakulären Ergebnissen, wenn auch einige Versuchspersonen wesentlich höhere Dosen brauchten, um dieselben Wirkungen wie er zu verspüren, während andere, sehr wenige, kurzfristig toxische Erscheinungen zeigten.

So war also das von den Indianern behauptete Wunder platterdings eine Tatsache: ». . . diese göttliche Pflanze, welche den Hungrigen sättigt, den Schwachen stärkt und sie ihr Mißgeschick vergessen macht«[12] – es gab sie wirklich. Oder nüchtern wissenschaftlich ausgedrückt – Freud hatte feststellen können, »daß die Wirkung der Kokablätter nicht auf die indianische Rasse beschränkt sei . . ., daß das Kokain der eigentliche Träger der Kokawirkung ist, welche in Europa ebenso gut wie in Südamerika hervorgerufen und diätetisch und therapeutisch verwertet werden kann«[13].

Es schien also der Mühe wert, alles zu erfahren, was man über Kokain wußte. Freud stürzte sich in sein gewohntes sorgfältiges Literaturstudium. Allerdings erwiesen sich die Wiener Bibliotheken als wenig ergiebig; zum Glück war kurz zuvor der vierte Band des *Index Catalogue of the Library of the Surgeon-General's Office*, Washington, D.C., herausgekommen, ». . . der Artikel ›Erythroxylon coca‹ . . ., den man fast als vollständigen Literaturnachweis betrachten darf«[14]. In der Privatbibliothek des Wiener Pharmakologen Professor Vogl konnte er genug nachlesen, um, wie er hoffte, alles »Wissenswerte über Koka zusammenzustellen«[15].

11 AaO, S. 300, S. 301, S. 303.
12 AaO, S. 290.
13 AaO, S. 293, S. 296.
14 AaO, S. 295, Anm. 1.
15 AaO.

Die Ergebnisse seiner Recherchen sprachen eindeutig für das Kokain. Nur eine Minderzahl der auf unmittelbaren Erfahrungen und Experimenten beruhenden Berichte war negativ. Man hatte keinerlei nachweisbare Schädigungen oder irgendwelche unerwünschten Nebenwirkungen beobachtet; einige Personen nur fühlten sich »nach Kokain unbehaglich, verworren, entschieden toxisch beeinflußt. Zu diesen letzteren scheint auch der ältere Schroff gehört zu haben, welcher als der erste (1862) die Wirkung des Kokains prüfen konnte, und diese zufällige, persönliche Disposition ist mitschuldig an der langjährigen Zurücksetzung gewesen, welche das Alkaloid betroffen hat«.[16] In einigen anderen Fällen hatte das Kokain, zumeist aufgrund der minderen Qualität der verabreichten Präparate, überhaupt keine Wirkung gehabt.

In der *Detroit Therapeutic Gazette* stieß Freud auf Berichte über die Verwendung von Kokain bei der Behandlung von Morphiumsüchtigen. Dies machte die Droge in seinen Augen noch interessanter, schien sie doch Hilfe für einen Freund zu versprechen, den Freud verehrte, dessen Sucht ihn aber schon lange bekümmerte. Professor Ernst von Fleischl (1846-1891)[17], einer der

16 Freud, 1885*a*, S. 129.

17 [Die folgenden Sätze sind eine fast wörtliche Übernahme aus S. Bernfelds Arbeit von 1944, im vorliegenden Band S. 66 f., oben.] Freud nannte den Namen seines Patienten selbstverständlich nicht; auch gab er keinerlei Anhaltspunkte für eine Identifizierung. In der *Traumdeutung* ist der Kokain-Patient nicht kenntlich, obgleich Fleischl in verschiedenen Träumen, die von Kokain und Injektionen handeln, namentlich erwähnt oder unzweideutig beschrieben wird. Doch gibt es an seiner Identität keinen Zweifel. Erstens bezeichnet Koller in einer seiner Mitteilungen [1928*a*; Nachdruck von 1934, S. 1179] einen von Freuds Patienten als einen glänzenden Physiologen, der durch eine schmerzhafte Affektion (Neurome im Stumpf eines amputierten Daumens) zum Morphinisten geworden war. Zweitens hat Exner in einer biographischen Studie über Fleischl auf dessen Drogenabhängigkeit angespielt. Und in seiner Grabrede erwähnte er später explizit Fleischls Kokainismus und Morphinismus. Drittens war Fleischls Sucht in Wiener Universitätskreisen wohlbekannt, und noch in meiner Studienzeit hielten sich hartnäckig Gerüchte, Freud habe etwas damit zu tun gehabt. Ein vierter Anhaltspunkt findet sich schließlich im *St. Louis Medical and Surgical Journal* von 1884. Dort heißt es am Schluß einer englischen Zusammenfassung von Freuds Monographie: »Prof. Fleischl, of Vienna, confirms the fact that muriate of cocaine is invaluable, subcutaneously injected in *morphinism* (00.5-0.15 grm. dissolved in water); a gradual withdrawal of morphine requires a gradual increase of cocaine, but a sudden abstinence from morphine requires a subcutaneous injection of 0.1 grm. of cocaine. *Inebriate asylums can be entirely dispensed with*; in 10 days a radical cure can be effected by an injection of 0.1 grm. of cocaine 3 times a day. It is evident, that there ist a direct antagonism between morphine and cocaine.«

beiden Brücke-Assistenten, ein geistreicher, bestrickender Mann, mitreißender Redner und Lehrer und glänzender Physiologe, hatte sich mit fünfundzwanzig Jahren bei Forschungen im Bereich der pathologischen Anatomie eine Infektion zugezogen. Die Amputation des rechten Daumens rettete ihm das Leben. Aber ständig nachwachsende Neurome erforderten immer neue Operationen. Sein Leben wurde zu einer ständigen Qual, hatte er doch den langsam nahenden Tod vor Augen; gleichwohl vollführte er mit seiner verstümmelten und schmerzenden Hand noch immer experimentelle Arbeit von technischer Perfektion. In seinen schlaflosen Nächten studierte er Physik und Mathematik. Als er diese Fächer so weit beherrschte, daß sie ihn nicht mehr von seinen Schmerzen ablenken konnten, wandte er sich dem Sanskrit-Studium – und dem Morphium zu. Im Frühjahr 1884 wurde die zweite jener Entziehungskuren erforderlich, die nun für den Rest seines Lebens regelmäßig wiederholt werden mußten. Diesem kranken Freund empfahl Freud nun einen Kokainversuch. Fleischls Hausarzt, Josef Breuer[18], neuen Therapien stets aufgeschlossen, schien mit dem Vorschlag einverstanden. So wurde Fleischl in Europa zum ersten Fall einer Morphinismus-Behandlung mittels Koka. Freud berichtet: »Ich hatte Gelegenheit, eine plötzliche Morphinentziehung unter Kokagebrauch bei einem Manne zu beobachten, der bei einer früheren Entziehungskur unter den schwersten Abstinenzerscheinungen gelitten hatte. Das Befinden war diesmal ein erträgliches, insbesondere fehlten Depression und Nausea, solange die Kokawirkung anhielt.... Der Kranke blieb außer Bette und leistungsfähig und verbrauchte in den ersten Tagen je 3 Dezigramm Cocainum muriaticum; nach 10 Tagen konnte er das Mittel beiseite lassen.«[19]

So hatte es im Sommer 1884 also den Anschein, das Kokain sei eine vielversprechende, harmlose Droge mit weitem Anwendungsbereich. Als belebendes Kräftigungsmittel – weit stärker als Kaffee und ohne die vom Alkohol ausgelösten Alterations-

18 Breuers Beteiligung an der Behandlung ist in einer von Kollers Mitteilungen [wiederum 1928*a*] erwähnt. Es ist aber sicher nicht zutreffend, daß Breuer jene Rolle spielte, die Silverman ihm zuschreibt. Eher dürfte Fleischls Entziehungskur in Obersteiners Sanatorium, unter dessen Aufsicht, durchgeführt worden sein. Doch ist Breuer, als Fleischls Hausarzt, wohl konsultiert worden.
19 Freud, 1884*e*, S. 312.

gefühle – vermochte es bei leichten Depressionen Gesundheit und Wohlbefinden wiederherzustellen. Zusätzlich erwies es sich als mächtige Waffe im Kampf gegen das »Nahrungs- und Schlafbedürfnis, die sonst zu bestimmten Tageszeiten gebieterisch« auftreten, nun aber unter Koka-Einwirkung »wie weggewischt«[20] erschienen. Als ›Antidot‹ gegen Morphium verdiente es das Mittel, gegen ein paar Skeptiker verteidigt zu werden, die es in Verruf gebracht hatten. Um seine Stellungnahme für das Kokain noch unangreifbarer zu machen, beschloß Freud, dessen organische Wirkungen mit dem Dynamometer zu messen.

Schon bei der ersten oralen Einnahme hatte Freud im Selbstversuch ein gewisses Pelzigwerden der Zunge registriert. Vor ihm hatten schon andere die anästhesierenden Eigenschaften des Kokains erfahren, und Freud erschien dieses Faktum als ein weiteres, besonders gewichtiges Argument zugunsten des Alkaloids. Er ermunterte seinen sechs Jahre älteren Freund Leopold Königstein (seit 1881 Privatdozent für Ophtalmologie) zu prüfen, welcher Nutzen aus den gefäßverengenden und schmerzlindernden Eigenschaften des Kokains bei der Behandlung von Augenkrankheiten zu ziehen sei.

Gerade zu diesem Zeitpunkt bot sich Freud die Gelegenheit, seine Verlobte, Martha Bernays, zu besuchen, die in Wandsbek bei Hamburg lebte und die er über ein Jahr nicht gesehen hatte. Er verarbeitete seine Notizen zu einer Monographie; das Manuskript beendete er am 18. Juni und schickte es an Heitler zum Abdruck in dessen *Zentralblatt.* Nun unterbrach er die Arbeit mit dem Dynamometer, ließ Königstein bei seinen Experimenten zurück, auf die er im Schlußabsatz seiner Monographie noch Bezug genommen hatte, und reiste im September 1884 gen Norden.

Heitler veröffentlichte ›Über Koka‹[21] 1884 in der Juli-Ausgabe des *Zentralblatts.* Freuds Text enthält zunächst die Erzählung, wie die spanischen Eroberer und Entdecker erstmals auf die südamerikanischen Benutzer der Kokablätter stießen und wie K. v. Scherzer, von der Expedition der österreichischen Fregatte Novara, Kokablätter aus Peru nach Wien mitbrachte, wo sie dann an Niemann, einen Schüler Friedrich Wöhlers, weitergeleitet

20 AaO, S. 301.
21 Freud, 1884*e*.

wurden. Niemann gelang es erstmals, das Alkaloid Kokain darzustellen, das man bald – vor allem durch die von Schroff, Sen., durchgeführten Tierversuche – als das wirksame Agens der Kokablätter erkannte. Freud berichtet weiter, wie seit Anfang der sechziger Jahre in Deutschland und Österreich dem Kokain von Zeit zu Zeit Aufmerksamkeit geschenkt wurde und daß eine größere Zahl von Publikationen in Frankreich erschien, während man in England für die neue Droge erst spät und nur verhältnismäßig kurz (1874 bis 1876) Interesse bekundete. Anschließend gibt Freud einen Überblick über die an verschiedenen Orten gesammelten Erfahrungen sowie über seine eigenen Beobachtungen; hinzu kommen noch einige vorläufige Bemerkungen über seine Theorie bezüglich der Wirkungen des Kokains: »Es macht den Eindruck, als ob die Kokainstimmung bei solchen Dosen hervorgebracht würde nicht so sehr durch direkte Erregung als durch den Wegfall deprimierender Elemente des Gemeingefühls. Es wird vielleicht gestattet sein anzunehmen, daß auch die Euphorie der Gesundheit nichts anderes ist als die normale Stimmung der gut ernährten Hirnrinde, die von den Organen ihres Körpers ›nichts weiß‹.«[22]

Schließlich empfiehlt Freud dringend weitere Forschungen. Nach seinen eigenen Beobachtungen könnte sich die Nützlichkeit der Koka erweisen:

(a) als Stimulans »in jenen Fällen von funktionellen Störungen, die wir jetzt mit dem Namen der Neurasthenie decken«[23];

(b) bei der Behandlung von Verdauungsstörungen;

(d) bei der Morphium- und Alkoholentwöhnung.

Als Punkte (c) und (e) nennt er eine große Vielfalt von Leiden, z. B. das Asthma. In Punkt (f) weist er auf die Wirksamkeit der Koka als Aphrodisiakum hin. Er beendet diese Aufzählung und seine Studie mit folgendem Absatz:

»(g) Örtliche Anwendung der Koka. Die Eigenschaft des Kokains und seiner Salze, Haut und Schleimhaut, mit welchen sie in konzentrierter Lösung in Berührung kommen, zu anästhesieren, ladet zu gelegentlicher Verwendung insbesondere bei Schleimhautaffektionen ein. Nach Collin rühmt Ch. Fauvel das Kokain in der Behandlung der Pharynxkrankheiten und be-

22 AaO, S. 301.
23 AaO, S. 305 f.

zeichnet es als ›le tenseur par excellence des chordes vocales‹. Anwendungen, die auf der anästhesierenden Eigenschaft des Kokains beruhen, dürften sich wohl noch mehrere ergeben.«[24]

Die Koka-Monographie ist in Freuds bestem Stil geschrieben. Einfachheit und Lebendigkeit, präzise und zugleich charakteristische Wortwahl – all dies ist, im Unterschied zu den gleichzeitig entstandenen hirnanatomischen und klinischen Arbeiten, hier schon vollentwickelt vorhanden, in, wie er selbst vielleicht gesagt haben würde, glücklicher Verbindung. Dazu kommt ein ganz besonderes Timbre, welches er in späteren Schriften nicht mehr erreichte oder anstrebte – bewirkt durch eine kaum merkliche zärtlich-beschützende Haltung seinem Untersuchungsobjekt, dem Kokain, gegenüber, die sich an gelegentlich ein wenig ungewöhnlichen Wendungen zu erkennen gibt. So sagt er, statt Dosis, »Gabe«, oder er spricht von »der freudigsten Aufregung«, die Hunde infolge experimenteller Kokaininjektionen zeigten, oder er behauptet, daß »viel üble Nachrede über die Koka« von einem bestimmten Autor ausgegangen sei.[25] Obgleich es sich um einen objektiven wissenschaftlichen Bericht handelt, hat die Schrift durch die beschriebenen indirekten Ausdrucksmittel doch eine suggestive Note. Nicht zuletzt dank ihrer schriftstellerischen Qualitäten erregte sie 1884 und 1885 beträchtliches Aufsehen. Allgemein wurde ›Über Koka‹ als die zum damaligen Zeitpunkt beste Darstellung des Themas gepriesen. Auch die wenigen Leser, die diese Abhandlung später studiert haben – Maier[26], Brun[27] und Jelliffe[28] –, hielten sie noch immer für eine lohnende Lektüre.

2. Kollers Entdeckung der Lokalanästhesie durch Kokain (1884)

Freuds Monographie wurde jedoch nicht nur weithin gut aufgenommen; sie hatte unmittelbar im Anschluß an ihre Veröffentlichung noch eine unerwartete und folgenreiche Nebenwirkung – die Einführung der Lokalanästhesie in der Chirurgie.

24 AaO, S. 314.
25 AaO, S. 303, S. 298, S. 292.
26 H. W. Maier, 1928.
27 R. Brun, 1936.
28 S. E. Jelliffe, 1937.

Damals arbeitete Karl Koller[29], ein Bekannter Freuds, eineinhalb Jahre jünger als er, als Sekundararzt in der ophtalmologischen Abteilung des Allgemeinen Krankenhauses. In Strickers Institut für experimentelle Pathologie hatte er früher an Untersuchungen über das Mesoderm des Hühnerembryos mitgewirkt; danach beteiligte er sich mit Spina, Gärtner und Freud an Tierexperimenten über die Wirkung von Gift auf Kreislauf und Drüsensekretion. Sein Hauptinteresse aber galt der Augenheilkunde. Während seiner Studienzeit hatte ihn sein Lehrer v. Arlt mit der Bemerkung beeindruckt, »daß für Augenoperationen Narkose untauglich sei«[30]; seither suchte Koller unermüdlich nach einem Lokalanästhetikum für die Augenchirurgie. Er begann »eine Reihe von Experimenten mit Substanzen ... wie Chloral, Brompräparate[n], Morphin und andere[n]«. »Obzwar erfolglos«, schrieb er fast fünfzig Jahre später, »hatten diese Versuche doch die Wirkung, daß ich vorbereitet war, die Gelegenheit zu erfassen, sobald ich einem wirklichen Lokalanästhetikum begegnen würde.«[31] Und diese Gelegenheit fand sich: »Während des Sommers 1884 forderte Freud, dessen Interesse für die Wirkungen des Kokains auf das Zentralnervensystem erregt worden war, mich auf, ihm bei Versuchen nach dieser Richtung zu helfen. Wir pflegten geeignete Quantitäten der Substanz innerlich einzunehmen und nach Verlauf für die Wirkung genügender Zeit Versuche über Muskelkraft und Ermüdung (Dynamometer-Messung) anzustellen.«[32]

Wie viele andere vor ihm, konnte Koller bei diesen Experimenten feststellen, daß das Kokain, wenn oral eingenommen, die Zunge »taub« macht. »Sobald ich mir darüber klar war, daß eine Substanz mit den Wirkungen, nach denen ich vorher vergeblich gesucht hatte, tatsächlich in meinen Händen war, ging ich sofort daran, die nötigen Versuche anzustellen. Ich ging in Strickers Laboratorium ...«[33] Man weiß nicht, wann genau sich

29 Angaben über Kollers Lebenslauf finden sich u. a. in *American Men of Science, A Biographical Dictionnary*, New York 1938 (6. Aufl.), S. 797; *Who's Important in Medicine*, New York 1945, S. 984; *Mount Sinai Hospital Journal*, Bd. 11 (44-45), S. 308 f.; *Trans. Am. Ophtal. Soc.*, Bd. 42, S. 30 ff.

30 K. Koller, 1935, S. 7.

31 K. Koller, 1928*a*; zitiert nach dem Nachdruck von 1934, S. 1179.

32 AaO.

33 [AaO, S. 1180.]

dies zutrug. Immerhin geht aus Kollers eigener Darstellung hervor, daß es mit Sicherheit nach dem Zeitpunkt war, zu dem die Dynamometer-Versuche unterbrochen worden waren, also nachdem Freud nach Hamburg abgereist war und seine ›Koka‹-Abhandlung publiziert hatte und auch nachdem er, Koller, von den Experimenten des Ophtalmologen Königstein erfahren hatte: Ende August 1884 realisierte er, daß er im Kokain gefunden hatte, wonach er so lange gesucht. Die Entdeckung glückte ihm im richtigen Augenblick – damals bewarb er sich um eine Assistentenstelle an der Universitäts-Augenklinik. Nichts hätte seinen Absichten förderlicher sein können als eine wertvolle Veröffentlichung. Gärtner, der sich als »den einzigen Zeugen der Geburt der Lokalanästhesie« bezeichnet, schreibt:

> »Eines Sommertages des Jahres 1884 trat ... Dr. Karl Koller ... in das Laboratorium Professor Strickers, zog ein kleines Fläschchen, in welchem sich eine Spur eines weißen Pulvers befand, aus der Tasche und hielt an mich, den Assistenten Strickers, eine Ansprache ungefähr folgenden Inhalts: ›Ich hoffe, ja erwarte, daß dieses Pulver das Auge schmerzunempfindlich machen wird.‹
>
> ›Das wollen wir gleich probieren‹, entgegnete ich. Es wurden einige Stäubchen der Substanz in einer kleinen Menge destillierten Wassers aufgelöst, dann ein recht großer, lebhafter Frosch aus dem Froschglas hervorgeholt, durch Einwickeln in ein Tuch immobilisiert und nun mit einer Pipette ein Tropfen der Lösung auf eines der Glotzaugen geträufelt. In Pausen von ein paar Sekunden wurde der Hornhautreflex geprüft, indem das Auge mit einer Nadel berührt wurde. Zunächst geschah noch nichts Besonderes. Der Frosch reagiert auf Berühren der Hornhaut in viel komplizierterer Weise als der Mensch. Er zieht das ganze Auge tief in die Augenhöhle ein und schließt die Lidspalte mit den Lidern und der Nickhaut.
>
> Dies hat auch unser Frosch getan; ungefähr eine Minute lang. *Da trat der große historische Moment ein.* ... Der Frosch ließ seine Hornhaut berühren, er duldet auch Verletzungen der Hornhaut, ohne nur die Spur einer Reflexbewegung oder einer Abwehr auszuführen. Er glotzt uns, wenn das behandelte Auge gestochen oder gekratzt wurde, ruhig an, als ob ihn die Sache nichts anginge, während das andere Auge auf

die leiseste Berührung in der gewohnten Weise mit Reflexen antwortete. In großer, durch die Sachlage gewiß begründeter Aufregung wurde die Untersuchung fortgesetzt. Ein Kaninchen war das zweite Geschöpf, dessen Auge unempfindlich gemacht wurde. Das Experiment gelang wieder vollkommen. Indes Kaninchen sind dumme und indolente Tiere, die sich sonst manches gefallen lassen, ohne zu reagieren. Nun wurde aber ein Hund geholt, ein Tier, welches schmerzhaften Eingriff sehr lebhaft beantwortet. Eines seiner Augen wurde mit ein paar Tropfen der Lösung befeuchtet und nach zwei Minuten geprüft. Man konnte die Hornhaut berühren, stechen, kratzen, man konnte sogar einen elektrischen (faradischen) Strom durch die Hornhaut leiten, ohne daß das Tier Abwehrbewegungen machte oder sonst reagierte.

Jetzt galt es noch einen Schritt weiterzugehen und den Versuch am Menschen zu wiederholen. Das geschah denn auch. Wir träufelten einander die Lösung unter das abgehobene Lid eines Auges. Dann stellten wir einen Spiegel vor uns hin, nahmen eine Stecknadel zur Hand und versuchten mit ihrem Kopfe die Hornhaut zu berühren. Fast gleichzeitig konnten wir jubelnd feststellen: ›Ich spüre nichts mehr‹. Wir konnten eine Delle in die Hornhaut eindrücken, ohne die geringste Wahrnehmung der Berührung, geschweige denn eine unangenehme Empfindung oder einen Reflex auszulösen.

Damit war die Entdeckung der Lokalanästhesie vollendet. Ich freue mich, als erster den Dr. Koller als Wohltäter der Menschheit begrüßt zu haben. Die Experimente beanspruchten nicht mehr Zeit als eine Stunde.«[34]

In großer Eile verfaßte Koller eine kurze vorläufige Mitteilung, datiert auf »Anfangs September 1884«[35], und ließ, da er selbst die Mittel für die Reise nicht aufbringen konnte, am 15. September auf der Versammlung der Ophtalmologischen Gesellschaft in Heidelberg seine Ergebnisse von Dr. Brettauer aus Triest vortragen und in eindrucksvollen Demonstrationen erläutern. Die Nachricht schlug wie eine Bombe ein. Innerhalb weniger Wochen wurden aus vielen Teilen der Welt Fälle erfolgreicher Anwendung der Neuentdeckung bekannt. Einen Monat später, am

34 G. Gärtner, 1919 [S. 6].
35 K. Koller, 1884*a* [S. 63].

17. Oktober, trug Koller eine definitive und vollständige Darstellung seiner Funde der Wiener Gesellschaft der Ärzte vor. Sie erschien in der darauffolgenden Woche in der *Wiener Medizinischen Wochenschrift*. Im dritten Absatz heißt es: »Für uns Wiener insbesondere ist das Kokain durch die gründliche Zusammenstellung und die interessante therapeutische Arbeit meines Kollegen vom Allgemeinen Krankenhause, des Herrn Dr. Sigmund Freud, in den Vordergrund der Diskussion gerückt worden.«[36]

Freud kam im Oktober aus Norddeutschland zurück und fand Koller auf dem Weg zum Weltruhm, wohingegen Königstein mit dem Kokain bei der Behandlung des Trachoms, der Regenbogenhautentzündung und anderer Affektionen des Auges herumexperimentierte und er selbst sich in eine Fußnote verwiesen sah.

Über Freuds damalige Gefühle wissen wir nichts; doch wird man annehmen dürfen, daß er enttäuscht und verärgert war, zumindest über sich selbst, hatte er doch gehofft, mehr zu werden als bloß ein mittelmäßiger Arzt, nämlich zum Fortschritt der Wissenschaft Erkleckliches beizutragen. Er sehnte sich nach Anerkennung von seiten seiner verehrten Lehrer und erstrebte hohes berufliches Ansehen. Da genügte es nicht, auf etwas Neues aufmerksam geworden zu sein und es begriffen zu haben. Die Fachleute waren allein durch wirkliche Entdeckungen zu beeindrucken. Aber eigene Hoffnungen und Enttäuschungen zählten in diesem Zusammenhang nicht. Vor jeder Veröffentlichung pflegte Freud die Literatur sorgfältig zu studieren; wann immer er feststellen mußte, daß jemand ihm zuvorgekommen war, erkannte er das unumwunden an. Tatsächlich wähnte er sich im Besitz einer solchen Fülle origineller Ideen, daß er nicht zu knausern brauchte. Sah er sich gezwungen, die eine oder andere fahrenzulassen, war er doch zuversichtlich, »eine vierte und fünfte« werde sich seinem »ahnenden Geiste« zeigen, »der darob erschrickt wie Macbeth vor den englischen Königsgespenstern: ›Es wird kein Ende nehmen, fürcht' ich, bis zum Jüngsten Tag.‹«[37] Ohne Umschweife räumte er also auch diesmal ein, daß Koller

36 K. Koller, 1884*b* [S. 1276].
37 Brief an Wilhelm Knöpfmacher vom 6. August 1878. [Abgedruckt in Freud, 1960, S. 14.]

und nicht er selbst »den glücklichen Gedanken gefaßt, durch das Kokain ... eine vollständige Anästhesie und Analgesie der Kornea und Konjunktiva zu erzeugen«[38], womit er Koller nicht nur die technische Priorität öffentlich zubilligte, sondern auch das uneingeschränkte Verdienst für Idee und Durchführung. Diese Entdeckung hatte er verpaßt – das wußte und akzeptierte er. Und so nahm er seine Kokain-Studien dort wieder auf, wo er sie vor der Abreise nach Hamburg unterbrochen hatte.

Freud setzte bei seinen Freunden eine ähnlich korrekte und großzügige, wenn man will, fatalistische Einstellung in Prioritätsfragen voraus. Doch sah er sich genötigt, bei Königstein darauf zu pochen. Offenbar fühlte sich dieser durch Kollers Entdeckung tief getroffen. Er war ein geschickter Augenoperateur und verfügte über einige Forschungserfahrung in Anatomie und Physiologie des Auges. Doch war er vorwiegend therapeutisch interessiert und begriff sich an erster Stelle als Arzt: freundlich, sicher, ein wenig eingebildet, gewissenhaft und fürsorglich im Umgang mit seinen Patienten – wäre er doch der Mann gewesen, dem die Lokalanästhesie hätte einfallen müssen. Im Gegensatz zu Freud, war er nicht willens, Fakten bedingungslos anzuerkennen. So fing er an, Koller eines Irrtums zu bezichtigen; schließlich ging er so weit, ihm gar die Priorität zu bestreiten. Als Koller seine Arbeit am 17. Oktober in der Wiener Gesellschaft der Ärzte verlas, ergriff Königstein in der Diskussion das Wort und verkündete, seine Experimente hätten die Nützlichkeit des Kokains bei der Behandlung bestimmter Augenleiden sowie bei der Lokalanästhesie erwiesen – ohne Koller überhaupt zu erwähnen.[39] Aus detaillierten Berichten der Diskussion[40] geht indessen eindeutig hervor, daß er in Wirklichkeit nur bei der Behandlung solcher Affektionen gelegentlich mit Kokain experimentiert hatte, bei denen die gefäßverengenden Eigenschaften der Droge erfolgversprechend schienen, und daß er erst nach dem 15. September – dem Tag, an dem Kollers Entdeckung auf dem Heidelberger Kongreß gefeiert wurde – damit begann,

38 Freud, 1885*a*, S. 129.
39 *Wiener Medizinische Wochenschrift*, Nr. 48, 1884, S. 1287.
40 Im *Zentralblatt für die gesamte Therapie*, Bd. 2, 1884, S. 524-526, und in der *Wiener Medizinischen Presse*, Bd. 25, 1884, S. 1340–1342, S. 1365–1368 und S. 1377.

es als Lokalanästhetikum in Tierversuchen sowie an Patienten aus Scholzens Vierter Abteilung des Allgemeinen Krankenhauses (wo Freud damals als Sekundararzt arbeitete) auszuprobieren. Wenige Tage vor dem 15. Oktober, also fast einen Monat später, vollführte Königstein, von Freud in der Technik der Anästhesierung unterwiesen, erstmals die schmerzlose Entfernung eines Augapfels bei einem Hund. Zwar mag Königstein eher als Koller oder von ihm unabhängig an eine solche Verwendung des Kokains gedacht haben – aber eben nur verschwommen und flüchtig. Doch hatte er diese Idee nicht entschieden genug in Besitz genommen. In der Wissenschaft aber gilt, wie Charcot zu sagen pflegte, der Grundsatz: »Il faut épouser les idées«. Nur unter dem Druck, den Freud – von Wagner-Jauregg unterstützt – auf ihn ausübte, fügte Königstein in die Veröffentlichung seiner Diskussionsbemerkungen, offensichtlich widerstrebend, im letzten Absatz einen Hinweis auf Koller ein; immerhin stellt diese Formulierung Koller als den unbestrittenen Entdekker heraus.[41] So wurde dank Freuds Beharrlichkeit verhindert, daß die Entdeckung der Lokalanästhesie in einen häßlichen, kindischen Streit ausging – »ein in der Geschichte der Pharmakologie seltenes Ereignis, welches Schule machen sollte«[42].

Allerdings hat, kaum bemerkt, auch zwischen Freud und Koller eine Auseinandersetzung stattgefunden, wenn auch eine subtile. In seiner Würdigung Freuds unterlief Koller nämlich bei der Zitierung der Abhandlung ›Über Koka‹ ein bibliographischer Irrtum: er gab an, sie sei im »Augustheft 1884« des *Zentralblatts* veröffentlicht worden.[43] Freud[44] korrigierte dieses Versehen unverzüglich. Er mag den Eindruck gehabt haben, der tatsächliche Zeitabstand zwischen der Publikation seiner Arbeit (im Juli) und dem Erscheinen von Kollers vorläufiger Mitteilung über die Entdeckung der Lokalanästhesie (Anfang September) werde durch Kollers Angabe derart verkürzt, daß beim Leser der unrichtige Eindruck von Gleichzeitigkeit, anstatt von Kausalität entstehe. Damals hatte er zwar seine wissenschaftliche Theorie der Fehlleistungen noch nicht entwickelt; als wachsamer

41 L. Königstein, 1884 [S. 1368].
42 M. G. Seelig, 1941.
43 K. Koller, 1884*b* [S. 1276, Anm. 2].
44 Freud, 1885*a* [Sp. 129, Anm. 1].

und sensibler Autor wird er aber gespürt haben, daß eine gewisse Unbestimmtheit in Kollers Text hinsichtlich der Vorgeschichte seiner Entdeckung, zusammen mit dem Irrtum in der Fußnote, ihm, Freud, die offene, spontane und angemessene Anerkennung der eigenen Leistung vorenthielt, auf die er Anspruch zu haben glaubte.[45] Später stellte sich heraus, daß Freuds intuitiv gefaßter Argwohn begründet war. Nach Jahren behauptete Koller nämlich in mehreren Publikationen und (unveröffentlichten) Aufzeichnungen, Freuds Veröffentlichung hätte nicht den geringsten Einfluß auf ihn gehabt; sie sei, wie er an einer Stelle[46] ausführt, erst ein Jahr nach seiner eigenen Entdeckung erschienen.

In seiner 1924 veröffentlichten Freud-Biographie äußert Wittels die Vermutung, es habe Freud schwer getroffen, daß ihm ein anderer zuvorgekommen war; lange habe er darüber nachgegrübelt, wie ihm das hatte passieren können.[47] Dazu Stellung nehmend, schrieb Freud an Wittels: »Ich wußte sehr wohl, wie mir das geschehen war, die Arbeit über Koka war ein Allotrion, mit dem ich bald abschließen wollte.«[48] Bereits fünfundzwanzig Jahre früher hatte Freud Ähnliches geäußert, wenngleich er damals das griechische Wort »Allotrion« nicht verwendete, pflegten es doch Gymnasiallehrer mit strafendem Unterton für alles zu benutzen, was, im Sinne von Vergnügen und Unfug, von ernsthafter Pflichterfüllung ablenken konnte. In der *Traumdeutung* führte er als Grund für sein Versäumnis an: »Ich ... war nicht gründlich genug ...«[49].

Das Zustandekommen wissenschaftlicher Leistung als Ergebnis intensiver und ausschließlicher Konzentration auf *ein* begrenztes Problem – war in Gesprächen ein Lieblingsthema Freuds[50], wobei ihm Kollers Erfolg als besonders eindrucksvolles Beispiel diente: Hier war ein Mann, der seine ganze Energie auf das *eine* Ziel gerichtet hatte, ein Anästhetikum für die Augenchirur-

45 Der Neurologe Obersteiner, von Freuds Kokain-Studien sehr beeindruckt, scheint diese Ansicht geteilt zu haben. In der Darstellung seiner eigenen Kokainarbeiten erwähnt er ausdrücklich, daß Freuds Monographie »im Julihefte 1884 des ›Centralblattes für die gesammte Therapie‹« erschienen sei [H. Obersteiner, 1885, Sp. 1253].

46 In der unveröffentlichten Korrespondenz.

47 F. Wittels, 1924, S. 18.

48 Brief vom 18. 12. 1923. [S. die Anm. 17, S. 155, oben.]

49 Freud, 1900*a*, S. 176.

50 Vgl. F. Wittels, 1924; H. Sachs, 1945.

gie zu finden. Ganz im Gegensatz dazu war Freuds Aufmerksamkeit zumeist von einer ganzen Fülle von Ideen und Projekten, vielfältigen emotionalen und intellektuellen Problemen in Anspruch genommen; und die Gefahr, sich zu verzetteln, hatte zumal in seinen Jugendjahren bestanden. Faulheit, Mangel an Willenskraft, fehlende Gründlichkeit sind häufig wiederkehrende Selbstvorwürfe. Sich zur Ordnung rufend, raffte er sich aber immer wieder zu äußerster Konzentration auf. Gelang es ihm, sich in diesen gefaßten Zustand zu versetzen, war er stolz darauf, freilich nur um sich wenig später wieder von irgendeinem »Allotrion« unwiderstehlich ablenken zu lassen und seinem inneren Tyrannen den Gehorsam aufzukündigen.
Die Zufriedenheit, die er empfand, als er in Meynerts Laboratorium 1883 endlich voll konzentriert arbeiten konnte, schwingt noch in der *Selbstdarstellung* [1925*d*] nach. Wenn man bedenkt, daß Freud sich anschließend, Anfang 1884, in sein Kokain-Allotrion stürzte, um es ein paar Monate später wegen eines Besuchs bei seiner Verlobten unvermittelt aufzugeben, wird verstehbar, warum er die Tatsache, daß Koller ihm dann zuvorkam, mit dem Gefühl hinnahm, er allein trage dafür die Verantwortung und habe es nicht anders verdient.
Überdies gibt es keinerlei Beweis dafür, daß Freud die Entdekkung der Lokalanästhesie auch tatsächlich geglückt wäre, hätte er sich seinen Kokain-Studien nur mit hinreichender Ausdauer und Ausschließlichkeit gewidmet. Sein Trachten galt nicht der Chirurgie. Nach Neigung Hirnanatom, notgedrungen Neurologe und nur sehr widerstrebend Arzt, war er bemüht, aus seiner Situation das Beste zu machen. Da er nun einmal Arzt werden mußte, wollte er auch ein guter Doktor sein, einer, der Schmerzen lindern und seinen Patienten wieder zu gewohntem Wohlbefinden verhelfen kann. Er wollte nicht der gefürchtete Chirurg sein, der erbarmungslos operiert und Schmerzen zufügt, und sei es zum Besten des Patienten. Diese Haltung des hilfreichen Arztes sei durch eine Erinnerung Freuds illustriert, die er in einer seiner frühen Vorlesungen erwähnte: »Nun, eines Tages stand ich mit einigen Kollegen ... im Hof des Krankenhauses, als ein andrer Kollege mit allen Anzeichen heftiger Schmerzen an uns vorbeiging. ... Ich sagte ihm: ›Ich glaube, ich kann Ihnen helfen‹, und wir gingen alle auf mein Zimmer, wo ich ihm ein

paar Tropfen einer Medizin gab, die den Schmerz augenblicklich verschwinden ließ. Ich erklärte meinen Freunden, daß das Präparat ein Extrakt aus einer südamerikanischen Pflanze, der Koka, sei, die eine ganz außerordentliche schmerzstillende Kraft zu besitzen scheine, und daß ich gerade eine Abhandlung darüber schriebe.«[51]

Eingedenk der lokalanästhesierenden Eigenschaften des Kokains hatte er zwar die vage Idee einer Verwendung des Alkaloids bei der Behandlung von schmerzenden Schleimhautaffektionen. Aber es wäre ihm nicht in den Sinn gekommen, es als Hilfsmittel in der Chirurgie in Erwägung zu ziehen.

Was Freuds Aufmerksamkeit auf Augenkrankheiten gelenkt hat, ist nicht bekannt. Kurze Zeit nach Kollers Entdeckung mußte sich Freuds Vater an einem Auge einer Glaukom-Operation unterziehen. Dem Sohn dürfte es eine tiefe Genugtuung gewesen sein, daß der eigene Vater von den Wohltaten der Kokainanästhesie profitieren konnte. In Freuds Beisein verabreichte Koller das Kokain, anschließend führte Königstein den chirurgischen Eingriff durch. Koller »machte dann die Bemerkung, daß bei diesem Falle alle die drei Personen sich vereinigt fänden, die an der Einführung des Kokains Anteil gehabt haben«[52].

Es wäre denkbar, daß Freuds Vater schon einige Monate vor dieser Operation über Augenbeschwerden klagte und daß die Sorge um seinen Gesundheitszustand Freud dazu bewog, mehr über Augenkrankheiten als über Schleimhautaffektionen nachzudenken. Wenn dies zutrifft, so hätte Freud, abgesehen von seiner generellen Abneigung gegen die Chirurgie, noch einen triftigen Grund mehr gehabt, jeden Gedanken an Augenoperationen zu unterdrücken. Blindheit, Verlust eines Auges, Augenverletzung – alle solche Gedanken rühren an angstauslösende infantile Konflikte, gerade in Verbindung mit dem eigenen Vater.

51 H. Sachs, 1945 [zitiert nach der deutschen Ausgabe von 1950, S. 64 f.].
52 Freud, 1900*a*, S. 176.

3. Kokain und Neurasthenie (1885)

Mit zunehmender Erfahrung in der Kokainanwendung wurde Freud immer klarer, daß die subjektiven Wirkungen der Droge – von Euphorie über Unbehagen bis zu toxischer Beeinflussung – von Versuchsperson zu Versuchsperson variierten. Freud wollte deshalb eine Methode finden, die physiologischen Wirkungen (Hebung von Leistungskraft und Ausdauer) »durch objektive Zeichen auszudrücken und gleichzeitig messend zu verfolgen«. Von einer solchen Testmethode »erwartete ich denn auch, daß sie mir eine größere Gleichförmigkeit der Kokawirkung verraten werde«[53]. Schon vor seiner Abreise nach Hamburg hatte er zu diesem Zwecke den Dynamometer ausprobiert. Einige Zeit nach seiner Rückkehr, spätestens Anfang November 1884, nahm er seine Versuche, »die Kokawirkung durch die Veränderung meßbarer Größen ... zu kennzeichnen«[54], wieder auf. Bei seinen Forschungen, die sich auch noch über den Dezember erstreckten, maß er die Armmuskelkraft mit dem Dynamometer, die psychische Reaktionszeit mit dem Exnerschen Neuramöbimeter. Er stellte fest, daß 0,05 bis 0,10 Gramm Kokain die motorische Kraft der Arme merklich erhöht, ferner daß das Maximum dieser Wirkung gleichzeitig mit der Kokaeuphorie eintritt und sich in etwas geringerem Maße während mehrerer Stunden erhält. Die Steigerung ist weit beträchtlicher, »wenn Kokain bei schlechtem Befinden und herabgesetzter motorischer Kraft einwirkt«[55]. Unter Kokaineinfluß werden die Reaktionszeiten, wenngleich weniger ausgeprägt, kürzer und gleichförmiger. Dieses Ergebnis bestätigte seine Ansicht: »Die Kokawirkung selbst möchte ich nicht als eine direkte Beeinflussung – etwa der motorischen Nervensubstanz oder der Muskeln –, sondern als eine indirekte, durch die Herstellung eines besseren Allgemeinbefindens bewirkte ansehen.«[56]

Der kurze ›Beitrag zur Kenntnis der Kokawirkung‹ (1885 [*a*]) ist die einzige experimentelle Studie, die Freud je veröffentlichte. Obwohl der Grundgedanke gut fundiert ist und Freud

53 Freud, 1885*a*, S. 129.
54 AaO, S. 130.
55 AaO, S. 133.
56 AaO.

eine klare Vorstellung davon hatte, was die experimentelle Methode bezüglich der Lösung des Problems erreichen konnte und sollte, ist die Anlage der Experimente doch simpel und willkürlich, der Bericht nicht hinreichend genau. Freud hatte »zu wiederholten Malen«[57], wie er sagt, an sich selbst Dynamometer-Prüfungen und Reaktionszeit-Versuche gemacht.[58] »Ich weiß, daß solche Selbstversuche das Mißliche haben, für die Person, die sie anstellt, in derselben Sache zweierlei Glaubwürdigkeit zu beanspruchen, aber ich mußte es aus äußeren Gründen tun, und weil keines der mir zur Verfügung stehenden Individuen eine so gleichmäßige Reaktion gegen Kokain aufwies. Die Ergebnisse der Untersuchung wurden indes auch durch meine Prüfung anderer Personen, meist Kollegen, bestätigt.«[59]

Er fügte zwei Protokolle von Dynamometer-Experimenten und zwei andere über die Neuramöbimeter-Messungen bei. Diese Protokolle, die nicht einmal die betreffende Maßeinheit klar angeben (Pfund oder Kilogramm), können bestenfalls als eindrucksvolle Illustrationen, nicht aber als experimentelle Beweise dienen; nur als vorläufige Tests für den Apparat und als Formulierung des Problems können sie Gültigkeit beanspruchen. Gewiß hätte sich aus ihnen ein Forschungsprogramm entwickeln lassen. Aber es gibt keinerlei Hinweise darauf, daß Freud die Notwendigkeit einsah, geschweige denn Neigung verspürte, eine experimentelle Untersuchung auf exakter statistischer Grundlage anzustellen.

Selbst in dieser Arbeit zeigt sich freilich Freuds bemerkenswerte Beobachtungsgabe. Trotz dürftiger Experimentiertechnik entdeckte er nämlich eine grundlegend wichtige, damals noch unbekannte Tatsache: das Vorhandensein zweier unabhängiger Variabler in der Kurve der Muskelkraft, *»erstens, daß die Zahlen für die motorische Kraft einer Muskelgruppe während eines Tages eine gesetzmäßige Schwankung erkennen lassen, zweitens, daß dieselben an verschiedenen Tagen recht verschiedene absolute Werte erreichen«*[60], je nach allgemeinem Gesundheitszustand und Wohlbefinden. Obwohl die Arbeit laut Titel einen

57 AaO, S. 130.
58 Dr. Herzig assistierte ihm bei der Handhabung des Neuramöbimeters.
59 AaO.
60 AaO, S. 131 f.

Beitrag zur Kenntnis der Kokawirkung liefern sollte, war Freud offenbar derart an den Nebenergebnissen interessiert, daß er auf sie eigentlich mehr Gewicht legte als auf die Funde bezüglich des Kokains. Doch verfolgte er auch diese Nebenergebnisse nicht weiter, offensichtlich aus folgendem Grund: »Nachdem ich diese Beobachtungen vollendet hatte, wurde ich auf eine vorläufige Mitteilung von Dr. Max Buch aufmerksam, welche von den Tagesschwankungen der motorischen Kraft handelt.«[61] So endet die kurze Arbeit, deren erste Zeilen Kollers Priorität festhalten, mit einem zweiten derartigen Zugeständnis, diesmal an Buch – in wissenschaftlichen Zeitschriften gewiß ein seltener Fall.

Die im Oktober 1884 in medizinischen Fachzeitschriften, aber auch in Tageszeitungen und Magazinen einsetzende und mehrere Jahre andauernde Flut von Veröffentlichungen über Kokain befaßte sich großenteils mit der Lokalanästhesie – jenem entscheidenden Fortschritt im Kampf des Menschen gegen die Schrecken der Chirurgie. Es war Koller, nicht Freud, der die Forschung in diese Richtung gelenkt hatte; aber selbst in diesem Zusammenhang findet sich nicht selten Freuds Name erwähnt. Mochte er sich über jene Publikationen geärgert haben, die seinen Beitrag einfach übergingen, so sah er sich doch von anderen als der Wiederentdecker des Kokains gerühmt. Man bat ihn um sein Urteil über die Eigenschaften des Parke Kokains im Vergleich zum Merck-Präparat.[62] Und im Dezember 1884 erschien eine englische Übersetzung der Hauptteile von ›Über Koka‹.[63] Unter dem Titel *Über Koka* wurde schließlich seine Monographie mit Nachträgen und Ergänzungen Anfang 1885 als Separatdruck publiziert.[64] Seine Erfahrungen und seine davon abgeleitete Empfehlung des Präparats bei der Behandlung von Morphiumsüchtigen wurden von Wallé, Richter, Smidt, Rank und anderen bekräftigt. Am meisten bedeutete Freud allerdings die Bestätigung durch Heinrich Obersteiner, der als behutsamer Forscher auf dem Gebiet der Hirnanatomie und Neuropathologie hohes Ansehen genoß; er war Direktor des damals neu begrün-

61 AaO, S. 132.
62 Freud, 1885*e*.
63 ›Coca‹ (übersetzt von S. Pollack), *The Saint Louis Medical and Surgical Journal*, Bd. 47, Nr. 6, S. 502 ff., Dezember 1884.
64 Freud, 1885*f*.

deten Neurologischen Instituts an der Universität, und er hatte in einem in der Umgebung Wiens gelegenen Privatsanatorium, das ihm gehörte, reichlich Gelegenheit, Morphinisten zu sehen. »Prof. Obersteiner«, schrieb Freud, auf diese Phase zurückblikkend, »nahm dieselbe Beobachtung zum Anlasse, um die Wirksamkeit des Kokain bei der Morphinentziehung auf dem Kongresse zu Kopenhagen [am 11. August 1884] den dort versammelten Ärzten mitzuteilen. Er machte aber wenig Eindruck; erst die Zirkuläre der chemischen Fabrik E. Merck in Darmstadt und ein überschwenglich gehaltener Aufsatz von Wallé in der ›Deutschen Medizinalzeitung‹ (Nr. 3, 1885) brachte die neue Verwertung des Kokain zur allgemeinen Kenntnis der Ärzte . . .«.[65]
Freilich erhob sich auch eine lautstarke Gegenstimme, diejenige Erlenmeyers[66], der »auf Grund einer durch große Zahlen imponierenden Versuchsreihe dem Kokain jede Brauchbarkeit bei der Morphinentziehungskur absprach und dasselbe wegen seiner Wirkung auf die Gefäßinnervation als ein gefährliches Mittel hinstellte. Aber die Ergebnisse Erlenmeyers beruhten trotzdem auf einem groben Versuchsfehler, der sofort von Obersteiner, Smidt und Rank u. a. aufgedeckt wurde. Erlenmeyer hatte, anstatt nach meinem Vorschlage wirksame Dosen (mehrere Dezigramm) per os zu verabreichen, minimale Mengen in subkutaner Injektion gegeben, und so von einer für die Dauer unwirksamen Gabe einen flüchtigen toxischen Effekt bekommen. Die Autoren, die ihn widerlegten, hatten ihrerseits eine volle Bestätigung meiner ursprünglichen Angaben zu bringen«.[67]
Ausgelöst von Freuds Empfehlung der Kokainbehandlung, lief diese Diskussion Anfang 1885 bereits auf vollen Touren. Aber sie kreiste ausschließlich um *eine* der Wohltaten, die Freud sich vom Kokain versprochen hatte. Die kleine, wenngleich spektakuläre Gruppe der Morphinisten nahm in seinen Gedanken nicht den ersten Platz ein. Er beschäftigte sich mehr und mehr mit der großen Masse der Neurastheniker und der an funktionellen nervösen Störungen Leidenden. So meldete er sich für den 5. März 1885 beim Psychiatrischen Verein zu einem Vortrag über die Kokainwirkung bei interner Anwendung an. In diesem Vortrag,

65 Freud, 1887*d*, S. 929.
66 A. Erlenmeyer, 1885.
67 Freud, aaO.

dessen Wortlaut am 7. August 1885[68] veröffentlicht wurde, faßte Freud die Ergebnisse seiner zwei voraufgegangenen Publikationen zusammen und berichtete über neue Beobachtungen. Erneut hob er die großen individuellen Unterschiede in den subjektiven Wirkungen des Kokains hervor und betonte nachdrücklicher als bisher, daß nur wenige Personen wie er selbst die reine Euphorie ohne Alteration zeigten. Er wandte sich dann den psychiatrischen Anwendungen zu. Zunächst wies er im Zusammenhang mit der Morphinentziehung auf den Fall Fleischl hin, mit dem denkwürdigen Zusatz: »Eine Kokagewöhnung trat dabei nicht ein, im Gegenteil war eine steigende Abneigung gegen den Kokaingenuß unverkennbar«[69]; diesen Eindruck leitete er wohl von den Beobachtungen her, die er seit Frühjahr 1884 angestellt hatte. Er erwähnte noch einige andere von ihm beobachtete Fälle und empfahl abschließend die Kokainbehandlung uneingeschränkt, obgleich er sehr wohl wisse, »daß bei einzelnen Entziehungskuren das Kokain keine Dienste zu leisten schien«, und darauf gefaßt sei, »daß auch die Verschiedenheit der individuellen Reaktion gegen das Alkaloid hervortreten wird«[70].
Wichtiger waren ihm aber die allgemeinen Anwendungen: »Die Psychiatrie ist reich an Mitteln, welche die übererregte Nerventätigkeit herabsetzen, dagegen arm an solchen, welche die herabgesetzte Leistung des Nervensystems heben könnten. Es liegt darum nahe, an die Verwertung der ... Wirkung des Kokains in solchen Krankheitsformen zu denken, welche wir als Schwäche- und Depressionszustände des Nervensystems ohne organische Läsion deuten.«[71] Tatsächlich waren inzwischen einige Berichte über die wohltätigen Wirkungen der Droge bei der Behandlung von Hysterie, Hypochondrie und Depression erschienen. Aber: »Im ganzen muß man sagen, daß die Brauchbarkeit des Kokains in der psychiatrischen Praxis noch zu erweisen ist und wohl einer sorgfältigen Prüfung wert scheint, sobald das gegenwärtig unerschwingliche Medikament wohlfeil geworden ist.«[72] Obgleich diesen Anwendungen sein Hauptinteresse galt, mußte er

68 Freud, 1885*b*.
69 AaO, S. 375.
70 AaO.
71 AaO.
72 AaO.

sich also mit einigen verheißungsvollen Andeutungen begnügen, da in der Literatur bislang nur von vereinzelten Beobachtungen berichtet worden war. Die Kokainanwendung, die er an sich selbst und einigen Freunden vorgenommen hatte, konnte nicht das Gewicht therapeutischer Arbeit an Patienten beanspruchen.
Gleichwohl beruhte das Vertrauen, das er in die potentielle Wirksamkeit des Kokains bei der Neurasthenie-Behandlung setzte, auf eigenen Erfahrungen, und die Berichte, auf die er in der Literatur stieß, erschienen ihm deshalb als glaubhaft, weil ihm selbst die Droge über mehrere Monate hinweg zuverlässig Erleichterung verschafft hatte.
Die Jahre zwischen 1882 und 1885, die er im Allgemeinen Krankenhaus zubrachte, waren für Freud nicht leicht. Er hatte eine wissenschaftliche Laufbahn aufgeben müssen, der er sechs Jahre erfolgreich nachgegangen war. Er bereitete sich auf einen Beruf vor, in dem ihm der überwiegende Teil der Arbeit wenig behagte. Er wußte, daß viele seiner Patienten Linderung ihrer Leiden erwarteten, man aber kaum Mittel kannte, mit deren Hilfe dies tatsächlich zu erreichen gewesen wäre. Sein Gefühlsleben war eingeschränkt: jahrelang lebte er von seiner Verlobten getrennt, und seine strengen moralischen Maßstäbe zwangen ihn, sich damit zufriedenzugeben, jeden Tag ihr zu schreiben und von ihr einen Brief zu bekommen.
In dieser Lage stellten sich wiederholt Erschöpfungszustände, depressive Verstimmungen, Ängste, Unruhen und Verdauungsstörungen ein, die Wohlbefinden und Arbeitsleistung herabsetzten. Mag er diese Zustände einesteils mit seiner entsagungsvollen, unsicheren Situation in Verbindung gebracht haben, andernteils müssen sie ihm bezüglich Ursache, Art, Intensität und Bedeutung aber rätselhaft geblieben sein. Jedenfalls schwächten sie seine Konzentration und Selbstbeherrschung. Der von George Miller Beard eingeführte Begriff »Neurasthenie«, der damals in Europa rasch in Umlauf kam, führte diese Symptome und Befindlichkeiten auf Erschöpfung und Schwäche eines angespannten, überreizten Nervensystems zurück. Zwar wurde Freud von dieser Schwäche niemals während eines längeren Zeitraums heimgesucht, vielmehr litt er an wiederholten Anfällen, die jeweils einige Stunden oder Tage dauerten – in seiner Ungeduld erschienen ihm diese Beeinträchtigungen jedoch als zu langwie-

rig und häufig. Hier erwies sich ihm nun das Kokain als ein beinahe ideales Heilmittel. Anders als der Alkohol, bewirkte es nicht einen künstlichen, unnatürlichen Zustand kurzfristiger Hochstimmung, der gleichzeitig die Arbeitsfähigkeit und -lust empfindlich reduzierte und die Selbstkontrolle außer Kraft setzte. Vielmehr hob das Kokain Stimmung und Leistungsvermögen einfach von der depressiven Verfassung auf ein eher normales Niveau an. Freud genoß diese Wirkung nicht nur, sondern leitete daraus auch eine wichtige, durchaus optimistische Einsicht ab: das Absinken eines normalen Zustandes von Wohlbefinden müsse auf die störende Beeinflussung durch ein noch unbekanntes Hauptagens zurückgeführt werden, welches chemisch zu entfernen sei. Dieser Gedanke schien Freud die Wirkung zu erklären, die das Kokain auf ihn selbst ausübte, und, ohne Rücksicht auf lästige Statistik, eine Verallgemeinerung der eigenen Erfahrungen zu rechtfertigen. Im Kokain glaubte er nicht nur ein Palliativ, sondern ein regelrechtes Heilmittel für Mattigkeit, Depression und mangelnde Selbstbeherrschung zu besitzen. Derart ausgerüstet, würde er den Klagen seiner Patienten nicht gänzlich hilflos gegenüberstehen. Es wäre ihm nicht in den Sinn gekommen, daß jemand seine wiederhergestellte Leistungskraft und Ausdauer zu anderen als Arbeitszwecken benutzen könnte.

Im nachhinein erscheint es bezeichnend, daß Freud bereits bei seinen allerersten therapeutischen Bemühungen mit den Trieben beschäftigt war, jenen periodisch auftretenden, aus dem Körperinneren kommenden gebieterischen Bedürfnissen, daß er schon damals auf Mittel sann, ihre beunruhigende Macht zu zähmen, und die – wenngleich noch vage – Vorstellung von einem Hauptagens entwickelte, welches das normale Wohlbefinden beeinträchtigte, das also seinerseits nur durch die Entfernung eben jenes Störers wiederzuerlangen war, und schließlich, daß seine therapeutische Absicht schon zu diesem frühen Zeitpunkt dem nämlichen Ziel galt, das er von nun an lebenslang verfolgen sollte: der Wiederherstellung einer durch Depression beeinträchtigten Fähigkeit, glücklich, seiner selbst mächtig und arbeitsfähig zu sein.

Freuds Hoffnungen erfüllten sich nicht, obgleich der Preis des Kokains mit der rasch anwachsenden Nachfrage in Chirurgie und Zahnheilkunde bald auf ein vernünftiges Maß sank. Niemand folgte seiner Empfehlung, die psychiatrische Brauchbarkeit der Droge zu prüfen. Auch Freud selbst setzte seine Experimente mit Kokain als Mittel zur Bekämpfung der Neurasthenie nicht fort. Es gab zwingende äußere Gründe dafür, daß er seine aktive Beteiligung einstellte: sein Ausscheiden aus dem Allgemeinen Krankenhaus und seine Abreise nach Paris kurz nach Veröffentlichung seiner dritten Kokain-Studie. Nach seiner Rückkehr nahmen ihn die Eröffnung der Privatpraxis, die Heirat sowie die Nachwirkungen seiner Paris-Erfahrungen voll in Anspruch; letztere brachten ihn bald mit den führenden Köpfen der Wiener Medizinischen Schule in Konflikt.[73] Indessen gab es noch einen weiteren, wichtigeren Grund: das völlig unerwartete Auftreten eines neuen psychopathologischen Phänomens – der Kokainsucht.

4. Kokainsucht und Kokainfurcht (1887)

Fleischl, der Patient »der ersten auf dem Kontinente unter Kokain vorgenommenen Morphinentziehung«[74], wurde freilich auch der erste Kokainsüchtige auf dem Kontinent, zumindest einer der ersten. Koller berichtet, er selbst habe Fleischl in erbärmlicher körperlicher und seelischer Verfassung gesehen, geschüttelt von paranoiden Halluzinationen, in denen es von weißen Schlangen wimmelte.[75] Wann sich diese für Fleischl wie für Freud tragische Wende ereignete, ist nicht genau bekannt. Ich vermute, daß Fleischls Sucht sich erstmals im Winter 1884/85 bemerkbar machte.[76]

Das alarmierende Auftreten von Kokainsucht wurde jedenfalls im Mai 1886 von Erlenmeyer öffentlich mitgeteilt.[77] Schon am 11. Januar hatte Obersteiner in einem Vortrag über Intoxikationspsychosen bemerkt: »Seit der häufigeren Anwendung des Kokains sind auch mehrere Fälle von chronischer Kokainvergif-

73 Vgl. S. Bernfeld und S. Cassirer Bernfeld, 1952.

74 Freud, 1887*d*, Sp. 929.

75 Diese Angabe findet sich in M. Silvermans Archiv; s. auch M. Silverman, 1943.

76 Die entsprechenden Passagen in Ernest Jones' Freud-Biographie, welche mir der Autor freundlicherweise im Manuskript zugänglich machte und die sich teilweise auf unveröffentlichte Briefe Freuds stützen, erhärten diese Vermutung.

77 A. Erlenmeyer, 1886.

tung vorgekommen. Die Erscheinungen sind ähnlich dem Alkoholdelirium. Es treten Halluzinationen auf, die Patienten sehen kleine Tierchen, die ihnen auf dem Körper herumkriechen . . .«[78]
In den ersten Monaten des Jahres 1886 waren noch einige andere Beobachtungen dieser Art veröffentlicht worden. Aber Erlenmeyer war der erste, der Alarm schlug und Kokain nicht nur als eine gefährliche und giftige Droge beschrieb, sondern als einen Stoff, der mit großer Sicherheit süchtig mache. In heiligem Eifer geißelte er dessen Gebrauch: ». . . ich schätze mich heute glücklich, kein empfehlendes Wort für die Wirkung des Kokain bei der Morphiumentziehung gefunden zu haben«[79] – schrieb er gleichsam mit einem Seitenblick auf Freud. Andere folgten seinem Beispiel, und innerhalb weniger Monate wurde Kokain in der deutschsprachigen medizinischen Literatur zu einer Schreckensvokabel.
Drei Jahre nachdem Freud erstmals das Alkaloid ausprobiert hatte, war er, der Wiederentdecker des Kokains, unversehens zur Zielscheibe mehr oder weniger verdeckter Beschuldigungen geworden, nämlich zu Morphium und Alkohol die »dritte Geißel der Menschheit«[80] hinzugefügt zu haben. Daß er, der hatte helfen wollen, nun angeklagt wurde, Unheil angerichtet zu haben, daß ausgerechnet die Droge, von deren Wirkungen er sich den Ruhmestitel des Überwinders der Neurasthenie erhofft hatte, Zweifel an seinem Urteilsvermögen aufkommen ließ und ihm den Vorwurf der Leichtfertigkeit eintrug, hat sicher mit dazu beigetragen, daß Freud sein erstes Praxisjahr als »das düsterste und erfolgloseste Jahr meiner ärztlichen Laufbahn«[81] empfand. »Ich war davon in Anspruch genommen«, wie er sagte, »mich in den neuen Beruf zu finden und meine materielle Existenz sowie die meiner rasch anwachsenden Familie zu sichern.«[82] In dieser Lage fand er sich von den führenden Vertretern der Wiener Medizinischen Schule als Propagandist des Ausländers Charcot[83] verunglimpft und gleichzeitig in der breiten Öffentlichkeit schlimmster Verantwortungslosigkeit und

78 H. Obersteiner, 1886 [Sp. 116].
79 A. Erlenmeyer, aaO [S. 483].
80 AaO.
81 Freud, 1900*a*, S. 480.
82 Freud, 1925*d* [S. 41].
83 S. Bernfeld und S. Cassirer Bernfeld, 1952.

Leichtfertigkeit geziehen. Man kann sich gut vorstellen, daß er – wie schon einmal im Zusammenhang mit einer früheren Enttäuschung – mit Gedanken beschäftigt war, die »nicht in die Zukunft strebten, sondern die Vergangenheit zu verbessern suchten«[84]: hätte er doch im Sommer 1884 seine Arbeit nicht unterbrochen, er könnte heute berühmt sein, anstatt verspottet und abgelehnt zu werden ...

In der Beschreibung der Kokainepisode, die Freud in seiner *Selbstdarstellung* gibt, spiegelt sich vierzig Jahre danach noch etwas von seiner damaligen Stimmung wider: »Im Herbst 1886 ließ ich mich in Wien als Arzt nieder und heiratete .... Ich kann hier rückgreifend erzählen, daß es die Schuld meiner Braut war, wenn ich nicht schon in jenen jungen Jahren berühmt geworden bin.«[85] Und dann folgt als Retrospektive die Erzählung von seinen Kokainforschungen, ihrer Unterbrechung durch die Reise zur Verlobten und Kollers Erfolg. Anschließend fährt Freud fort: »Ich wende mich nun wieder zu meiner Niederlassung als Nervenarzt in Wien 1886.«[86] Das in diesem Absatz geäußerte Bedauern gehört, laut *Selbstdarstellung*, klar zum Jahr 1886 und nicht, wie gewiß viele Leser angenommen haben, zum Jahr 1884.

Im Juli 1887 ergriff Freud die Gelegenheit, in der Arbeit ›Bemerkungen über Kokainsucht und Kokainfurcht‹ seinen Fall zusammenhängend darzustellen. Die Abhandlung wurde in der damals führenden *Wiener Medizinischen Wochenschrift* veröffentlicht. »Meine Erfahrungen über die Brauchbarkeit des Kokain bei gewissen nervösen Zuständen und über das Ausbleiben einer Kokainsucht decken sich so vollkommen mit den Mitteilungen, welche eine bekannte ausländische Autorität, W. Hammond, diesbezüglich vor kurzem gemacht hat, daß ich es vorziehe, die Äußerungen Hammonds zu übersetzen, anstatt meine in der Arbeit ›Über Koka‹ ... und in dem späteren Aufsatze (›Beitrag zur Kenntnis der Kokawirkung‹ ...) gemachten Angaben zu wiederholen.«[87]

84 Freud, 1899a [S. 543; im vorliegenden Band S. 98, oben; daß Freud sich in dem in ›Über Deckerinnerungen‹ beschriebenen Patienten selbst dargestellt hat, wird in S. Bernfeld, 1946, nachgewiesen].
85 Freud, 1925*d* [S. 38].
86 AaO, S. 39.
87 Freud, 1887*d*, S. 930.

Bevor er diese Übersetzung – eigentlich eher eine Zusammenfassung der Hammondschen Arbeit – bringt, gibt er in einigen Absätzen eine Situationsbeschreibung und erläutert, wie der »Wert des Kokain für die Morphinisten« verlorenging. »Die Kranken selbst begannen sich des Mittels zu bemächtigen und es demselben Mißbrauche zu unterwerfen, den sie mit Morphin zu treiben gewohnt waren; das Kokain sollte ihnen ein Ersatz für das Morphin werden und muß sich wohl als ungenügender Ersatz erwiesen haben, da die meisten Morphinisten rasch zur enormen Dosis von 1 Grm. pro die in subkutaner Injektion gelangten. Es stellte sich nun heraus, daß das Kokain bei solcher Verwendung ein viel gefährlicherer Feind der Gesundheit ist als das Morphin .... Ich kann eine naheliegende Bemerkung nicht unterdrücken, welche geeignet ist, die sogenannte dritte Geißel des Menschengeschlechtes, wie Erlenmeyer das Kokain sehr pathetisch heißt, ihres Schreckens wieder zu entkleiden. *Alle Berichte über Kokainsucht und Kokainverfall beziehen sich nämlich auf Morphinisten,* Personen, die bereits dem einen Dämon verfallen waren und deren geschwächte Willenskraft und Reizbedürftigkeit jedes ihnen dargebotene Stimulans mißbrauchen würde und tatsächlich mißbraucht hat. *Das Kokain hat bei uns keine anderen, keine eigenen Opfer gefordert.* Ich habe mannigfache Erfahrungen über länger fortgesetzten Kokaingebrauch bei Personen, die nicht Morphinisten waren, und habe auch selbst das Medikament durch Monate genommen, ohne etwas von einem besonderen, dem Morphinismus ähnlichen Zustande oder von einem Verlangen nach weiterem Kokaingebrauche zu verspüren oder zu erfahren. Im Gegenteile, es trat häufiger, als mir lieb sein konnte, eine Abneigung gegen das Medikament ein, die zur Einstellung der Anwendung desselben Anlaß gab.«[88]

So seltsam es uns heute vorkommen mag – bei den ersten Kokainsüchtigen handelte es sich tatsächlich um Morphio-Kokainisten. Die meisten waren Ärzte, Apotheker oder deren Frauen – ein Faktum, das vielleicht zu jener fast panikartigen Reaktion in Medizinerkreisen beigetragen hat, als sei Kokain selbst dazu geeignet, einen »dem Morphinismus ähnlichen Zustand« hervorzurufen. Freud erschien dies nicht nur übertrieben,

88 AaO, S. 929 f.

er hielt es für ein Ausweichen vor dem eigentlich strittigen Thema der Auseinandersetzung: »Ich glaube nun, diese eine Unzuverlässigkeit des Kokain, nämlich daß man nicht weiß, wann ein toxischer Effekt eintreten wird, hängt sehr innig mit einer anderen zusammen, welche ich dem Alkaloid zum Vorwurfe machen muß, nämlich daß man nicht recht weiß, wann und bei wem überhaupt eine Wirkung zu erwarten ist. (Ich sehe natürlich von der anästhesierenden Wirkung ab.) Der Zusammenhang, der uns das Verständnis dieser Eigentümlichkeit erleichtern kann, dürfte folgender sein: Das Kokain hat eine ganz evidente Wirkung auf die Innervation der Blutgefäße. Bei lokaler Anwendung macht es ... Gefäßverengerung .... Nach Erlenmeyer wirkt Kokain, schon in Dosen von 0,005 Grm. injiziert, lähmend auf die Gefäßzentren, setzt die arterielle Spannung herab; nach Litten ... wirkt es exquisit tonisierend, den Blutdruck steigernd. ... Der wechselnde Faktor, von dem die Ungleichartigkeit der Kokainwirkung abhängt, scheint mir demnach in dem jedesmaligen Zustande und in der Labilität der Gefäßinnervation gelegen zu sein. Daß die Erregbarkeit der Gefäßnerven (oder Gefäßnervenzentren) bei verschiedenen Menschen sehr verschieden ist und bei dem Einzelnen variiert, halte ich für unzweifelhaft. In der Labilität der Gehirngefäßinnervation ist wahrscheinlich eines der Hauptsymptome des nervösen Status gegeben. Man denke nur an den verschiedenen Effekt einer Galvanisation am Rücken, je nachdem sie bei einem Gesunden oder bei einem Nervösen dieser oder jener Beschaffenheit ausgeführt wird. In ähnlicher Weise wird das Kokain, wenn dessen Allgemeinwirkung durch die Beeinflussung der Gehirnzirkulation zustande kommt, das eine Mal – bei einem stabilen Gefäßtonus – wirkungslos sein, das andere Mal durch eine rapid auftretende Schwankung einen toxischen Effekt herbeiführen, dazwischen in anderen Fällen eine günstige tonisierende oder hyperämisierende Wirkung äußern. Ich vermute also: *Der Grund für die Ungleichmäßigkeit der Kokainwirkung liegt in der individuell verschiedenen Erregbarkeit und in der Verschiedenheit der Zustände in den Gefäßnerven, auf welche das Kokain wirkt.* Da man den Grad dieser Erregbarkeit im allgemeinen nicht kennt, auf diesen Faktor der individuellen Disposition überhaupt wenig geachtet hat, halte ich es angezeigt, von einer Darreichung des Kokain in subkutaner Injektion bei der Behandlung interner und Nervenkrankheiten möglichst abzusehen.«[89]

Die ›Bemerkungen über Kokainsucht und Kokainfurcht‹ sind Freuds letzter Beitrag zum Thema. Sie machten auf seine Zeitgenossen keinen Eindruck. Gewiß konnte diese Arbeit die rasche und vollständige Ausschaltung des Kokains von psychiatrischen Anwendungen ebensowenig aufhalten wie seine allmähliche Ablösung in der Lokalanästhesie durch neuartige Präparate; diese Entwicklungen waren nicht ausschließlich eine Folge der Kokainfurcht. Aber die Schrift vermochte nicht einmal die von Freud empfohlene Erforschung der komplexen Eigenschaften des Kokains zu fördern. Vielleicht haben die damaligen Leser in dieser letzten Kokain-Studie nur das eigensinnige Insistieren eines Wissenschaftlers gesehen, der auf einem einmal bezogenen Standpunkt beharrt und sich weigert, Fehler offen zuzugeben – und haben sie deshalb beiseite gelegt.

Zweifellos ist die Arbeit zum Zwecke der Selbstverteidigung gegen offene oder verdeckte Anschuldigungen verfaßt. Im ersten Absatz findet sich eine Bemerkung, die das affektive Klima, in dem Freud schrieb, deutlich macht: »Es ist vielleicht nicht überflüssig zu bemerken, daß es sich hierbei [bei der Morphinentziehung] nicht um eine Erfahrung am eigenen Leibe, sondern um einen Rat handelte, den ich einem anderen erteilte.«[90] Nach meinem Eindruck ist dies die einzige Arbeit in Freuds langer Laufbahn als Autor, in der das persönliche Motiv für die Niederschrift derart offen zutage liegt, obgleich sie in Stil und Diktion fast so objektiv ist wie seine anderen Schriften. Man versteht zwar ohne weiteres, warum die zeitgenössischen Leser versucht waren, Freuds Argumente schlicht als Rationalisierungen abzutun. Doch wäre eine solche Beurteilung heute, vierundsechzig Jahre nach ihrem Erscheinen, nicht mehr gerechtfertigt. Wir können nun klar erkennen, daß sich Freud in einigen Punkten irrte, daß aber die Gedankenführung durch seine schwere Enttäuschung erstaunlich wenig beeinträchtigt wurde.

Wie er selbst konstatiert, blieben die in den beiden zitierten Kokain-Studien berichteten Fakten richtig – ungeachtet des Auftretens der Kokainsucht. Der gelegentliche Mißbrauch einer

89 AaO, S. 931.
90 AaO, S. 929.

Droge schließt ihre Brauchbarkeit nicht aus. Trotz seiner potentiell unheilvollen Wirkungen war ja auch das Morphium nicht aus der medizinischen Praxis eliminiert worden. Mag seine Abwehr beträchtlich gewesen sein, er erachtete die an sich selbst und einigen seiner Freunde gemachten Beobachtungen auch 1887, nach dem Bekanntwerden von Fällen von Kokainsucht, noch für ebenso gültig wie 1884. Da er selbst schließlich eher Abneigung gegen die Droge, also keinerlei süchtiges Verlangen, empfand, konnte die Gewöhnung nicht – oder jedenfalls nicht unmittelbar – den Wirkungen der chemischen Eigenschaften des Alkaloids zuzuschreiben sein. Für Freud heischte auch ein selten auftretendes Faktum, ja, selbst ein einmaliges, Respekt und genauso gründliches wissenschaftliches Nachdenken wie ein ansehnliches, auf eindrucksvolle Zahlen abgestütztes statistisches Sample. Ohne diese Einstellung hätte er die Psychoanalyse nie erschaffen können, aber eben diese Einstellung war auch dafür verantwortlich, daß sein Werk so lange als unwissenschaftlich gebrandmarkt wurde. Diese für ihn charakteristische Achtung vor dem Einzelfall machte es ihm schwer einzusehen, daß seine eigene Reaktion auf die Droge nicht die allgemeine und auch nicht die einzig signifikante war.

Die Panik, die das Auftreten von Kokainsüchtigen in Mitteleuropa auslöste, war freilich kein zulänglicher Grund, die Untersuchung der pharmakotherapeutischen Wirkungsweise des Mittels einzustellen. Keinesfalls bestand für Wissenschaftler ein Anlaß zu moralischer Entrüstung. Wir wissen heute, daß weder Kokain noch irgendeine andere chemische Substanz an sich schon Suchtverhalten hervorruft, vielmehr handelt es sich dabei um ein psychisches Phänomen. In den achtziger Jahren betrachtete man das Problem der Sucht, wenn überhaupt, noch ausschließlich unter dem Gesichtspunkt der spezifischen Toxizität bestimmter, Gewöhnung induzierender Drogen. Erst die Psychoanalyse hat Jahrzehnte später Einblicke in die Dynamik der Sucht und ihre komplexe Beziehung zu den Wirkungen von Drogen eröffnet. Im Jahre 1885, als Freud sich mit dem Problem auseinandersetzte, hielt er Reizhunger, psychische Schwäche und Mangel an Willenskraft für die entscheidenden Faktoren. Er spricht von den Süchtigen in einem bedauernden, leicht verächtlichen Ton; aber niemals verging er in ehrfürchtigem Erschaudern vor jenen Giften, die in der zeitgenössischen, insbesondere der deutschen Literatur als Teufelszeug beschrieben wurden, geeignet, die Dämme der Moral niederzureißen. In seiner ersten Begegnung mit dem »funktionellen Phänomen« schwankte Freud offenbar zwischen moralischer Beurteilung und objektiver, neurophysiologisch formulierter Erklärung, zwischen dem Vorwurf mangelnder Willenskraft und der Feststellung einer besonderen Labilität der Gefäßnerven. Insofern ist er durchaus Zeitgenosse. Aber er weigerte sich, Gewöhnung als unmittelbaren Effekt des Giftes zu betrachten. Diese Auffassung, die seiner Selbstverteidigung diente, verkörperte gleichwohl den damals fortgeschrittensten Erkenntnisstand.

5. Eine Fehlleistung

Freud bevorzugte bei seinen Kokainforschungen eindeutig die interne Anwendung der Droge. In den verschiedenen Experimenten, die er an sich selbst und anderen durchführte, verabreichte er sie stets durch den Mund; auch Fleischl hatte er die orale Anwendung empfohlen, und in seiner Arbeit von 1887 warnte er ausdrücklich vor subkutanen Injektionen. Heute fällt es schwer, den logischen Grund für diese scharfe Unterscheidung zwischen der harmlosen oralen und der gefährlichen subkutanen Anwendung zu erkennen. In Wirklichkeit bremste nämlich die Injektionstechnik eher die Ausbreitung des Kokainismus. Erst in den neunziger Jahren, als orale und nasale Anwendungen populär wurden, breitete sich der Kokainhandel und damit auch der Kokainismus beträchtlich aus. Wann immer Freud sich gegen die Vorwürfe bezüglich seiner Kokainempfehlungen verteidigte, betonte er indessen ausdrücklich, er habe die schädliche Injektion nicht befürwortet.

Und doch hatte er in seinem Vortrag vor dem Psychiatrischen Verein im Zusammenhang mit der Behandlung von Morphinisten gesagt: »Ich würde ... unbedenklich dazu raten, ... Kokain in subkutanen Injektionen von 0.03-0.05 Gr. pro dosi zu geben und sich vor der Häufung der Dosen nicht zu scheuen.«[91]

91 Freud, 1885*b*, S. 375.

In seinen zur Selbstverteidigung verfaßten ›Bemerkungen über Kokainsucht und Kokainfurcht‹, wo er – als seine früheren Veröffentlichungen über Kokain – nur seine Monographie und die Dynamometerstudie[92] zitiert, erwähnt er diesen Vortrag nicht. Er ist auch nicht in der Liste seiner Veröffentlichungen aufgeführt, die Freud 1897 zusammenstellte[93], noch taucht er an irgendeiner anderen Stelle seines Werks auf. Offenbar hatte Freud nicht einmal ein Belegstück dieser Publikation aufbewahrt, denn Brun, der seine Bibliographie der voranalytischen Schriften aufgrund von Freuds eigener Separata-Sammlung zusammenstellte, erwähnt diese Arbeit gleichfalls nicht.[94]

Man könnte diese Auslassung eine Bagatelle nennen, ein entschuldbares Versehen ohne Bedeutung. Aber Freud sollte doch mit seinem eigenen Maß gemessen werden – und demzufolge hat eine solche Auslassung ihren Sinn. Seit 1887 bereute er es offensichtlich tief, einmal Kokaininjektionen »unbedenklich« empfohlen zu haben. Und 1887 überging er dieses Faktum – er selbst würde das als »unredlich« bezeichnet haben. Oder war es eher eine unbewußte Unredlichkeit – eine Fehlleistung? Träfe dies zu, so müßte irgendwo in Freuds Schriften ein gleichfalls unbewußtes Geständnis zu finden sein. Und in der Tat ist Freud in der *Traumdeutung* ein denkwürdiger Fehler unterlaufen. Dort gibt er als Datum für seine Kokainempfehlung das Jahr 1885 an[95] – ein offensichtlicher Irrtum. In Wirklichkeit wurde die Empfehlung schon 1884 in ›Über Koka‹ (1884 [*e*]) ausgesprochen; 1885 aber befürwortete er Injektionen. Wittels ist dieser Irrtum aufgefallen.[96] Freud bemerkte dazu: »Wann ich 1885 als das Datum der Koka-Erlebnisse angegeben haben soll, weiß ich nicht, vermute einen Irrtum des Herren Biographen.«[97] Doch wurde dieses Datum in allen Ausgaben der *Traumdeutung* wie auch in den Nachdrucken des Werks im Rahmen der beiden großen deutschen Ausgaben (der *Gesammelten Schriften* und der

92 Freud, 1887*d*, S. 930.
93 Freud, 1897*b*.
94 R. Brun, 1936. – Dasselbe Los ereilte die Empfehlung subkutaner Injektionen bei Ischias, die sich in den 1885 verfaßten Nachträgen zum Neudruck von *Über Koka* findet. S. Freud, 1885*f*.
95 Freud, 1900*a*, S. 116.
96 F. Wittels, 1924, S. 21.
97 Brief an Fritz Wittels vom 18. 12. 1923 [s. Anm. 17, S. 155, oben].

Gesammelten Werke, 1925 bzw. 1948) unverändert beibehalten. Nur eine Fehlleistung kann sich so hartnäckig halten, niemals ein einfacher Druckfehler.

Die bruchstückhaften Mitteilungen aus seiner Selbstanalyse, die Freud in einige seiner Werke eingestreut hat, ermöglichen es uns, ziemlich genau Art und Stärke der inneren Kämpfe zu diagnostizieren, von denen diese Fehlleistung als Narbe zurückgeblieben ist. Zwei voneinander unabhängige Gedankenstränge laufen in der später bereuten und schließlich in Vergessenheit geratenen Empfehlung von Kokaininjektionen bei der Morphinismustherapie zusammen: Vorstellungen bezüglich der Anwendung von Injektionen im allgemeinen und Gedanken hinsichtlich der komplexen Beziehung Freuds zu seinem Lehrer, Freund und Patienten Fleischl.

Zu jener Zeit teilten noch viele Ärzte Freuds Zurückhaltung gegenüber Injektionen. Subkutane Einspritzungen wurden damals allgemein nur selten in Betracht gezogen, wenn überhaupt, dann nur zögernd, als seien sie etwas Unheimliches oder Gefährliches. Tatsächlich trug die sich rasch verbreitende Anwendung des Kokains als Lokalanästhetikum viel dazu bei, diese ehrfurchtsvolle Scheu auf ein vernünftiges Maß zurückzuschrauben. Freud rühmte sich oft seiner Geschicklichkeit im Umgang mit der Nadel und unterwies beispielsweise Königstein in dieser Kunst. Scholz, Freuds Vorgesetzter im Allgemeinen Krankenhaus, hatte bedeutenden Einfluß auf die frühe Entwicklung der Injektionstechnik; Freud dürfte also seine Fähigkeiten in Scholzens Abteilung erworben haben. In seinen Träumen aber scheint die Scheu, die Freud mit seinen Zeitgenossen teilte und die noch heute im Vorbewußten vieler Ärzte lebendig ist, eine Abwehr gegen die symbolische Bedeutung des Injizierens zu sein, die es mit männlicher sexueller Aggression in Verbindung bringt. Dieses allgemeinere Thema wird in Freuds »Traum von Irmas Injektion« (1895) mit Erinnerungen an die Behandlung Fleischls assoziativ verknüpft.[98]

Ein anderer Traum bringt einen wichtigen Umstand ans Licht, der in der Behandlung Fleischls eine hintergründige Rolle spielte. Im Juli 1882, nur zwei Jahre bevor sich sein Interesse dem Kokain zuwandte, hatte Freud seine Arbeit am Physiologischen

98 Freud, 1900*a*, S. 116, S. 120 und S. 122.

Institut aufgegeben. Ein enger Freund, Joseph Paneth, hochbegabt und der Wissenschaft verschrieben, war im Institut Freuds Nachfolger als Vorlesungsassistent (Demonstrator) geworden. Über die Aussicht langsamen Fortkommens verdrossen und gegenüber Fleischl durch keinerlei Gefühlsbindungen gehemmt, hatte Paneth in den darauffolgenden Jahren wiederholt und offen Todeswünsche gegen Fleischl geäußert, den Mann, der seinen Aufstieg blockierte. Dieser Egoismus hatte Freud entsetzt – wie wir dem Traum über das »Brückesche Laboratorium« entnehmen können[99], den Freud 1899[99a] träumte, als beide, Fleischl und Paneth, bereits tot waren. 1882 hatte sich Freud ja in der gleichen Lage wie Paneth befunden; damals wünschte auch er, Assistent zu werden, und Fleischl hatte ihm im Weg gestanden: »Natürlich war bei mir einige Jahre vorher der nämliche Wunsch, eine freigewordene Stelle einzunehmen, noch viel lebhafter gewesen; wo immer es in der Welt Rangordnung und Beförderung gibt, ist ja der Weg für der Unterdrückung bedürftige Wünsche eröffnet. Shakespeares Prinz Hal kann sich nicht einmal am Bett des kranken Vaters der Versuchung entziehen, einmal zu probieren, wie ihm die Krone steht.«[100] Indessen hatte Freud nicht bewußt Fleischls mögliches oder nahes Ende herbeigesehnt. Im Gegenteil: er hatte keinerlei Chance für sich gesehen und das Institut und damit die wissenschaftliche Laufbahn aufgegeben.

So betrachtet, erkennen wir, daß der Wunsch, Fleischl 1884 bei der Bekämpfung seiner Morphiumsucht beizustehen, in Freuds Abwehr seiner unbewußten Todeswünsche, im Sinne einer Reaktionsbildung, eine Funktion erfüllte. Er wollte seinem Freund dazu verhelfen, länger zu leben und seine Schwäche zu überwinden. Er konnte sich als Fleischls erfolgreicher Therapeut fühlen, während Paneth, dieser Schuft, dessen Ende herbeiwünschte. Unterdessen erwies sich 1886 das Kokain als unzuverlässiges Heilmittel und Fleischl als Schwächling, der leichtfertig zur Spritze griff – der Lehrer, den er noch vor ein paar Jahren zu den Männern gerechnet hatte, die er »zu Vorbildern nehmen konnte«.[101]

99 AaO, S. 424 ff. und S. 485 ff.
99a [Tatsächlich schon 1898.]
100 AaO, S. 488.
101 Freud, 1925*d* [S. 35].

Die Kokainepisode spielt noch in mehreren anderen Träumen eine Rolle, die Freud im Verlauf seiner Selbstanalyse deutete.[102] So erscheint sie im »Traum von der botanischen Monographie« im Zusammenhang mit Freuds Beziehung zu seinem Vater, als Teil des Traumwunsches zu beweisen, daß er doch etwas leisten könne, entgegen dem Fluch aus seinen Kindertagen: »Aus dem Buben wird nichts werden.«[103]

Die Enttäuschung, die er wenig später mit dem Kokain und mit Fleischl erleben mußte, die Beschuldigung, er habe kein hilfreiches Medikament, sondern ein verführerisches Gift entdeckt, seine Kokainforschungen hätten nichts gebracht, ferner der Vorwurf, den er sich selbst zu machen hatte, einmal Injektionen empfohlen zu haben – all das rührte Konflikte und Schuldgefühle auf. Ausgerechnet seine Studien über jenen ersten Untersuchungsgegenstand, dem er sich ganz aus freien Stücken zugewandt hatte, um wissenschaftlichen Ruhm zu erwerben, mußten ihm mißlingen, ja, bedrohten die Unabhängigkeit, die er damals gerade durch Heirat und Praxiseröffnung zu erlangen suchte.

Schon eine einzige dieser Belastungen wäre für eine empfindliche Störung des seelischen Gleichgewichts Anlaß genug; ihr gleichzeitiges Auftreten hätte das Denken eines hoffnungsvollen jungen Wissenschaftlers leicht durcheinanderbringen, ja, sein Talent gefährden, gar vernichten können. Im Falle Freuds aber manifestieren sie sich lediglich in einer bibliographischen Auslassung – einer Fehlleistung.

Sollte man aber nicht noch hinzufügen, daß Freud sich von der Erforschung der psychiatrischen Anwendungsmöglichkeiten des Kokains gänzlich zurückzog? Mit Sicherheit wissen wir freilich nur, daß er nach dem Juli 1887 keine weiteren Studien über Kokain oder Empfehlungen zu seiner Anwendung publizierte. Es ist uns nicht bekannt, wann er dieses Thema definitiv von der Liste seiner Forschungspläne gestrichen hat.

Auf die ungleichen Wirkungen des Kokains war er ja schon frühzeitig aufmerksam geworden. Sie hatten ihn 1884 zu den Dynamometer-Untersuchungen veranlaßt, die eine hinter den offen-

102 Freud, 1900*a*, S. 116, 120, 122, 175-177, 179, 182, 213, 222, 288, 426, 488, 601.

103 [AaO, S. 221.]

sichtlichen Variationen verborgene Gleichförmigkeit erweisen sollten. Bereits im März 1885 wußte er, daß das Kokain seine Aufgaben nur in seltenen Fällen so zuverlässig erfüllte, wie er es an sich selbst erlebt hatte. Eben jene Unzuverlässigkeit war im Juli 1887 sein Haupteinwand gegen das Kokain. Diese rätselhafte Ungleichförmigkeit aber war nur auf dem Wege physiologischer und pharmakologischer Forschung zu klären; dazu verspürte Freud indessen keine Neigung, außerdem fehlten ihm als einem in Privatpraxis tätigen Neurologen, ohne Laborverbindungen, die notwendigen technischen Voraussetzungen. So blieb ihm eigentlich nichts anderes übrig als abzuwarten, bis andere die erforderliche Grundlagenforschung betreiben würden. Er selbst wandte sich andersartigen Methoden zu, um Neurasthenikern zu helfen.

Es gibt einige Anzeichen dafür, daß Freuds Kokaininteresse in gewissem Umfang noch eine Zeitlang anhielt. Im Herbst 1887 begegnete er Wilhelm Fließ, einem Berliner Arzt, der sich damals oder wenig später um die Heilanwendungen des Kokains zu kümmern begann. In den Jahren ihrer immer engeren Freundschaft nahm Freud regen Anteil an allen Fakten, die Fließ bei der Kokainisierung der Nase ermittelte. Freud selbst experimentierte damals mit dem Hypnotismus und bemühte sich um einen neuen, psychologischen Zugang zu den Neurosen. Aber zumindest bis ins Jahr 1895 empfahl er seinen Patienten gelegentlich noch die Kokainisierung der Nasenschleimhäute. So zitiert er in der *Traumdeutung* einen solchen Fall, der schlecht ausging. An dieser Stelle erwähnt er, daß er, um lästige Nasenschwellungen zu unterdrücken, die nämliche Methode an sich selbst mit Erfolg ausprobiert habe.[104]

Offenbar bewahrte er der Droge also noch während etlicher Jahre ein begrenztes, eher skeptisches Interesse. Unterdessen aber bestärkten ihn seine psychotherapeutischen Erfahrungen mehr und mehr in der Überzeugung, daß die chemische Methode der Leidabwehr zwar die unmittelbar wirksamste, aber eben deshalb auch die gefährlichste und schädlichste sei[105]; und für den Historiker der Psychoanalyse ist evident, daß es diese Überzeu-

104 [AaO, S. 116.]
105 Freud, 1930*a*, S. 436 f.

gung war, die ihn von nun an von der Arzneimagie wegführte und zur Entwicklung einer systematischen psychologischen Therapie bewog.

Freud und die Archäologie*

Rousseau hat die Prähistorie der Kultur die Kindheit der Menschheit genannt – ein Topos, der im neunzehnten Jahrhundert besonders bei Dichtern und Philosophen der deutschen Romantik sehr verbreitet war. Den Blickpunkt auf die Kindheit seiner Patienten gerichtet, hat Freud dem Rousseauschen Gedanken eine Variante hinzugefügt. Er nannte die frühe Kindheit die Prähistorie des Einzelmenschen. Auch sie hat Relikte hinterlassen. Von den ödipalen Verdrängungen zugedeckt, liegen unbeschädigte Erinnerungen an die frühe Kindheit, unter Schichten von Amnesie, im Unbewußten vergraben. Wie ein Archäologe die Überreste einer untergegangenen Kultur ans Licht hebt, so vermag der Psychoanalytiker im Verlauf eines gewissenhaft durchgeführten Prozesses die Erinnerungen an die persönlichen Anfänge freizulegen. Dieser in Freuds Schriften häufig verwendete Vergleich trägt noch die Spuren der frühen Vorstellungen, die er sich über seine eigene Kindheit gebildet hatte. Lebenslang interessierte er sich für Archäologie und Alte Geschichte; seine archäologischen Studien und seine Sammlung waren ihm »ein unübertroffener Trost«[1] in den Kämpfen des Lebens. Dies ist an sich schon bemerkenswert genug; noch mehr verblüfft allerdings die Tatsache, daß diese Interessen in den verschiedenen Phasen seiner eigenen Entwicklung und der Entstehung seines Werks unvermindert anhielten.

Freud hat oft auf seine Kindheit Bezug genommen. Da er eigene frühe Erinnerungen stets nur zur Illustration und Erläuterung seiner psychoanalytischen Auffassungen anführte, sind diese Hinweise über die siebzehn Bände seiner *Gesammelten*

* [Suzanne Cassirer Bernfeld ist Autorin dieses Aufsatzes. – In der Originalausgabe lautet der Titel ›Freud and Archeology‹. Die Arbeit erschien zuerst 1951 in *American Imago*, Bd. 8, S. 107-128. In *The Yearbook of Psychoanalysis*, Bd. 8, S. 39-55, wurde 1952 ein veränderter Nachdruck veröffentlicht. Die vorliegende deutsche Übersetzung übernimmt diese Veränderungen, die weitgehend einer Liste von Korrekturen entsprechen, welche Peter Paret für die deutsche Ausgabe zur Verfügung stellte und die gleichfalls berücksichtigt wurde.]

1 Freud, 1914*f*, S. 205.

Werke verstreut. 1944 ist dies Material gesammelt und in einer Arbeit über ›Freuds frühe Kindheit‹ zusammengefaßt worden.[2] Inzwischen sind Freuds Briefe an Wilhelm Fließ erschienen.[3] Zwar mögen sie wenig Neues über Freuds Kindheit enthalten, doch verleihen die dort mitgeteilten zusätzlichen biographischen Tatsachen sowie die auffallende Gefühlsbetontheit dieser Briefe (im Vergleich zu der sonst in den Werken geübten Reserviertheit) dem Dokument besondere Bedeutung und stellen die Erforschung von Freuds Kindheit auf eine solidere Grundlage.

Unter Verwendung dieses Materials werde ich im folgenden versuchen, die Entwicklung von Freuds Interesse für die Archäologie zurückzuverfolgen, es als eine frühe Sublimierung herauszuarbeiten und schließlich Ursprung und Dynamik zu rekonstruieren. Mit anderen Worten, ich skizziere eine psychoanalytische Untersuchung einer seiner frühesten Ichleistungen.

Eines der frühesten und besonders typischen Beispiele für Freuds Gebrauch archäologischer Vergleiche findet sich in der Krankengeschichte der »Dora«. Dort schreibt er: »Angesichts der Unvollständigkeit meiner analytischen Ergebnisse blieb mir nichts übrig, als dem Beispiel jener Forscher zu folgen, welche so glücklich sind, die unschätzbaren, wenn auch verstümmelten Reste des Altertums aus langer Begrabenheit an den Tag zu bringen. Ich habe das Unvollständige nach den besten mir von anderen Analysen her bekannten Mustern ergänzt, aber ebensowenig wie ein gewissenhafter Archäologe in jedem Falle anzugeben versäumt, wo meine Konstruktion an das Authentische ansetzt.«[4] Diese programmatische Bemerkung steht am Anfang des Berichts über die bruchstückhafte Behandlung der Dora, die nach etwa dreimonatiger Dauer am 31. Dezember 1899 abgebrochen worden war. Wir würden uns schwertun, jene ihm damals am »besten ... bekannten Muster« ausfindig zu machen, könnten wir nicht davon ausgehen, daß es sich um eine Anspielung auf seine Selbstanalyse handelt. Ein anderer Absatz der Dora-Darstellung ist noch beziehungsreicher: »Wenn Dora bei den K. wohnte, teilte sie das Schlafzimmer mit der Frau; der Mann wurde ausquartiert. Sie war die Vertraute und Beraterin der

2 S. Bernfeld und S. Cassirer Bernfeld, 1944.
3 Freud, 1950*a*.
4 Freud, 1905*e*, S. 169 f.

Frau in allen Schwierigkeiten ihres ehelichen Lebens gewesen; es gab nichts, worüber sie nicht gesprochen hatten. Medea war ganz zufrieden damit, daß Kreusa die beiden Kinder an sich zog.«[5] Ohne seinen Bericht auch nur durch die Einfügung eines flüchtigen, vergleichenden »etwa wie« zu unterbrechen, ersetzt Freud einfach die Namen von Frau K. und Dora durch Medea und Kreusa, als ob es etwas Selbstverständliches wäre, daß Gestalten der Mythologie die Krankengeschichten von Neurotikern bevölkern.

Die sonderbare Verwandtschaft zwischen mythologischen Figuren und neurotischen Patienten hat einen bedeutsamen Vorläufer. In einem Brief an Fließ vom 15. Oktober 1897 schreibt Freud: »Ich habe die Verliebtheit in die Mutter und die Eifersucht gegen den Vater auch bei mir gefunden und halte sie jetzt für ein allgemeines Ereignis früher Kindheit [...]. Wenn das so ist, so versteht man die packende Macht des Königs Ödipus.«[6] Hier haben wir das wahre Muster für Doras Verstrickung mit Frau K. und Medea. Die Figuren der ursprünglichen Konstellation waren Amalie Freud und Jakob Freud, dazwischen Ödipus Sigmund Freud.

Freuds sich ausweitendes Interesse an Archäologie und Mythologie spiegelte sich nicht nur in seiner mit entsprechenden Ausdrücken und Vergleichen durchsetzten Prosa, sondern auch in seiner wachsenden Antiquitätensammlung wider. Erstmals ist diese Sammlung in einem Brief an Fließ vom 6. Dezember 1896 erwähnt: »Mein Zimmer habe ich jetzt mit Gypsen der Florentiner Statuen geschmückt. Es war eine Quelle außerordentlicher Erquickung für mich.«[7] Zweieinhalb Jahre später unterrichtete er Fließ in einem Brief vom 17. Juli 1899 über die jüngsten Neuerwerbungen: »Es gibt noch alte Götter, denn ich habe unlängst einige bekommen, darunter einen Janus aus Stein, der mit seinen zwei Gesichtern mich sehr überlegen anschaut.«[8]

Aus der *Traumdeutung* (1900 [*a*]) und der *Psychopathologie des Alltagslebens* (1901 [*b*]) erfahren wir weitere Einzelheiten über den Aufbau der Sammlung. Zuerst hatte Freud einige

5 [AaO, S. 222.]
6 Freud, 1950*a* [S. 193].
7 [AaO, S. 156.]
8 AaO [S. 246].

Bronzestatuetten und Terrakottafigürchen aus Rom und Griechenland ausgewählt, gelegentlich kam ein ägyptisches Stück hinzu – kleine Dinge, die er auf seinen Reisen erwarb; sie sollten ihn an die Mittelmeerländer erinnern und gleichsam als Glücksbringer verheißen, daß er nach langem Winter in Wien wieder in jene Gegenden zurückkehren würde, die ihm mehr und mehr zum Inbegriff von Heimat geworden waren. Anfangs stellte er die kleinen Statuen auf seinem Schreibtisch auf; bald waren jedoch Behandlungszimmer und angrenzende Bibliothek mit den Gegenständen seiner immer umfangreicheren Kollektion angefüllt. In Glasvitrinen standen unzählige Vasen, Schalen und Statuetten aus pompejanischen und etruskischen Gräbern, irisierende Gläser und Tonlampen aus Rom. Die stets geöffnete Flügeltür zur Bibliothek war von auf dem Boden stehenden ägyptischen Steinreliefs flankiert. Auf dem kleinen Tisch, auf den sein Blick fiel, wenn er beim Analysieren in seinem behäbigen Sessel hinter der Couch saß, waren ein besonders schöner Buddha-Kopf aus Bronze sowie die chinesische Jadeschale aufgestellt, die er 1909 während seines Amerikabesuchs bei Tiffany erstanden hatte. An einer Wand hing das Porträt einer ägyptischen Mumie – mit einem schönen jüdischen Gesicht, wie Freud einmal beiläufig bemerkte. Über der Couch hatte er eine Radierung des großen Tempels von Karnak aufgehängt, in der Nähe davon eine Gipskopie des marmornen Grabreliefs der Gradiva, an dessen vorstehender Kante jahrelang ein Büschel getrockneter Papyrusblätter befestigt war. Das Hausmädchen der Familie, Paula, pflegte Neuankömmlinge auf der Couch zu ermahnen, die Blätter nicht anzufassen, denn bei der leisesten Berührung würden sie sich in Staub auflösen.

In diesen beiden Räumen sah Freud seine Patienten, las und schrieb er. Sie waren vom Wartezimmer durch eine gepolsterte Doppeltür getrennt. Eine andere Tür öffnete sich auf einen schmalen, dunklen Gang, eine Art unterirdischen Korridors, der zum Wohntrakt der Familie führte. Alle antiken Schätze waren jedoch in den beiden Arbeitsräumen aufgestellt, die mehr und mehr einem Museum glichen.

Man kann sich leicht vorstellen, wie verdutzt viele seiner frühen Besucher waren, den großen »Sexualforscher« in dieser seltsamen Umgebung anzutreffen. Heute dagegen erscheinen uns archäologische Relikte zur Symbolisierung des psychoanalytischen Prozesses und dessen, was er zutage fördert, durchaus geeignet. Was eigentlich sollte man mit den verdrängten Erinnerungen, jenen Bildern und Überresten der eigenen Vergangenheit – nun wieder ans Licht gebracht – anfangen? Am besten bewahrte man sie wie Museumsstücke auf, schirmte sie gegen den Alltagstrubel ab, behielt sie aber doch nahe genug bei sich, um sich von ihnen zum Nachdenken und Weiterforschen anregen zu lassen.

Auch beim Analysieren hat Freud seine Sammlung gerne zur Erläuterung bestimmter Deutungen herangezogen. Von der Behandlung des »Rattenmannes« berichtet er: »Ich erläutere meine kurzen Angaben über die psychologischen *Unterschiede des Bewußten vom Unbewußten*, über die Usur, der alles Bewußte unterliegt, während das Unbewußte relativ unveränderlich ist, durch einen Hinweis auf die in meinem Zimmer aufgestellten Antiquitäten. Es seien eigentlich nur Grabfunde, die Verschüttung habe für sie die Erhaltung bedeutet. Pompeji gehe erst jetzt zugrunde, seitdem es aufgedeckt sei.«[9]

Fragte ein Patient, welchen Nutzen er wohl aus diesen detaillierten Erinnerungen ziehen solle, konnte Freud gelassen antworten, nur ein Taugenichts interessiere sich nicht für seine Vergangenheit. Er zögerte nicht, sein persönliches Vergnügen an der psychoanalytischen Schatzsuche, auf die er sich mit dem Patienten eingelassen hatte, zu zeigen, noch auch die tiefe Befriedigung, wenn eine Entdeckung glückte. Bei solchem Anlaß konnte er von seinem Sessel aufstehen und feststellen: das müsse gefeiert werden. Genüßlich pflegte er sich eine gute Zigarre auszusuchen und in aller Ruhe anzustecken.[10] Andererseits verbarg er seine Enttäuschung nicht, wenn ein Patient übermäßig aktiv und ängstlich wurde und ihm lediglich einige ungewisse Erinnerungsfragmente übergab. Dann erklärte er mit der Bestimmtheit eines Museumsdirektors, es sei schon möglich, daß dies Material aus der Periode stamme, die man gerade erforsche, aber es sei zu bruchstückhaft, als daß man stichhaltige Folgerungen daraus ziehen könne. Man müsse weitergraben, bis man auf etwas stoße, was mehr Aufschluß gäbe.

In seiner Sammlung schätzte er am meisten die nicht zerbroche-

9 Freud, 1909*d*, S. 400.
10 H.[ilda] D.[oolittle], 1945–1946, S. 85.

nen, vollständig erhaltenen Stücke, die allen Angriffen der Zeit getrotzt hatten und in ursprünglicher Makellosigkeit und Frische aus ihrer Verschüttung ausgegraben worden waren. An den aus der Verdrängung gehobenen Erinnerungen war es genau diese Qualität, die zu preisen er nie müde wurde und die ihn bereits entzückt hatte, als er ihr bei seinen hypnotischen Experimenten erstmals begegnet war.

Schon in seinen voranalytischen Jahren fesselten ihn die Forschungsreisen der Archäologen. Er schenkte den damaligen Ausgrabungen viel Aufmerksamkeit. So verfolgte er in Zeitungen und Zeitschriften Berichte über die archäologischen Arbeiten in Pompeji, Rom und Troja. Zumal Heinrich Schliemanns Entdekkungen hatten seine Begeisterung erregt. Als dieser 1880 seine Funde veröffentlichte, leitete er seinen Bericht mit einer autobiographischen Bemerkung ein: Im Alter von zehn Jahren habe er sich in Homers Ilias verliebt; schon damals habe sich in ihm die Überzeugung festgesetzt, daß, allen zeitgenössischen archäologischen Beweisführungen zum Trotz, die in der Ilias angegebene Lokalisierung des Trojanischen Kriegs historisch sei und daß man bei den Ausgrabungen sich tatsächlich an Homers Beschreibung des Palastes des Priamos halten müsse.

In einem Brief an Fließ vom 28. Mai 1899 berichtet Freud: »Ich habe mir Schliemanns Ilias geschenkt und mich an seiner Kindheitsgeschichte erfreut. Der Mann war glücklich, als er den Schatz des Priamos fand, denn Glück gibt es nur als Erfüllung eines Kinderwunsches.«[11] Und am 21. Dezember 1899, nachdem er mit der Rekonstruktion der eigenen Kindheit begonnen hatte, fuhr er fort: »Ich getraue mir noch kaum, daran ordentlich zu glauben. Es ist, als hätte Schliemann wieder einmal das für sagenhaft gehaltene Troja ausgegraben.«[12]

Freuds Interesse war indessen nicht auf Ausgrabungen beschränkt. Alles Historische zog ihn an. An erster Stelle standen Geschichte und Geographie des Mittelmeerraums. Darüber konnte er mit tiefer innerer Bewegung sprechen. 1934 schrieb er in einem Brief: »Die Sehnsucht nach dem Mittelmeer hat keinen von uns verlassen.«[13] Er konnte genug Latein und Griechisch,

11 Freud, 1950*a* [S. 242].
12 AaO [S. 262].
13 Brief an die Verfasserin vom 30. November 1934. [Unveröffentlicht.]

um die Dichter und Geschichtsschreiber im Original zu lesen, und bedauerte diejenigen, die sich mit Übersetzungen begnügen mußten. Unter den Kultur- und Kunsthistorikern seiner Zeit hatte Jacob Burckhardt den nachhaltigsten Einfluß auf seine Ansichten.

Die Geschichte dieses Interesses reicht, soweit bekannt, bis in sein zehntes Lebensjahr zurück; damals kam Freud aufs Gymnasium. Im Mittelpunkt des Lehrplans stand die Kultur der Antike. Zwar gab es auch Unterricht in Mathematik, Physik und anderen praktischen Fächern, das Schwergewicht aber lag auf Latein, Griechisch und Alter Geschichte. Die meisten Schüler empfanden diese Studien als puren Zwang, der vermittelte Stoff blieb ihnen fremd. Freud aber gehörte zu den wenigen, für die die humanistische Bildung zu einer ganz persönlichen Angelegenheit wurde.[14] Mit achtundfünfzig Jahren faßte er nochmals zusammen, was er dem Gymnasium verdankte: ». . . die ersten Einblicke in eine untergegangene Kulturwelt, die wenigstens mir später ein unübertroffener Trost in den Kämpfen des Lebens werden sollte«.[15]

Welcher prähistorische Konflikt liegt an der Wurzel dieses Interesses, das doch mit Freuds professionellen wissenschaftlichen Studien so wenig zu tun hatte?

Nicht nur sind Freuds frühe Kindheitsszenen den üblichen Verdrängungen anheimgefallen, vielmehr verschwand auch die Bühne, auf der sie sich abgespielt hatten, mit ihr viele der Hauptdarsteller. Als er drei Jahre alt war, zog die Familie von seinem Heimatort, Freiberg in Mähren, fort, um sich – nach einjährigem Aufenthalt in Leipzig – in Wien niederzulassen. Diese unbedeutende geographische Veränderung war gleichwohl für den kleinen Freud eine Katastrophe, die ungeschehen zu machen er sich die nächsten vierzig Jahre seines Lebens bemühen sollte. Freiberg wurde zu einem verschütteten Schatz, er selbst zu einem Schliemann.

Nie hat er sich mit Wien aussöhnen mögen: »Ich hasse Wien ge-

14 In seiner Matura-Prüfung mußte Freud die Verse 14 bis 57 aus Sophokles' *Ödipus Rex* ins Deutsche übersetzen. – Emmy Sachs teilte mir mit, daß nur die besten Schüler in griechischer Tragödie geprüft wurden. Ein ›B‹-Schüler mußte Plato übersetzen – usw. abwärts auf der kulturellen Stufenleiter.

15 Freud, 1914*f*, S. 205.

radezu persönlich«, schrieb er einmal an Fließ, »und wie ein Gegensatz zum Riesen Antaeus sammle ich frische Kraft, so oft ich den Fuß vom vaterstädtischen Boden abgehoben habe.«[16] Zu seinem fünfundsiebzigsten Geburtstag wollte eine Gruppe Freiberger Bürger an seinem Geburtshaus, in dem er die ersten drei Jahre seines Lebens verbracht hatte, eine Gedenktafel anbringen; damals bedankte sich Freud beim Bürgermeister mit einem liebenswürdigen Brief und entsandte Anna Freud zur Einweihungsfeier. Als hingegen die Stadt Wien ihn etwa zum gleichen Zeitpunkt ehren und die Straße, in der er nunmehr seit fast fünfzig Jahren lebte, nach ihm benennen wollte, tat er den Plan unumwunden als unsinnig und unschicklich ab.[17]

Um zu einem besseren Verständnis jenes Verlustes zu gelangen, der einen derart langwierigen Trauerprozeß in Gang gesetzt und Reaktionen ausgelöst hat, die Freud schließlich in die Richtung seiner Lebensarbeit lenkten, werde ich im folgenden zwischen der prähistorischen Kindheit in Freiberg und der historischen Periode in Wien einen Vergleich anstellen.

Freiberg war eine kleine ländliche, inmitten von Wiesen und Wäldern gelegene Stadt. Der Familienverband, in dem Freud heranwuchs, war ungewöhnlich aufgebaut. Der Vater, Jakob, hatte aus erster Ehe zwei erwachsene Söhne, Emanuel und Philipp. Als Freud als ältestes Kind aus der zweiten Ehe des Vaters mit Amalie Malke Nathansohn zur Welt kam, war Emanuel bereits verheiratet und seinerseits Vater zweier Kinder (John und Pauline). So lebten also drei Generationen unter einem Dach: Jakob Freud, damals in seinen Vierzigern, rund zwanzig Jahre älter als seine zweite Frau und seine beiden Söhne, Philipp und Emanuel; seine Enkelkinder, John und Pauline, sowie – mit diesen etwa gleichaltrig – sein dritter Sohn, Sigmund. Ihrem Verwandtschaftsgrad nach waren die Kinder Neffe, Nichte und Onkel, im Alltagsleben aber verhielten sie sich wie Brüder und Schwester. Sie waren unzertrennlich. Sie liebten einander und zankten sich, und die Freundschaft mit John wurde für Freud zum Modell für viele spätere Beziehungen.

Freud hatte zu allen Familienmitgliedern ein ungezwungenes Verhältnis, den Vater-Großvater ausgenommen. Ihn bewun-

16 Freud, 1950*a*, S. 267 f.
17 Persönliche Mitteilung Freuds.

derte er aus scheuer Distanz als den weisesten, ältesten und mächtigsten Mann, den höchsten Richter, das Haupt der Familienhierarchie, erhaben über Emanuel, Philipp, Mutter und John. Außerdem war da noch eine alte Kinderfrau, die eine bedeutsame Rolle spielte. Sie gehörte einer anderen Kultur an. Während die Eltern, liberale, aufgeklärte Juden, deutsch sprachen, redete die alte Frau tschechisch, eine abergläubische Bäuerin und fromme Katholikin. Diese verschiedenartigen Menschen bevölkerten Freuds Kinderwelt, bis der Umzug nach Wien sie jäh zerstörte: die Halbbrüder gingen mit John und Pauline nach England und ließen sich in Manchester nieder; die Kinderfrau blieb zurück.

Die Mutter hatte nun kein Personal mehr, finanzielle Sorgen wurden zu etwas Alltäglichem. Freud erschienen seine Eltern auf einmal erschütternd arm. Die einst harmonische und unbeschwerte Atmosphäre wich einem unruhigen, gereizten Klima. Auf diese frühen Wiener Jahre anspielend, schrieb Freud einmal an Fließ: »Aus meiner Jugend weiß ich, daß die wilden Pferde in den Pampas, die einmal mit dem Lasso gefangen worden sind, ihr Leben über etwas Ängstliches behalten. So habe ich die hilflose Armut kennengelernt und fürchte mich beständig vor ihr.«[18] Diese Schilderung entspricht freilich nicht ganz der tatsächlichen Situation; denn immerhin wurden die Kinder auf Privatschulen geschickt, und gelegentlich verreiste die Familie in die Ferien.[19] Aber Freuds Äußerung spiegelt doch klar sein Heimweh nach der Weiträumigkeit Freibergs wider und seinen Abscheu gegen das Wiener Gefängnis, in das man ihn nun mit zu vielen Schwestern gesperrt hatte. Jedes Jahr kam ein weiteres Kind hinzu, und er konnte sich des Gefühls nicht erwehren, daß für ihn immer weniger zu essen übrigblieb. Wie nachhaltig diese ständige Furcht gewirkt hat, zeigt ein Brief, den Freud 1938 an Hanns Sachs schrieb. Sachs, nach Amerika emigriert, hatte Freud seinen Plan vorgetragen, dort eine englischsprachige *Imago* herauszubringen. Freud antwortete: zuerst habe ihm die Idee nicht behagt, es schien ihm nicht zweckmäßig, eine andere Imago-Schwester ins Leben zu rufen, die der »unsrigen das Wasser ab-

18 Freud, 1950*a*, S. 256.
19 S. Bernfeld, 1951.

schneiden oder, passender ausgedrückt, die Milch wegtrinken könnte«[20].

Mit dem Abbruch seiner prähistorischen Periode verlor er einen ganzen Kosmos von Liebesobjekten und tauschte dafür eine ihm zunehmend banal erscheinende Kernfamilie ein. In Freiberg hatte es viele Personen gegeben, die ihm behilflich sein konnten, wenn es darum ging, Angriffslust und feindselige Strebungen zu zähmen. In Wien fand er sich der unentrinnbaren Ödipus-Konstellation alleine ausgesetzt. Der Familiendruck lastete schwerer auf ihm, und die herrschenden Moralgebote erschienen ihm auf einmal unerbittlich. Zunehmend in finanzieller Bedrängnis, wuchsen des Vaters Forderungen nach unbezweifeltem Respekt und bedingungslosem Gehorsam. So kam zur Unbill noch die Demütigung hinzu.

In Wirklichkeit war die Freiberger Zeit natürlich nicht jenes ungetrübte Goldene Zeitalter – wie die Idealisierung uns glauben machen will. Tatsächlich war es eine äußerst konfliktreiche Periode gewesen. Doch hatten diese Konflikte noch nicht die Intensität der ödipalen Auseinandersetzung gehabt. Und das Kind konnte leicht seine ambivalenten Gefühle auf zahlreiche, verschiedenartige Liebesobjekte aufteilen.

In Freuds Selbstanalyse tauchte als erste wichtige Freiberger Figur die alte Kinderfrau auf; er nannte sie die »prähistorische Alte«[21], als sie in einem Traum erstmals erschien. Sie war häßlich und alt, aber sehr gescheit. Sie brachte ihm eine hohe Meinung von seinen Fähigkeiten bei und behandelte ihn wie ein eigenes Kind. Die Fließ-Dokumente enthalten zusätzliche, für den Zweck dieser Untersuchung entscheidende Einzelheiten. In den Briefen vom 3. und 15. Oktober 1897 berichtet Freud, daß sie ihm viel von Gott und der Hölle erzählt und ihn in alle Kirchen Freibergs getragen habe; wenn er dann nach Hause gekommen sei, habe er vor der Familie gepredigt und demonstriert, »wie der liebe Gott macht«[22]. Dieser Bericht ermöglicht es uns, die Rolle der Kinderfrau in Freuds Entwicklung sicherer zu rekonstruieren.

20 H. Sachs, 1945, S. 180 f. [zitiert nach der deutschen Ausgabe von 1950, S. 168].

21 [Freud, 1900*a*, S. 253.]

22 Freud, 1950*a* [S. 189 und S. 191 f.].

Die alte Frau half ihm bei der Bewältigung eines seiner frühesten Traumen. Er war noch nicht ganz ein Jahr alt, als sein erster Bruder geboren wurde. Später erinnerte er sich, wie eifersüchtig er auf den Eindringling war und wie sehr er ihn haßte. Jedoch hat er dies in seinen Schriften nirgends erwähnt. Im Gespräch aber kam er gelegentlich darauf, um am Beispiel seiner eigenen Reaktionen die Wucht der Kindereifersucht zu verdeutlichen. Dieser Bruder wird in den Fließ-Briefen beim Namen genannt: er hieß Julius. Zusammen mit ihm taucht die prähistorische Alte auf. Daß diese beiden Figuren in derselben Schicht seines Unbewußten vereinigt sind, kommt nicht von ungefähr. Beide verschwanden in Freiberg, zuerst der Bruder. Der Familienlegende zufolge, starb er bei Beginn des Zahnens, wobei nicht entscheidend ist, ob die Familienlegende diesen Punkt korrekt wiedergibt. Wir wissen jedenfalls, daß Freud ein gieriges Kind war und sich beim Erscheinen eines zweiten Anwärters auf Milch und Liebe der Mutter verarmt fühlte. Als der Säugling im achten Lebensmonat starb, war es für Freud naheliegend, dessen Verschwinden der magischen Kraft der eigenen Todeswünsche zuzuschreiben. In einem Brief an Fließ bekennt er, »daß von seinem Tode der Keim zu Vorwürfen in mir geblieben ist«[23]. Beim Tode seines Bruders war Freud neunzehn Monate alt.

War es schon schlimm, einsehen zu müssen, daß die Mutter nicht nur ihm allein ihre Liebe schenkte – viel schlimmer noch waren die Schuldgefühle, die der Tod des Bruders in ihm auslöste. Er war fest davon überzeugt, dessen Sterben und Begräbnis vorsätzlich verursacht zu haben. Aber die Kinderfrau mit ihren Altweibergeschichten hatte für ihn einen Trost bereit: Die Toten sind nicht wirklich tot. Sie kommen in den Himmel und wirken dort an Gottes Thron als mächtige Fürsprecher. Am Ostersonntag, dem höchsten katholischen Feiertag, wird die Auferstehung der Toten gefeiert. Julius und Jesus sind also weder umgebracht worden noch erbost. Sie sind nur vorläufig begraben. Und wenn die alte Frau auf den Friedhof geht, dann nehmen sie – im Himmel – huldvoll ihre Blumen und Gebete entgegen.[24]

Daran glaubte er, und dieser Glaube blieb unerschüttert, bis auch

23 AaO, S. 189.

24 Nach einer persönlichen Mitteilung von E. Windholz ist es in Mähren Sitte gewesen, auch sehr kleine Kinder auf den Friedhof mitzunehmen.

die alte Frau verschwand. Man hatte sie bei Diebereien ertappt; auf Betreiben Philipps war sie von der Polizei verhaftet worden.

Die Erwachsenen sahen keinen Anlaß, dem Kind zu erklären, was vorgefallen war. Alles, was es zu hören bekam, war eine scherzhafte Ausflucht seines Halbbruders, der ihm sagte, man habe das alte Weib »eingekastelt«[25]. Was aber hatte das zu bedeuten? Hatte man sie zu Julius in den Sarg gesteckt? Wenn ja – tot oder lebend? Eine Ahnung sagte ihm, sie sei gegen ihren Willen fortgeschafft worden, und so geriet sein Glaube an ihre magische Allmacht ins Wanken. Dies ist die normale Reaktionsweise eines Kindes, das Symbole wörtlich nimmt und ihre Gültigkeit an den Realitäten des Lebens bewiesen sehen möchte, während der Erwachsene fähig ist, sie als etwas Abstraktes zu begreifen. Aber es kam noch schlimmer: gerade als die Alte verschwand, wurde ein neues Kind, Freuds älteste Schwester, geboren – ein böser Tausch. Mit Hilfe der Kinderfrau war es ihm gelungen, seine Selbstvorwürfe bezüglich Julius' Tod zu beschwichtigen. Nun traf ihn die Wiederholung des Traumas weit härter. Er war bei der Geburt des Bruders elf Monate alt gewesen; jetzt, da die Kinderfrau verschwand und Anna zur Welt kam, war er zweieinhalb Jahre. Die Geburt belebte seinen alten Zorn auf die Mutter neu. Als er sie einmal nicht finden konnte, erfaßte ihn Verzweiflung, weil er befürchtete, wie einst Julius habe er nun auch sie beseitigt. Er bat seinen Bruder Philipp, einen Schrank aufzusperren, wie er später schrieb, in dem Glauben, sie darin zu finden.[26]

Freud hat diese Episode mehrfach erwähnt und ihr verschiedene Deutungen gegeben. Der Schrank ist als Kasten, Sarg und Schwangerschaftssymbol überdeterminiert. Ich denke, er könnte auch noch für den Altar der katholischen Kirche stehen, auf dem die Muttergottes und das Kind zu sehen sind.

Bis zu seinem zehnten Lebensjahr erlebte Freud siebenmal die Ankunft von Geschwistern, aber nur eines – Julius – starb, alle anderen blieben für immer da. Von ihm wurde erwartet, daß er sich wie der vernünftige große Bruder benähme. »Dann kamen

25 [AaO, S. 193.]
26 AaO, S. 192 f.

lange harte Jahre; ich glaube, sie waren nicht wert, sich etwas daraus zu merken.«[27]

Die entscheidenden Ereignisse in dieser Phase von Freuds Entwicklung waren indessen zwei Episoden, die sich während des Umzugs der Familie nach Leipzig und dann nach Wien zutrugen. Auf der ersten Reise sah er in einer Bahnstation offene Gasflammen und erlitt einen Angstanfall, weil ihn dies an verlorene Seelen denken ließ, die im Höllenfeuer schmorten. Ein Jahr später sah er, auf der Reise nach Wien, seine Mutter nackt. Sogar in der Korrespondenz zwischen zwei Ärzten konnte, Jahre später, offenbar nur in Latein darüber berichtet werden; er habe »matrem ... nudam«[28] erblickt, beschreibt Freud die Situation in einem Brief an Fließ. Er habe seine Libido für sie erwachen gespürt. Dieses Gefühl empfand er als derart schockierend, daß es ihm unvermittelt als Todsünde erschien. Freud berichtet in den Briefen an Fließ von beiden Ereignissen und erwähnt auch seine Reise- und Eisenbahnphobie. Als Analytiker würden wir diese Ängste heute nicht mehr als Phobie, sondern als einen Rest der Panik diagnostizieren, die ihn damals auf jener Reise geschüttelt hatte. Bis es ihm gelang, dies in seiner Selbstanalyse durchzuarbeiten, fühlte er sich in Zügen unbehaglich, wenn diese mißlichen Gefühle ihn auch nie ernstlich vom Reisen abhalten konnten.

In Wien wurde Freud bewußt zu einem jüdischen Kind, wenn auch nicht zu einem gläubigen. Jüdische Kinder sind benachteiligt, wenn es um das geht, was man gemeinhin die Tröstungen der Religion nennt. Sie müssen ihre Schuldgefühle ohne den Beistand eines Beichtvaters aushalten, und was sie einmal verloren haben, ist für immer dahin. Der Tod bedeutet das Ende des Lebens, nichts anderes – es gibt keine Verklärung irdischen Elends, keine Entschädigung für Ungerechtigkeiten und natürlich auch keine Auferstehung.

Freud konnte sich nicht widerspruchslos in diesen kargen Realismus fügen. »Als ich sechs Jahre alt war und den ersten Unterricht bei meiner Mutter genoß, sollte ich glauben, daß wir aus Erde gemacht sind und darum zur Erde zurückkehren müssen.

27 Freud, 1899*a*, S. 542. Vgl. S. Bernfeld und S. Cassirer Bernfeld, 1944, S. 113 [im vorliegenden Band S. 88, oben].
28 Freud, 1950*a*, S. 189.

Es behagte mir aber nicht, und ich zweifelte die Lehre an. Da rieb die Mutter die Handflächen aneinander – ganz ähnlich wie beim Knödelmachen, nur daß sich kein Teig zwischen ihnen befindet – und zeigte mir die schwärzlichen Epidermisschuppen, die sich dabei abreiben, als eine Probe der Erde, aus der wir gemacht sind, vor. Mein Erstaunen über diese Demonstration *ad oculos* war grenzenlos, und ich ergab mich in das, was ich später in den Worten ausgedrückt hören sollte: Du bist der Natur einen Tod schuldig.«[29] Dies ist übrigens in Freuds Werk eines der seltenen Beispiele von Fehlzitierung: in Shakespeares *Heinrich IV.* (I. Teil, V. Akt, 1. Szene) heißt es bezeichnenderweise: »Du bist *Gott* einen Tod schuldig.«

Offenbar hatte Freud zwei gegensätzliche Welten in sich zu versöhnen. Die eine repräsentierte die poetischen katholischen Freiberger Erfahrungen, die andere das nüchterne jüdische Familienleben in Wien. Aber zwischen seinem vierten und zehnten Lebensjahr vollbrachte er das, was er später als die schwierigste Aufgabe des heranreifenden Seelenlebens beschreiben sollte: den Verzicht auf magisches Denken und illusionäre Wunschvorstellungen. Dieser Verzicht hinterließ eine Leere, die er nun mit griechischen und römischen Legenden ausfüllte. Das Goldene Zeitalter der Menschheit war untergegangen wie die goldenen Freiberger Jahre; aber es konnte durch die Entdeckungen und Deutungen der Geschichtswissenschaft rekonstruiert werden. Schon früh fiel Freud die Wiederkehr antiker Werte auf. Noch bevor er aufs Gymnasium kam, begegneten ihm beim Lesen deutscher Literatur klassische Götter und Helden zuhauf; seine erste Lektüre, so läßt er uns wissen, war eine Geschichte der Französischen Revolution, in der er gewiß etwas von der Wiedergeburt römischer Tugenden und der Proklamation der Göttin der Vernunft erfuhr.

Der psychologische Nutzen der Archäologie bestand für Freud in ihrer Kraft, Schuldgefühle infolge von Todeswünschen zu beschwichtigen: denn in ihr offenbarte sich ihm eine besondere Existenzweise zwischen Tod- und Lebendigsein. Sich seine Liebesobjekte als tot und begraben zu wünschen bedeutet nicht länger unwiderrufliche Verdammnis. Auch wenn Objekte ambivalenter

29 Freud, 1900*a*, S. 211.

Gefühle eine Zeitlang aus der eigenen übervölkerten Welt verbannt werden, kann man sie doch jederzeit wieder zurückrufen. Begrabene Familienmitglieder können einer Art Auferstehung entgegensehen, wobei ihnen dereinst Archäologen behilflich sein werden.

Aber diese Rückverwandlung gelingt nur, wenn die geliebten und gehaßten Personen im Unbewußten durch Statuen, Vasen, Bauwerke und Stadtanlagen symbolisch repräsentiert sind. Im *Unbehagen in der Kultur* finden wir ein überzeugendes Beispiel dieser Form von Ersatzbildung: ». . . machen wir die phantastische Annahme«, führt Freud dort aus, »Rom sei nicht eine menschliche Wohnstätte, sondern ein psychisches Wesen von ähnlich langer und reichhaltiger Vergangenheit, in dem also nichts, was einmal zustande gekommen war, untergegangen ist, in dem neben der letzten Entwicklungsphase auch alle früheren noch fortbestehen. Das würde für Rom also bedeuten, daß auf dem Palatin die Kaiserpaläste und das Septizonium des Septimius Severus sich noch zur alten Höhe erheben, daß die Engelsburg noch auf ihren Zinnen die schönen Statuen trägt, mit denen sie bis zur Gotenbelagerung geschmückt war, usw. Aber noch mehr: an der Stelle des Palazzo Caffarelli stünde wieder, ohne daß man dieses Gebäude abzutragen brauchte, der Tempel des Kapitolischen Jupiter, und zwar dieser nicht nur in seiner letzten Gestalt, wie ihn die Römer der Kaiserzeit sahen, sondern auch in seiner frühesten, als er noch etruskische Formen zeigte und mit tönernen Antifixen geziert war. Wo jetzt das Coliseo steht, könnten wir auch die verschwundene Domus aurea des Nero bewundern; auf dem Pantheonplatze fänden wir nicht nur das heutige Pantheon, wie es uns von Hadrian hinterlassen wurde, sondern auf demselben Grund auch den ursprünglichen Bau des M. Agrippa; ja, derselbe Boden trüge die Kirche Maria sopra Minerva und den alten Tempel, über dem sie gebaut ist. Und dabei brauchte es vielleicht nur eine Änderung der Blickrichtung oder des Standpunktes von seiten des Beobachters, um den einen oder den anderen Anblick hervorzurufen.« An dieser Stelle bricht Freud das Gleichnis ab, weil es zu Unvorstellbarem, ja, zu Absurdem führe, der Versuch habe nur *eine* Rechtfertigung, »er zeigt uns, wie weit wir davon entfernt sind, die Eigentümlichkeiten des seelischen Lebens durch anschauliche Darstellung zu bewältigen«.[30] Als Freud diese Abschweifung niederschrieb, dachte er, so scheint mir, an das Leben in Freiberg, wo Generationen, die sonst zeitlich aufeinanderfolgen, Seite an Seite unter einem Dach räumlich nebeneinander lebten: die alte Kinderfrau, der Vater-Großvater, die jugendliche Mutter, die Brüder-Väter und die Kindergruppe. Freuds leidenschaftliches Interesse an der Schichtungsstruktur antiker Städte wie an derjenigen des psychischen Apparats geht vermutlich auf die frühen Anstrengungen des Kindes zurück, den komplizierten Aufbau der eigenen Familie zu durchschauen und die damit verbundenen affektiven Belastungen zu bewältigen. Allein das Alter jeder der beteiligten Personen zu bestimmen und ihr den richtigen Platz zuzuweisen, war schon eine bedeutende Leistung. Die dabei empfundene Freude mag der tiefen Genugtuung geglichen haben, die sich einstellt, wenn man historische Schichtablagerungen korrekt datieren und noch den kleinsten Tonscherben räumlich und zeitlich richtig einordnen kann.

In den Beschreibungen seiner frühen Kindheit hat Freud stets Jugendlichkeit und Schönheit seiner Mutter besonders hervorgehoben, was nicht zuletzt bedeutet, sie sei damals noch nicht durch überflüssige Geburten entstellt gewesen. Daß er sich stets bemühte, unbeschädigte Stücke für seine Sammlung zu finden, hängt vielleicht mit der späteren symbolischen Wiederentdekkung der Mutter in den Ruinen Roms zusammen.

In der *Psychopathologie des Alltagslebens* [1901*b*] ist explizit ausgesprochen, daß die von ihm gesammelten und sorgsam aufbewahrten Vasen, Lampen und Statuetten unbewußt tatsächlich etwas mit seinen Töchtern, Schwestern und Freunden zu tun hatten. Dort erwähnt er drei Stücke seiner Kollektion, die er infolge einer Fehlleistung, als Opfer, zerbrochen hat. Beim ersten handelte es sich um eine kleine marmorne Venusfigur. »So habe ich eines Morgens, als ich im Badekostüm, die Füße mit Strohpantoffeln bekleidet, durch ein Zimmer ging, einem plötzlichen Impuls folgend, einen der Pantoffel vom Fuß weg gegen die Wand geschleudert, so daß er eine hübsche kleine Venus von Marmor von ihrer Konsole herunterholte. Während sie in Stücke ging, zitierte ich ganz ungerührt die Verse von Busch: Ach! die

30 Freud, 1930*a*, S. 427 f.

Venus ist perdü – Klickeradoms! – von Medici!« Dieses Opfer galt der Genesung seiner Tochter Mathilde. Ein anderes Mal wurde am marmornen Deckel seines Tintenfasses, wie er sich ausdrückte, »die Exekution vollzogen« – als Vorgriff auf ein Geschenk seiner Schwester, die ihm ein schöneres Tintenzeug versprochen hatte. Das dritte Stück war ein prächtig glasiertes ägyptisches Figürchen, das er gerade erst erworben hatte. Er zerschlug es, um ein größeres Unheil, nämlich den Verlust eines alten, vertrauten Freundes, der sich ungerecht behandelt fühlte, abzuwenden. »Zum Glück ließ sich beides – die Freundschaft wie die Figur – so kitten, daß man den Sprung nicht merken würde.«[31]

Bedenkt man die große Zahl zerbrechlicher Stücke in seiner Sammlung und seinen ständigen Umgang mit ihnen während eines Zeitraums von mehr als vierzig Jahren, erscheint es bemerkenswert, daß nur diese drei Pannen passierten. Freud war stolz auf seine Geschicklichkeit. Doch mag dieser Stolz eigentlich einer ungleich größeren Leistung gegolten haben.

In *Dichtung und Wahrheit* berichtet Goethe, wie er sich als Junge einmal damit vergnügte, eine Menge kleiner Töpfe und Schüsseln aus dem Fenster zu werfen, welches Ergötzen es ihm bereitete, sie unten auf der Straße zerschellen zu hören. Freud hat dieses Verhalten als die typische und gesunde Reaktion eines Kindes auf die Geburt eines jüngeren Geschwisters gedeutet.[32] In seiner eigenen Jugend gab es viele Gelegenheiten, bei denen er sich vermutlich zu ähnlicher Gewaltausübung versucht gefühlt hat. Vielleicht beweist seine sorgsam gehütete Glas- und Tonsammlung, daß ihm die Meisterung solcher Triebdurchbrüche gelungen war. Dafür spricht auch sein lebenslang beschützender und großherziger Umgang mit allen Mitgliedern seiner Familie.

Wenn meine Rekonstruktion der Rolle der prähistorischen Alten richtig ist, dann hat – verschoben auf eine andere Ebene – Freuds früher Glaube an die Auferstehung der Toten in seinem Interesse an archäologischen Fakten und Objekten eine Fortsetzung gefunden. Vermittels des Mechanismus symbolischer Substitution konnte er nun seine Todes- wie seine Rettungswünsche gegen-

31 Freud, 1901*b*, S. 185-188.
32 Freud, 1917*b*.

über ambivalent besetzten Liebesobjekten befriedigen. Insofern der archaische Glaube und seine libidinöse Herkunft nie verdrängt, sondern phasengerecht, kraft wachsender Vernunft, nur verurteilt wurden, haben wir es hier mit einer echten Sublimierung zu tun, einem frühen Sieg des Ichs in der Bemeisterung der Triebe.

In dieser Rekonstruktion gibt es nur einen hypothetischen Punkt – die Annahme, daß Freud schon als Kind die Bedeutung von Ostern gekannt hat. Es ist immerhin durchaus wahrscheinlich, daß die fromme katholische Alte, die ihn wie ihren Sohn behandelte, zur Messe trug und über den lieben Gott und die Hölle unterrichtete, ihm mit tiefer Bewegung auch vom höchsten Feiertag des Kirchenjahrs gesprochen hat.

Dafür gibt es zwei Anhaltspunkte. Zunächst eine sonderbare, ja, gelegentlich etwas bizarr anmutende Vorliebe Freuds für Ostern. In den Briefen an Fließ wird Ostern derart häufig erwähnt, daß es mir lohnend erschien, die Stellen zu zählen. Allein von Anfang 1896, als die Freundschaft enger zu werden begann, bis zur allmählichen Abkühlung Anfang 1901 kommt das Wort Ostern zweiundzwanzigmal vor. Auf dem Höhepunkt ihrer Freundschaft meinte Freud, Fließ zu Ostern auf Roms klassischem Boden zu treffen, sei das größte Glück, was er sich vorstellen könne. – »Oster Sonntag bedeutet für mich die 50te Wiederkehr der Aufnahme meiner Praxis«, schrieb er in einem Brief mit der Datierung »Ostern 12./4 1936«[33] – ein ungewöhnlicher Zeitpunkt für einen Arzt in Wien, wo Ostern zu den höchsten Feiertagen zählt, alle Geschäfte und Büros geschlossen sind und nur Notdienste besorgt werden.

Der andere Anhaltspunkt findet sich in jenem Brief an Fließ, in welchem Freud sich zum zweiten Traum über die alte Frau äußert: »Außerdem hat sie mich mit rötlichem Wasser gewaschen, in dem sie sich früher gewaschen hatte (Deutung nicht schwer; ich finde in meiner Erinnerungskette nichts Ähnliches, halte dies also für einen echten alten Fund) [...].«[34] Danach wird dieser Fund jedoch nicht mehr erwähnt, und Freud teilt auch nichts über die Deutung mit, die ihm vorschwebte. Der Kontext jedoch verweist auf Blut. Der Priester der Ostermesse wäscht die Hände

33 Brief an die Verfasserin. [Unveröffentlicht.]
34 Freud, 1950*a*, S. 191.

in verdünntem Rotwein, Christi Blut symbolisierend. Freud bemerkt dann im Anschluß an den zitierten Satz: »Ein harter Kritiker könnte auf alles sagen, es sei nach rückwärts phantasiert, anstatt nach vorne bedingt. Die experimenta crucis müßten gegen ihn entscheiden. Das rötliche Wasser scheint schon solcher Art zu sein.« Die Verwendung des lateinischen Ausdrucks an dieser Stelle deutet darauf hin, daß Freud vorbewußt mit kirchlichen Angelegenheiten beschäftigt war.

Es wurde behauptet, Freud habe den Sexualtrieb eingeführt, als er jung war, den Todestrieb, als das Alter nahte. Das hier vorgelegte Material zeigt meines Erachtens, daß Freud von seinen frühesten Kinderjahren an sich intensiv mit dem Problem des Todes auseinandergesetzt hat, früher sogar als mit Fragen der Sexualität. Auf diesem Hintergrund wird ein Absatz aus seiner 1935 veröffentlichten ›Nachschrift‹ zur *Selbstdarstellung* besser verständlich: ». . . ich finde selbst einen bedeutsamen Unterschied gegen früher. Fäden, die sich in meiner Entwicklung miteinander verschlungen hatten, begannen sich voneinander zu lösen, später erworbene Interessen sind zurückgetreten und ältere, ursprünglichere, haben sich wieder durchgesetzt [. . .] es ist doch richtig zu sagen, daß ich seit der Aufstellung der zwei Triebarten (Eros und Todestrieb) und der Zerlegung der psychischen Persönlichkeit in Ich, Über-Ich und Es (1923 [*b*]) keine entscheidenden Beiträge mehr zur Psychoanalyse geliefert . . . habe . . . Dies hing mit einer Wandlung bei mir zusammen, mit einem Stück regressiver Entwicklung, wenn man es so nennen will. Nach dem lebenslangen Umweg über die Naturwissenschaften, Medizin und Psychotherapie war mein Interesse zu jenen kulturellen Problemen zurückgekehrt, die dereinst den kaum zum Denken erwachten Jüngling gefesselt hatten.«[35] Freud meint hier seine Studien über Religion, die er 1912 begonnen hatte, jedoch erst von 1923 an zum Hauptthema seiner Veröffentlichungen machte. In diesen Werken versucht er zu einem besseren Verständnis dessen zu gelangen, was die Anziehungskraft der Religion ausmacht. Wieder hatte er es mit jenen Rätseln zu tun, die sich dem »kaum zum Denken erwachten Jüngling« schon im Alter zwischen sechs und zehn stellten, als er seine Liebe zur Archäologie

35 Freud, 1935*a*, S. 32.

entdeckte und aus ihr die Kraft zog, ohne Religion innere Sicherheit zu gewinnen. Die Regression, von der Freud in der ›Nachschrift‹ spricht, begann freilich schon früher als 1923. Bereits 1919 hatte er *Jenseits des Lustprinzips* [1920*g*] verfaßt. Diese Arbeit enthält eine ausführliche Erörterung der Todesproblematik. Ebenso wie in seiner Kindheit, erscheinen Tod und Religion eng miteinander verbunden, wobei die Todeswünsche der Auferstehungsidee ein Stück weit voraus gewesen waren.

Fritz Wittels, Freuds unerwünschter Biograph, wunderte sich über den jähen Wandel in Freuds Interessen und versuchte die Todestriebtheorie als Freuds Reaktion auf den Tod seiner Tochter Sophie im Jahre 1919 zu beschreiben.[36] Freud war von dieser Deutung beeindruckt. In einem Brief lobte er Wittels für den scharfsinnigen Einfall und gab zu verstehen, daß er ihm im Prinzip zustimme – nur sei seine Tochter Sophie erst nach Vollendung der Niederschrift von *Jenseits des Lustprinzips* gestorben.[37] Wenn also nur dieser Teil von Wittels Deutung falsch war, so kann man sich fragen, *wessen* Tod für die Rückwendung von Freuds Denken zu seinen frühesten Themen tatsächlich verantwortlich gewesen sein könnte.

Freuds Neffe Hermann Graf, den er sehr gerne mochte, war im Ersten Weltkrieg gefallen; doch hat sein Tod Freuds Arbeit offensichtlich nicht berührt. Sonst waren in jenen vier Jahren keine anderen Verwandten oder engen Freunde umgekommen. Aber Freud berichtet uns, daß er während der Kriegsjahre einmal von der Gefahr geträumt habe, in der sich einer seiner Söhne an der Front befand. Er teilt auch einige Bruchstücke seiner Analyse des Traums mit – genug, um deutlich werden zu lassen, daß er sich bei dem Wunsch ertappt hatte, er, der Gealterte, möge in Sicherheit weiterleben, selbst wenn sein Sohn fallen sollte.[38]

In der Analyse seines Todeswunsches verbindet der knapp Sechzigjährige die gegen den Sohn gerichteten unbewußten Gefühle mit einer Szene aus der eigenen Kindheit, die sich kurz nach Julius' Tod zugetragen hatte. Damals war er in der Speisekammer auf einen Schemel gestiegen, um sich, unerlaubt, etwas Gu-

36 F. Wittels, 1924, S. 231.
37 Brief an F. Wittels vom 18. Dezember 1923. [Vgl. Anm. 17, S. 155, oben.]
38 Freud, 1900*a*, S. 564 ff. [Diese Passage ist ein Zusatz zur fünften, revidierten Auflage der *Traumdeutung* von 1919.]

tes vom Kasten zu holen. Er verlor das Gleichgewicht und fiel herunter. Dabei verletzte er sich am Unterkiefer so schwer, daß er genäht werden mußte. Eine Narbe blieb zurück, als solle er ständig daran gemahnt werden: »Das geschieht dir recht.«[39] Seine Söhne aber kehrten heil aus dem Krieg zurück.[40] Doch wäre denkbar, daß schon dieser unheilverkündende Traum Freud hinreichend beeindruckt hat, um seine frühen Gedanken über Leben und Tod wiederzubeleben. Im Zuge dieser Besinnung auf seine ersten Themen wäre er also zu »jenen kulturellen Problemen zurückgekehrt«.

Archäologie bedeutete für Freud indessen nicht nur die Bewältigung des Todesproblems. Schon in Freiberg hatte er das Grab mit dem Mutterleib identifiziert und die Toten mit den Ungeborenen in eins gesetzt. Die Sublimierung seiner infantilen sexuellen Neugier konnte sich also gleichfalls mit seinen archäologischen Interessen verbinden. Die Geschichte der antiken Welt erwies sich ihm als eine unerschöpfliche Quelle zur Stillung seines Wissensdurstes. Jedoch könnte dieses Thema erschöpfend nur behandelt werden, wenn man noch andere Züge von Freuds Persönlichkeit in die Analyse einbezöge. Ich möchte mich hier aber ausschließlich auf seine archäologischen und historischen Interessen beschränken. Um jedoch von Intensität und Verzweigtheit dieser Interessen einen Eindruck zu vermitteln, seien einige damit verknüpfte Themen zumindest aufgezählt. Da ist zunächst Freuds Beschäftigung mit Jensens ›Gradiva‹-Novelle [1907*a*] und seine Identifizierung mit dem Archäologen Norbert Hanold zu nennen; ferner seine Studien über zwei große historische Gestalten namens Julius: Julius Cäsar, ermordet von einer Bruder-Sohn-Figur, sowie Papst Julius II., für dessen Grabmal Michelangelo seinen Moses schuf. Auch an Freuds Vorliebe für Erorberergestalten sei erinnert: Moses, Alexander, Hannibal, Cäsar, Napoleon und seine Marschälle sowie den deutschen Kaiser Sigismund, der Böhmen eroberte und sich als Protektor der Juden erwies (in den Jahresberichten seines Gymnasiums erscheint Freud bis zu seinem 13. Lebensjahr unter dem Namen Sigismund).

Noch zwei weitere Punkte möchte ich kurz erörtern. Wie ein

39 AaO, S. 566.
40 Freud, 1922*a*, S. 166.

agoraphobischer Patient, der einen Begleiter braucht, um sich den Versuchungen der Straße gewachsen zu fühlen, schafft sich das Kind in der Phantasie einen Beschützer, der herrlicher und mächtiger ist als der nicht so heldenhafte Vater. Die daran geknüpften Phantasien nennen wir in der Psychoanalyse zusammenfassend den Familienroman. In seiner frühen Kindheit zentrierte sich Freuds Familienroman um den Wunsch und die Überzeugung, der Sohn seines gescheiten und trickreichen Halbbruders Philipp zu sein, der das Verschwinden der alten Kinderfrau veranlaßt und, gemäß dem prälogischen Denken des Zweieinhalbjährigen, auch die neugeborene Schwester Anna in die Mutter hineinpraktiziert hatte.

Sechs Jahre später – inzwischen hatte die Mutter vier weitere Schwestern zur Welt gebracht und Philipp war in ein entferntes Land ausgewandert – belebte Freud, als Ausdruck seines Mißbehagens am Vater, diese frühen Phantasien neu. Jetzt verlegte er sie auf die Bühne der Alten Geschichte, wo von nun an die Schlachten des Familienromans ausgetragen werden konnten.

Als Freud zehn Jahre alt war, wurde sein jüngster Bruder geboren; der Vater forderte ihn auf, für das Neugeborene einen Namen vorzuschlagen. Ohne zu zögern, rezitierte Freud die großen Taten des Sohnes von Philipp von Mazedonien und nannte den Namen Alexander, den der Vater ohne Widerspruch akzeptierte.[41] Alexander der Große starb früh; jung war auch Julius Freud gestorben. Sicherlich hat der ahnungslose Vater von der Ironie dieser Namenwahl nichts gewußt.

Alexander erhielt seinen Anteil an Rivalitätsgefühlen, aber Freud, der mit ihm nun besser zurechtkommen konnte als seinerzeit mit Julius, war stets sicher, in der Gunst der Mutter höher zu stehen.

Der Hang zu magischer Namengebung ist Freud geblieben. Sein zweiter Sohn erhielt einen englischen Namen, der ihn, in Gesellschaft von John, zu den glücklicheren Verwandten versetzen sollte, die nicht nach Wien, sondern nach England ausgewandert waren. Es war der Vorname des Königsmörders Oliver Cromwell. Die beiden anderen Söhne sind nach den Männern benannt, die für Freud einmal idealisierte Vaterfiguren waren –

41 A. Bernays, 1940, S. 337.

Martin nach Jean-Martin Charcot, Ernst nach Ernst Wilhelm von Brücke.

In Freuds Beschäftigung mit der erhabenen Welt von Hellas und Rom und seiner Fähigkeit, die Klassiker zu lesen und zu lieben, steckte auch ein Stück Geringschätzung für seinen Vater, einen einfachen Kaufmann, bar der heroischen Tugenden eines Hamilkar. Weder Athen noch Rom konnten ihm viel bedeuten. Freuds Interesse für Antiquitäten war darum schuldbelastet. Das galt auch für seine Reisen in andere Länder. Neurotische Hemmungen hinderten ihn, wie er selbst sagte, vierzehn Jahre daran, den Boden Roms zu betreten. Lange getraute er sich nicht, einen Athenbesuch auch nur zu planen. »Es muß so sein, daß sich an die Befriedigung, es so weit gebracht zu haben, ein Schuldgefühl knüpft; es ist etwas dabei, was unrecht, was von alters her verboten ist. Das hat mit der kindlichen Kritik am Vater zu tun, mit der Geringschätzung, welche die frühkindliche Überschätzung seiner Person abgelöst hatte.«[42] Erst nach dem Tod des Vaters und seiner anschließenden Selbstanalyse fühlte er sich frei, von Antiquitäten nicht nur zu träumen, sondern sie tatsächlich zu sammeln. Und in der täglichen analytischen Arbeit mit seinen Patienten und an sich selbst ist er dann wirklich einer geworden, der Ausgrabungen machte.

42 Freud, 1936*a*, S. 256.

Bibliographischer Nachtrag 1988 zur Angabe Freud, S. (1950*a*), S. 273 f.

Inzwischen ist die ungekürzte Ausgabe der Fließ-Briefe erschienen: Freud, S. (1985*c*) *Briefe an Wilhelm Fließ 1887–1904* (hrsg. von J. M. Masson, Bearbeitung der dtsch. Fassung von M. Schröter), Frankfurt a. M. 1986. Allerdings wurde in diese Edition der ›Entwurf einer Psychologie‹ von 1895 nicht mehr aufgenommen. Er findet sich nun im gleichfalls in der Zwischenzeit veröffentlichten *Nachtragsband* zu Freuds *Gesammelten Werken* (hrsg. von A. Richards, unter Mitwirkung von I. Grubrich-Simitis), Frankfurt a. M. 1987, der u. a. auch die Ergänzungen von 1935 zu Freud (1925*d*) sowie die Breuer-Beiträge zu Freud (1895*d*) enthält.

Bibliographie

G. W.	S. Freud, *Gesammelte Werke* (18 Bände). Bände 1-17 London, 1940-1952, Band 18 Frankfurt a. M., 1968. Die ganze Edition seit 1960 bei S. Fischer Verlag, Frankfurt a. M.
Standard Ed.	*The Standard Edition of the Complete Psychological Works of Sigmund Freud* (24 Bände), The Institute of Psycho-Analysis, Hogarth Press, London, 1953 bis 1974.
(*Ta.*)	Taschenbuchausgabe von a) Breuer und Freud, *Studien über Hysterie,* Fischer Taschenbuch Verlag, Frankfurt a. M., 1970, b) Freud, *»Selbstdarstellung«*, Fischer Taschenbuch Verlag, Frankfurt a. M., 1971.

Die Seitenangaben aus psychoanalytischen Freud-Werken beziehen sich, wenn nicht anders vermerkt, auf *G. W.* Wo Siegfried Bernfeld und Suzanne Cassirer Bernfeld ältere, heute schwer zugängliche Freud-Editionen heranziehen, wurden die Verweise auf die entsprechenden *G. W.*-Seiten umgestellt. Die kursivierten Kleinbuchstaben hinter den Jahreszahlen der Freud-Schriften beziehen sich auf die verbindliche Freud-Gesamtbibliographie, die in der *Sigmund Freud-Konkordanz und -Gesamtbibliographie* (Meyer-Palmedo, 1975) abgedruckt ist.

Adams, L. (1954) ›Sigmund Freud's Correct Birthday; Misunderstanding and Solution‹. *Psa. Rev.*, Bd. 41, 359-362.

Aschenbrandt, Th. (1883) ›Die physiologische Wirkung und Bedeutung des Cocain. muriat. auf den menschlichen Organismus‹. *Dtsch. med. Wschr.*, Bd. 9, 730-732.

Benedikt, M. (1906) *Aus meinem Leben*. Wien.

Bergmann, M. S. (1973) ›Limitations of Method in Psychoanalytic Biography; A Historical Inquiry‹. *J. Am. Psa. Ass.*, Bd. 21, 833-850.

Bernays, A. Freud (1940) ›My Brother, Sigmund Freud‹. *Amer. Mercury*, Bd. 51, 335-342.

Bernfeld, S. (1913) ›Zur unbewußten Determination des Denkprozesses; Eine Selbstbeobachtung‹. *Int. Z. f. ärztl. Psa.*, Bd. 1, 564 bis 565.

--- (1920) ›Ein Institut für Psychologie und Soziologie der Jugend (Archiv für Jugendkultur); Entwurf zu einem Programm‹. *Ann. Nat. Kulturphil.*, Bd. 13, 217-251. Nachdruck in S. Bernfeld (1970), 802-836.

--- (1921) *Kinderheim Baumgarten; Bericht über einen ernsthaften Versuch mit neuer Erziehung*. Berlin. Nachdruck in S. Bernfeld (1969*a*), 84-191.

--- (1922*a*) *Vom Gemeinschaftsleben der Jugend; Beiträge zur Jugendforschung*. Wien.

--- (1922*b*) ›Anweisungen zur Sammlung von Material: (1) Über Geheimsprachen und Geheimschriften bei Kindern und Jugendlichen; (2) Über Phantasiespiele; (3) Die Sprachentwicklung des jiddischen und hebräischen Kindes‹. *Korrespondenzblatt des jüdischen Institutes für Jugendforschung und Erziehung*, Bd. 7, 1-5, Bd. 8, 1-5.

--- (1923) ›Über eine typische Form der männlichen Pubertät‹. *Imago*, Bd. 9, 169 bis 188. Nachdruck in S. Bernfeld (1970), 750-767.

--- (1924) *Vom dichterischen Schaffen der Jugend; Neue Beiträge zur Jugendforschung*. Wien.

——— (1925*a*) *Sisyphos oder die Grenzen der Erziehung*. Leipzig, Wien, Zürich. Neuausgabe: Suhrkamp Verlag, Frankfurt a. M., 1967. (Seitenverweise beziehen sich auf die Neuausgabe.)

——— (1925*b*) *Psychologie des Säuglings; Traumen und Versagungen*. Wien. Nachdruck in S. Bernfeld (1969*a*), 7-55.

——— (1926) ›Kinder-Enquête über das Prügeln‹. *Tagebuch*, 7. Jg., 1514-1517. Nachdruck in S. Bernfeld (1969*a*), 271-275.

——— (1926/1927) ›Der Irrtum des Pestalozzi‹. *Z. Psa. Päd.*, Bd. 1, 136-142. Nachdruck in S. Bernfeld (1969*b*), 469-477.

——— (1927) *Die heutige Psychologie der Pubertät; Kritik ihrer Wissenschaftlichkeit*. Wien. Nachdruck in S. Bernfeld (1970), 691-750.

——— (1929) ›Der soziale Ort und seine Bedeutung für Neurose, Verwahrlosung und Pädagogik‹. *Imago*, Bd. 15, 299-312. Nachdruck in S. Bernfeld (1969*a*), 198 bis 211.

——— (1930*a*) ›»Neuer Geist« contra »Nihilismus«‹. *Psa. Bew.*, Bd. 2, 105-122. Nachdruck in S. Bernfeld (1969*b*), 541-555.

——— (1930*b*) ›Léonard Bourdons System der Anstaltsdisziplin, 1788-1795‹. *Z. f. Kinderforsch.*, Bd. 36, 153-196. Nachdruck in S. Bernfeld (1969*a*), 235-251.

——— (1931*a*) *Trieb und Tradition im Jugendalter; Kulturpsychologische Studien an Tagebüchern*. Beiheft zur *Z. angew. Psychol.*, Bd. 54. Leipzig. Nachdruck einer Zusammenfassung in S. Bernfeld (1970), 768-781.

——— (1931*b*) ›Zur Sublimierungstheorie‹. *Imago*, Bd. 17, 394-403. Nachdruck in S. Bernfeld (1969*b*), 556-565.

--- (1932*a*) ›Die kommunistische Diskussion um die Psychoanalyse und Reichs »Widerlegung der Todestriebhypothese«‹. *Int. Z. Psa.*, Bd. 18, 352-385. Nachdruck in S. Bernfeld (1969*b*), 507-540.

--- (1932*b*) ›Der Begriff der »Deutung« in der Psychoanalyse‹. *Z. angew. Psychol.*, Bd. 42, 448-497. Nachdruck in S. Bernfeld (1969*b*), 566-611.

--- (1935*a*) ›Über die einfache männliche Pubertät‹. *Z. Psa. Päd.*, Bd. 9, 360-379. Nachdruck in S. Bernfeld (1969*b*), 631 bis 648.

--- (1935*b*) ›Über die Einteilung der Triebe‹. *Imago*, Bd. 21, 125-142. Nachdruck in S. Bernfeld (1969*b*), 612-630.

--- (1937) ›Zur Revision der Bioanalyse‹. *Imago*, Bd. 23, 197-236.

--- (1941) ›The Facts of Observation in Psychoanalysis‹. *J. Psychol.*, Bd. 12, 289 bis 305. Dtsch.: ›Psychoanalyse als Gespräch‹. *Psyche*, Bd. 32 (1978), 355-373.

--- (1944) ›Freud's Earliest Theories and the School of Helmholtz‹. *Psa.* Q., Bd. 13, 341-362. Im vorliegenden Band 54-77.

--- (1946) ›An Unknown Autobiographical Fragment by Freud‹. *Am. Imago,* Bd. 4, 3-19. Im vorliegenden Band 93-111.

--- (1949) ›Freud's Scientific Beginnings‹. *Am. Imago*, Bd. 6, 163-196. Im vorliegenden Band 112-147.

--- (1951) ›Sigmund Freud, M. D., 1882 bis 1885‹. *Int. J. Psa.*, Bd. 32, 204-217. Im vorliegenden Band 148-180.

--- (1953) ›Freud's Studies on Cocaine, 1884-1887‹. *J. Am. Psa. Ass.*, Bd. 1, 581-613. Im vorliegenden Band 198-236.

--- (1962) ›On Psychoanalytic Training‹. *Psa.* Q., Bd. 31, 453-482.

--- (1969*a*) *Antiautoritäre Erziehung und Psychoanalyse; Ausgewählte Schriften*, Bd. 1 (Hrsg. L. von Werder und R. Wolff). Frankfurt a. M.

--- (1969*b*) *Antiautoritäre Erziehung und Psychoanalyse; Ausgewählte Schriften*, Bd. 2 (Hrsg. L. von Werder und R. Wolff). Frankfurt a. M.

--- (1970) *Antiautoritäre Erziehung und Psychoanalyse; Ausgewählte Schriften*, Bd. 3 (Hrsg. L. von Werder und R. Wolff). Frankfurt a. M.

Bernfeld, S., und Cassirer Bernfeld, S. (1944) ›Freud's Early Childhood‹. *Bull. Menninger Clinic*, Bd. 8, 105-115. Im vorliegenden Band 78-92.

--- --- (1952) ›Freud's First Year in Practice, 1886-1887‹. *Bull. Menninger Clinic*, Bd. 16, 37-49. Im vorliegenden Band 181-197.

Bernfeld, S., und Feitelberg, S. (1930) ›Über psychische Energie, Libido und deren Meßbarkeit‹. *Imago*, Bd. 16, 66-118.

--- --- (1934) ›Bericht über einige psycho-physiologische Arbeiten‹. *Imago*, Bd. 20, 224 bis 231.

Bernheim, H. (1886) *De la suggestion et de ses applications à la thérapeutique*. Paris. Dtsch.: *Die Suggestion und ihre Heilwirkung*, Wien, 1888-89. (Übersetzung des ersten Teils, mit Vorrede und Anmerkungen, von S. Freud.)

--- (1891) *Hypnotisme, suggestion et psychothérapie; Études nouvelles*. Paris. Dtsch.: *Neue Studien über Hypnotismus, Suggestion und Psychotherapie*, Wien, 1892. (Übersetzung von S. Freud.)

Boruttau, H. (1922) *Emil Du Bois-Reymond*. Wien.

Bretholz, B. (1924) *Geschichte Böhmens und Mährens*, Bd. 4. Reichenberg.

Brett, G. S. (1921) *A History of Psychology*, Bd. 3. London.

Breuer, J., und Freud, S. (1893) *s.* Freud, S. (1893*a*).

--- --- (1895) *s.* Freud, S. (1895*d*).

--- --- (1940 [1892]) *s.* Freud, S. (1940*d* [1892]).

Brücke, E. Th. (1928) *Ernst Brücke*. Wien.

Brücke, E. W. v. (1861) *Die Elementarorganismen. S. B. Akad. Wiss. Wien* (Math.-Naturwiss. Kl.), Bd. 44, Separatdruck. Wien.

--- (1874) *Vorlesungen über Physiologie*, Bd. 1. Wien. (Die Erstauflage von Bd. 2 erschien bereits 1873.)

Brun, R. (1936) ›Sigmund Freuds Leistungen auf dem Gebiet der organischen Neurologie‹. *Schweiz. Arch. Neurol. Psychiat.*, Bd. 37, 200-207.

Buxbaum, E. (1951) ›Freud's Dream Interpretation in the Light of His Letters to Fliess‹. *Bull. Menninger Clinic*, Bd. 15, 197-212.

Cassirer Bernfeld, S. (1951) ›Freud and Archeology‹. *Am. Imago*, Bd. 8, 107-128. Im vorliegenden Band 237-259.

--- (1952) Brief an die Herausgeber. *Bull. Menninger Clinic*, Bd. 16, 70-72.

Charcot, J.-M. (1887) *Leçons sur les maladies du système nerveux*, Bd. 3. Paris. Dtsch.: *Neue Vorlesungen über die Krankheiten des Nervensystems, insbesondere über Hysterie*, Wien, 1886. (Übersetzung, mit Vorwort und Anmerkungen, von S. Freud.)

--- (1888) *Leçons du mardi à la Salpêtrière (1887-8)*. Paris. Dtsch.: *Poliklinische Vorträge*, Bd. 1, Wien, 1892-94. (Übersetzung, mit Vorrede und Anmerkungen, von S. Freud.)

Clark, R. (1980) *Freud; The Man and the Cause*. London. Dtsch.: *Sigmund Freud*, Frankfurt a. M., 1981.

Cranefield, P. F. (1966) ›Freud and the »School of Helmholtz«‹. *Gesnerus*, Bd. 23, 35-39.

Dahmer, H. (1973) *Libido und Gesellschaft; Studien über Freud und die Freudsche Linke.* Frankfurt a. M.

--- (1980) *Analytische Sozialpsychologie*, 2 Bde. Frankfurt a. M.

D'Elvert, Ch. (1857) *Geschichte der Studien-, Schul- und Erziehungsanstalten in Mähren und Schlesien.* Brünn.

Doolittle, H. (H. D.) (1945-46) ›Writing on the Wall‹. In: *Life and Letters Today.* London.

Dorer, M. (1932) *Historische Grundlagen der Psychoanalyse.* Leipzig.

Du Bois-Reymond, E. (1918) *Jugendbriefe an Eduard Hallmann.* (Hrsg. E. Du Bois-Reymond.) Berlin.

--- (Hrsg.) (1927) *Zwei große Naturforscher des 19. Jahrhunderts; Ein Briefwechsel zwischen Emil Du Bois-Reymond und Karl Ludwig.* Leipzig.

Eisenberg, L. (1893) *Das geistige Wien; Künstler- und Schriftsteller-Lexikon*, Bd. 2. Medizinisch-naturwissenschaftlicher Teil. Wien.

Ekstein, R. (1962) ›An Introduction‹ zu S. Bernfeld (1962), 453-456.

--- (1966) ›Siegfried Bernfeld, 1892-1953; Sisyphos or the Boundaries of Education‹. In: *Psychoanalytic Pioneers* (Hrsg. F. Alexander u. a.). New York, London.

Ellenberger, H. F. (1970) *The Discovery of the Unconscious; The History and Evolution of Dynamic Psychiatry.* New York. Dtsch.: *Die Entdeckung des Unbewußten*, Bern, Stuttgart, Wien, 1973.

Erlenmeyer, A. (1885) ›Über die Wirkung des Cocain bei der Morphiumentziehung‹. *Zbl. f. Nervenheilk.*, Bd. 8, 289-299.

--- (1886) ›Über Cocainsucht; Vorläufige

Mitteilung‹. *Dtsch. Medizinal-Ztg.*, Bd. 7, 483-484.

Fleischl v. Marxow, E. (1893) *Gesammelte Abhandlungen.* (Hrsg. O. Fleischl v. Marxow.) Leipzig.

Freud, A. (1968) ›Willie Hoffer, M.D., Ph.D.‹. *Psa. Study Child*, Bd. 23, 7-11.

Freud, S. (1877*a*) ›Über den Ursprung der hinteren Nervenwurzeln im Rückenmarke von Ammocoetes (Petromyzon Planeri)‹. *S.B. Akad. Wiss. Wien* (Math.-Naturwiss. Kl.), III. Abt., Bd. 75, 15-27.

--- (1877*b*) ›Beobachtungen über Gestaltung und feineren Bau der als Hoden beschriebenen Lappenorgane des Aals‹. *S.B. Akad. Wiss. Wien* (Math.-Naturwiss. Kl.), I. Abt., Bd. 75, 419-431.

--- (1878*a*) ›Über Spinalganglien und Rükkenmark des Petromyzon‹. *S.B. Akad. Wiss. Wien* (Math.-Naturwiss. Kl.), III. Abt., Bd. 78, 81-167.

--- (1879*a*) ›Notiz über eine Methode zur anatomischen Präparation des Nervensystems‹. *Zbl. med. Wiss.*, Bd. 17, 468 bis 469.

--- (1882*a*) ›Über den Bau der Nervenfasern und Nervenzellen beim Flußkrebs‹. *S.B. Akad. Wiss. Wien* (Math.-Naturwiss. Kl.), III. Abt., Bd. 85, 9-46.

--- (1884*a*) ›Ein Fall von Hirnblutung mit indirekten basalen Herdsymptomen bei Skorbut‹. *Wien. med. Wschr.*, Bd. 34, Nr. 9, 244-246, und Nr. 10, 276-279.

--- (1884*b*) ›Eine neue Methode zum Studium des Faserverlaufs im Centralnervensystem‹. *Zbl. med. Wiss.*, Bd. 22, 161-163.

--- (1884*c*) ›A New Histological Method for the Study of Nerve-Tracts in the Brain and Spinal Chord‹. *Brain*, Bd. 7, 86-88.

--- (1884*d*) ›Eine neue Methode zum Studium des Faserverlaufs im Centralnervensystem‹. *Arch. Anat. Physiol.*, Anat. Abt., 453-460.

--- (1884*e*) ›Über Coca‹. *Zbl. ges. Ther.*, Bd. 2, 289-314.

--- (1884*f*) ›Die Structur der Elemente des Nervensystems‹. *Jb. Psychiat. Neurol.*, Bd. 5, 221-229.

--- (1885*a*) ›Beitrag zur Kenntniß der Cocawirkung‹. *Wien. med. Wschr.*, Bd. 35, 129-133.

--- (1885*b*) ›Über die Allgemeinwirkung des Cocains‹. *Med.-chir. Zbl.*, Bd. 20, 374 bis 375.

--- (1885*c*) ›Ein Fall von Muskelatrophie mit ausgebreiteten Sensibilitätsstörungen (Syringomyelie)‹. *Wien. med. Wschr.*, Bd. 35, Nr. 13, 389-392, und Nr. 14, 425-429.

--- (1885*d*) ›Zur Kenntniß der Olivenzwischenschicht‹. *Neurol. Zbl.*, Bd. 4, 268 bis 270.

--- (1885*e*) ›Gutachten über das Parke Cocain‹. In Gutt, ›Über die verschiedenen Cocain-Präparate und deren Wirkung‹. *Wien. med. Pr.*, Bd. 26, 1036.

--- (1885*f*) Nachträge zur Arbeit ›Über Coca‹. Im Separatabdruck von 1884*e*, Wien, 1885.

--- (1886*a*) ›Akute multiple Neuritis der spinalen und Hirnnerven‹. *Wien. med. Wschr.*, Bd. 36, 168-172.

--- (1886*b*) mit L. O. von Darkschewitsch, ›Über die Beziehung des Strickkörpers zum Hinterstrang und Hinterstrangskern, nebst Bemerkungen über zwei Felder der Oblongata‹. *Neurol. Zbl.*, Bd. 5, 121-129.

--- (1886*c*) ›Über den Ursprung des N[ervus]

acusticus‹. *Mschr. Ohrenheilk.*, Neue Folge, Bd. 20, Nr. 8, 245-251, und Nr. 9, 277-282.

––– (1886*d*) ›Beobachtung einer hochgradigen Hemianästhesie bei einem hysterischen Manne‹. *Wien. med. Wschr.*, Bd. 36, 1633 bis 1638.

––– (1887*a*) Besprechung von Averbeck, ›Die akute Neurasthenie‹. *Wien. med. Wschr.*, Bd. 37, 138.

––– (1887*b)* Besprechung von S. Weir Mitchell, *Die Behandlung gewisser Formen von Neurasthenie und Hysterie* (Berlin, 1887). *Wien. med. Wschr.*, Bd. 37, 138.

––– (1887*d*) ›Bemerkungen über Cocainsucht und Cocainfurcht, mit Beziehung auf einen Vortrag W. A. Hammonds‹. *Wien. med. Wschr.*, Bd. 37, 929-932.

––– (1887*e*) Besprechung von H. Obersteiner *Anleitung zum Studium des Baues der nervösen Centralorgane im gesunden und kranken Zustande. Wien. med. Wschr.*, Bd. 37, 1642.

––– (1888*a*) ›Über Hemianopsie im frühesten Kindesalter‹. *Wien. med. Wschr.*, Bd. 38, Nr. 32, 1081-1086, und Nr. 33, 1116 bis 1120.

––– (1889*a*) Besprechung von A. Forel *Der Hypnotismus. Wien. med. Wschr.*, Bd. 39, Nr. 28, 1097-1100, und Nr. 47, 1892 bis 1896.

––– (1891*a*) mit O. Rie, *Klinische Studie über die halbseitige Cerebrallähmung der Kinder*. Heft III der *Beiträge zur Kinderheilkunde* (Hrsg. M. Kassowitz). Wien.

––– (1891*b*) *Zur Auffassung der Aphasien.* Leipzig und Wien.

––– (1893*a*) und J. Breuer, ›Über den psychischen Mechanismus hysterischer Phänomene; Vorläufige Mitteilung‹. *G.W.*, Bd. 1, 81-98.

--- (1894*a*) ›Die Abwehr-Neuropsychosen‹. *G.W.*, Bd. 1, 59-74.

--- (1895*b*) ›Über die Berechtigung, von der Neurasthenie einen bestimmten Symptomenkomplex als »Angstneurose« abzutrennen‹. *G.W.*, Bd. 1, 315-342.

--- (1895*d*) und J. Breuer, *Studien über Hysterie*. Wien. Vollständige Neuausgabe als Taschenbuchausgabe (*Ta.*), Frankfurt a. M., 1970. *G.W.*, Bd. 1, 77-312 (jedoch ohne Breuers Beiträge, die demnächst in einem *Nachtragsband* zu den *G.W.* erscheinen werden).

--- (1895*e*) ›Über die Bernhardt'sche Sensibilitätsstörung am Oberschenkel‹. *Neurol. Zbl.*, Bd. 14, 491-492.

--- (1895*f*) ›Zur Kritik der »Angstneurose«‹. *G.W.*, Bd. 1, 357-376.

--- (1897*b*) *Inhaltsangaben der wissenschaftlichen Arbeiten des Privatdozenten Dr. Sigm. Freud (1877-1897). G.W.*, Bd. 1, 463-488.

--- (1899*a*) ›Über Deckerinnerungen‹. *G.W.*, Bd. 1, 529-554.

--- (1900*a*) *Die Traumdeutung. G.W.*, Bd. 2/3.

--- (1901*a*) *Über den Traum. G.W.*, Bd. 2/3, 643-700.

--- (1901*b*) *Zur Psychopathologie des Alltagslebens. G.W.*, Bd. 4.

--- (1905*d*) *Drei Abhandlungen zur Sexualtheorie. G.W.*, Bd. 5, 27-145.

--- (1905*e* [1901]) ›Bruchstück einer Hysterie-Analyse‹. *G.W.*, Bd. 5, 163-286.

--- (1907*a*[1906]) *Der Wahn und die Träume in W. Jensens ›Gradiva‹. G.W.*, Bd. 7, 31-125.

--- (1909*c* [1908]) ›Der Familienroman der Neurotiker‹. *G.W.*, Bd. 7, 225-231.

--- (1909*d*) ›Bemerkungen über einen Fall von Zwangsneurose‹. *G.W.*, Bd. 7, 379 bis 463.

--- (1910*c*) *Eine Kindheitserinnerung des Leonardo da Vinci*. *G.W.*, Bd. 8, 127-211.

--- (1914*b*) ›Der Moses des Michelangelo‹. *G.W.*, Bd. 10, 172-201.

--- (1914*f*) ›Zur Psychologie des Gymnasiasten‹. *G.W.*, Bd. 10, 204-207.

--- (1915*b*) ›Zeitgemäßes über Krieg und Tod‹. *G.W.*, Bd. 10, 323-355.

--- (1916-17 [1915-17]) *Vorlesungen zur Einführung in die Psychoanalyse*. *G.W.*, Bd. 11.

--- (1917*b*) ›Eine Kindheitserinnerung aus *Dichtung und Wahrheit*‹. *G.W.*, Bd. 12, 15-26.

--- (1918*a* [1917]) ›Das Tabu der Virginität‹. *G.W.*, Bd. 12, 161-180.

--- (1920*g*) *Jenseits des Lustprinzips*. *G.W.*, Bd. 13, 3-69.

--- (1922*a*) ›Traum und Telepathie‹. *G.W.*, Bd. 13, 165-191.

--- (1923*a* [1922]) ›»Psychoanalyse« und »Libidotheorie«‹. *G.W.*, Bd. 13, 211-233.

--- (1923*b*) *Das Ich und das Es*. *G.W.*, Bd. 13, 237-289.

--- (1924*f* [1923]) ›Kurzer Abriß der Psychoanalyse‹. *G.W.*, Bd. 13, 405-427.

--- (1925*d* [1924]) *»Selbstdarstellung«*. *G.W.*, Bd. 14, 33-96. Diese Ausgabe ist jedoch nicht vollständig. Für eine amerikanische Ausgabe hat Freud 1935 nicht nur die ›Nachschrift 1935‹ verfaßt, sondern im Text selbst zahlreiche Ergänzungen und Anmerkungen hinzugefügt. Diese Ergänzungen und Anmerkungen wurden von den Herausgebern versehentlich nicht in *G.W.* übernommen. Sie finden sich in der Taschenbuchausgabe von 1971: *»Selbstdarstellung«*; *Schriften zur Geschichte der Psychoanalyse* (Hrsg. I. Grubrich-Simitis). Frankfurt a. M. Wo im vorliegenden Band Stellen zitiert werden, die in *G.W.* fehlen, wird die Seitenzahl der Taschenbuchausgabe (*Ta.*) angegeben. (Die Taschenbuchausgabe enthält auch die Jugendbriefe Freuds an Emil Fluß.)

--- (1925g) ›Josef Breuer‹. *G.W.*, Bd. 14, 562 bis 563.

--- (1926*f*) ›Psycho-Analysis‹. *G.W.*, Bd. 14, 299-307.

--- (1927*a*) ›Nachwort zur *Frage der Laienanalyse*‹. *G.W.*, Bd. 14, 287-296.

--- (1930*a* [1929]) *Das Unbehagen in der Kultur*. *G.W.*, Bd. 14, 421-506.

--- (1930*e*) Ansprache im Frankfurter Goethe-Haus. *G.W.*, Bd. 14, 547-550.

--- (1931*e*) Brief an den Bürgermeister der Stadt Příbor. *G.W.*, Bd. 14, 561.

--- (1933*a* [1932]) *Neue Folge der Vorlesungen zur Einführung in die Psychoanalyse*. *G.W.*, Bd. 15.

--- (1935*a*) ›Nachschrift 1935‹ (zur *»Selbstdarstellung«*). *G.W.*, Bd. 16, 31-34.

--- (1936*a*) Brief an Romain Rolland: ›Eine Erinnerungsstörung auf der Akropolis‹. *G.W.*, Bd. 16, 250-257.

--- (1940*d* [1892]) und J. Breuer, ›Zur Theorie des hysterischen Anfalles‹. *G.W.*, Bd. 17, 9-13.

--- (1950*a* [1887-1902]) *Aus den Anfängen der Psychoanalyse (Briefe an Wilhelm Fließ; Abhandlungen und Notizen aus den Jahren 1887-1902)*. London. Frankfurt a. M., 1962; korrig. Nachdruck 1975.

(Seitenangaben beziehen sich auf die leichter zugängliche Ausgabe von 1962, deren Paginierung mit derjenigen des Nachdrucks von 1975 übereinstimmt.)

--- (1960*a*) *Briefe 1873-1939.* (Hrsg. E. und L. Freud.) Frankfurt a. M.; 2. erw. Aufl., Frankfurt a. M., 1968. (Seitenangaben beziehen sich auf die zweite Auflage.)

--- (1963*a*) und O. Pfister, *Briefe 1909-1939.* (Hrsg. E. L. Freud und H. Meng.) Frankfurt a. M.

Gärtner, G. (1919) ›Die Entdeckung der Lokalanästhesie‹. *Der Neue Tag*, 1. Jg., Nr. 137, 6.

Gicklhorn, J. und R. (1960) *Sigmund Freuds akademische Laufbahn im Lichte der Dokumente.* Wien-Innsbruck.

Gomperz, H. (1974) *Theodor Gomperz; Ein Gelehrtenleben im Bürgertum der Franz-Josefs-Zeit.* Auswahl seiner Briefe und Aufzeichnungen, 1869-1912, erläutert und zu einer Darstellung seines Lebens verknüpft von Heinrich Gomperz. Neubearbeitet und herausgegeben von Robert A. Kann. Wien.

Gray, H. (1948) ›Bibliography of Freud's Preanalytic Period‹. *Psa. Rev.*, Bd. 35, 403-410.

Grinstein, A. (1956) *The Index of Psychoanalytic Writings*, Bd. 1. New York.

Grubrich-Simitis, I. (1971) ›Sigmund Freuds Lebensgeschichte und die Anfänge der Psychoanalyse‹. In: S. Freud (1925*d*) (*Ta.*), 7-33.

Habermas, J. (1968) *Erkenntnis und Interesse.* Frankfurt a. M. Taschenbuchausgabe 1973 (Seitenangaben beziehen sich auf die Taschenbuchausgabe.)

Handlirsch, A., und Wettstein, R. (Red.) (1901) *Botanik und Zoologie in Österreich in den Jahren 1850-1900.* Festschrift der K.k. Zoologischen Gesellschaft in Wien. Wien.

Henri, V. und C. (1896) ›Enquête sur les premiers souvenirs de l'enfance‹. *Année psychol.*, Bd. 3, 184 bis 198.

Hirschmüller, A. (1978) *Physiologie und Psychoanalyse in Leben und Werk Josef Breuers*. Bern.

Hoffer, H. (1955) ›Obituary; Siegfried Bernfeld, 1892-1953‹. *Int. J. Psa.*, Bd. 36, 66-71.

Hoffer, W. (1965) ›Siegfried Bernfeld and »Jerubbaal«; An Episode in the Jewish Youth Movement‹. *Yearbook 10*, 150-167. Publications of the Leo Baeck Institute. London, Jerusalem, New York.

Hofmann, J. (1873) *Das Wiener k. k. Allgemeine Krankenhaus*. Wien.

Hun, H. (1883) *Guide to American Medical Students in Europe*. New York.

Jelliffe, S. E. (1937) ›Sigmund Freud as a Neurologist; Some Notes on His Earlier Neuro-Biological and Clinical Studies‹. *J. Nerv. & Ment. Dis.*, Bd. 85, 696-711.

Jones, E. (1953) *The Life and Work of Sigmund Freud*, Bd. 1 *(The Formative Years and the Great Discoveries, 1856-1900)*. New York. Dtsch.: *Das Leben und Werk von Sigmund Freud*, Bd. 1 *(Die Entwicklung zur Persönlichkeit und die großen Entdeckungen, 1856-1900)*. Bern und Stuttgart.

––– (1955) *The Life and Work of Sigmund Freud*, Bd. 2 *(Years of Maturity, 1901-1919)*. New York. Dtsch.: *Das Leben und Werk von Sigmund Freud*, Bd. 2 *(Jahre der Reife, 1901-1919)*. Bern und Stuttgart.

––– (1960) *s.* Jones, E. (1953).

––– (1962) *s.* Jones, E. (1955).

Koenigsberger, L. (1906) *Hermann v. Helmholtz*, 3 Bde. Oxford.

Königstein, L. (1884) ›Über das Cocainum muriaticum in seiner Anwendung in der Okulistik‹.

Wien. med. Pr., Bd. 25, Nr. 42, 1340 bis 1342, und Nr. 43, 1365-1368.

——— (1886) ›Untersuchung des Sehorgans‹ (im Rahmen von Freud, S., 1886*d*). *Wien. med. Wschr.*, Bd. 36, 1674-1676.

Koller, K. (1884*a*) ›Vorläufige Mittheilung über locale Anästhesirung am Auge‹. (Vorgetragen von Dr. Brettauer.) *Bericht über die Sechzehnte Versammlung der Ophtalmologischen Gesellschaft* (Heidelberg 1884). Rostock.

——— (1884*b*) ›Über die Verwendung des Cocain zur Anästhesirung am Auge‹. *Wien. med. Wschr.*, Bd. 34, Nr. 43, 1276-1278, und Nr. 44, 1309-1311.

——— (1928*a*) ›Historische Notiz über die ersten Anfänge der Lokalanästhesie‹. *Wien. med. Wschr.*, Bd. 78, 601-602. (Diese Notiz wurde 1934 in der *Wien. med. Wschr.*, Bd. 84, 1179-1180, nachgedruckt.)

——— (1928*b*) ›Personal Reminiscences of the First Use of Cocaine as a Local Anesthetic in Eye Surgery‹. *Anesthesia and Analgesia,* Januar-Februar, 10-11.

——— (1935) ›Nachträgliche Bemerkungen über die ersten Anfänge der Lokalanästhesie‹. *Wien. med. Wschr.*, Bd. 85, 7-8.

Kraus, O. (1919) *Franz Brentano; Zur Kenntnis seines Lebens und seiner Lehre.* (Mit Beiträgen von C. Stumpf und E. Husserl.) München.

——— (1926) ›Franz Brentano (1838-1917)‹. *Neue Österreichische Biographie, 1815-1918.* Erste Abteilung: Biographien. Bd. 3. Wien.

Lazarus, M. (1906) *Lebenserinnerungen.* Berlin.

Lesky, E. (1965) *Die Wiener Medizinische Schule im 19. Jahrhundert.* Graz-Köln.

Lorenz, A. (1923-1927) *Autobiographie.* In *Medizin*

	der Gegenwart in Selbstdarstellungen, Bd. 3. Leipzig.
Maier, H. W.	(1928) *La cocaïne; Historique-pathologie-clinique-thérapeutique-défense sociale.* Paris.
Mayer, S.	(1911) *Ein jüdischer Kaufmann 1831-1911; Lebenserinnerungen.* Leipzig.
Merlan, Ph.	(1945) ›Brentano und Freud‹. *J. Hist. Ideas*, Bd. 6, 375-377.
Meyer, H.-H.	(1928) ›Josef Breuer‹. *Neue Österreichische Biographie, 1815-1918.* Wien. Bd. 5, 30-47.
Meyer-Palmedo, I. (Hrsg.)	(1975) *Sigmund Freud-Konkordanz und Gesamtbibliographie.* Frankfurt a. M.
Meynert, Th.	(1889) ›Beitrag zum Verständniss der traumatischen Neurose‹. *Wien. klin. Wschr.*, Bd. 25, 498-503.
Mill, J. St.	(1880) *Gesammelte Werke*, Bd. 12. *Vermischte Schriften III.* (Hrsg. Th. Gomperz.) Leipzig.
Min. f. Soc. Verw. (Hrsg.)	(1934) *Das Wiener Allg. Krankenhaus, 1784-1884.* Wien.
Monroe, W. S.	(1918) *Bohemia and the Czechs.* Boston.
Obersteiner, H.	(1885) ›Zur internen Anwendung des Cocains bei Neurosen und Psychosen‹. *Wien. med. Pr.*, Bd. 26, 1253-1257.
---	(1886) ›Über Intoxikationspsychosen‹. *Wien. med. Pr.*, Bd. 27, 116-117.
Paret, P.	(1973) ›Preface: Sisyphus and its Author‹. S. Bernfeld, *Sisyphus or The Limits of Education.* Berkeley. IX-XXVII.
Parin, P.	(1978) ›Warum die Psychoanalytiker so ungern zu brennenden Zeitproblemen Stellung nehmen; Eine ethnologische Betrachtung‹. *Psyche*, Bd. 32, 385-399.
Prinzhorn, H., und Mittenzwey, K. (Hrsg.)	(1928) *Krisis der Psychoanalyse; Systematische Diskussion der Lehre Freuds.* Leipzig.
Puner, H. Walker	(1949) *Freud; His Life and his Mind. A Biography.* London.

Reichenbach, H. (1938) *Experience and Prediction.* Chicago. (Die Seitenangabe erfolgt hier nach der im Jahre 1961 im Rahmen der Phoenix Books erschienenen Ausgabe.)

Ritchie, A. D. (1935) *The Natural History of Mind.* London.

Rosenmayr, L. (o. J. [1962]) *Geschichte der Jugendforschung in Österreich 1914-1931.* Wien.

--- (1969) ›Hauptgebiete der Jugendsoziologie‹. In *Handbuch der empirischen Sozialforschung* (Hrsg. R. König). Stuttgart. Bd. 2, 64-171; vgl. dort den Abschnitt ›Die wissenschaftliche Jugendkunde Siegfried Bernfelds‹, 77-80.

--- (1975) ›Siegfried Bernfeld und die Jugendforschung heute‹. Vortrag gehalten vor der Sigmund-Freud-Gesellschaft am 13. März 1975. Manuskript.

Sachs, H. (1945) *Freud; Master and Friend.* London. Dtsch.: *Freud; Meister und Freund,* London, 1950.

Sajner, J. (1968) ›Sigmund Freuds Beziehungen zu seinem Geburtsort Freiberg (Příbor) und zu Mähren‹. *Clio Medica,* Bd. 3, 167-180.

Sandfuchs, U. (1978) *Universitäre Lehrerausbildung in der Weimarer Republik und im Dritten Reich; Eine historisch-systematische Untersuchung am Beispiel der Lehrerausbildung an der Technischen Hochschule Braunschweig* (1918-1940). Heilbrunn/Obb.

Seelig, M. G. (1941) ›History of Cocaine as a Local Anesthetic‹. Brief an den Herausgeber. *J. Amer. Med. Assn.,* Bd. 117, Nr. 15 (11. Oktober), S. 1284.

Shakow, D., und Rapaport, D. (1964) *The Influence of Freud on American Psychology. Psychol. Iss.,* Bd. 4, Nr. 1, Monograph 13. New York.

Siebmacher, L. (1899) *Großes und allgemeines Wappenbuch.* Bd. 4, 10. Abt. Nürnberg.

Silverman, M. (1943) *Magic in a Bottle*. New York.

Simmel, E. (1940) ›Sigmund Freud; The Man and His Work‹. *Psa.* Q., Bd. 9, 163-176.

Stricker, S. (1879) ›Über die Leistungen der azinösen Drüsen‹. *Wien. med. Pr.*, Bd. 20, 1403 bis 1405.

Thiriar, J. (1883) ›Quelques mots sur l'organisation du grand Hôpital Général et de la Faculté de Médecine de Vienne‹. *La Presse Médicale Belge*, Bd. 35, Nr. 44 (4. November).

Trosman, H., und Wolf, E. S. (1973) ›The Bernfeld Collaboration in the Jones Biography of Freud‹. *Int. J. Psa.*, Bd. 54, 227-233. Dtsch.: ›Bernfelds Mitarbeit an Jones' Freud-Biographie‹. *Psyche*, Bd. 29 (1975), 756-768.

Upson, H. S. (1888) ›On Gold as a Staining Agent for Nerve Tissues‹. *J. Nerv. & Ment. Dis.*, Bd. 15, 685-689.

Utley, Ph. L. (1979) ›Siegfried Bernfeld's Jewish Order of Youth, 1914-1922‹. *Yearbook 24*, 349 bis 368. Publications of the Leo Baeck Institute. London, Jerusalem, New York.

Wagner-Jauregg, J. (1950) *Lebenserinnerungen*. Wien.

Wien, Universität (1898) *Geschichte der Wiener Universität von 1848 bis 1898*. (Hrsg. Akad. Senat d. Wien. Univ.) Wien.

Windholz, E. (1931) *Sbornik psychoanalytickych praci*. Příbor.

Wittels, F. (1924) *Sigmund Freud; Der Mann, die Lehre, die Schule*. Leipzig, Wien, Zürich.

——— (1931) *Freud and His Time*. New York.

——— (1944) ›Freud's Scientific Cradle‹. *Amer. J. Psychiat.*, Bd. 100, 521-528.

Wolny, G. (1835) *Die Markgrafschaft Mähren; Topographisch, statistisch und historisch geschildert*, Bd. 1. Brünn.

Zilboorg, G. (1953) ›Siegfried Bernfeld, 1892-1953‹. *Psa.* Q., Bd. 22, 571-572.

Namenregister

Außer Personennamen wurden auch Namen einiger Gesellschaften und Institutionen aufgenommen. Die Schriften Freuds sind im Anschluß an die Eintragung »Freud, Sigmund« aufgeführt (dabei sind nur solche Stellen berücksichtigt, wo Werke namentlich erwähnt werden). Die Vornamen der zur Freud-Familie gehörenden Personen sind, zur rascheren Identifizierung, ausgeschrieben, während sonst in der Regel lediglich Initialen erscheinen. – Kursivierte Seitenzahlen beziehen sich auf die Fußnoten.

Adams, L. *29*, 30, *40 f.*, *43*, 81, 261

Adler, A. *26*

Adorno, Th. W. *23*

Agrippa, M. V. 251

Aichhorn, A. *11*

Akademie der Wissenschaften, Österreichische (Wiener) 68, 71, 116, 128, 130

Akademisches Committee für Schulreform 14

Alexander der Große 257 f.

Ansbacher, H. *26*

Antaeus 244

Anton, G. 164

Archiv für Jugendkultur *15*

Aristoteles 115

Arlt, F. 152, 180, 185, 207

Arnim, B. v. 145

Aschenbrandt, Th. 199 f., *199 f.*, 261

Avenarius, R. *26*

Baginsky, A. 181

Balzac, H. 118

Bamberger, H. v. 152, 180, 185, 187-189, *189*, 191, 197

Basch, S. v. 180

Beard, G. M. 221

Benedikt, M. *77*, 172, 262

Benes 80, *81*

Benjamin, W. *14*

Beregszászy, Dr. v. 191

Bergmann, M. S. *46*, 262

Berliner Physikalische Gesellschaft 63, 122

Berliner Psychoanalytisches Institut 17

Berliner Psychoanalytische Vereinigung *23*

Bernays, Emmeline (Mutter von Martha und Minna Bernays; die Schwiegermutter Sigmund Freuds) 182

Bernays, Martha *siehe* Freud, Martha

Bernays, Minna (Schwester von Martha Bernays) 182

Bernays Freud, A. *siehe* Freud, Anna (Schwester Sigmund Freuds)

Bernfeld, S. 7-48 *passim*, 51, 53, *70*, *73*, *77*, *81*, *83 f.*, *86*, *94*, *104*, *107 f.*, *114*, *119-122*, *124*, *137*, *140 f.*, *143*, *145*, *150*, *159*, *167 f.*, *176-178*, *181*, *189*, *191 f.*, *195*, *198*, *202*, *223-225*, *238*, *245*, *249*, 262-265

Bernheim, H. 143, *143*, *195*, 265

Bettelheim, C. 180

Bibring, E. *23*
Billroth, Ch. A. Th. 68, 152, 180
Boruttau, H. *77*, 265
Bourdon, L. 26 f.
Braun, H. *70*
Brentano, Cl. v. 145
Brentano, F. *67*, *143*, 143-146, 149 f., 179
Bretholz, B. 92, 265
Brett, G. S. *69*, 266
Brettauer, Dr. 209
Breuer, J. 18, *52*, *54*, 55-66 *passim*, 67, *67*, 72 f., 74 f., 146, 180 f., 203, *203*, 266
Brill, A. A. *37*, *70*
Brown, C. *68*
Brücke, E. Th. 266
Brücke, E. W. v. *26*, *44 f.*, 61, 62–74 *passim*, *77*, 118–121, *121*, 122 f., 125–130, 132 f., 137–141, 149 f., *150*, 151, 154 f., 159, 164, 167, 174, 176–179, 198, 203, 259, 266
Brühl, C. 50, 70, *70*, 74
Brun, R. *62*, *72*, 114, *114*, 130, *130*, 169, *169*, *199*, 206, *206*, 231, *231*, 266
Buber, M. *15*
Buch, M. 218
Buckle, H. Th. *26*
Budge 133
Büchner, L. 71
Burckhardt, J. 243
Busch, W. 252
Buxbaum, E. *47*, 266

Carnap, R. *26*
Cäsar, G. J. 257
Cassirer, E. *11*
Cassirer, P. *11*
Cassirer Bernfeld, S. (Cassirer Paret, S.) 7–48 *passim*, 51, *51*, 53, *73*, *78*, *104*, *119*, *141*, *147*, *173*, *181*, *223 f.*, *237 f.*, *249*, 265 f.
Charcot, J.-M. 61, 72, 143, *143*, 165, 168, 177, 181 f., *181 f.*, 185–189, *189*, 192–195, 212, 224, 259, 266
Charmaz, N. H. *80*
Chemisches Institut, Universität Wien (Ludwigs Laboratorium) 154, 166
Chrobak, R. 68, 162, 181
Clark, R. *52*, 266
Claus, C. *44*, 115, *115*, 116–119, 138, 140, 149 f., *152*, 178 f.
Collin, P. 205
Cranefield, P. E. *52*, 267
Cromwell, O. 70, 258
Czermak, J. N. 64 f.

Dahmer, H. 19, *19*, 267
Darkschewitsch, L. O. v. 168
Darwin, Ch. 68, 123 f.
D'Elvert, Ch. 92, 267
Descartes, R. 64, 123
Deutsch, H. *11*
Doolittle, H. (H. D.) *241*, 267
»Dora« (eine Patientin Sigmund Freuds) 238 f.
Dorer, M. *62*, 114, *114*, 267
Du Bois-Reymond, E. 62 f., *63*, 69 f., *77*, 121 f., *122*, 125, 267
Duchek, A. 179 f.
Dumas, A. (fils) 118
Dumreicher, J. H. Frh. v. Österreicher 179

Edinger, L. 168
Eisenberg, L. *77*, *138*, *160*, 267
Eissler, K. R. 53
Ekstein, R. *11–13*, *22 f.*, *25*, 267
Ellenberger, H. F. *44*, 267
Engle, B. *198*

Erlenmeyer, A. 219, *219*, 223 f. *223 f.*, 226 f., 267
Exner, S. 64 f., 68, 73, 121, 132, 137, 146, 150 f., 159, 179 f., 191 f., *202*, 216

Fauvel, Ch. 205
Fechner, G. Th. 69, 125
Feitelberg, S. 17 f., *18*, 265
Fenichel, O. 22
Fenzl, E. 178
Ferenczi, S. *48*
Fichtl, P. 240
Flechsig, P. E. 134, 168–171
Fleischl von Marxow, E. 64–68, *77*, 121, 132, 137, 146, 150 f., 153, 159, 177, 179 f., 202 f., *202 f.*, 220, 223, 230, 232–234, 268
Fließ, W. 7, *24*, *37*, *47*, *78*, *109*, 165, 167, 196, 235, 238 f., 242, 244–247, 249, 254
Fluß, E. *112*
Fluß, Fam. 106, 154
Fluß, R. 154
Franz Joseph I., Kaiser von Österreich 183
Freud, Adolfine (Dolfi) (Schwester Sigmund Freuds) *29*
Freud, Alexander (Bruder Sigmund Freuds) 258
Freud, Amalie, Malke, geb. Nathansohn (Mutter Sigmund Freuds) *29*, 32, *33 f.*, 35 f., 79 f., 82–88, 90, 104, 155, 239, 244 f., 247–250, 252, 258
Freud, Anna (älteste Schwester Sigmund Freuds, verh. Bernays) *34*, 86 f., *86*, 88, 90, 92, 105, *107*, 116, *116*, 118, *118*, *148*, *154*, *157*, 183, *183*, 248, 258, *258*, 262
Freud, Anna (jüngste Tochter Sigmund Freuds) *11*, *16*, *154*, *182*, *183*, 244, 268
Freud, Emanuel (Halbbruder Sigmund Freuds) 32 f., *34*, *45*, 52, 82–84, *86*, 88–90, 105, 107, 157, 244 f., 252
Freud, Ernst (jüngster Sohn Sigmund Freuds) 259
Freud, Jakob (Kallamon) (Vater Sigmund Freuds) 32, *33 f.*, 35, *44*, 52, 79, *81*, 82–85, 88–90, 104, 119, 141, 155–158, 166 f., 215, 234, 239, 244, 246, 252, 258 f.
Freud, John (Johann) (Neffe Sigmund Freuds) 32, 34, *34*, 82–85, 88, 90, 105, 109, 244 f., 258
Freud, Julius (Bruder Sigmund Freuds) *32*, 33, *78*, *86*, 247 f., 256, 258
Freud, Martha, geb. Bernays (Frau Sigmund Freuds) 158 f., 161, 164, 182 f., 204, 221, 225
Freud, Martin (ältester Sohn Sigmund Freuds) 259
Freud, Mathilde (älteste Tochter Sigmund Freuds, verh. Hollitscher) 183, 253
Freud, Oliver (zweiter Sohn Sigmund Freuds) 92
Freud, Pauline (Nichte Sigmund Freuds) 32 f., 82 f., 84, 88, 90, 105, 109, 156, 244 f.
Freud, Philipp (Halbbruder Sigmund Freuds) 32 f., *44 f.*, 52, 83, *83*, 86, *86*, 87 f., *110*, 119, 244 f., 248, 252, 258
Freud, Sigmund *passim*
– seine Familie 118, 153, 156 f., 165, 194, 243–245, 252 f.
– seine Kinderfrau (Monika Zajúc; die »prähistorische Al-

te«) 32 f., *33*, 34, *45*, *78*, 84–88, 105, 245–248, 252–254, 258
– seine Schwägerin (Maria Freud; Mutter von John und Pauline Freud) 84 f.
– Schriften:
– *Aus den Anfängen der Psychoanalyse; Briefe an Wilhelm Fließ, Abhandlungen und Notizen aus den Jahren 1887–1902* 7
– ›Aphasie‹, ›Gehirn‹ und andere Artikel in A. Villarets *Handwörterbuch der gesamten Medizin*, Bd. 1 (1888) *195*
– *Zur Auffassung der Aphasien* (1891) *72*, *109*
– ›Über den Bau der Nervenfasern und Nervenzellen beim Flußkrebs‹ (1882) 176
– ›Bemerkungen über Kokainsucht und Kokainfurcht, mit Beziehung auf einen Vortrag W. A. Hammonds‹ (1887) 195, 225, 228, 231
– ›Beobachtungen über Gestaltung und feineren Bau der als Hoden beschriebenen *Lappenorgane* des Aals‹ (1877) 176
– ›Beobachtung einer hochgradigen Hemianästhesie bei einem hysterischen Manne‹ (1886) 191, 194
– ›Über die Bernhardtsche Sensibilitätsstörung am Oberschenkel‹ (1895) *109*
– ›Über die Beziehung des Strickkörpers zum Hinterstrang und Hinterstrangskern, nebst Bemerkungen über zwei Felder der Oblongata‹ (1886) 168
– ›Brief an den Bürgermeister der Stadt Příbor‹ (1931) 91
– ›Über Deckerinnerungen‹ (1899) 53, 91, 93, *94*, *107*, 109 f., *150*, *225*
– *Drei Abhandlungen zur Sexualtheorie* (1905) 15, 38
– ›Entwurf einer Psychologie‹ (1895) 18, *39*
– *Gesammelte Schriften* (12-bändige Freud-Ausgabe) 55, **91**, **231**
– *Gesammelte Werke* (18bändige Freud-Ausgabe) *44*, 91, 232, 237
– ›Über Hemianopsie im frühesten Kindesalter‹ (1888) 195
– ›Ein Fall von Hirnblutung mit indirekten basalen Herdsymptomen bei Skorbut‹ (1884) 173, 176
– *Jenseits des Lustprinzips* (1920) 256
– ›Beitrag zur Kenntnis der Kokawirkung‹ (1885) 216, 225
– ›Zur Kenntnis der Olivenzwischenschicht‹ (1885) 168
– *Eine Kindheitserinnerung des Leonardo da Vinci* (1910) 8
– ›Über Koka‹ (1884) *109*, 176, 204, 206, 212, *218*, 225, 231
– *Über Koka* (1885) 218, *231*
– ›Über männliche Hysterie‹ (Vortrag 1886) 39, 185
– ›Eine neue Methode zum Studium des Faserverlaufs im Zentralnervensystem‹ (1884) 134, 176

– ›Der Moses des Michelangelo‹ (1914) 109
– ›Nachschrift 1935‹ zur *Selbstdarstellung* (1935) 255
– ›Nachwort zur »Frage der Laienanalyse«‹ (1927) 148
– ›Notiz über eine Methode zur anatomischen Präparation des Nervensystems‹ (1879) 133, 176
– *Zur Psychopathologie des Alltagslebens* (1901) 91, 110, *110*, 239, 252
– *Sammlung kleiner Schriften zur Neurosenlehre aus den Jahren 1893–1906* (1906) 110, *110*
– *Selbstdarstellung* (1925) *28*, 78, 91, 154, 168, 184, 188, 191, 194, 196 f., 199, 214, 225
– ›Über Spinalganglien und Rückenmark des Petromyzon‹ (1878) 176
– *Standard Edition of the Complete Psychological Works of Sigmund Freud* (24bändige englische Freud-Ausgabe) *44*
– ›Die Struktur der Elemente des Nervensystems‹ (1884) 131, 136, 177
– *Studien über Hysterie* (1895) 55, *56*, 73–75, 107
– ›Zur Theorie des hysterischen Anfalls‹ (1892) 74
– ›Traum und Telepathie‹ (1922) 91
– *Die Traumdeutung* (1900) 7, 11, *24*, *36*, 47, *73*, 91, 107, 109, *109*, 166, *202*, 213, 231, 235, 239, *256*
– Übersetzung (mit Einführung und zusätzlichen Fußnoten) von H. Bernheim, *De la suggestion et de ses applications à la thérapeutique*, unter dem Titel *Die Suggestion und ihre Heilwirkung* (1888–1889) 194 f.
– Übersetzung (mit Vorwort und zusätzlichen Fußnoten) von J.-M. Charcot *Leçons sur les maladies du système nerveux*, unter dem Titel *Neue Vorlesungen über die Krankheiten des Nervensystems, insbesondere über Hysterie* (1886) 181
– Übersetzung von J. St. Mill, *Gesammelte Werke*, Bd. 12 (hrsg. von Th. Gomperz) (1880) *142*
– *Das Unbehagen in der Kultur* (1930) 251
– ›Über den Ursprung der hinteren Nervenwurzeln im Rückenmarke von Ammocoetes (Petromyzon Planeri)‹ (1877) 176
– ›Über den Ursprung des N[ervus] acusticus‹ (1886) 169, 182, 190
– *Vorlesungen zur Einführung in die Psychoanalyse* (1915–1917) *197*
– ›Zeitgemäßes über Krieg und Tod‹ (1915) *46*
Freud, Sophie (zweite Tochter Sigmund Freuds, verh. Halberstadt) 256

Gärtner, G. 139, 207 f., *209*, 274
Gesellschaft der Ärzte, Wien 39, 139, 184, 188 f., *189*, 190 f., 195–197, *197*, 210 f.

Gicklhorn, J. und R. *176 f.*, 274
Goethe, J. W. v. 52, 70, 74, 145, 253
Goltz, F. L. 168
Gomperz, H. 143, *143,* 144 f., 274
Gomperz, Th. *26,* 142, *142,* 143, 145 f.
»Gradiva« (Figur in W. Jensens Novelle) 240, 257
Graf, H. 256
Gray, H. 114, *114,* 146, *147,* 274
Grinstein, A. *12,* 274
Grossmann, M. 185
Grubrich-Simitis, I. *9,* 274
Gymnasium, humanistisches 13, 25, *30,* 113, 243, 250, 257

Habermas, J. 18, *18,* 274
Hadrian, P. A. 251
Hal, Prinz 233
Halberstadt, S. *siehe* Freud, Sophie
Hamilkar Barkas 259
Hammond, W. A. 225 f.
Handlirsch, A. *115,* 274
Hannibal 70, 257
Hebra, F. v. 152, 180
Heinrich IV. 250
Heitler 204
Helmholtz, H. v. 62–64, 70, 121 f.
Henri, V. und C. 94, *94,* 275
Herald, E. S. *117*
Hering, E. 68
Herrmann, U. *23,* 53
Herzig, Dr. *217*
Heschl, R. 180
Hirnanatomisches Institut, Universität Wien (Meynerts Laboratorium) *30,* 134, 164, 168, 170, 182, 196, 214
Hirschmüller, A. *52,* 275
Hitler, A. *27*
Hoffer, H. *13,* 22, 46, *46,* 275
Hoffer, W. *11,* 14 f., *15,* 275
Hofmann, E. v. 180
Hofmann, J. 153, *160,* 275
Homer 242
Horkheimer, M. *23*
Hun, H. *160,* 275
Husserl, E. 143
Hyrtl, J. 161

Institut für experimentelle Pathologie, Universität Wien (Strikkers Laboratorium) 138, 151, *152,* 207 f.
Institut für Psychologie und Soziologie der Jugend 15
Institut für Vergleichende Anatomie, Universität Wien (Claus' Laboratorium) 115, 118, *152*
»Irma« (aus Sigmund Freuds *Traumdeutung*) 232

Jackson, J. H. 73
Janus 239
Jelliffe, S. E. *62,* 114, *114,* 130, *130, 173 f., 199,* 206, *206,* 275
Jensen, W. 257
Jesus 247
Jones, E. *11, 24,* 28, *28–30,* 38–46, *81, 223,* 275
Julius II., Papst 257
Jupiter 251
Jurié, Th. v. 185

Kassowitz, M. 182
»Katharina« (Figur der Krankengeschichte Sigmund Freuds aus den *Studien über Hysterie)* 107
Kinderheim Baumgarten 14, *15,* 16, *26 f.*
Kinder-Krankeninstitut, Erstes Öffentliches (in Wien) 182, *182*

Klinik für Innere Medizin, Universität Wien (Nothnagels Klinik) 67, 163
Knöpfmacher, H. *154, 157*
Knöpfmacher, W. 151 f., *154*, 157, *210*
Koenigsberger, L. *77*, 275
Königstein, L. *191*, 194, 204, 208, 210–212, *212*, 215, 232, 275
Koller, K. 139, *139, 199, 202 f.*, 206 f., *207*, 208 f., *209 f.*, 210–212, *212*, 213–215, 218, 225, 276
Kraft, V. 149, *174, 178*
Kraus, O. *143*, 276
Kreusa 239
Kris, E. *195*
Kundrat, H. 173 f.
Kutschin, K. 129

Lachenbruch, J. 92
Laible, E. 53, *178*
Langer, C. v. 178–180
Laroche, M. 145
Latschenberger, Dr. 188
Lazarus, M. *77*, 276
Leidesdorf, M. 187–189, 191, 197
Lesky, E. *44*, 276
Lewin, K. *26*
Lieben, I. 145
Lorenz, A. *77*, 276 f.
Ludwig, C. 62 f., 121 f., 154, 166, 180
Lurie, A. 92

Macbeth 210
Mach, E. *26*, 68, *68*
Maier, H. W. *199*, 206, *206, 277*
Marty, A. 143
Marx, K. 17, *23*
Masséna, A. 34, 70, 112
Mayer, S. 92, 277
Medea 239
Meinong, A. 143
Mephisto 116, 151
Merck, E. (Firma in Darmstadt) 200, 218 f.
Merlan, Ph. *143*, 144, 277
Meyer, H.-H. *67*, 277
Meyer-Palmedo, I. 53, 277
Meynert, Th. *30*, 38, *72*, 134, 152, 154, 164 f., 167, *167*, 168, 170–172, 174, 176 f., 180, 187–189, *189*, 190, *190*, 191, 195, 197 f., 214, 277
Michelangelo 109, 257
Mill, J. St. *26*, 141 f., *142*, 143, 146 f., 277
Mittenzwey, K. *23*, 277
Moleschott, J. 71
Monroe, W. S. 92, 277
Moses 109, 138, 140, 257
Müller, J. 63, 122

Napoleon I. 112, 257
Nero 251
Niemann, A. 204 f.
Nothnagel, H. 163 f., 171, 176, 181

Obersteiner, H. 172, *203, 213*, 218 f., 223, *224*, 277
Ödipus 239, *243*
Oken, L. 69, 125
Ophtalmologische Gesellschaft 209
Oppenheim, H. 168
Oppolzer, J. v. 67
Ostwald, R. 53

Paneth, J. 73, *73*, 132, 146, 233
Paret, P. *13, 15*, 22 f., *23*, 53, *198, 237*, 277
Parin, P. *19*, 277
Pestalozzi, J. H. 27

Philipp II., König von Mazedonien 258
Physiologisches Institut, Universität Wien (Brückes Laboratorium) *30,* 64, 67, 71 f., *73,* 113 f., 118, 120 f., *121,* 127, 131–135, 137–141, 143, 150, *150,* 151–156, 158–160, 164, 192, 232 f.
Plato *142,* 147
Pollack, S. *218*
Priamos 242
Prinzhorn, H. *23,* 277
Psychiatrische Klinik, Universität Wien (Meynerts Klinik) 165, 187
Psychiatrischer Verein, Wien 131, 136, *197,* 219, 230
Psychoanalytisches Institut in San Francisco 22
Puner, H. W. 42, *42,* 45, 277

Rank, O. 11
Rank, Dr. 218 f.
Rapaport, D. *46, 52,* 278
»Rattenmann« (Patient Sigmund Freuds) 241
Reich, W. 20
Reichenbach, H. 25, *25,* 278
Reik, Th. 42
Reissner, E. 128 f.
Richter 218
Ritchie, A. D. *61,* 278
Rokitansky, C. Frh. v. 161
Rosenmayr, L. *23,* 278
Rosenthal, M. 186–188
Rousseau, J.-J. 237

Sachs, B. 164
Sachs, E. *243*
Sachs, H. *7,* 42, *109, 199, 215,* 245, *246,* 278
Sajner, J. *52,* 278
Salpêtrière (J.-M. Charcots Klinik in Paris) *177, 182,* 186, 190
Sandfuchs, U. *21,* 278
Schelling, F. W. J. v. 69 f., 124 f.
Scherzer, K. v. 204
Schiller, F. v. 163
Schliemann, H. 242 f.
Scholz, F. 165, 172, *172,* 175 f., 212, 232
Schneider, F. C. 178
Schroff, C. D. 202, 205
Sedgwick, A. 118
Seelig, M. G. *212,* 278
Septimius Severus 251
Shakespeare, W. *43,* 233, 250
Shakow, D. *46, 52,* 278
Siebmacher, L. 92, 278
Sigismund (Siegmund), römisch-deutscher Kaiser 257
Sigmund, C. L. v. 180
Silverman, M. *199, 203, 223,* 279
Simmel, E. 22, *22, 77, 109,* 279
Skoda, J. 161
Smidt 218 f.
Sophokles *243*
Späth, J. 180
Sperling 174
Spina, A. 139, 207
Starr, A. 164
Stefan, J. 179
Stieda, L. 129
Strachey, J. *29, 44, 52*
Stricker, S. 138, *138,* 139 f., *139,* 151, *152,* 179 f., 207 f., 279
Stumpf, C. 143
Syrski, S. 115–117

Technische Hochschule Braunschweig 21
Thiers, A. 112
Thiriar, J. *160,* 279
Thomasius, Ch. 13, *27*
Tobler, G. Ch. 52

Toldt, C. 178
Trosman, H. 38 f., 45, 279
Tschermak, G. 178

Upson, H. S. *135*, 279
Utley, Ph. L. *15*, 279

Venus 252
Villaret, A. *195*
Virchow, R. 168
Vogl, A. E. 201
Vogt, K. 71
Voigt, Ch. A. 179

Wagner-Jauregg, J. 139, *189*, 212, 279
Wallé, Dr. 218 f.
Wernicke, C. 72
Wessel, E. 142
Wettstein, R. *115*, 274
Wiener Allgemeines Krankenhaus 28, *30*, *72*, 155, 160–167, 171, *172*, *176*, 177, 191, 207, 210, 214, 221, 223
– Vierte medizinische Abteilung im 165, 172, *172*, 176, 212, 232
Wiener Kreis *26*
Wiener Medizinisches Doktorenkollegium 189, *197*
Wiener Physiologischer Klub 190
Wiener Psychoanalytische Vereinigung 17, *23*, 75
– Lehrinstitut d. 17, 107
Wiesner, J. 179
Windholz, E. *11*, 92, *106*, *247*, 279
Wittels, F. 42, *42*, *77*, 92, *107*, 155, *155*, *160*, 162, *162*, *199*, 213, *213*, 231, *231*, 256, *256*, 279
Wöhler, F. 204
Wolf, E. S. 38 f., 45, 279
Wolny, G. 92, 279
Wyneken, G. 14

Zilboorg, G. *13*, 279
Zoologische Station, Triest 116 f., 150
Zuckerkandl, E. 133
Zweig, St. 48